자치경찰법 해설

이순동 저

육 법 사

머 리 말

대한민국 경찰이 창설된지 76년만인 2021년에 전국적으로 자치경찰제도가 도입되었다. 자치경찰은 지방분권제도의 큰 축으로서 행정자치, 교육자치에 이어 마지막 남은 미완성된 자치분권제도의 한 축이라 할 수 있다. 자치경찰제도는 민생치안정책을 지역주민들과 함께 만들어가는 제도로서, 국민과 가까운 곳에서 치안서비스를 제공하는 것이다. 특히 사회적 약자(여성, 아동, 장애인, 노인 등)를 보호하고, 지역의 질서와 교통안전 확보 및 학교폭력・가정폭력의 방지가 현행 자치경찰제도의 중요한 역할이고, 믿음직하고 친근한 우리 동네의 이웃 경찰관이 자치경찰의 최우선 목표이다. 경찰은 지역에 더욱 특화된 치안서비스를 제공함으로써, 국민(주민)과 더욱 가까워질 수 있고, '제복을 입은 시민'이라는 경찰 본연의 모습을 체감하게 될 것이다.

자치경찰제도가 정착되기에는 많은 문제점이 있다. 우선 지방자치단체의 재원확보가 필요하고, 경찰 내부에서도 자치경찰사무의 확대에 대한 우려와 전통적인 중앙집권적 사고와 같은 부정적 시각이 폭넓게 존재함으로써 자치경찰제도에 대한 반감이 있는 것이 사실이다. 이를 하루빨리 극복하기 위해서는 우선 경찰관을 비롯한 일반 시민들의 지방분권과 자치경찰의 필요성에 대한 적극적인 인식이 필요하다.

우리가 채택한 현행 자치경찰 제도는 다른 나라와 같지 않고, 우리가 제주도에서 2006년부터 실시했던 이원제(二元制) 자치경찰제도와도 전혀 다른 새로운 형태이다. 따라서 자치경찰제도를 정착시키기 위하여는 이를 어떻게 해석하고 개선해 나갈 것인가부터 많은 연구가 필요하다. 이에 대한 최초의 해설서가 경찰청에서 2021년 발간한 "알기쉬운 자치경찰제 법령"(이하 '알기쉬운 자치경찰'이라 한다)이고, 이는 경찰청의 공식적인 해석이자 공식적 견해로 보아도 무방할 것 같다. 실무적으로도 위 책의 내용에 따라 업무를 수행하고 있다. 그러나 위 책의 내용은 지나치게 국가경찰의 입장에서 방어적인 견해로 서술되어 있고, 자치경찰제를 도입한 입법목적과 다르거나 논리가 부족한 법률해석을 함으로써 이제 겨우 걸음마를 시작한 자치경찰업무의 수행에 오히려 지장을 주는 결과를 초래하고 있는 경우도 있다. 그런데 필자가 1년 넘게 자치경찰위원장을 맡아서 자치경찰업무의 현장에서 체험한 것은, '알기쉬운 자치경찰'이 현재 자치경찰의 바이블과 같은 존재로서 경찰관은 물론이고 관계 공무원들까지 아무런 의문이나 비판 없이 받아들여지고 있다는 사실이다. 그 과정에서 자치경찰업무 수행에 동반되는 어려움은 모두 입법의 오류나 미비로 치부하고 다른 해석이나 개선책은 아예 포기한 채 위 책의 견해를 따라 업무를 수행하고 있는 것이다. 물론 '국가경찰과 자치경찰의 조직 및 운영에 관한 법률'(이하 '경찰법'이라 한다)에는 개정을 통해서만 치유될 수 있는 근본적인 문제점도 있다. 그렇다고 하더라도 이를 자치경찰제를 도입한 입법목적에 맞게 제대로 해석해서 시행한다면 자치경찰제도의 초석을 다지는데 어느 정도는 기여할 수 있고, 제도개선도 가능할 것이라는 생각이 들었다. 현행 자치경찰제가 비록 미비점이 많은 과도기적인 제도이지만, 어려운 과정을 거쳐 태어나 처음으로 전국적인 시행을 한 값진 결과물이고, 이것마저 실패한다면 자치경찰제는 다시는 시행될 수 없을지도 모른다. 이것이 필자가 보잘것없는 이 책을 내놓은 이유이다. 필자는 경찰학의 전문가는 아니므로 자치경찰위원회를 운영하면서 일상업무에서나 세미나에서, 그리고 이 분야의 탁월한 단행본(특히 양영철 교수님의 강의와 저서인 '신 지방자치경찰론'은 저자에게 경찰과 지방자치에 관한 많은 가르침과 영감을 주었다. 양교수님께 감사드린다)과 논문을 통해 많은 학자들과 실무가들이 연구한 값진 성과의 도움을 받았다. 따라서 특히 이 책의 내용 중 법률해석학에 관한 일부분을 제외한, 특히 경찰학이나 실무에 관한 대부분이 그분들의 연구를 소개하거나 정리한 것에 지나지 않고, 저자의 학문적 성과가 아님을 미리 밝혀둔다. 이 책은 기본적으로 법률해석서를 추구하였다. 다만 경찰법의 해석에 필요한 기본적 지식을 공부하고 정리한다는 의미에서 선학들의 연구결과를 소개한 것이다. 저자는 법을 해석하고 운용해온 실무가이자 교수의 안목에서 자치경찰의 입장에 선 현행 경찰법의 객관적 해석을 시도하였다. 물론 아무리 객관적인 법률해석이라 하더라도 저자의 경험이나 인생관에 따른 주관적 요소가 없을 수는 없으나, 이 책에서는 경찰법의 입법취지인 경찰의 민주화와 정치적 중립이 제대로 작동할 수 있는 방향으로 해석하려고 노력하였다.

이 책의 서술방식은 제1편에서 우선 대한민국 경찰의 역사를 일제강점기부터 미군정기 및 대한민국 수립 후로 나누어 설명하고, 현행 경찰법의 제정과정, 특히 자치경찰제도의 도입과정을 간단히 살핀다. 이를 통하여 우리 경찰이 초기부터 자치경찰제도를 도입하지 못한 역사적 연유와 그에 따라 경찰조직이 갖는 중앙집권적 경찰에 대한 무의식적인 집착의 이유를 유추해 볼 수 있을 것이다. 변화를 싫어하고 경험해보지 못한 새로운 제도에 대한 불안감과 거부감을 갖는 것은 인간의 본능이기 때문에 과거를 알 필요가 있다. 또한 우리 경찰의 역사적 연혁이나 자치경찰의 도입과정을 아는 것은 경찰법의 올바른 해석과 적용에 바른길을 인도해주는 등대의 역할을 할 것이다.

다음으로 다른 나라의 자치경찰제도에 대한 소개와 우리나라에서도 독특한 제도이자 자치경찰의 역사적 의미를 가진 제주자치경찰에 대한 검토를 함으로써 우리 자치경찰의 나아갈 길에 대한 길잡이로 삼고자 한다.

제2편에서는 본론으로 들어가 경찰법에 대한 해설을 한다. 서술방식은, 경찰청이 발행한 '알기 쉬운 자치경찰'이 지금까지 유일한 해설서이자 현장지침서의 역할을 하고 있기 때문에, 현장에서 자치경찰업무를 수행하는 사람들이 익숙하게 접해오던 위 책과 동일한 체제를 유지하기로 한다. 따라서 법조문 순서대로 서술하고 그 내용도 원칙적으로

위 책의 해석을 소개하고, 위 책을 중심으로 하여 그 해석 중에서 문제가 되는 부분은 저자의 견해를 밝히는 방식으로 서술한다. 그러므로 경찰청이 발행한 위 책과 필자의 책을 비교하면서 업무수행을 한다면, 비교적 합리적인 판단을 내리는데 도움이 될 수 있을 것으로 생각한다. 어떤 법률이든 이를 해석하거나 운용할 때 비판적인 관점에서 상호 검토하고 보완하는 작업이 반드시 필요하고 계속되어야 하며, 하나의 해석만을 맹목적으로 따르는 것은 위험하다.

이 책은 자치경찰위원장으로서 업무를 보는 틈새를 이용하여 집필하는 바람에 충분한 시간을 낼 수 없었기 때문에 사고의 계속성이 끊긴 부분이 있고, 필자의 경찰에 대한 이해부족에서 비롯된 오류가 많이 있을 것으로 생각한다. 그러나 자치경찰 운영의 초기 단계에서 제도가 제대로 정착되기 위해서는, 잘못되거나 잘못될 수 있는 실무 관행이 반복되는 것에 문제를 제기할 필요가 있다고 생각하여, 미흡하지만 하루빨리 기존 해설서의 문제점을 다른 입장에서 검토할 수 있는 자료가 필요하다는 다급한 마음 때문에 부끄러움을 무릅쓰고 감히 이 책을 내어놓게 되었다. 현장에서 자치경찰업무를 묵묵히 수행하고 있는 경찰관과 관계 공무원들은 물론이고 경찰학을 전공하는 분들의 기탄없는 질책을 바라고, 다음 기회에는 좀 더 완성도 높은 내용으로 독자들께 선보일 것을 약속드린다.

변변찮고 부끄러운 이 책을 내면서 진심으로 고마운 분들에게 마음을 전하고 싶다. 먼저 저자와 함께 경북자치경찰위원회 상임위원으로 근무하면서, 경찰에 대한 깊은 애정과 경찰관으로서의 경험을 살려, 경찰을 모르는 필자를 차근차근 깨우쳐 주면서, 묵묵히 위원회를 이끌어 온 서진교 상임위원 겸 사무국장님을 비롯한 최고의 인격과 경륜을 갖춘 경북 자치경찰위원님들, 그리고 우리 자치경찰사무국을 활기차고 따뜻한 분위기로 지켜온 사무국 직원들에게 감사드린다. 또한 경북경찰청장님을 비롯한 예하 경찰서와 지구대·파출소에서 희생정신과 사명감으로 무장한 경찰관들의 아낌 없는 성원도 잊을 수 없다. 무엇보다 자치분권을 비롯한 자치경찰에 대한 확고한 신념과 효율적이면서도 온화한 리더십, 그리고 일상생활에서 끊임없이 공부하고 건강을 유지하는 생활방식을 몸소 보여준 이철우 경상북도지사님께 감사드린다. 경상북도는 도지사님을 비롯하여 특출한 능력을 갖춘 사심 없는 공직자들이 운집한 곳이어서, 필자와 같이 행정을 모르는 사람이 큰 어려움 없이 자치경찰위원회의 업무를 수행할 수 있었다. 또한 경상북도의회의 배한철 의장님 이하, 특히 기획경제위원회는 전문성과 인격을 두루 갖춘 분들로 구성된 탁월한 위원회이다. 어설프게 출발한 자치경찰위원회가 제자리를 잡아갈 수 있도록 성원해 주신 것은 물론이고, 앞장서서 스토킹 피해자(이선희 예결특별위원장님)나 실종자들의 보호(이춘우 기획경제위원장님)를 위한 조례 등을 발의하여 자치경찰위원회가 해야 할 힘든 일까지 몸소 나서 주셨다. 다시 한번 감사드린다.

이 책을 내는 과정에서도 육법사 송정례 사장님과 백남욱 전무님 그리고 언제나 변함없이 꼼꼼한 교정과 편집을 해주신 육법사의 편집관계자들에게도 다시 한번 감사드린다.

2022년 겨울을 앞두고 안동 홍익관에서

경상북도 자치경찰위원장 이 순 동

| 법 령 약 어 |

■ 법규 약칭(=뒤의 굵은 글자의 약칭은 본문에서 인용할 때 사용함)

· 국가경찰과 자치경찰의 조직 및 운영에 관한 법률 = **경찰법**

· 국가경찰과 자치경찰의 조직 및 운영에 관한 법률 제14조 제10항에 따른 긴급하고 중요한 사건의 범위 등에 관한 규정 = **경찰법 긴급사건 규정**

· 자치경찰의 사무와 시・도자치경찰위원회의 조직 및 운영 등에 관한 규정 = **자치경찰운영규정**

· 경찰청과 그 소속기관 직제 = **경찰청직제**

· 경찰청과 그 소속기관 직제 시행규칙 = **경찰청직제규칙**

· 사법경찰관리의 직무를 수행할 자와 그 직무범위에 관한 법률 = **사법경찰직무법**

· 제주특별자치도 설치 및 국제자유도시 조성을 위한 특별법 = **제주특별법**

| 참 고 자 료 |

■ 단행본(= 뒤의 굵은 글자는 본문에서 인용할 때 사용함)

경찰청, 알기쉬운 자치경찰제 법령(2021) = **알기쉬운 자치경찰**

국가경찰위원회, 제10기 국가경찰위원회 백서(2021)

박균성 · 김재광, 경찰행정법[제5판], 박영사(2022)

박준휘(책임연구자), 한국형 자치경찰제 시행 및 정착에 관한 연구(Ⅱ), 한국형사정책연구원(2020) = **박준휘 자치경찰제 연구(Ⅱ)**

박준휘(책임연구자), 한국형 자치경찰제 시행 및 정착에 관한 연구(Ⅲ), 한국형사정책연구권(2021) = **박준희 자치경찰제 연구(Ⅲ)**

양영철, 신 지방자치경찰론, 온누리 디앤피(2021) = **양영철 자치경찰론**

이동규 외 14인, 자치경찰의 새로운 이해 1(자치경찰실무), 박영사(2022) = **이동규 자치경찰 이해**

최성규, 총과 도넛－존경과 혐오의 공권력 미국경찰을 말하다－ 동아시아(2021)

■ 논문

강성복, "미국 자치경찰제도의 민간경비 활용방법: 영리와 공익의 양면성에 기초한 민경협력", 한국민간경비학회보 19권 2호(2020).

강성용 · 강소영, "자치경찰제와 사법경찰 작용의 공백에 관한 재고", 경찰법연구 20권 1호(2022).

강소영 · 배정환, "현행 자치경찰제도의 112신고체계와 지역경찰 운용에 관한 담론", 한국경찰학회보 24권 2호(2022).

강일원, "범죄피해자 보호 및 지원에 대한 자치경찰의 역할", 한국공안행정학회보 84호(2021).

강지은, "경찰 직장협의회의 역할과 자치경찰사무의 범위", 지방자치법연구 22권 1호, 한국지방자치법학회(2022) 173면 이하.

고승희 · 조성, "경찰법 개정에 따른 지방정부의 자치경찰제도 도입과 운영 활성화 방안" 한국민간경비학회보 19권 5호(2020).

고헌환, “제주특별자치도 특별법상 자치경찰 규정의 법적 검토”, 공법학연구 10권 1호(2009).

고헌환, “제주특별자치도 자치경찰의 운영 실태와 제도개선”, 국가법연구 14권 3호, 한국국가법학회(2018).

김건희, “빅데이터 분석기술을 이용한 자치경찰제 도입 전후 인식 연구”, 한국지방자치연구 24권 1호(2022).

김기갑, “일원화 자치경찰제에 대한 현장 경찰관들의 인식 조사”, 한국경찰연구 19권 4호(2020).

김면기・강소영, “지방분권에 기초한 시민 안전과 치안협력 네트워크 강화- 미국 자치경찰의 변화와 시사점을 중심으로-”, 한국경찰연구 21권 1호(2022).

김명대, “이원적 경찰제도를 통한 자치경찰의 구현방안: 소방조직체계 분석을 중심으로”, 한국민간경비학회보 16권 2호(2017).

김민정, “일본경찰제도에 관한 연구”, 자치경찰연구 10권 2호(2017).

김병구・이상훈, “경찰공무원의 근무환경이 재난대응역량에 미치는 영향” 한국경찰학회보 23권 5호(2021).

김상호, “난폭운전에 관한 연구”, 한국치안행정논집 15권 1호(2018).

김상호, “시・도자치경찰위원회 구성과 운영에 관한 실증적 연구”, 한국경찰연구 20권 3호(2021).

김상호, “자치경찰활동 평가모형 구축 : 성과지표 개발을 중심으로”, 한국치안행정논집 19권 2호(2022).

김성룡, “독일 경찰의 구조와 기능－행정, 위험예방, 사법, 정보 기능 분리의 관점에서－ ”, 형사법의 신동향 통권 63호(2019).

김성태, “국가경찰위원회의 법적 지위 그리고 역할의 재정립”, 홍익법학 23권 2호(2022).

김순석, “치안서비스 공동생산자론에 입각한 경비근무자들의 지역경찰제에 대한 인식이 범죄두려움에 미치는 영향”, 한국민간경비학회보 20권 특별호(2021).

김원중, “도로교통법상 교통안전시설물 설치・관리에 관한 경찰과의 관계 검토”, 토지공법연구 61집, 사단법인 한국토지공법학회(2013).

김원중, “사회환경 변화에 대응한 경찰의 교통안전을 위한 법집행 방안”, 국가법연구 9권 1호, 한국국가법학회(2013).

김원중, “제주자치경찰의 법집행에 관한 변천 검토”, 유럽헌법연구 28호(2019).

김원중, “자치경찰제도의 도입에 따른 행정법적 쟁점과 과제”, 행정법학 21호(2021).

김원중, “주민참여가 제한된 자치경찰제의 문제점과 개선방안”, 지방자치법연구 21권 3호, 한국지방자치법학회(2021).

김윤영・백남설, “국내 체류 이주여성의 범죄피해대책 개선방안 연구”, 한국경찰학회보 22권 5호(2020).

김재운・이주락, “경찰과 자치단체간의 치안업무 협의조정기구에 관한 연구”, 한국치안행정논집 9권 3호(2012).

김재한, “전자감독제도의 효율적 운영에 관한 연구”, 인문사회 21. 12권 5호(2021).

김종수, “한국 자치경찰의 수사기능에 관한 고찰－특사경 사무를 중심으로－”, 한국정부학회 학술발표논문집(2009.12).

김지선, “기초질서에 대한 개념 정립과 질서의식 제고를 위한 경찰활동 활성화 방안”, 경찰학논총 10권 1호(2015).

김지영・박재희, “자치경찰제의 주민참여에 영향을 미치는 요인에 관한 연구: 전라남도 지역을 중심으로”, 지방행정연구 36권 2호(2022).

김진규, “일제 식민지 시기 위생조합 제도의 형성과정 -경찰 관변기구화를 중심으로－”, 한국사론<66-0>, 서울대학교 국사학과(2020).

김진철, “지방자치경찰제에 있어서 민간경비의 역할”, 한국민간경비학회보 13권 1호(2014).

김진혁, “지역친화적 자치경찰 도입모델과 나아갈 방향－경남지역을 중심으로”, 한국공안행정학회보 73호(2018).

김창문, “한국 경찰학의 이론적 고찰”, 법학연구 21집, 한국법학회(2006).

김창윤, “미군정기 치안정책연구”, 한국공안행정학회보 33호(2008).

김창윤, “역대 정부의 치안정책 분석 및 범죄추세분석에 관한 연구”, 한국공안행정학회보 68호(2017).

김창윤, “역대 치안총수와 인권정책에 관한 연구”, 한국경찰학회보 20권 5호 20주년 기념호 한국경찰학회(2018).

김창윤・서샛별, “박근혜 정부의 치안정책 및 범죄추세 분석에 관한 연구”, 한국경찰회보 20권 6호 한국경찰학회(2018).

김창윤, “경찰의 역사성 및 정통성 확립과 미래 치안개혁 과제”, 한국공안행정학회보 75호(2019).

김택・오승규, “프랑스 경찰의 국가-지방자치단체간 협력과 윤리적 거버넌스”, 한국부패학회보 18권 4호(2013).

김현우, “일본의 실종자 수색제도에 관한 검토”, 한국경찰학회보 23권 5호(2021).

김혜란・이형복・이윤진, “범죄예방 환경설계 가이드라인 적용을 통한 안심마을 조성에 관한 연구-대전광역시 사례를 중심으로-”, 한국공안행정학회보 83호(2021).

김홍환, “자치경찰제 정착을 위한 재정지원 및 재원확보 방안 모색”, 지방재정 2021-6, 한국지방재정공제회(2021).

김환권, “미국의 경찰제도에 관한 고찰”, 자치경찰연구 10권 2호(2017).

노성민・엄영호, “자치경찰제도에 관한 여론 형성 및 언론 보도 내용분석”, 한국치안행정논집 15권 3호(2018).

라광현, “현행 자치경찰제도 하에서 치안행정과 지방행정 업무연계의 가능성과 한계”, 한국경찰학회보 24권 1호(2022).

류부곤, “근대 경찰제도 도입과정에 대한 법제도사적 고찰-갑오개혁기에 창설된 警務廳의 ‘근대성’을 중심으로-”, 경찰법연구 18권 1호(2020).

류은희, “캐나다 경찰제도에 대한 연구”, 자치경찰연구 10권 2호(2017).

류준혁, “자치경찰제도의 문제점에 대한 경찰관들의 인식분석”, 한국치안행정논집 18권 1호(2021).

박동균, “2021년, 대한민국 경찰의 과제: 자치경찰과 국가수사본부”, 자치경찰연구 13권 2호(2021).

박동균・장철영, “치안환경 변화에 부응하는 한국 경찰의 개혁과제”, 한국경찰연구 17권 3호(2018).

박동균 · 이행준, “한국 자치경찰제의 도입방향에 관한 연구”, 한국경찰연구 18권 1호(2019).

박병욱, “경찰개혁위원회의 성과와 과제”, 민주법학 제68호(2018).

박병욱, “자치경찰의 민주적 통제를 위한 시도경찰위원회 구성 및 운영방안에 대한 제언”, 경찰법연구 제18권 제2호(2020).

박병욱 · 이상훈, “자치경찰시대 경찰법학의 전망과 과제 – 자치경찰의 조직, 권한, 임무(사무)의 측면에서”, 경찰법연구 19권 2호(2021).

박선영, “한국과 미국 경찰의 사회적 자본 비교를 통한 시사점 검토”, 경찰학논총 13권 3호(2018).

박성수 · 김우준, “자치경찰제도의 도입에 따른 해양경찰의 역할 변화에 관한 연구”, 한국지방자치연구 10권 4호(2009).

박성주 · 강욱, “자치경찰에서의 드론 활용 방안에 관한 연구-순찰활동을 중심으로-”, 한국경찰연구 21권 1호(2022).

박억종, “관광경찰제 도입에 따른 관광경찰의 실무적인 역할에 관한 연구”, 자치경찰연구 6권 3호(2013).

박억종 칼럼, “박근혜 정부의 자치경찰제 논의와 문재인 정부의 자치경찰제 실시계획”, 자치경찰연구 13권 1호(2020).

박웅광, “자치경찰제와 실효적인 위험방어 – 경찰개념과 예방적 위험 방지를 중심으로 – ”, 공법학연구 19권 4호(2018).

박재희 · 김지영, “자치경찰제의 성공적인 시행을 위한 초기 운영의 쟁점 분석 – 시 · 도자치경찰위원회의 인식조사를 토대로 – ”, 한국지방행정학보 19권 1호(2022).

박종문 · 박해룡, “경찰조직문화 측정도구 개발을 위한 탐색적 연구”, The Journal of Social Convergence Studies, Vol. 5, No. 5(2021).

박재희 · 전대욱 · 최인수, “자치경찰 사무의 상대적 비중 및 중요도 분석”, 지방행정연구 35권 4호(2021).

박정애, “조선총독부의 성병예방정책과 <화류병예방령>”, 사림(성대사림)<55>, 수선사학회(2016).

박종승, “자치경찰제도 도입을 고려한 경찰인력의 합리적 배분에 관한 연구”, 한국경찰학회보 23권 1호(2021).

박종승, “국가경찰위원회 실질화 방안에 관한 연구-민주성·전문성 확보 방안을 중심으로-”, 한국경찰학회보 23권 3호(2021).

박종철, “긴급신고제도의 효율적인 대응체제 구축에 관한 연구”, 자치경찰연구 7권 1호(2014).

박종철, “성남시민순찰대의 발전적인 운영 방안에 관한 연구”, 자치경찰연구 9권 3호(2016).

박종철, “과테말라 경찰제도에 관한 연구”, 자치경찰연구 10권 1호(2017).

박종철, “일본의 자치경찰제 분석과 시사점”, 자치경찰연구 11권 2호(2018).

박종철. “올바른 자치경찰제 정착을 위한 개선방안 연구 : 일본 자치경찰제와의 비교를 중심으로,” 자치경찰연구 14권 2호(2021).

박종철, “자치경찰 시행에 따른 민간경비원의 활용방안”, 자치경찰연구 14권 1호(2021).

박주상·정육상, “사회연결망분석을 활용한 범죄피해자 보호 협력단체간의 관계”, 한국민간경비학회보 15권 1호(2016).

박준휘, “자치경찰제 도입 반대에 관한 소고(小考)”, 한국경찰학회보 20권 5호(2018).

박준휘, “현행 자치경찰제의 의의와 개선 방안”, 월간 공공정책 201권, 한국주민자치학회(2022. 7. 기획특집, 자치경찰 시행 1년 과제와 발전 방향).

박찬혁, “경찰공무원의 직무열의와 심리적관계 영향관계-국가경찰과 자치경찰을 중심으로-”, 한국범죄심리연구 18권 1호(2022).

박행렬, “범죄예방과 국가·공공단체의 역할”, 한국공안행정학회보 78호(2020).

박현호, “영국 자치경찰 조직의 확대와 네이버후드 폴리싱”, 대한범죄학회 학술대회(2006).

박호연·김명대, “경찰조직의 민주성 확보 방안-‘백남기 사건’을 중심으로-”, 홍익법학 18권 3호(2017).

배미란, “현행 자치경찰제의 한계와 과제-주로 시민 참여를 중심으로-”, 법학논총 34권 2호, 국민대학교 법학연구소(2021).

배태상·이희영, “아동학대 전담공무원에 대한 내러티브 연구”, 경찰학연구 22권 1호(통권 제69호)(2022).

석청호, “한국경찰의 융합행정 현황과 발전방향”, 한국공안행정학회보 52호(2013).

선종수, “경찰의 드론 활용에 따른 형사법적 문제”, 경찰법연구 18권 2호(2020).

설계경, “학교폭력 예방을 위한 경찰의 대응방안에 관한 소고”, 인문사회21, 7권 5호(2016).

성홍재, “자치경찰사무의 법적 성격을 토대로 현행 자치경찰제에 대한 법리적 검토”, 경찰법연구 20권 2호(2022).

송영지, “제주자치경찰의 운영실태와 한국자치경찰의 도입”, 국제법무 14집 1호, 제주대학교 법과정책연구원(2022).

송일호·곽대경, “노인의 범죄두려움 영향요인에 대한 연구: 취약성 가설을 중심으로”, 한국경찰학회보 20권 5호(2018).

신경수·김학관, “경찰정신에 대한 가치정립 방안 연구”, 한국경찰학회보 22권 1호(2020).

신관우, “자치경찰의 무인기 도입을 위한 과제”, 자치경찰연구 7권 3호(2014).

신성원, “경찰관의 직장 내·외 갈등과 탈진감 및 직무만족의 관계”, 한국치안행정논집 9권 3호(2012).

신원부, “자치경찰 일원화모델 사전 진단과 평가: 3대 방향 10대 쟁점을 중심으로”, 한국경찰학회보 22권 5호(2020).

신평우·이영우, “지방자치강화를 위한 자치경찰제의 확대에 관한 공법적 검토”, 토지공법연구 75집(2016).

신현기, “벨기에 자치경찰의 구조와 특징에 관한 연구”, 한국유럽행정학회보 4권 1호(2007).

신현기, “프랑스 리옹(Lyon)시의 자치경찰제에 관한 연구－제주자치경찰제와 비교를 중심으로－”, 자치경찰연구 3권 1호(2010).

신현기, “제주자치경찰제에 대한 역사적 고찰”, 자치경찰연구 7권 1호(2014).

신현기, “경찰인사구조의 개선을 위한 바람직한 방향”, 자치경찰연구 8권 3호(2015).

신현기, “제주자치경찰제의 실태분석과 박근혜정부의 자치경찰제 도입 방향”, 한국경찰연구 14권 2호(2015).

신현기, “제주자치경찰단 관광경찰제의 현황과 미래지향적 제언”, 한국치안행정논집 14권 3호(2017).

신현기, “프랑크푸르트시 도시경찰제와 서울시 자치경찰제 도입에 관한 실태분석”, 한국치안행정논집 13권 4호(2017).

신현기, “대륙법계 국가경찰제와 영미법계 자치경찰제”, 자치경찰연구 14권 1호(2021).

신현기, “초대 시도자치경찰위원회의 문제점과 향후 발전 방향”, 자치경찰연구 14권 2호(2021).

신현기 · 강선, “멕시코 자치경찰제도에 관한 연구”, 자치경찰연구 2권 1호(2009).

신현기 · 김학배, “호주 경찰제도의 구조와 특징에 관한 연구”, 자치경찰연구 4권 2호(2011).

신현기 · 임종헌, “독일 주경찰단위의 범죄예방 프로그램에 관한 연구－바이어른주 안전감시제도와 바덴－뷔르템베르크주 자원경찰관제도를 중심으로－”, 한국민간경비학회보 14권 1호(2015).

신현기 · 홍의표, “독일 자치경찰제도에 관한 연구”, 자치경찰연구, 6권 1호(2013).

신현기, “오스트리아와 독일 바이에른주 경찰개혁이 한국경찰개혁에 주는 시사점 분석”, 한국치안행정논집 16권 2집(2019).

심민규, “경찰 승진공정성에 영향을 미치는 요인에 관한 연구”, 한국경찰학회보 22권 1호(2020).

심민규, “범죄피해자 보호를 위한 자치경찰 사무에 관한 연구”, 한국공안행정학회보 88호(2022).

심형인, “내용분석을 통한 경찰조직의 근평마일리지 제도에 대한 고찰”, 한국경찰학회보 20권 5호(2018).

안동인, “영국법상 경찰권 행사의 근거와 한계－경찰관직무집행법의 비교

법적 검토와 관련하여-", 공법학연구 17권 4호, 한국비교공법학회 (2016).

안별・이영재, "자치경찰제복에 나타난 조형적 특성에 관한 연구-프랑스, 이탈리아, 스페인, 한국을 중심으로", 패션비즈니스 24권 2호(2020).

안영훈, "스페인 지역정부 중심의 자치경찰제도 연구", 자치경찰연구 13권 2호(2020).

안영훈, "프랑스 코뮌 기초자치단체 자치경찰제도 연구", 자치경찰연구 13권 1호(2020).

안영훈, "이탈리아 자치경찰제도 연구", 자치경찰연구 14권 1호(2021).

안용식, "일제하 한국인경찰 연구", 현대사회와 행정 18권 3호, 한국국정관리학회(2008).

양영철, "자치경찰제 실시 100일, 희망을 걸어 본다", 월간 공공정책 193권, 한국주민자치학회(2021).

양재열, "환경치안 확보를 위한 환경특별사법경찰의 합리적 운영방안 고찰-제주자치경찰단 특별사법경찰의 환경부분 지명사무를 중심으로-", 한국치안행정학회 학술세미나(2015).

양재열, "제주자치경찰 특별사법경찰 사무 현황분석을 통한 수사권 효율화 방안", 자치경찰연구 10권 1호(2017).

엄유진・조제성, "거주환경과 공동체 의식이 경찰신뢰에 미치는 영향-자치경찰제의 정착에 관한 제언을 중심으로-", 한국공안행정학회보 87호(2022).

여개명, "우리나라의 경찰법 제정 과정에 대한 비판적 담론분석-제13대 국회 내무위원회의 '경찰중립화' 담론을 중심으로", 경찰학논총 14권 4호(2019).

염윤호, "경찰관서와의 지리적 인접성이 재산범죄에 미치는 영향 분석", 한국공안행정학회보 73호(2018).

오병두, "국가수사본부의 독립성-사법경찰과 행정경찰의 분리를 중심으로-", 형사정책 33권 3호(통권 67호)(2021).

오승규, "프랑스 자치경찰제도와 시사점", 법과 정책연구 18집 2호, 한국법정책학회(2018).

오승규, “프랑스의 자치경찰”, 월간 공공정책 201권, 한국주민자치학회(2022).

오승은, “일본의 통합형 경찰제도에 관한 연구”, 한국지방자치학회보 29권 3호(2017).

오재환 · 이충은, “특별사법경찰관리로서 자치경찰의 역할에 관한 연구-제주자치경찰의 경험을 중심으로-”, 법학논총 39집, 숭실대학교 법학연구소(2017).

오지은 · 박종승, “경찰 피해자화 연구 필요성에 대한 논의”, 한국공안행정학회보 68호(2017).

유주성, “프랑스, 미국, 일본의 자치경찰제와 비교법적 검토”, 동아법학 80호, 동아대학교 법학연구소(2018).

유주성, “프랑스 근접경찰; 자치경찰과 일상안전경찰”, 경찰법연구 18권 1호(2020).

윤우석 · 최응렬, “경찰활동에 대한 인식이 범죄예방활동에 미치는 영향: 비공식적 사회통제와 지역사회 경찰활동을 중심으로”, 한국공안행정학회보 33호(2008).

이경렬 · 배수용, “경찰활동의 수사와 정보 분리에 관한 법제의 비교 검토”, 형사법의 신동향 통권 63호(2019).

이근우, “특별사법경찰 제도 전면 개편의 필요성”, 형사정책 32권 3호(2020).

이동기 · 조경욱, “지방자치단체의 자치경찰 조례 분석에 관한 연구”, 한국지방자치연구 23권 2호(2021).

이만석 · 김명식, “경찰공무원 자살 실태와 예방대책”, 한국경찰학회보 22권 5호(2020).

이민형, “빅데이터 분석을 활용한 자치경찰 관련 언론보도의 태도 연구”, 한국치안행정논집 16권 1호(2019).

이범오, “자치경찰 수사범위에 관한 연구-가정폭력, 학교폭력, 성폭력, 실종수사 중심으로-”, 법이론실무연구 10권 1호, 한국법이론실무학회(2022).

이범오 · 최순호, “교통범죄의 현황과 처벌 규정에 관한 연구-음주운전,

무면허운전 및 뺑소니운전을 중심으로－", 법이론실무연구 9권 4호(2021).

이범오・최순호, “스토킹 범죄의 유형과 효과적인 대응방안”, 한국치안행정논집 18권 3호(2021).

이상열, “제주자치경찰의 미래지향적 발전방안에 관한 연구” 한국경찰연구 20권 3호(2021).

이상열, 남재성, “자치경찰제 도입에 관한 시민 인식태도 연구”, 한국치안행정논집 15권 1호(2018).

이상훈・남재성, “통합「경찰법」상 주민 중심 기초 단위 자치경찰제의 실질적 운영방안 모색”, 한국공안행정학회보 87호(2022).

이상훈, “한국 자치경찰제의 도입 모형: 정부안(홍익표의원 대표발의안) 검토를 중심으로”, 한국경찰학회보 21권 2호(2019).

이상훈, “자치경찰제의 발전을 위한 입법적 개선 과제－경찰권의 효율적 분산과 민주적 통제를 중심으로－", 한국경찰학회보 24권 2호(2022).

이성용, “관광경찰제에 관한 법리적 검토”, 한국공안행정학회보 76호(2019).

이수진・박외병, “자치경찰제도의 현황과 지향점에 대한 소고－부산 지역을 중심으로－", 한국공안행정학회보 86호(2021).

이영남, “자치경찰제 실시에 따른 경찰윤리 확보방안”, 경찰학논총 8권 2호(2013).

이영남, “통합형 자치경찰제도 도입에 관한 연구”, 한국경찰연구 15권 4호(2016).

이영우, “경찰 및 자치경찰 채용제도 개선방안 연구－순경 채용기준을 중심으로－", 인문사회 21, 8권 6호(2017).

이영우, “한국형 자치경찰제도의 검토 및 개선방안 연구”, 인문사회 21, 12권 6호(2022).

이윤제, “국가수사본부의 문제점과 한계”, 저스티스 통권 제186호(2021).

이임걸, “멕시코경찰 제도 및 운영상의 시사점”, 자치경찰연구 10권 1호(2017).

이임걸, “스페인 경찰 속의 까딸루냐 자치주경찰에 관한 연구”, 유럽경찰연구 1권 1호(2017).

이재란 · 신연수 · 조계표, “자치경찰제도의 발전방안에 관한 법적 제도적 연구”, 토지공법연구 96집, 사단법인 한국토지공법학회(2021).

이정원, “자치경찰사무의 관할갈등과 해결방안: 2021년 자치경찰제 시행에 따른 토지관할을 중심으로”, 2021년도 한국지방정부학회 동계학술대회 발표논문집.

이정원, “현행 자치경찰제의 공법적 고찰 – 행정조직법적 분석평가를 중심으로”, 법학논총 52집, 숭실대학교 법학연구소(2022).

이종민, “가벼운 범죄 · 무거운 처벌 – 1910년대의 즉결처분 대상을 중심으로”, 사회와 역사 107집, 한국사회사학회(2015).

이종복, “자치경찰 시대 한국 경찰공무원의 직업윤리 확립방안에 관한 연구 : 부정청탁 및 금품 등 수수의 금지에 관한 법률과 관련”, 한국자치경찰논총 1권 1호(2022).

이진홍 · 박상진, “동물경찰제도 도입에 관한 연구”, 법학연구 20권 2호(통권 78호), 한국법학회(2020).

이창훈, “공공안전이냐? 사생활보호냐? CCTV 선호도와 관련된 요인 연구”, 경찰학논총 10권 2호(2015).

이철호, “고령화 사회와 간병범죄”, 한국민간경비학회보 15권 1호(2016).

이혁규 · 전정원, “자치경찰제도 전면 도입 과정에서의 아쉬운 점: 무어의 정치적 관리를 중심으로” 2021년도 (사)한국지방정부학회 하계학술대회 발표논문집.

이형식, 일본연구동향 : 『일본의 식민지 지배와 경찰: 1905~1945년』, 국민대학교 일본학연구소, 일본공간(2010. 5). 원본 : 松田利彦, 日本の朝鮮植民地支配と警察: 1905~1945年(校倉書房, 2009).

이혜령, “식민지 섹슈얼리티와 검열 – ‘도색(桃色)’과 ‘적색’, 두 가지 레드 문화의 식민지적 정체성”, 동방학지 164집(2013).

이화진, “식민지기 영화 검열의 전개와 지향”, 한국문학연구<35>, 동국대학교 한국문학연구소(2008).

이훈재, “제주자치경찰의 위상제고를 위한 수사기능강화에 관한 연구”, 한국경찰연구 16권 1호(2017).

임경호 · 양경민 · 좌동진, "캐나다 자치경찰제도에 관한 연구" 한국자치경찰논총 1권 1호(2022).

임혜경 · 하태수 · 박은순, "일선 경찰공무원의 행복 영향 요인 연구 : S시 근무 경찰공무원을 중심으로", 국정관리연구 14권 3호(2019).

장석헌, "경찰정신의 회고와 전망", 한국공안행정학회보 44호(2011).

장신, "식민지 조선의 금지된 이동-이동경찰(移動警察) 연구-", 인문과학연구<25-0>, 덕성여자대학교 인문과학연구소(2017).

장재성, "자치경찰 연구동향과 향후 연구과제", 경찰법연구 20권 1호(2022).

전용찬, "우리나라 경찰제도의 뿌리에 관한 고찰", 한국경찰연구 4권 1호(2005).

정근식, "구한말 일본인의 조선어교육과 통역경찰의 형성", 한국문학연구 32권, 동국대학교 한국문학연구소(2007).

정근식, "식민지 위생경찰의 형성과 변화, 그리고 유산-식민지 통치성의 시각에서", 사회와 역사(구 한국사회사학회논문집)<90>, 한국사회사학회(2011).

정근식 · 최경희, "도서과의 설치와 일제 식민지 출판경찰의 체계화(1926~1929)", 한국문학연구 30권, 동국대학교 한국문학연구소(2006).

정남철, "과태료 제도의 현안과 「질서위반행위규제법」의 개정방안", 법조 71권 1호(통권 751호), 법조협회(2022) 356~384면.

정덕영 · 최정환, "자치경찰제 도입과 관광경찰 운영 방안", 한국민간경비학회보 18권 1호(2019).

정도희, "경찰관 대상 공무집행방해 행위와 입법제안-울산지방법원 2021. 5. 14. 선고 2020고단2928 판결을 논의의 출발점으로-", 강원법학 65권, 강원대학교 비교법학연구소(2021).

정세종, "경찰조직내 수사지휘에 관한 법적 쟁점과 논평", 한국공안행정학회보 84호(2021).

정보성 · 김성환, "경찰조직 구성원의 세대 차이에 관한 연구", 한국경찰학회보 22권 1호(2020).

정우열, "경찰관의 승진 공정성 지각이 직무만족에 미치는 영향", 경찰학논총, 13권 3호(2018).

정지연・박현호, "주거시설 침입범죄 예방을 위한 방범인증시설 CPTED 사업의 효과 연구", 한국셉테드학회지 13권 1호(2022).

조민상・신승균, "고령범죄자 실태 분석 및 대응방안", 한국민간경비학회보 14권 1호(2015).

조민상, "사회재난극복을 위한 경찰의 역할 정립", 한국민간경비학회보 19권 특별호(2020).

조민상, "자치경찰제 시행에 따른 민간경비 협력 강화방안", 한국민간경비학회보 20권 특별호(2021).

조석영, "미국의 정보기관 조직과 활동 – 미 국가정보국을 중심으로-", 형사법의 신동향 통권 63호(2019).

조성규, "지방자치의 본질과 자치경찰제 논의", 행정법연구 50호, 행정법이론실무학회(2017).

조성제, "주민 안전 관련 자치입법 특성비교를 통한 실효적 자치입법 정비", 법학연구 30권 2호, 경상국립대학교 법학연구소(2022).

조용석・김혁, "경찰공무원의 직무 관련 소송 지원에 관한 연구", 경찰학논총 13권 3호(2018).

조제성・강소영, "자치경찰위원회의 역할이 자치경찰사무 선호도에 미치는 영향 – 치안서비스의 질과 범죄예방 정책의 효과성 제언을 중심으로 – ", 한국셉테드학회지 13권 1호, 한국셉테드학회(2022).

조현빈, "한국형 자치경찰제도의 도입과정과 내용에 대한 비판적 논의", 한국치안행정논집 18권 1호(2021).

조현빈, "경찰지역사회관계(PCR) 관점에서의 자치경찰활동 운영 방향", 한국민간경비학회보 20권 특별호(2021).

조호대, "노인학대 예방 및 대응에 대한 경찰의 역할", 한국치안행정논집 제19권 제1호(2022).

주대욱・양재열, "경찰법 전면개정(안)에 따른 특별사법경찰사무 고찰", 시큐리티 연구 65권(2020).

최선우, "영국경찰의 정당성 확보와 저하에 관한 역사적 연구", 경찰학논총 11권 4호(2016).

최성락 · 박경래, “경찰공무원의 연령별 인적 구조 변화에 관한 연구”, 한국공안행정학회보 44호(2011).

최순호, “제주자치경찰의 사무확장 및 인력확대에 따른 정책효과검증”, 한국테러학회보 14권 3호(2021).

최영관 · 정진수, “자치경찰제도 실질화를 위한 실천전략에 관한 연구”, 한국민간경비학회보 21권 1호(2022).

최은하, “「제주특별법」상 목적규정의 필요성”, 한국경찰연구 15권 4호(2016).

최종술, “외국 자치경찰제의 특징과 시사점 – 영국, 일본, 미국을 중심으로 –”, 2019년 추계 대한지방자치학회 학술대회 발표 논문.

최종술, “한국의 자치경찰제 도입 갈등의 프레임 분석”, 한국자치행정학보 33권 1호(2019).

최종술, “‘한국적’ 자치경찰제 만들어야”, 월간 공공정책 199권, 한국주민자치학회(2022).

Jin U. Choi (2016) “The Research on the Local and State Policing in the United States -Including Special Purpose Police Organizations-”, 자치경찰연구 9권 2호(2016).

Jin U. Choi · Alexander Fay, “Research on Municipal Policing in the United States and the United Kingdom”, 자치경찰연구 10권 2호(2017).

최진욱 · 양현호, “미국의 경찰제도와 국방 법 집행 기관에 관한 연구”, 자치경찰연구 8권 3호(2015).

최천근, “외국의 자치경찰제도에 대한 비교론적 고찰”, 자치발전, 한국자치발전연구원(2013).

최천근, “국가경찰과 자치경찰간의 합리적 사무배분에 관한 연구”, 한국지방자치학회보, 26권 2호(2014).

최철호, “지방자치단체의 도시안전에 관한 법정책 고찰”, 토지공법연구 66집, 한국토지공법학회(2014).

하동현, “일본 자치경찰제도의 변화와 함의”, 월간 공공정책 201권, 한국주민자치학회(2022).

한견우, "경찰의 주민근접성을 실현하기 위한 프랑스 자치경찰의 연혁과 발전-프랑스 자치시경찰의 법적 구조를 중심으로-", 법학논총 29권 3호(2017).

함인선, "日本植民地時代における行政法制", 법학논총 29권 2호, 전남대학교 법학연구소(2009).

허경미, "경찰의 범죄 대응능력의 진단 및 강화 방안에 관한 연구", 한국공안행정학회보 44호(2011).

허경미, "영국의 경찰개혁 : 경찰 및 범죄 총감제의 정착과 시사점 연구", 경찰학논총 13권 4호, 경찰학연구소(2018).

허경미, "자치경찰제법(안)상 자치단체장의 자치권한 행사 제한과 관련된 쟁점", 경찰학논총 14권 4호(2019).

허용훈・문유석, "지역경찰활동에 대한 주민협조의 실태와 영향요인: 경찰관의 인식분석을 중심으로", 지방정부연구 17권 4호(2014).

허준, "학교전담경찰제도를 통한 학교경찰의 발전방안", 한국민간경비학회보 제14권 제2호(2015).

허준, "한국형 자치경찰제의 입직제도에 관한 연구", 한국경찰학회보 22권 1호(2020).

홍명기・민수홍・조은비, "다문화 청소년의 비행 원인에 대한 연구: 사회통제이론과 일상활동이론을 중심으로", 형사정책 32권 3호(통권 63호)(2020).

홍승표・신소라. "권력기관 개혁에 따른 경찰의 수사권 변화에 관한 시민인식 조사", 한국경찰연구 21권 2호(2022).

홍승표, "한국형 자치경찰제도 인식조사", 한국경찰학회보 24권 2호(2022).

황문규, "제주자치경찰 비판에 대한 비판적 고찰-제주자치경찰의 정체성을 중심으로-", 경찰학논총 10권 2호(2015).

황문규, "자치경찰제 도입과 수사권조정의 상관관계에 대한 연구: 연혁적 고찰을 중심으로", 한국민간경비학회보 15권 1호(2016).

황문규, "경찰개혁: '경찰을 경찰답게' 만들기 위한 경찰조직 재설계", 법학논총 39집, 숭실대학교 법학연구소(2017).

황문규, "(국가경찰 중심의) 일원적 자치경찰제에 관한 고찰 : 김영배 의

원안의 경찰법 개정안을 중심으로", 한국경찰연구 19권 4호(2020).

황문규, "자치경찰제 도입 추진상의 문제점과 대응 전략", 경찰법연구 18권 1호(2020).

황문규, "자치경찰에 대한 민주적 통제 방안", 한국경찰학회보 22권 3호(2020).

황문규, "자치경찰제 설계 모델 검토 : 자치경찰의 수사를 중심으로", 형사정책 32권 1호(통권 61호)(2020).

황문규, "자치경찰제 : 지방행정과 치안행정의 연계를 중심으로", 자치발전 <2020-5>, 한국자치발전연구원(2020).

황의갑・한성일, "경찰에 대한 신뢰도에 영향을 미치는 표현적・도구적 요인 : 한국과 몽골 시민들 간의 비교연구", 한국경찰연구 15권 4호(2016).

황정용, "위기청소년 문제의 근본적 해결을 위한 학교전담경찰관의 역할 변화 모색－범죄와 싸우는 전사에서 회복적 사법의 일원으로", 한국경찰연구 21권 1호(2022).

浦中千佳央, 「日本自治警察制度の問題点と發展方策：國、地方、民間の役割り変化」, 한국공안행정학회보 75호(2019).

咸仁善, "日本植民地時代における行政法制 －今日の「法律による行政の原理」から見た場合－", 법학논총 29집 2호, 전남대학교 법학연구소(2009).

자 치 경 찰 법

차 례

제 2 편 경찰법 해설

자치경찰법 해설

제1편 대한민국 경찰의 역사와 자치경찰 도입 경위

'경찰'이라 함은 형식적으로는 실정법에 따라 보통경찰기관이 담당하는 모든 작용을 말하고, 실질적으로는 직접 사회 공공의 안녕과 질서를 유지하기 위하여 일반통치권에 근거하여 국민에게 명령·강제하는 권력적 작용을 말한다.[1]

경찰은 그 목적에 따라 행정경찰과 사법경찰로 나뉜다. 행정경찰은 실질적 의미의 경찰을 말한다. 사법경찰은 수사·범인체포를 비롯한 국가형벌권에 기초한 활동으로서, 형사소송법에 따라 특정한 범죄에 대한 수사를 담당하는 것을 말한다. 행정경찰은 행정법원리의 적용을 받는 반면, 사법경찰은 형사법원리의 적용을 받으므로, 업무의 성격이나 법원리가 많이 다르다. 이러한 구분은 1795년 프랑스에서 시작되어 유럽 여러 나라에서 일반화되었다. 그러나 지방분권과 자치경찰이 발달된 영미법계 국가에서는 이를 구별하지 않고, 사법경찰사무를 일반경찰사무의 기본적 업무로 이해한다.[2] 우리 경찰은 대륙법계 국가의 전통과 조직을 가지고 있으면서도, 사법경찰이 행정경찰의 그늘 아래 엄격히 분리되지 못한 채 운영되고 있다.

경찰의 기능은 전통적 기능으로 사전적·예방적 기능인 질서유지기능과 사후적·진압적 기능인 법집행기능으로 나누고, 20세기부터 지역사회 봉사기능이 추가되었다.[3]

---

1) 양영철, 자치경찰론 36면.

2) 김창문, "한국 경찰학의 이론적 고찰", 법학연구 21집, 한국법학회(2006) 413면 이하.

대한민국경찰은 1948년 정부수립 이후에 탄생하였으나, 우리 경찰의 탄생배경을 보지 않고는 현행 대한민국 경찰조직의 특성과 문화를 제대로 파악할 수 없다. 물론 조선시대 이전에도 경찰업무를 담당하는 국가나 지방의 조직이 있었지만,[4] 일반행정과 조직이 분리된 근대적 의미의 경찰은 아니었다.[5] 비록 타율적이지만 우리나라에 근대적 의미의 경찰제도가 도입되어 시행된 것은 일제강점기였다. 일제강점기 시대의 경찰은 매우 강력한 조직으로서 우리 민족의 일상생활을 지배하였으며, 해방 이후 우리 정부가 설립된 이후로도 일제경찰의 잔제는 큰 영향을 끼쳤다. 따라서 비록 우리 정부의 경찰은 아니지만 일제강점기 경찰의 모습을 살펴보는 것은 의미가 있다.

해방 후 미군정기의 경찰조직 역시 엄격하게는 우리 디한민국 정부의 경찰이라 할 수는 없지만, 미군정의 간섭 아래서도 실제로는 우리나라 사람이 중심이 되어 운영한 경찰이고, 이 또한 대한민국 경찰의 전신이라 할 수 있으므로 연구 대상이 된다.[6]

대한민국 정부수립 후 우리 경찰은 역사의 회오리 한가운데에서 소용돌이 치면서 끊임없이 발전의 원동력을 키워 왔으므로 이를 개괄한다.

그동안 경찰의 민주화와 정치적 독립성을 확보하기 위한 국민의 열망은 컸으나 국민의 눈높이에서 볼 때 큰 효과가 있었다고 장담할 수는 없다. 이러한 목표를 달성할 수 있는 가장 기본되는 요소가 국민의 신뢰를 얻는 경찰이 되는 것이고, 이를 위한 가장 빠르고 정상적인 길이 다름 아닌 자치경찰제이다. 우리나라에서 자치경찰제는 제도적으로 이미 2006년에 제주특별자

3) 양영철, 자치경찰론 306면. 또한 자치경찰 개념에 사전적 예방적 위험방지 기능의 확대에 관하여; 박웅광, "자치경찰제와 실효적인 위험방어-경찰개념과 예방적 위험 방지를 중심으로-", 공법학연구 19권 4호(2018) 424면.

4) 조선시대 포도청과 일제 경찰에 관하여, 전용찬, "우리나라 경찰제도의 뿌리에 관한 고찰", 한국경찰연구 4권 1호(2005) 3면 이하.

5) 갑오개혁기(1894~1896))의 경찰제도와 조직에 관하여는, 류부곤, "근대 경찰제도 도입과정에 대한 법제도사적 고찰 -갑오개혁기에 창설된 경무청의 '근대성'을 중심으로-", 경찰법연구 18권 1호(2020) 3면 이하.

6) 경찰은 정부 수립 전인 1945. 10. 21. 미군정청 산하 경무국이 창설된 날을 기념하여 '경찰의 날'로 정하였다. 해방 후 소련을 등에 업은 반민주적 적대세력이 기승을 부릴 때 군대도 변변치 못하였던 상황에서, 경찰이 대한민국의 건국과 건국 후 국가를 수호함에 지대한 공을 세운 역사적 사실에 비추어 본다면 의미가 있다고 생각한다.

치도에서 시행되기 시작하여 이른바 이원제(二元制) 자치경찰제도로서 비고적 성공적인 모델이 되었다는 평가를 받았다. 문재인 정부에서도 제주자치경찰을 모델로 하여 자치경찰제를 도입하는 것으로 검토해오다가, 갑자기 연구도 부족한 상태에서 일원제(一元制) 형태의 자치경찰제를 도입하는 현행 경찰법이 시행됨으로써 많은 혼란을 겪고 있다. 이와 같은 자치경찰제 도입의 경위를 살펴보고, 우리 경찰의 미래를 생각해보기 위하여 다른 나라의 경찰제도와 제주자치경찰을 간단히 소개한다.

제1장 일제강점기의 경찰제도[7)]

1. 경찰력이 중심이 된 식민지배

가. 헌병경찰제

1) 일제강점기의 통치구조는 식민지 지배의 특성상 치안이 중심이 된 행정제도로서 경찰이 항상 통치구조의 중심에 있었다.[8)] 한일병합 이전에 이

7) 안용식, "일제하 한국인경찰 연구", 현대사회와 행정 18권 3호, 한국국정관리학회(2008) 191면 이하를 정리함; 일본인이 쓴 일본의 식민지 경찰이 관한 상세한 내용을 담은 책 소개는, 이형식, 일본연구동향 : 일본의 식민지 지배와 경찰 : 1905~1945년, 국민대학교 일본학연구소, 일본공간(2010. 5) 239면 이하. 원본: 松田利彦, 日本の朝鮮植民地支配と警察: 1905~1945年(校倉書房, 2009). 이 책은 ① 보호국시기, ② 무단통치시기, ③ 문화통치시기, ④ 1930년대 전반기, ⑤ 전쟁시기로 나누어 각각의 경찰제도 아래서 항일대책과 대민중정책을 조감한 본격적인 식민지경찰 연구이다. 시기적으로도 보호국시기부터 패전까지 전체 시대를 다루고 있을 쁜만 아니라 그동안 그다지 주목받지 못했던 고문경찰이나 경제경찰 등에 대해서도 실증적으로 분석했다는 평을 받는다.

8) 위생 업무까지도 이를 전문적으로 다루는 일반 행정부서가 아닌 경찰이 담당하였고, 이러한 유산이 해방 후에도 상당 기간 계속되었다. 정근식, "식민지 위생경찰의 형성과 변화, 그리고 유산 -식민지 통치성의 시각에서", 사회와 역사(구 한국사회사학회논문집)<90>, 한국사회사학회(2011) 221면 이하; 김진규, "일제 식민지 시기 위생조합제도의 형성과정 -경찰 관변기구화를 중심으로-", 한국사론<66-0>, 서울대학교 국사학과(2020) 79면 이하; 박정애, "조선총독부의 성병예방정책과 '화류병예방령'", 사림(성대사림) 55권, 수선사학회(2016) 299면 이하.

미 일제는 구 한국경찰과 함께 일본헌병을 투입하여 치안을 담당하고 있었고,[9] 1910. 6. 2.에는 한국정부로부터 경찰권을 박탈하였다. 러일전쟁 후 이토 히로부미(伊藤博文) 초대 한국통감은 치안의 주체를 일본군에서 한국경찰에 옮기는 동시에 일본인 경찰고문을 활용해서 한국경찰을 충실하게 하는 구상을 하였지만, 1907년 이후 고양된 의병운동을 진압하기 위한 헌병대가 대량 투입되어 헌병대의 발언권과 권한이 강화되는 상황에서 이토의 치안 구상은 수정될 수밖에 없었다. 1910년 6월 문관경찰을 헌병대가 흡수합병하는 형태로 헌병경찰제도가 확립되어, 일제는 경찰사무를 완전히 장악하면서 헌병대와 경찰관을 통합하여 '헌병경찰제'를 확립하였다. 즉 헌병이라는 군사력을 경찰력에 합쳐 폭력적인 물리력을 행사하는 식민지 지배체제를 구축하였다. 일본 본토에서도 자치경찰이 아닌 국가경찰체제로 운영되었지만, 그보다 더 강력한 체제인 헌병경찰제가 운영되는 식민지인 한국에서 자치경찰이라는 개념 자체를 생각할 수 없는 상황이었다.

2) 구체적으로 보면, 한국주재 헌병대 사령관이 경무총장을 겸임하고 각 지방의 도경무부장을 헌병대장으로 충원하였으며 종전의 경찰관과 헌병경찰관을 합쳐 조직을 하나로 정비하였다. 경무총장 아래 경무부장은 각 도 헌병대장으로 충원하였고, 경무부장은 도장관의 명령에 따라 도행정 집행을 보조하거나, 지방경찰사무에 관하여 도장관의 명을 받아 필요한 명령을 발령하거나 처분을 할 수 있었다. 경찰관서에 순사 이외에 한국인을 순사보로 채용하였는데 순사는 판임관의 대우를 하고 순사보는 헌병보조원에 준하는 취급을 받았다. 한일합방으로 조선총독부가 설치된 뒤에도 1919년까지 이 제도는 그대로 답습되었다.

3) 일본 식민지 경찰의 특징은 법관이 아닌 경찰이 즉결처분권과 신체구속권을 가지고 있었다는 점이다. 식민지 한국에서 즉결처분을 통해 한국인들의 정서에 맞지 않게 엄벌을 받은 대상은, ① 경찰범처벌규칙 위반자들, ② 조선삼림령·묘지규칙 등 위반자들, ③ 매춘·미신·기복행위[10]·불법의

9) 그 당시 한국어를 구사할 줄 아는 일본경찰의 역할에 관하여는 정근식, "구한말 일본인의 조선어교육과 통역경찰의 형성", 한국문학연구 32권, 동국대학교 한국문학연구소 (2007) 7면 이하.

료행위·도박 등의 행위를 한 사람들이었다. 형벌의 종류도 구류나 과료뿐만 아니라 3개월 이하의 징역·금고나 벌금형도 처벌할 수 있었다. 이를 통하여 일본 경찰은 법관의 영장 없이 3개월 동안 한국인들을 좁은 유치장에 잠도 잘 수 없을 정도로 여러 명을 구금하였다. 또한 조선형사령에서 사법경찰에 허용한 '급속처분권'에 따라 14일간 피의자를 유치하면서 고문하고 수색·물건압수·피의자나 증인의 신문 또는 감정을 하였고, 기간이 지나면 다시 다른 사유로 유치하여 기간을 연장하였다. 한편 명확한 혐의가 보이지 않으나 단기적으로 조사·구금하기 위하여 3일간 검속도 할 수 있었다. 1914년 7월에 공포된 행정집행령(제령 제23호)에 따른 '예방검속'이 그것이다. 집행 대상에는 두 종류가 있는데, 만취자·정신병자 등은 '보호검속'을 하고, "폭행, 투쟁, 기타 '공안을 해칠 우려'가 있는 자"가 '예방검속'의 대상이었다. 이러한 일본 경찰의 막강한 권한은 해방 이후 오랫동안 우리 경찰의 업무방식에 어두운 영향을 주었다.[11]

나. 보통경찰제 도입

1) 이러한 제도는 식민통치 10년을 경과하면서 변화가 이루어졌다. 즉 1919년 3. 1운동이 일어나면서 사회가 급변하였고, 문치주의의 요구가 높아짐에 따라 총독정치를 근본적으로 개혁하면서 헌병을 수뇌로 하는 경찰제도를 철폐하고 보통경찰재로 바꾸었다. 1919년 8월 총독부관제를 개혁하면서 총독부에 경무국을 신설하여 전국의 경찰·위생사무를 감독케 함과 동시 종래의 경찰관제를 폐지하였다. 일본의 제도에 준하여 경찰권을 도지사에게 이양하고 도사무관을 경찰부장에 보임하였다. 또한 각 부군에 경찰서를 설치하고 경시·경부를 경찰서장으로 하였다. 경시·경부 밑에 경부보를 두었고 종래 한국인만 임명하던 순사보 계급을 폐지하고 일률적으로 순사로 하여 일본인 경찰과의 차별을 철폐하는 형식을 취하였다.

---

10) 굿을 하는 것은 종교적인 측면을 떠나서 수 천 년에 걸친 우리 민족의 전통과 문화인데도 불구하고, 일본 경찰은 이들을 검거하여 처벌함으로써, 한민족의 정체성을 파괴하여 조선을 일본화하려는 식민지 정책을 경찰 영역에서 충실히 수행하였다.

11) 이종민, "가벼운 범죄·무거운 처벌-1910년대의 즉결처분 대상을 중심으로", 사회와 역사 107집, 한국사회사학회(2015) 7면 이하.

2) 보통경찰제를 도입하였다 하더라도 일본경찰은 한국인의 모든 생활 영역에서 일거수 일투족을 감시하였고[12] 특히 이동경찰을 설치하여 한국인의 이동을 철저히 단속하였다.[13]

다. 전시통제경찰

1939년 '방호과'가 설치되었는데, 이는 중일전쟁을 일으킨 일제가 한국에서 방공을 충실화하기 위한 조치였다. 이후 1940년대에 들어와 전쟁 수행에 필요한 식민지경제를 동원하기 위한 강력한 통제경제를 실시하기 위하여 '경제경찰과'를 설치하였다. 특히 1944년 8월 '방위본부'를 설치하면서, 치안확보를 위해 도시공장 및 연안 주요지 경비를 위해 도에 '특별경찰대'를 설치하였고, 패전의 위기 속에서 징용과 같은 강제동원에 비협조적인 한국인에 대한 검거와 탄압을 위해 '검열과'[14]를 설치하였다. 이 시기의 경찰은 경제 활동의 모든 면에 깊게 관여하여 강제동원을 포함한 전시동원의 수행기관이었다고 할 수 있다.

2. 경찰관 임용 방식의 정비

1) 일제가 한국을 식민지배하는 동안 일제경찰은 언론·집회·결사·정치활동 등을 면밀히 통제하였고 고등경찰을 중심으로 식민지 한국을 예속하는데 전위대의 역할을 담당하였으며, 경찰제도는 그 역할을 충실히 할 수 있는 방향으로 정비되었다.

2) 그 과정에서도 일본이 채택한 현대적 인사제도의 틀이 도입되었다.

---

12) 출판경찰의 철저한 검열시스템의 확립에 관하여는, 정근식·최경희, "도서과의 설치와 일제 식민지 출판경찰의 체계화(1926~1929)", 한국문학연구 30권, 동국대학교 한국문학연구소(2006) 103면 이하.

13) 장신, "식민지 조선의 금지된 이동-이동경찰(移動警察) 연구-", 인문과학연구 25권, 덕성여자대학교 인문과학연구소(2017) 115면 이하.

14) 일제경찰의 일반적인 검열과 관련하여, 이화진, "식민지기 영화 검열의 전개와 지향", 한국문학연구 35권, 동국대학교 한국문학연구소(2008) 417면 이하; 이혜령, "식민지 섹슈얼리티와 검열-'도색(桃色)'과 '적색', 두 가지 레드 문화의 식민지적 정체성", 동방학지 164집(2013) 229면 이하.

일제경찰은 시험에 의한 경찰채용제를 엄격히 시행되었다. 이는 명치 후기에 확립된 일본의 엄격한 성적주의 원칙을 식민지 한국에 적용하였기 때문이다. 경찰의 하급직인 순사에서 중간 간부직인 경부보 임용에서도 엄격한 시험제를 실시하였다.[15] 중간 간부직에는 일반 행정직 채용시험에 합격한 사람도 경찰에 임용되었고, 그것이 판임관채용시험(보통고시)제도였다. 다만 이러한 시험제로 임용되는 한국인은 그 수가 많지 않았으므로, 경찰직의 중간 간부직 이상은 거의 일본인이 차지하고 한국인은 주로 하급직에 임용되었다.

3) 일제가 채택한 한국인경찰 인사의 특징은 출신지 운용, 즉 연고주의에 따른 보직관리를 철저히 하였다는 점이다. 이는 원래 일본 경찰의 인사원칙이기도 하지만, 특히 한국에서는 당해 지역에 정통하고 경찰력 행사에 협조를 얻기 쉽게 하는 효과가 있었다고 보인다.

4) 일제 경찰직에 재직하였던 한국인 가운데는 광복 후에도 경찰직에 기용되는 경우가 많았다.[16] 광복과 더불어 경찰행정을 담당할만한 인재가 부족하였고, 좌우대립이 극심한 상황도 있었지만, 이들이 한국경찰의 주요직에 몸담았고 인적 시스템과 함께 운영 체계에도 많은 영향을 끼쳤다.

제2장 미군정기의 경찰[17]

1. 미군정 정책의 기본노선

가. 극심한 혼란

일제로부터 해방된 이후 미군은 1945. 9. 9.부터 1948. 8. 15.까지 이른바

15) 다만 합병 초기에는 대한제국에서 근무하던 경찰들이 그대로 조선총독부 경찰로 임용되는 과도기적 현상이 있었다.

16) 1938년 기준으로 경찰관 21,782명 중 일본인은 12,985명, 한국인 8,797명이었다. 해방 직후 경찰에서 경찰총장 1명, 총경 30명 중 25명이, 경감 139명 중에서 104명이, 경위 969명 중 806명이 일제경찰 출신이었다. 박준휘, 자치경찰제연구(I) 183면 참조.

17) 김창윤, "미군정기 치안정책연구", 한국공안행정학회보, 33호(2008) 11면 이하를 정리하였다.

'임자 없는 땅'이 된 남한을 통치하였다. 미군정청 아래 1945. 10. 21. 경무국을 개설하여 경찰업무를 진행하다가,[18] 1946년 경무국을 경무부로 승격시켰다. 미군정청은 정부수립 후 경찰의 모형으로 미국과 같이 기초자치단체에 자치경찰을 도입하려 하였다.[19] 그러나 식민지에서 해방된 한국은 좌·우익의 극심한 대립 속에서 정치적 혼란과 무질서가 발생하였으며, 일제의 식민지수탈과 무리한 전쟁 수행으로 극심한 경제적 위기와 사회혼란 상황에 직면해 있었다. 이러한 상황에서 경찰력을 분산할 여유가 없었기 때문에 식민지 치안체제를 유지하면서 강력한 중앙집권적인 경찰제도를 채택하였다. 다만 신생 독립국가를 준비하는 상황에서 권력의 공백기를 장악한 경찰의 강력한 힘이 정치적으로 이용될 우려가 있었기 때문에 정치적 중립을 지키는 것을 가장 큰 관심사로 삼았다.

나. 일제의 경찰체제 유지

미군은 군정 초기에 전술군을 파견하여 치안을 유지하는 직접통치를 하면서, 일제의 식민지 치안체제를 그대로 이용한 중앙집권적 체제를 구축하였다. 1945년 4월 취임한 트루만 미대통령은 소련에 대한 '봉쇄정책(Containment Policy)'을 세계정책의 기본노선으로 정하였고, 미군정 사령관인 하지(John Reed Hodge)중장은 남한에 공산주의 소련의 방파제를 구축하고 공산주의 확대방지라는 '반소·반공체제 구축' 정책을 시행하였다. 미군정의 정책은 대한민국 통치체제의 각 분야에 걸쳐 기본적인 토대 수립에 지대한 역할을 하였고, 당연히 미군정 이후 전개되는 우리 경찰체제의 특징과 치안제도 발전을 이해하기 위한 출발점이 된다.

---

18) 이날이 대한민국 경찰의 날이 되었다.

19) 해방이 된 1945. 8. 15.부터 10일 동안 한국인 경찰관에 대한 폭행과 협박이 111건이고 경찰서에 대한 습격이 149건에 이를 정도로 국민들의 경찰에 대한 반감이 극에 달하였다. 그래서 기존의 식민지 경찰체제로는 국민의 반감을 가라앉히기가 불가능하다고 생각하여 국가경찰을 해체하여 경찰의 이미지를 개선하는 한편 미국식 자치경찰제를 도입하려고 한 것이다. 양영철, 자치경찰론 153면.

2. 좌익세력의 준동과 중앙집권적 치안체제

가. 좌익폭동의 진압

미군정의 초기상황은 정치적으로는 좌익세력이 주도한 '내부혁명'적 상황이었으며, 사회적으로는 좌・우대립에 의한 사회혼란이 극심한 분열상을 겪고 있었다. 이러한 상황에서 공산주의자들을 배격하기 위한 이념적 요소가 중앙집권적 치안체제 구축이라는 치안정책 형성에 커다란 영향을 미쳤다.

특히 조선정판사 위조지폐사건으로 공산당원들이 체포된 1946. 5. 이후 공산당은 그동안의 비폭력 정치공작 전술을 변경하여 폭력투쟁전술로 전환하였다. 그 대표적인 예가 '9월 총파업'과 '10월 대구사건'이었다. 군정 경찰은 '10월 대구사건'을 성공적으로 진압함으로써 국내 좌익세력과의 전투에 대한 자신감과 중앙집권화된 경찰의 힘을 확신할 수 있었다. 그 후 경찰은 1947년 '3・1절 소요' 및 '8・15 소요'에서 '제주 4・3사건'에 이르기까지 모든 저항운동을 와해시켰다.

나. 선거를 주관한 경찰

군정경찰은 1948. 5. 10. 남한 단독선거를 치르기 위하여 '중앙선거경찰위원회'를 조직하여 사실상 선거를 주관하였고,[20] 그리하여 제주도를 제외한 남한 전역에서 UN의 감시하에 총선거가 무사히 치러졌으며, 남한 단독선거에 반대하는 국내 좌파세력의 '5・10선거' 반대투쟁에도 불구하고 경찰은 '대한민국'을 출범하는데 결정적인 공헌을 하였다. 이러한 연유로 치안제도는 중앙집권적인 경찰체제의 모습으로 나타났고, 이때 창설된 경찰제도는 이후의 한국경찰제도의 뿌리가 되어 지금까지도 커다란 영향을 미치고 있다.

다. 강력한 중앙집권적 경찰

미국은 전통적으로 치안문제를 자치경찰제로 운영되는 나라로서, 군정경찰

---

20) 당시의 혼동과 무질서의 상황에서 경찰이 사실상 선거를 주관할 정도로 중요한 역할을 하게 된 것은 어쩔 수 없는 선택이었다 하더라도, 그 후 대한민국 정부가 수립된 후에도 경찰이 부정선거에 개입함으로써 중립성과 국민들의 신뢰를 잃은 것은, 국가적으로는 물론이고 경찰의 건전한 발전에 부정적인 영향을 미친 아쉬운 부분이다.

을 운영하는 주체를 누구로 할 것인가에 관하여 많은 논의가 있었다. 그러나 군정경찰은 강력한 중앙집권적 국가경찰 또는 전투경찰의 형태를 취하게 되었다. 이에 대한 배경 논리가 ① 국토가 분단되어 협소하며, 공산주의자들의 침략이 예상되고, ② 통일된 조직이 되어야 효율적인 업무수행이 가능하며, ③ 지방재정이 빈약하여 자치경찰을 운영할 능력이 없다는 것이었다.[21] 이에 따라 국가경찰로서의 국립경찰을 강화하기 위하여 자치경찰분야의 경찰행정권마저 도지사의 권한으로부터 분리하여 독립시켰다. 이러한 조직 문제는 그 후 일반행정관서와 경찰 사이에 권한 귀속 문제 등으로 논란을 낳게 되었고, 지금까지도 그 앙금이 남아 있다.

제3장 대한민국 경찰[22]

1. 역대 정부의 경찰

가. 이승만 정부(1948. 8. 15.~1960. 4. 26.)

1) 초대 이승만 정부는 경찰의 지휘권을 미군정으로부터 인수받아 내무부 장관 산하에 치안국[23]을 설치하고, 각 시도에 경찰국을 개설하였다. 정부수립 당시의 혼란과 북한의 남침전쟁에 따른 국방치안정책, 경찰군사화정책, 사회안정정책 및 경찰의 선거개입정책이 추진되었다. 경찰을 진두지휘하였던 최인규 내무부 장관은 64명의 비밀경찰을 내부 직원조차 모르게 특채하여 선거부정용으로 활용한 사실도 있다.

2) 전쟁이 끝난 후인 1955년 후반기에는 어느 정도 정국이 안정되고 지

21) 이러한 논리는 그 후 오랫동안 대한민국 경찰의 중앙집권화에 대한 명분이 되어 자치경찰 도입을 지연시키거나 아예 자치경찰에 대한 논의 자체를 할 수 없도록 하는 원인이 되었다. 지금도 많은 사람들의 뇌리에는 이러한 논리가 뿌리 깊이 각인되어 있다고 할 수 있고, 제대로 된 자치경찰제 도입에 장애요소가 되고 있다.

22) 김창윤, "역대 정부의 치안정책 분석 및 범죄추세분석에 관한 연구", 한국공안행정학회보 68호(2017), 37면 이하; 김창윤, "역대 치안총수와 인권정책에 관한 연구", 한국경찰학회보 20권 5호(2018) 20주년 기념호, 한국경찰학회 33면 이하.

23) '치안국'이라는 명칭은 1974년까지 사용되었다.

방자치가 실시되자, 자치경찰에 대한 관심이 높아져서 자치경찰제에 대한 논의가 활발한 시기도 있었으나 실현되지는 않았다. 이 시기의 경찰은 적대세력으로부터 국가를 방위하는 역할을 성공적으로 수행하였다는 긍정적 평가와 함께, 정권의 장기집권 유지를 위해 이용되었다는 부정적 평가도 있다.

나. 장면 정부(윤보선 대통령 1960. 8. 12.~1962. 3. 23.)

제2공화국 정부는 부정부패 경찰 추방, 경찰중립화, 사회안정 유지정책을 추진하려 하였지만 짧은 집권기관으로 아무런 성과도 없이 끝나고 말았다. 특히 이승만 정권의 유지를 위하여 맹목적으로 충성하였던 경찰에 대하여 4·19 혁명을 계기로 경찰개혁논의가 시작되었고, 부정선거에 동원된 경찰을 중립화해야 한다는 요구가 다른 모든 사회적인 이슈를 거의 잠식하다시피 하였다.[24] 장면정부의 경찰개편 중심기준은 민주성과 정치적 중립이라 할 수 있다. 민주성은 주민이 직선한 자치단체장과 의회가 자치경찰운영에 깊이 관여하는 것이며, 정치적 중립성은 자치경찰을 자치단체장과 지방의회로부터 분리하는 것이다. 이를 조화시키기 위하여 중앙과 지방에 공안위원회를 두고 공안위원회 구성을 다양화하여 민의를 반영하되, 경찰의 운영은 공안위원회가 하는 것이었다. 이러한 논의는 1960년 제2공화국 헌법에 근거하여 정부조직법 개정을 통해 일부 제도화를 시도하였으나 군사쿠데타로 좌절되고 말았다.

다. 박정희 정부(1963. 12. 17.~1979. 10. 26.)

1) 경제와 안보를 중시한 박정희 정부는 제3공화국과 제4공화국(유신정부)을 통틀어 시국치안정책과 안보치안정책을 추진하였다. 박정희 정부는 정권 발족 직후에 경찰정풍운동의 일환으로 군인 간부 120명을 경찰간부로 특채하여 이들로 하여금 경찰 운영을 주도하도록 하였다. 이들은 상관에 대한 절대충성이라는 군대문화에서 성장하였기 때문에 임명권자인 대통령에 대한 충성심이 다른 경찰간부보다 더 철저할 수밖에 없었고, 경찰조직은 더욱 중앙집권화의 길로 치달렸다.

2) 그 와중에 1969년에는 경찰공무원법이 제정되어 일반 국가공무원과

24) 여개명, "우리나라의 경찰법 제정 과정에 대한 비판적 담론분석 -제13대 국회 내무위원회의 '경찰중립화' 담론을 중심으로", 경찰학논총 14권 4호(2019) 203면 이하.

다른 특별법으로 경찰관 인사가 규율되기 시작하였고, 1974년 대통령 부인 저격사건을 계기로 내무부 산하의 치안국을 치안본부로 확대 개편하였다.[25)] 정책지향점은 국가의 존립과 번영에 위해를 주는 북한과 적대세력에 대응한 '국가안보 치안정책'의 강화였다. 이에 따라 경찰은 국가산업의 비약적 발전에 기여하였다는 긍정적 평가와 함께, 장기집권에 동원되었다는 불명예도 안았다.

라. 전두환 정부(1980. 9. 1.~1988. 2. 24.)

1) 12. 12. 군사쿠데타로 집권한 제5공화국은 정권의 정당성이 부족하였기 때문에 시국은 연일 민주화 데모로 불안한 상태에 있었다. 경찰의 주요업무는 민생치안보다는 데모진압 등 시국치안에 더 집중되어 있었다. 즉 전두환 정권은 정권 유지를 공안정국을 조성하여 해결하려 하였다. 정책지향점은 민주화 열망의 확산을 억압하고, 시민사회의 체제 도전을 진압하는 국가안보와 시국정보 치안정책을 추진하였다. 경찰은 대공경찰 확대정책, 치안정보 강화정책, 사회정화 검거정책을 통해서 민주화 운동을 탄압하는 악역을 맡았다. 이 시기의 경찰은 독재정권을 위한 민주화 운동 시위진압이 주된 역할이었고, 그러한 체제수호의 대가로 정권의 비호를 받았다.[26)]

---

25) 경찰의 최고기관은 정부수립 후 법적으로 내무부에 속한 국(局) 단위 부서에 불과하였으나, 1974. 8. 15. 육영수 여사 저격사건을 계기로 경찰활동이 강화되면서 1974. 12. 24. 내무부 치안국을 내무부 치안본부로 상향 개편하고 치안본부장을 차관급으로 승격시켰다. 치안본부는 치안국보다 높은 중앙행정기관이었으나 여전히 내무부 산하기관이었고, 지방경찰도 시도지사에 속한 국(局) 단위의 기관이었다. 치안본부는 1991. 7. 30. 경찰청으로 개편되면서 폐지되었다.

26) 전두환 정권 당시에는 검찰의 경찰에 대한 수사지휘권은 박정희 정부 때보다 위축되었고, 경찰이 특히 정권수호를 위한 시위진압과 함께 공안 수사에서 주도권을 가지게 되었다. 그러나 무리한 공안수사의 여파로 1986년 부천경찰서에서 발생한 서울대학생 권인숙에 대한 성고문사건이 발생하고, 1987. 1. 14. 치안본부 대공수사단의 물고문으로 서울대학생 박종철이 사망하는 불행한 사건이 발생하였다. 이를 계기로 이른바 6월 민주항쟁이 촉발하여 전두환의 장기집권 기도가 좌절되었다. 한편 1981년 경찰대학이 개교한 것도 경찰수뇌부의 요청도 있었지만, 정권 차원에서는 우수한 인재를 군 간부와 같은 체제로 양성함으로써 정권수호에 도움이 될 수 있도록 하기 위한 것이다. 경찰대학에서는 당시 군사정권의 성격에 맞추어 사관학교를 모델로 하여 경찰간부를 교육함으로써, 경찰이 군대와 같은 엄격한 상명하복의 조직이 되고 더욱 군사화되는 결과를 낳았다. 한편 그에 따라 많은 우수한 인재를 경찰간부로 영

2) 특이할 만한 점은 군부독재정권이 기승을 부리던 1985. 12. 치안본부가 '2000년대를 향한 경찰 발전 방향'이라는 기획안에서 장기적으로 자치경찰제 도입안을 마련하였다는 점이다. 그 내용은 시・도단위 자치경찰제를 도입하여, 시・도경찰위원회 관리 아래 지방경찰청을 설치하고, 경정 이상은 국가직으로, 경감 이하는 지방직으로 이원화한다는 것이다.[27] 군부독재의 암흑기인 그 당시 다른 곳도 아닌 치안본부에서 마련한 자치경찰제 도입안이 현재 우리 자치경찰제보다 오히려 제도적으로 앞선 것으로 보인다.

마. 노태우 정부(1988. 2. 25.~1993. 3. 24.)

전 국민의 민주화 열기를 등에 업고 직선제 헌법개헌을 통해 집권한 노태우 정부는 민주화 추진과 탈권위화, 인권보장을 위한 정책을 추진하였고, 오랫동안 유지해왔던 군사정부의 잔재가 급속도로 사라지고 여러 분야에서 민주적으로 운영되기 시작하였다. 이러한 민주화 분위기에 맞추어 경찰도 과거 군사정부에서와 같은 정권의 시녀라는 오명에서 벗어나라는 여론의 압력이 강해졌다.

(1) 경찰법 제정

노태우 정부에서는 박정희 정부 이후 잠잠했던 경찰중립화와 민주화의 논의가 다시 촉발되었고,[28] 야당의 발의로 1991. 5. 31. 경찰법이 제정되면서 이 체제는 2021년 자치경찰제를 도입한 현행 경찰법이 태어날 때까지 계속되었다. 이에 따라 내무부장관 소속 아래 외청으로 경찰청을 신설하고, 경찰청의 사무를 지역적으로 분담 수행하기 위하여 시도지사 소속 아래 지방경찰청을 설치하였다.[29] 또한 경찰행정에 관한 일정한 사항을 심의・의결하기 위해 내무부에 경찰위원회를 두는 한편, 지방행정과 치안행정의 업무협조와

입한 것은 경찰로서는 큰 수확이었고, 수사권 독립의 긍정적인 명분이 되었다.

27) 양영철, 자치경찰론 71면.

28) 당시의 상황은 민주화의 결실로서 탄생한 제6공화국 헌법에 따라 지방자치제가 부활하였고, 민주화 과정에서 경찰의 고문치사, 성고문, 과잉 진압과 같은 비민주적 전력 때문에, 국민들로부터 경찰의 민주화와 경찰개혁의 요구가 빗발치던 때였다.

29) 당시에는 경찰청장 소속 아래 해양경찰청을 두고 해양경찰청장 소속 아래 해양경찰서를 두었으며, 지방경찰청장 소속 아래 경찰서를 두었다.

필요한 사항을 협의·조정하기 위해 시도지사 소속 아래 치안행정협의회를 두었다.30)

(2) 경찰의 중앙집권화 심화

경찰법 제정에 따라 경찰 인사는, 경찰청장은 경찰위원회의 동의를 거쳐 내무부장관의 제청으로 국무총리를 거쳐 대통령이 임명하고, 총경 이상의 모든 경찰관을 경찰청장의 추천을 받아 대통령이 임명함으로써, 경찰법 제정 이전보다 더욱 강력한 국가경찰체제를 유지하였다. 경찰사구 운용의 면에서도 내무부에 심의·의결기관인 '경찰위원회'를 둔 것과는 달리, 시도지사에게는 협의·조정기관에 불과한 '치안행정협의회'를 두도록 하여, 경찰사무에 대한 시도지사의 관여를 배제하였다. 그 배경에는 그동안 관선 자치단체장이 관리해오던 지방경찰조직을, 자치단체장이 민선으로 되면서 그 권한을 박탈하여, 소속만 종전대로 지방자치단체에 남겨두고 실질적인 조직과 권한을 경찰청에 집중시키기 위한 것이었다. 일반행정 분야에서 지방자치제가 부활하였지만, 경찰행정 분야에서는 오히려 중앙집권화가 강화되면서 자치경찰이 후퇴한 것으로 볼 수 있다.

바. 김영삼 정부(1993. 2. 25.~1998. 2. 24.)

문민정부를 내세운 김영삼 정부는 실질적 경찰중립화 정책과 경찰행정 쇄신정책 및 국가안보와 시국정보 치안정책을 추진함으로써 전통적인 국가경찰체계를 유지하였다. 다만 학원과 노동계를 통제하기 위해서 '신공안정국'을 만들면서 공안통제를 강화하였다는 일부의 비판도 있다.

사. 김대중 정부(1998. 2. 25.~2003. 2. 24.)

국민의 정부를 내세운 김대중 정부는 경찰의 수사권 독립보장과 절충형 자치경찰제 도입을 추진하였지만 성과는 미미하였다. 정책지향점은 경찰의 정치적 중립과 노동계의 국정파트너 인정에 따른 민생안정 치안정책이었다.

---

30) 치안행정협의회를 둠으로써 형식적으로는 이때부터 현행 경찰법이 채택한 일원화된 자치경찰제가 일부 도입되어 시행된 것으로 보일 수도 있다. 그러나 실제는 오히려 더욱 강력한 국가경찰체제가 확립되었다.

특이할 만한 사실은 김대중 대통령이 "경찰은 되도록 최루탄을 쏘지 말라"며 '자제령'을 내렸고, 이에 따라 경찰은 '무최류탄 인권정책'을 추진하였다.

아. 노무현 정부(2003. 2. 25.~2008. 2. 24.)

노무현 정부는 경찰의 수사권 현실화 정책과 주민생활 중심의 자치경찰제 도입정책을 추진하였다. 특히 2006년 제주도에 한정되었지만 자치경찰제를 도입하고, 인권변호사 출신 대통령답게 경찰청에 인권보호센터를 신설하고 전국 경찰서에 인권보호관을 지정했다. 또한 '피해자보호 매뉴얼'과 '인권수사 매뉴얼'을 작성하였다.

자. 이명박 정부(2008. 2. 25.~2013. 2. 24.)

기업활동의 중요성을 강조한 이명박 정부의 정책지향점은 법질서 확립과 실무적 경찰능력 강화를 위한 민생안정 치안정책의 강조였다. 특히 법질서확립을 강조하면서 사회안정을 추구하였으나, 광우병 시위 등을 주도한 일부 급진 단체들은 공안탄압이라고 강하게 반발했다.

차. 박근혜 정부(2013. 2. 25.~2016. 12. 9.)

여성 대통령답게 경찰관련 중요 국가정책은 성폭력·가정폭력·학교폭력·불량식품의 4대 사회악 근절이었다. 이에 따른 경찰의 치안정책으로 여성·청소년수사팀 확대, 성폭력분야 전담수사체계 확립 등을 추진하였다. 박근혜 정부에서도 자치경찰도입에 관한 많은 논의가 있었으나 탄핵정국으로 진전을 보지 못하였다.

카. 문재인 정부(2017. 5. 10.~2022. 5. 9.)

2017년 정부 출범과 함께 검찰·경찰·국정원 등 권력기관에 대한 대대적인 개혁 작업을 천명하였다. 자치경찰제 도입 및 경찰수사의 독립성 강화를 위한 국가수사본부 설치 등을 주요 내용으로 하는 현행 경찰법이 2021년 개정되었다. 이로써 경찰의 염원이던 수사권 독립은 이루었지만 자치경찰에 대한 실질적인 변화는 없고, 견제 장치가 제대로 마련되지 않은 비대화된 경찰을 만들고 말았다는 비판이 많다.

2. 대한민국 경찰의 실상과 과제

가. 부정적 유산[31)]

우리나라 현행 경찰제도는 일제강점기와 미군정기를 거치고 1948년 정부가 수립될 당시, 독립국가의 위상에 걸맞는 경찰제도를 구축하여 이를 계승하였다기보다는, 일제식민지시대 한국인을 지배하기 위해 만든 식민경찰제도를 답습하였고, 특별한 인적 청산 없이 식민경찰 당시의 인력을 거의 대부분 승계한 어두운 역사를 가지고 있다.[32)] 그 후 대한민국 경찰은 권위주의정권과 군사정권에 부역했던 정치경찰, 고문경찰, 어용경찰이라는 비난을 받는 부끄러운 과거를 가지고 있고, 민주화된 정부 아래서도 정치적 편향성에 관한 국민의 신뢰를 얻지 못하고 있는 것이 부정하기 어려운 사실이다.

나. 경찰의 규모와 효율적인 인사시스템 강구

1) 경찰관의 수는 김영삼 정부에서 유일하게 3% 감소하였으나, 그 후 계속 증가하여 김대중 정부는 1.33%, 노무현 정부는 4.7%, 이명박 정부는 4.9%, 박근혜 정부는 8.83% 증가하였고,[33)] 문재인 정부는 14.5%로 가장 큰 폭으로 증가하였다.[34)] 2022. 5.말 현재 대한민국 전체 공무원은 1,162,597명

---

31) 박준휘, 자치경찰제 연구(Ⅱ) 183면.

32) 해방 직후 경찰에서 경찰총장 1명, 총경 30명 중 25명이, 경감 139명 중에서 104명이, 경위 969명 중 806명이 일제 경찰 출신이었고, 1960년에도 이 상황이 크게 변하지 않아, 총경의 70%, 경감의 40%, 경위의 15%가 일제 경찰 출신이었다.

33) 김창윤·서샛별, “박근혜 정부의 치안정책 및 범죄추세 분석에 관한 연구”, 한국경찰회보 20권 6호, 한국경찰학회(2018) 113면 이하.

34) 박근혜 정부 시절 123,844명이던 경찰공무원은 문재인 정부에서 141,827명으로 17,983명 늘어, 전체 공무원에서 차지하는 비율이 12%에 이른다. 이는 의무경찰제도 폐지에 따른 경찰관의 충원 필요성도 감안된 숫자이다. 참고로 문재인 정부는 일자리 창출이라는 명목으로 모든 공무원의 숫자를 크게 늘였다. 문재인 정부가 끝난 2022. 5.말 대한민국 공무원 수는 1,162,597명이다. 대한민국 인구(5,162만명)를 기준으로 전 국민의 2.25%가 공무원인 셈이다. 문재인 정부 5년 동안 증가한 공무원 130,266명은 이명박·박근혜 정부 동안 증원 규모의 3배 수준이다. 사법부 공무원이 5.3% 감소한 외에는 모든 공무원이 늘었다. 그중 행정직 국가공무원은 19.8%가 증원되었으며, 가장 많이 늘어난 공무원은 소방공무원으로서 박근혜 정부 말 44,148명이 문재인 정부 말 66,587명으로 50%나 증가했다. 중앙일보 2022. 7. 19.자 참조.

이고 그 중 경찰공무원은 141,827명으로 12%를 차지하는 거대 무장 조직이다. 따라서 경찰에 대한 효과적인 인사시스템이 끊임없이 강구되어야 한다.

2) 문제점 중의 하나를 예로 든다면, 우리나라 경찰의 입직경로는 순경, 경장, 경사, 경위, 경감, 경정까지 무려 6가지 계급에 걸쳐 있을 정도로, 즉 6개의 입직경로를 가진 조직으로 매우 복잡하고 다양하다. 이는 국민들의 경찰입직 기회의 개방과 확대라는 측면에서는 큰 장점으로 작용하고 있으나, 이처럼 과도하게 다양화 하다보면 경찰관들 간의 협력과 팀웍면에서 단점도 적지 않게 나타날 수 있다. 현재 순경에서 치안정감까지 그 계급이 11개로 체계화되어 있는 만큼 중・장기적 차원에서 입직경로를 단순화시키는 것도 필요하다고 본다. 한편 계급체계가 많다 보니 계급에 따른 지나친 상명하복 관계나 승진에 대한 스트레스도 적지 않은 것으로 보인다.[35] 즉 경찰입직경로(入職經路)를 단순화시켜서 원칙으로 순경계급으로 입직창구를 일원화하고 특별한 경우에만 특정계급에 특채(예, 항공분야 등)를 허용하는 방법도 생각할 수 있다. 순경계급에 우수한 인력을 유치할 필요가 있는 것은 국민과 가장 접촉이 많은 계급이기 때문이다. 또한 계급도 단순화시키고, 최일선 현장에서 근무하는 경찰관에게 승진기회를 확대하는 등의 조치를 검토할 필요가 있다.[36]

다. 독립기관[37]

1) 우리나라 경찰이 가진 다른 나라에서 볼 수 없는 특징은 독립된 기관을 운영하고 있다는 것이다.[38] 정부수립 당시에 우리나라 경찰은 내무부

---

35) 박선영, "한국과 미국 경찰의 사회적 자본 비교를 통한 시사점 검토", 경찰학논총 13권 3호(2018) 227면 이하는 수평화된 미국 경찰과의 비교이다.

36) 신현기, "경찰인사구조의 개선을 위한 바람직한 방향", 자치경찰연구 8권 3호(2015) 8면 이하; 순경 채용 기준의 개선에 관하여는 이영우, "경찰 및 자치경찰 채용제도 개선방안 연구 -순경 채용기준을 중심으로-", 인문사회 21, 8권 6호(2017) 709면 이하; 자치경찰관의 입직에 관하여는 허준, "한국형 자치경찰제의 입직제도에 관한 연구", 한국경찰학회보 22권 1호(2020) 337면 이하(지역사회 거주제한과 지역사회 대학의 관련학과 인증제도 도입).

37) 양영철, 자치경찰론 41면 이하.

38) 이는 후진국가나 독재국가에서 군사조직이나 경찰조직이 일반 행정조직과 분리되어

치안국으로 출발하였다가 1974년 대통령 저격사건을 계기로 경찰권을 강화하기 시작하여 치안국을 치안본부로 격상시켰으나, 이때까지도 내무부 소속의 보조기관으로서 내무부장관의 지휘계통에 있었다. 그러다가 1991년 지방자치가 시행되면서 경찰조직에 큰 전환점이 되었다. 즉 경찰법 제정으로 경찰청을 둠으로써 내무부장관의 보조기관이 아닌 관청으로서 독립성을 가지게 된다. 내무부장관(현재 행정안전부장관)→경찰청장→지방경찰청장→경찰서장의 형태로 이어지는 일원적인 조직체계를 확립하되 내무부장관은 정치적 책임에 상응하는 지휘권만 행사하고 경찰청장에게 일선 서장과 경정 이하[39]의 인사권 행사를 비롯한 경찰력 운영과 관련된 독립적인 업무수행이 가능하도록 독자적 기능을 부여하였다. 또한 경찰청장의 임기를 2년으로 하는 임기제를 도입함으로써, 우리나라 경찰이 그동안 정치적 중립성을 지키지 못하고 정권의 하수인이라는 불명예를 불식시키고자 하였다. 그러나 경찰조직이 임기제이면서 외청으로 독립시킨 나라는 우리나라 외에는 찾기 어렵다. 유럽국가는 대부분 내무부장관의 직속 또는 보조기관이고, 미국은 주지사나 시장의 직속기관으로서 독립기관으로 운영되지는 않는다. 1991년 우리나라에서 독립된 경찰조직이 태어난 것은 정치적 중립성이라는 명분보다는, 민선자치단체에게 경찰권을 주지 않으려는 속셈에서 비롯되었다고 할 수 있다. 다시 말해서 경찰권 독립이라는 명분으로 국가경찰을 더욱 강화하고 당시 시행될 지방자치단체에 대한 국가의 통제를 강화하기 위한 의도로 독립된 경찰청을 운영한 것이다.

2) 현행 경찰법의 규정도 크게 달라진 바가 없다. 다만 지방자치단체의 간섭배제에 대한 담장을 허물고 자치경찰위원회를 시도지사 산하에 설치하여

독립적으로 운영되는 사례에서 보듯이, 경찰의 정치적 독립과 같은 어떠한 명분을 내세우더라도 경찰민주화의 측면에서 본다면 바람직한 형태는 아니다.

39) 총경 이상은 대통령이 민정수석실을 통하여 직접 인사권을 행사하였다. 관료조직의 측면, 특히 그 핵심 구성원이 직업관료들이 아닌 이들(대통령의 측근으로 청와대에 들어와 대통령의 임기와 함께 청와대를 떠날 비전문가들)의 인사권 행사는 밀실운영은 물론이고 인사기준이 없었다는 비난을 받았다. 윤석열 정부에서 이러한 민정수석실을 폐지하고 경찰인사를 행정안전부 경찰국에서 하게 된 것은 비정상적인 인사에서 내각의 직업관료조직에 의한 정상적인 인사로서 투명한 인사가 될 수 있다는 긍정적인 측면이 있다.

시도경찰청의 자치경찰사무를 통제하기 위한 통로는 만들어 놓았다. 그러나 자치경찰사무를 담당하는 조직과 경찰관이 여전히 국가경찰 소속이고 시도경찰위원회의 통제수단의 실효성도 기대하기 어렵기 때문에 오히려 국가경찰은 자치경찰사무까지 흡수하는 격이 되었다. 그 결과 경찰의 비대화를 초래하여 거대한 경찰조직을 누가 통제할 것인가는 더욱 중요하고 시급한 과제가 되었다. 경찰이 비대화되고 비민주적 조직이 되면 국민의 눈에 비치는 경찰은 한편으로는 두려움의 대상이 되지만 한편으로는 적대감의 대상이 되기도 한다. 국민들로부터 두려움과 적대감의 대상이 되는 조직은 결국 가혹한 개혁의 대상이 되고 경우에 따라 존폐의 기로에 설 수도 있음을 우리는 경험을 통해서 알고 있다. 이러한 현실을 우리 경찰이 가장 먼저 자각하고 스스로 경찰분권을 위한 노력을 함으로써 국민들의 우려를 불식해야 한다.

라. 소결론

위와 같은 부정적 유산[40]과 기형적 형태를 경찰개혁을 통해서든 자치분권의 과정에서든 깨끗이 털어내고, 세계 10대 경제대국이자 자유민주국가인 대한민국의 위상에 상응하는 '경찰다운 경찰'로 다시 태어남으로써, 국민의 신뢰를 한 몸에 받는 자랑스러운 경찰이 되어야 한다.[41] 이를 위하여는 누구보다 경찰 스스로의 자각(경찰정신의 확립이라 해도 좋다)[42]과 노력이 필요하고, 정치권을 비롯한 국민 모두가 함께 응원하고 힘을 합쳐야 한다. 경찰은

40) 우리 경찰의 역사성과 정통성 확립에 관하여는 김창윤, "경찰의 역사성 및 정통성 확립과 미래 치안개혁 과제", 한국공안행정학회보 75호(2019) 91면 이하. 이 글에서는 1919년 상해임시정부의 경무국(김구 선생이 초대 국장)을 우리 경찰의 공식적인 효시로 보고 정통성을 인정하고 있다.

41) 경찰의 신뢰도에 영향을 미치는 요인에 관하여는 황의갑・한성일, "경찰에 대한 신뢰도에 영향을 미치는 표현적・도구적 요인 : 한국과 몽골 시민들 간의 비교연구", 한국경찰연구 15권 4호(2016) 317면 이하.

42) 경찰정신의 자각에 대하여는, 신경수・김학관, "경찰정신에 대한 가치정립 방안 연구", 한국경찰학회보 22권 1호(2020) 151면 이하; 장석헌, "경찰정신의 회고와 전망", 한국공안행정학회보 44호(2011) 241면 이하(장석헌 교수는 경찰정신을, 국가에 대한 호국정신, 국민에 대한 봉사정신, 사회에 대한 정의정신, 경찰조직에 대한 주인정신, 경찰관 자신에 대한 청렴정신을 포괄하는 의미로 사용될 수 있고, 시대적으로 그 중심이 변동되었다고 한다).

그 나라 국격을 그대로 비추는 거울이기 때문이다.

제4장 자치경찰제

1. 대한민국 자치경찰제도의 도입 역사

가. 자치경찰제

자치경찰제는 '지방경찰이 지방정부(자치단체)의 권한과 책임 아래 지역주민의 의사에 따라 치안업무를 자주적으로 수행하는 제도'이고, 달리 말하면 '지방자치 단체내에서 지방자치공무원인 경찰관이 자치사무를 처리하는 제도'로서, 원래 지방분권이 발달한 국가들의 경찰제도이다.

1) 자치경찰의 개념에 관하여 민주성을 강조하는 견해(영국 모델)와 정치적 중립성을 강조하는 견해(일본 모델)로 나눌 수 있다. 전자는 지방자치단체를 중심으로 하여 자치경찰이 자치단체의 조직임을 강조하고, 자치경찰은 막강한 권한과 장비로 무장한 강제력을 가진 경찰관이 아니라, 주민과 가까이서 주민 친화적으로 업무를 처리하는 기관으로 굳이 수사권을 가질 필요도 없다는 견해(주로 지방자치나 행정학의 연구자)이다. 반면에 후자는 경찰기능과 경찰자치적인 관점에서 파악하여 자치경찰도 사법권을 집행하는 경찰의 일부로서 정치적 중립성이 유지되어야 하므로, 중앙정부나 자치단체의 간섭과 통제에서 벗어난 독립된 기구여야 한다는 견해(경찰청과 일부 경찰행정학자들의 견해)가 있다.43)

2) 1945년 일본의 식민지배로부터의 해방을 맞이한 후 미군정기를 겪은 이후 대한민국 경찰은 식민지 경찰체제를 청산하지 못한 '국가경찰제도'를 바탕으로 출범하였고, 그 후 점점 더 강력한 중앙집권적 경찰체제를 구축하게 되었다. 특히 1950년에 터진 6·25 전쟁의 영향으로 강력한 반공정책과 체

43) 후자의 입장에서 입법된 현행 자치경찰제에 대하여 모 자치단체장이 '자치경찰'이 아니라 '경찰자치'에 불과하다고 평가한 사실이 있다. 양영철, 자치경찰론 43면 이하에 위 2가지 견해의 차이를 자세히 소개하고 있다.

제수호를 위하여 중앙경찰의 역할을 축소시킬 수 없었던 점도 그 주된 이유 중 하나이다.

3) 중앙집권적 경찰조직과 함께 경찰 수뇌부에 과도한 권한이 집중되면서, 정치권의 권력과 연계가 되어 국민보다 정권을 먼저 생각하는 경우가 많았다. 그런데 역설적으로 그러한 현상이 오히려 경찰이 지키려던 정권을 무너뜨리는 단초가 되기도 하였다. 이승만 정부와 전두환 군부정권의 붕괴가 대표적인 사례이다. 이러한 관료적 경찰조직에 대한 대안이 바로 지방분권에 기초한 자치경찰제라 할 수 있다.44)

4) 우리나라 지방자치의 역사는 지방자치가 실시되었던 1950년대, 지방자치가 실시되지 않았던 1960년대에서 1980년대, 지방자치가 부활한 1990년대 이후로 구분할 수 있다. 양영철 교수는 우리 자치경찰제와 관련하여 ① 발아기(미군정~1960년), ② 논의 중단기(1961년~1980년대 중반), ③ 재발아기(1980년대 중반~1990년대 중반), ④ 활성화기(1990년대 후반~2000년도 초반), ⑤ 실천기 및 시범실시기(2006. 7. 1.~2020. 12. 31.), ⑥ 전면실시기(2021년 이후)의 시대별로 구분하고 있다.45) 이하 우리나라 자치경찰제 도입에 관하여 위에서 말한 '재발아기' 이후의 정부별 논의 내용을 살펴본다.

나. 노태우 정부

군사정부 이후 '자치경찰제도'가 다시 주목을 받기 시작한 것은 민주화와 탈권위화를 내세운 노태우 정부가 들어서고 1988. 5. 1. 시행된 '지방자치법' 개정 이후 지방자치제도가 부활한 때부터이다.46)

1) 당시 지방자치제의 부활47)은 민주화의 결실이었기 때문에 고문과 과

44) 양영철, 자치경찰론 348면.

45) 양영철, 자치경찰론 77면 이하.

46) 노태우 정부 이전인 제1공화국 정부가 1953. 9. 28. 자치경찰제 법률안을 국회에 발의한 사례는 있으나 시대상황상 별다른 주목을 끌지 못하였고, 제2공화국 정부에서는 경찰의 민주화와 정치적 중립화 논의와 함께 자치경찰제를 채택하려는 움직임이 있었으나 5.16 군사정변으로 결실을 맺지 못하였다.

47) 당시의 지방자치제도에 대한 열망을 담은 헌법재판소 1991. 3. 11. 선고 91헌마21 결정을 본다.
지방자치제도라 함은 일정한 지역을 단위로 일정한 지역의 주민이 그 지방주민의

잉진압의 부정적 이미지가 있었던 경찰 역시 개혁과 민주화에 대한 기대가 컸다. 그러나 실제로 1991년 제정된 경찰법에서는 민선자치단체장의 권한이 축소되고 더욱 강력한 국가경찰체제로 고착되고 말았다는 점은 위에서 살펴보았다.

2) 우리 국가경찰은 미군정 시절부터 지금까지 자치경찰에 대하여 호의적이지 않았다. 국가경찰도 1980년대 후반부터 정치가 민주화가 된 후에는 자치경찰 도입이 불가피하다는 점을 인식하여 자치경찰안을 적극적으로 만들기 시작하였지만, 이는 수사권독립과 자치경찰제도를 국가경찰에 유리하게 하려는 자기방어적 차원에서 움직인 것에 불과하다.

다. 김영삼·김대중 정부

김영삼 정부에서는 대통령 소속기구인 행정쇄신위원회의 제안과 야당의원

복리에 관한 사무·재산관리에 관한 사무·기타 법령이 정하는 사무(헌법 제117조 제1항)를 그들 자신의 책임하에서 자신들이 선출한 기관을 통하여 직접 처리하게 함으로써 지방자치행정의 민주성과 능률성을 제고하고 지방의 균형있는 발전과 아울러 국가의 민주적 발전을 도모하는 제도이다. 지방자치는 국민자치를 지방적 범위 내에서 실현하는 것이므로 지방시정(施政)에 직접적인 관심과 이해관계가 있는 지방주민으로 하여금 스스로 다스리게 한다면 자연히 민주주의가 육성·발전될 수 있다는 소위 "풀뿌리 민주주의"를 그 이념적 배경으로 하고 있다.

공업화·도시화·국제화의 추세가 가속되어 가고 있는 오늘날 우리나라처럼 국토도 협소하고 언어·풍속·문화·생활양식 등도 지방에 따라 현저한 차이가 없는 단일민족국가에서는 오히려 중앙집권의 강화가 바람직하다는 견해도 없지 않지만 지방자치제도는 현대 입헌민주국가의 통치원리인 권력분립 및 통제·법치주의·기본권보장 등의 제원리를 주민의 직접적인 관심과 참여속에서 구현시킬 수 있어 바로 자율과 책임을 중시하는 자유민주주의 이념에 부합되는 것이므로 국민(주민)의 자치의식과 참여의식만 제고된다면 권력분립원리의 지방차원에서의 실현을 가져다 줄 수 있을 뿐 아니라(지방분권) 지방의 개성 및 특징과 다양성을 국가전체의 발전으로 승화시킬 수 있고 나아가 헌법상 보장되고 있는 선거권·공무담임권(피선거권) 등 국민의 기본권의 신장에도 크게 기여할 수 있는 제도라고 할 것이다.

이와 같이 지방자치제도는 민주정치의 요체이며 현대의 다원적 복합사회가 요구하는 정치적 다원주의를 실현시키기 위한 제도적 장치로서 주민의 자발적인 참여·협조로 지역내의 행정관리·주민복지·재산관리·산업진흥·지역개발·문화진흥·지역민방위 등(헌법 제117조 제1항, 지방자치법 제9조 참조) 그 지방의 공동관심사를 자율적으로 처결해 나간다면, 국가의 과제도 그만큼 감축되는 것이고, 주민의 자치역량도 아울러 배양되어 국민주권주의와 자유민주주의 이념구현에 크게 이바지할 수 있다.

이 발의한 자치경찰제 법안이 국회에서 발의된 적이 있고, 김대중 정부에서도 자치경찰제 도입을 100대 국정과제 중 하나로 채택되었으며, 당정협의를 거쳐 자치경찰제 시안을 마련한 것 외에는 달리 특별한 입법 추진 활동은 없었다.

라. 노무현 정부

노무현 정부는 대통령 선거공약이었던 '자치경찰제도'의 논의를 활성화하여 국가경찰이 갖고 있던 권력의 분배와 경찰민주화를 위한 제도를 모색하였다.[48] 이는 지방분권을 적극적으로 실시하겠다는 차원에서의 공약이었다.[49]

1) 2005년 말에 정부안으로 제출된 자치경찰법안과 야당이 제출한 자치경찰법안은 모두 기초단위 자치경찰제를 채택한 것이었으나, 기초단위로 할 것인가 광역단위로 할 것인가를 두고 의견이 갈렸고, 광역자치단체의 반발도 거세,[50] 위 법안들은 모두 2008. 5. 29. 국회의원 임기만료로 폐기되었다.

당시 자치경찰제 추진실무단의 조직 구성은 주관부서인 행정자치부가 총괄팀, 경찰청은 제도팀, 자치단체가 운영팀을 맡았다. 이들 사이에 여러 가지 쟁점에 관하여 갈등이 많았는데,[51] 이들 쟁점들은 지금까지도 여전히 논쟁의 대상이 되고 있다. 대표적인 내용을 보면 아래와 같다.[52]

---

48) 2004. 1. 16. 제정된 '지방분권특별법'(5년 한시법) 제10조 제3항에는 지방행정과 치안행정의 연계성을 확보하고 지역특성에 적합한 치안서비스를 제공하기 위하여 자치경찰제도를 도입할 것을 국가의 의무로 규정하였다.

49) 경찰에게도 자치경찰제도는 오랜 숙원이었던 수사권 독립이라는 반대급부가 걸린 문제로서 마냥 반대할 수만은 없는 처지였다. 노무현 대통령도 자치경찰 없는 수사권 독립은 없다는 사실을 수시로 강조하였다. 이와 달리 그 후 문재인 정부는 검찰개혁의 차원에서 자치경찰을 경찰권 비대화의 대안으로 제시한 것이다. 자치경찰을 도입하는 목적이 경찰의 민주화가 아닌 단순한 권력기관 개편에 다른 부수적인 문제로 보았기 때문에, 결국 수사권은 검찰에서 경찰로 이관되었으나 자치경찰제는 이름뿐인 불완전한 모습으로 도입되는 결과가 되고 말았다.

50) 자치경찰제 도입과 관련된 기관들은, 청와대, 광역자치단체, 기초자치단체, 주민, 경찰청, 예산부처, 여·야국회의원 등이 있었다. 이들은 모두 이해관계를 중심으로 입장을 달리하는 경우가 많았다.

51) 최종술, "한국의 자치경찰제 도입 갈등의 프레임 분석", 한국자치행정학보 33권 1호 (2019) 233면 이하.

52) 양영철, 자치경찰론 201면, 226면.

① 자치경찰법안을 단독 법안(자치경찰법)으로 할 것인가, 경찰법규를 개정하여 그 속에 포함시킬 것인가?

② 법률 소관 부처를 행정자치부로 할 것인가, 경찰청으로 할 것인가?

③ 자치경찰의 사무인 지역의 교통・경비・방범을 자치경찰 단독 또는 주처리기관으로 할 것인가, 국가경찰과 공동사무로 할 것인가?

④ 국가경찰이 수행하고 있는 지방자치단체 사무인 교통안전시설 운영권을 자치경찰로 넘길 것인가, 아니면 국가경찰이 계속 수행할 것인가?

⑤ 자치경찰의 감독권을 경찰청에 부여할 것인가, 아니면 지방자치법에 따라서 행정자치부에 부여할 것인가?

⑥ 자치단체의 자치경찰 도입에 관한 선택권을 부여할 것인가?

⑦ 자치경찰에 사법권을 부여할 것인가, 부여한다면 어느 범위까지 할 것인가?

2) 제주자치경찰 출범

정부가 2005. 11. 22. 국회에 제출한 '제주특별자치도 설치 및 국제자유도시 조성을 위한 특별법안'에 포함되었던 광역단위 자치경찰제[53]는 별다른 이견 없이 국회 본회의를 통과되어, 2006. 7. 1.에 제주특별자치도에 국한하여 이원화된 '자치경찰'이 출범하였고, 이후 대한민국은 부분적이나마 국가경찰과 자치경찰이 공존하는 나라가 되었다.

마. 이명박・박근혜 정부

이명박 정부가 들어오면서 '자치경찰제도' 도입을 국정과제로 내세웠고, 박근혜 정부는 자치경찰 도입의무를 국가의 의무로 하는 법률을 시행하였으나, 전국적인 자치경찰제 도입은 아무런 성과가 없었다. 다만 2013. 7. 11. 박근혜 정부 당시 여당의 이철우 의원이 광역단위와 기초단위 양쪽에 자치경찰을 신설하여, 경찰제도를 국가경찰과 자치경찰로 이원화하는 내용의 경찰법

53) 제주도는 위 특별법 시행과 함께 기초자치단체인 4개 시군(서귀포시, 남제주군, 제주시, 북제주군)과 기초의회를 폐지하고, '제주특별자치도'를 유일한 자치단체로 하는 광역단일 행정체제가 출범했다. 따라서 현재 제주도는 기초단위 자치경찰제가 있을 수 없는 구조이다.

개정안을 대표발의한 사실이 있으나 입법화되지는 못하였다.[54]

바. 자치경찰제 도입의 장애요인 검토

(1) 1991년 경찰법 제정 이후에 발의된 자치경찰제 법안에는 아래 3가지 공통된 흐름이 있다. ① 국가경찰의 조직과 권한을 최대한 확보하고, ② 자치경찰에 대한 자치단체장의 관여를 최소화하며, ③ 자치경찰에 대한 국고지원을 최소화하려는 경향이 있었다는 점이다.[55] 이러한 흐름에는 이론적으로 분권된 경찰보다는 독립성과 경찰자치를 선호하는 입장을 가진 사람들의 영향력이 있고, 그 근저에 있는 우리 국민과 경찰의 인식이 깔려 있다. 여기서는 우선 후자를 살펴본다.

(2) 국민의 인식

1) 우리 국민의 중앙집권체제에 대한 뿌리깊은 선호는 오랜 역사적 전통을 가지고 있고[56] 지방분권에 대한 경험도 없으므로 사람과 자원의 서울

54) 박억종 칼럼, "박근혜 정부의 자치경찰제 논의와 문재인 정부의 자치경찰제 실시계획", 자치경찰연구 13권 1호(2020) 96면 이하.

55) 박준희, 자치경찰제 연구(Ⅲ), 72면.

56) 자유민주주의 정치체제를 뿌리내린 유럽에서는 18세기 이후 근대국가가 성립되기 전까지 정치적으로 봉건체제로서 지방분권이 대세였으나, 우리나라는 1392년 조선왕조 설립부터 강력한 중앙집권체제가 구축되었다. 그 과정에서 실질적으로 지방을 통치해오던 토호세력들 대부분이 중인(中人)의 신분으로 강등되어 왕이 파견한 중앙관료 아래 하급관리가 되었다. 중앙에서 파견되는 관리가 지방에서 세력화되는 것을 방지하기 위하여 상피제(相避制)라 하여 연고가 없는 지방에 파견되었으므로, 그 지방의 실정을 잘 아는 이들 하급관리에게 의지할 수밖에 없었다. 이들이 바로 육방관속(六房官屬)이라 하여, 지방 관아의 육방을 담당한 이방, 호방, 예방, 병방, 형방, 공방의 아전(衙前)들로서 지방수령을 보좌하는 역할을 담당하였다. 조선왕조의 지배세력인 관료 사대부들은 이들 아전들의 세력을 견제하고 중앙 통제를 강화하기 위하여, 지방통치에 관한 백성들의 불만을 이들의 잘못으로 돌리고 이들을 폄하하는 작업을 꾸준히 진행함으로써, 왕과 중앙관리는 善하고 지방세력이 惡의 근원이라는 인식을 백성들에게 깊이 심어놓았다. 조선시대는 사대부들이 지위와 권력 및 언론을 독점하였기 때문에, 이들이 500년 넘는 기간 동안 꾸준히 해 놓은 여론조작의 영향으로 백성들은 물론 당사자인 아전들조차 세뇌되기에 이르렀다. 그러나 조상 대대로 그 지방에 뿌리내리고 살아온 지방세력과 그 지방과는 아무런 연고 없이 잠깐 스쳐가는 관료들 중에서 누가 그 지방의 이익과 지방 백성들의 권익을 더 생각하였겠는

집중 현상은 이미 망국의 고질병이 되었다. 이러한 서울 중시와 지방 멸시의 관념은 일반 국민들은 물론이고 공무원들의 뇌리에도 깊이 새겨져 있다.[57] 거기다 남북분단에 따른 국가안보의 필요에 따라 무장능력을 갖춘 경찰의 중앙집권화는 더욱 고착되어 그동안 자치경찰제도를 생각할 만한 여유도 없었다.

2) 이러한 정서를 배경으로 지방자치제가 부활된 지 30년이 지났음에도 아직까지 지방분권은 초보 단계에 머물고 있고, 중앙정부가 인재와 권한 및 예산을 독점하고 있는 실정이다. 경찰의 중앙집권화도 심각하여 중요한 인사권은 모두 중앙정부가 가지고 있어, 서울이나 수도권에서 근무하지 않으면 고위직으로 진급은 불가능에 가깝다. 지역주민들의 치안을 담당하는 책임자인 시도경찰청장을 비롯한 경찰서장이나 지구대장·파출소장은 임기가 1년 정도로 지역 사정을 제대로 알기도 전에 떠나야 하므로, 주민들과의 소통은 원천적으로 봉쇄되어 있거나 경찰 스스로 그럴 필요성을 느끼지도 못하고, 오로지 인사권자인 중앙부처의 눈치만 보고 있다. 이러한 상황에서 일반 국민들은 물론이고 경찰관들도 자치경찰에 대한 호감을 갖지 못하고 오히려 거부감을 가지는 사람들도 적지 않다.[58]

3) 이러한 중앙집권에 대한 뿌리깊은 선호의식과 지방정부에 대한 혐오의식, 다시 말해서 국가우월-지방천시 의식을 하루아침에 바꾸기는 쉽지 않을 것이다. 그러나 민주주의 사회에서 지방분권이 권력남용의 방지에 대한 대비책일 뿐만 아니라, 거대한 조직의 관료적 시스템이 갖는 비효율성과 낭비요소를 제거하는 가장 효과적인 방안이라는 점을, 구체적인 사례와 함께 국민들에게 지속적으로 홍보하고 이해를 구한다면 비교적 빨리 시대착오적이

가?

57) 일반국민들을 상대로 한 여론조사에서 자치경찰제(김영배, 홍익표 안)에 반대의견을 낸 이유의 첫째가 '지방행정의 부패문제'였을 정도로 자치단체에 대한 불신이 높다. 박준휘, 자치경찰제연구(Ⅱ) 227면.

58) 문재인 정부 당시 자치경찰제 도입에 관한 인식조사에서 경찰관들의 60% 이상이 도입 자체를 반대하였다. 특히 자치경찰업무를 담당하는 생활안전 및 여성청소년계에 근무하는 경찰관들 70%가 자치경찰제 도입을 반대하였다. 박준휘, 자치경찰제연구(Ⅱ) 239면; 박준휘, "자치경찰제 도입 반대에 관한 소고(小考)", 한국경찰학회보 20권 5호(2018) 153면 이하.

고 잘못된 인식에서 벗어날 수 있을 것이다.

4) 우리 국민이 위에서 본 여러 가지 사정으로 일제강점기 이후 지속되어온 중앙집권적 국가경찰체제에 본능적으로 집착하다 보니 자치경찰제의 도입이 오랫동안 정체될 수밖에 없었고, 지금도 그러한 사정은 크게 다르지 않다. 진정한 자치경찰체제를 도입하려 한다면 중앙집권과 국가경찰에 대한 집착에서 벗어나 지방분권과 경찰민주화에 대한 새로운 의식 아래 ① 국가경찰을 최소화하고, ② 경찰위원회와 각급 경찰청과 경찰서에 대한 중앙정부와 지방정부의 관여를 최소화하며, ③ 국가경찰조직의 권한을 필요 최소한의 범위로 한정하는 방향으로 보완해야 한다. 자치경찰제를 전면적으로 도입한다면, 국가경찰의 지방조직을 따로 마련할 필요가 없기 때문에 추가로 소요될 예산도 많지 않을 것이다. 이러한 개혁은 의지만 있다면 언제든지 가능한 일이다.[59]

(3) 경찰관들의 인식

1) 1991년 경찰법이 제정되기 전의 경찰조직은 법적으로 행정자치부 장관과 시도지사의 보조기관에 지나지 않았고, 특히 경찰서장은 관선 시도지사의 지휘감독을 받았다. 그런데 지방자치의 실시와 함께 제정된 구 경찰법이 시행된 후에는 실질적으로 민선 시도지사의 지휘감독에서 벗어나 있었다. 이러한 일선경찰이 자치경찰제도가 시행됨으로써 다시 시도지사의 지휘감독을 받는다는 데에 대한 우려를 가지고, 자치경찰제 시행을 반대하거나 자치경찰제를 도입하더라도 시도지사의 관여를 최소화하기 위한 장치를 마련하려는 방향으로 가는 경향이 있는 것으로 보인다. 이러한 경찰관들의 우려는 국가우월－지방멸시의 사고와 깊은 관련이 없다 할 수 없다. 그러나 진정한 경찰개혁을 위해서는 권력 간의 경찰권한 분점(分店)과 민주화도 중요하므로, 자치단체장의 관여를 지나치게 배척하는 것도 바람직하지 않다. 특히 자치단체의 예산이 투입되는 자치경찰업무에 대하여는 더욱 그러하다.

2) 자치경찰제도가 도입되면 경찰관들의 업무 범위에 영향을 미칠 수 있고,[60] 국가직에서 지방직으로 전환하거나 파견되는 경찰관들이 발생할 수

59) 박준휘, 자치경찰제연구(Ⅲ) 643면 이하.

있는 등 채용제도나 승진・전보와 같은 인사시스템과 근로조건의 변화 가능성도, 경찰관의 신분에 불확실한 요소로 작용함으로써, 경찰관들이 자치경찰 도입에 부정적인 입장을 취하는 방향으로 작용할 수 있다. 따라서 경찰관들이 가지는 이러한 우려와 인식을 충분히 확인하고 제도도입의 취지를 저해하지 않는 선에서 이들의 이해관계를 반영할 필요가 있다. 더불어 일선 경찰관들은 치안정책시행의 최전선에서 정책과 현장의 상호작용을 직접적으로 체험하고 있다는 점에서, 효과적인 자치경찰제도 수립을 위해서는 이들의 경험을 충분히 분석하고 이해하는 작업이 필요하다.

2. 문재인 정부의 자치경찰제도 도입 과정[61]

가. 자치경찰제를 위한 논의와 정부안

1) 문재인 정부가 2017년 출범하면서 '권력기관의 민주적 개혁'을 국정전략으로 제시하고, 이를 실천하기 위한 과제로서 광역단위 자치경찰제 실시가 포함되면서 실질적인 추진이 시작되었다.[62] 역대 정부와는 달리 문재인 정부의 자치경찰 도입은 검찰개혁을 출발점으로 하여, 검찰개혁이 경찰개혁을 요구하고, 경찰개혁은 자치경찰 실시를 요구하는 연계선상에서 추진된 것이다. 문재인 정부의 공약은 검찰개혁 외에도 국정원 개혁으로서 국정원의 대공수사권을 국가경찰 산하 '안보수사국'으로 이양하게 되어 있었으므로, 경찰권이 지나치게 비대해질 우려가 있다는 것을 우려한 대안이 바로 자치경

60) 일선 경찰관들의 우려 중 하나는 자치단체의 기피업무 떠넘기기로 자치단체 고유업무까지 경찰의 부담으로 넘어오지 않을까 하는 것이다.

61) 이혁규・전정원, "자치경찰제도 전면 도입 과정에서의 아쉬운 점: 무어의 정치적 관리를 중심으로" 2021년도 (사)한국지방정부학회 하계학술대회 발표논문집, 443면 이하; 황문규, "자치경찰제 도입 추진상의 문제점과 대응 전략", 경찰법연구 18권 1호(2020) 35면 이하.

62) 노무현 정부가 기초단위 자치경찰제의 도입을 추진한 것과는 달리 문재인 정부는 광역단위 자치경찰제로 그 방향이 전환되었다. 기초단위 자치경찰제 추진에 대한 광역자치단체장들의 강력한 반발도 그 원인 중의 하나였다. 당시의 여론에 관하여는 노성민・엄영호, "자치경찰제도에 관한 여론 형성 및 언론 보도 내용분석", 한국치안행정논집 15권 3호(2018) 113면 이하.

찰제도였다. 국민은 과거 경찰의 정치적 개입에 따른 부작용을 잘 알고 있었으므로 경찰조직의 축소와 조직문화의 개선도 요구하였다. 특히 검경수사권 조정과 공수처설치[63]라는 검찰개혁에 여론의 관심이 집중되면서 이와 관련하여 또 다른 권력기관인 경찰개혁의 과제로서 자치경찰제 도입이 활발히 논의되었다.

2) 그중 경찰개혁위원회[64]의 권고안과 서울시 모델이 대표적이며, 서울시 모델은 지방경찰청을 전국 시도로 이관하며 이관되는 부분의 모든 수사권까지 자치경찰에 부여하는 것이다. 이에 대하여 경찰청이 수용한 경찰개혁위원회 권고안[65]은 광역단위인 시도자치경찰위원회를 설치하고, 시・군・구 단위로 자치경찰대를 두되 자치경찰대장의 임명권은 시도지사가 가지며, 자치경찰사무와 관련된 수사권만을 부여하는 것이었다.[66]

---

63) 문재인 정부는 검찰 수사권을 분산시키기 위하여 고위공직자 범죄수사처(약칭 : 공수처)를 설치하였으나, 명분도 약하였고 실제로도 별다른 기능을 발휘하지 못한 채 2022. 9. 30. 현재 소속 검사들이 이탈함으로써 문재인 정부의 떠들썩하였던 수사권 조정의 한 축이 무너지고 있다. 중앙일보 2022. 9. 21. 기사 "김진욱에 반기 들면 찍혔다"… 결국 불만 터진 공수처 '엑소더스' 참조. 명분도 국민의 지지도 없이 일부 정치세력의 이해관계에 따른 어설픈 제도개혁이 가져온 불행한 결과이다.

64) 자치경찰제도를 실시하는데 가장 넘기 어려운 경찰청이 오히려 다른 부처보다 더 적극적인 자세로 나서서 스스로 경찰개혁위원회를 만들었다(당시 실무책임자인 양영철, 자치경찰론 5면). 이것을 보면 검경수사권 조정을 위한 경찰의 염원이 얼마나 간절했는지 알 수 있다. 경찰의 수사권 독립이 국가경찰의 비대화를 초래할 것이라는 국민의 우려를 자치경찰제 시행으로 불식하려는 노력이 자치경찰제 도입에 적극성을 띤 이유가 된 것으로 볼 수 있다. 그런데 수사권독립을 쟁취한 경찰이 그 후 자치경찰에 소극적인 태도를 떠나서 여러 가지 방법을 동원하여 자치경찰제 시행을 방해한 것은 국민에 대한 약속을 어긴 행위로 볼 수 있다. 한 개인이 약속을 지키지 않아도 신뢰를 회복하기 어려운데, 국가기관 중 가장 중요한 역할을 담당하는 경찰이 국민에게 한 약속을 지키지 않음으로써 깨어진 신뢰를 회복하기 위해서는 더 오랜 시간과 노력이 필요할 것이다.

65) 자세한 내용은 박병욱, "경찰개혁위원회의 성과와 과제", 민주법학 제68호(2018) 293면 이하.

66) 경찰청은 수사권 독립을 얻는 대신 이 권고안을 수용하기로 하였다. 그러나 뒤에 보듯이 결과적으로 경찰은 수사권을 가졌음에도 불구하고, 국가경찰 중심의 이름뿐인 일원화 자치경찰제도가 시행됨으로써 경찰분권화 없는 비대한 조직이 되고 말았다. 수사권조정과 자치경찰제는 이론적으로는 별개이지만, 우리나라에서는 2019. 2. 15. 문재인 정부 당・정・청 협의회 권력기관 개혁보고회에서 검경수사권조정과 자치경

3) 이에 대하여 대통령 소속 '자치분권위원회'는 서울시와 경찰개혁위원회는 물론 국내외 사례와 토론회 결과 등을 종합하여, 문재인 정부 자치경찰제 초안을 내어 놓았다. 그 내용은 아래와 같다. 시도에 자치경찰본부를, 시·군·구에 자치경찰대를 신설하고 지구대·파출소를 자치경찰로 이관한다.[67] 자치경찰관은 시도 소속 특정직 지방공무원으로서 초기에는 국가직을 유지하면서 단계적으로 지방직으로 전환한다(최종적으로 자치경찰관 인력은 43,000명). 자치사무는 생활안전, 여성·청소년, 교통과 지역경비와 같이 주민밀착형 민생치안활동과 이와 관련된 수사업무이다.[68] 그리고 정치적 중립을 위하여 시도경찰위원회를 합의제 행정기관으로 설치한다. 자치경찰제 시행에 필요한 예산은 국가부담을 원칙으로 하고, 장기적으로는 자치경찰 교부세 도입을 검토한다.[69]

찰제가 연동될 것임을 공식 확인하였듯이, 경찰분권과 민주화와 관련하여 서로 밀접하게 연관된 사안이었다. 그런데 경찰조직의 비대화와 이름뿐인 자치경찰제라는 실망스러운 결과가 정치권의 잘못된 판단 때문이었는지, 경찰수뇌부의 짧은 안목에 따른 반발 때문이었는지는 알 수 없으나, 국가적으로나 경찰의 미래를 위해서 결코 바람직하다고 할 수 없다. 공무원은 국민의 신뢰가 가장 큰 힘이 되고, 국민의 존경이 삶의 보람이 된다. 국민의 경찰에 대한 진정한 신뢰와 존경은 경찰이 거대하고 강력한 조직을 가지고 군림하는 것보다는, 지역에 맞는 분권된 조직으로 주민들 생활 깊숙이 들어와 제복을 입은 시민이 되어 봉사하는 데서 생기는 것이다.

67) 당시에 나온 자치경찰도입안은 모두 자치경찰대를 따로 두는 이른바 이원화 자치경찰체제를 전제로 하는 것이었음에도 불구하고, 지구대와 파출소를 자치경찰로 이관하는 것을 정부안으로 채택한 것은, 지구대·파출소가 주민과 가장 가까운 곳에 있는 자치경찰에 반드시 필요한 손발이라고 생각하였기 때문일 것이다. 그런데 뒤에 보는 바와 같이 구조적으로 부실한 국가경찰중심의 일원화 자치경찰제를 채택한 현행 경찰법이 시행되기 직전에 경찰청이 소관하는 대통령령과 규칙을 개정하여 생활안전부서에 소속된 지구대·파출소를 112로 편입하고 자치경찰위원회의 인사권에서조차 제외한 것은 당시 경찰수뇌부의 자치경찰제도에 대한 적대감과 국민에게 약속한 최우선 국정목표조차 추진하지 못한 정부가 빚어낸 안타까운 비극이라 할 수 있다.

68) 수사업무가 지방자치법 제15조(국가사무 처리제한)에서 말하는 국가사무인 사법사무인가를 둘러싸고 경찰청과 서울시 사이의 의견이 대립하였다. 자치분권위원회의 정책토론회 개최를 시작으로, 경찰청이 제시한 시안을 기본골격으로 하여 제한된 수사권을 행사하면서도 치안현장의 대응력이 약화되지 않도록 하는데 의견을 모은 결과로 나온 것이 위 초안이다. 박준휘, 자치경찰제연구(Ⅲ) 136면.

69) 박준휘, 자치경찰제연구(Ⅲ) 59면.

나. 국회의 자치경찰법률안

(1) 20대 국회에서는 2018년 초부터 2019년 초까지 경찰개혁과 관련된 법률안이 다수 제출되었고, 특히 자치경찰에 관하여는 권은희 의원, 곽상도 의원과 홍익표 의원이 대표발의한 3개 법률안이 있었다. 그런데 문재인 정부가 최우선 과제로 설정한 검경수사권 조정과 관련된 형사소송법과 검찰청법 개정안은 신속처리법안으로 처리되어 검사의 수사지휘권이 폐지되고 경찰에 1차 수사종결권이 부여되어 경찰의 권한이 강화된 것과는 달리, 자치경찰제에 관한 법률안들은 논의만 무성한 채 2020. 5. 29. 임기만료로 폐기되었다.[70]

(2) 홍익표 안의 내용(이원제 자치경찰)[71]

1) 국가경찰은 행정안전부 소속으로 국가경찰위원회와 경찰청 아래 지방경찰청 – 경찰서 – 순찰대를 두고, 자치경찰은 시도지사 소속으로 시도경찰위원회 – 자치경찰본부 – 자치경찰대 – 지구대 · 파출소 · 출장소를 둠으로써 국가경찰과 자치경찰이 별도로 운영된다.

2) 자치경찰사무의 범위는 현행 경찰법과 크게 다르지 않고 세부적으로

70) 문재인 정부에서 자치경찰제도 추진의 가장 큰 동력은 수사권 조정에 따른 경찰권력의 분산이다. 그런데 결과적으로 경찰의 염원인 수사권독립은 이루어졌으나, 경찰권력의 분산을 위한 자치경찰제 도입은 제대로 되지 않았다. 더욱이 우리 경찰은 행정경찰과 수사경찰이 엄격히 구분되지 않은 채 수사사무를 지휘하는 국가수사본부장도 경찰청장의 지휘를 받게 되어 있어, 비대한 수사권력을 제대로 통제할 시스템이 갖추어지지 않은 상태가 되었다. 경찰권력이 민주적으로 분산되지 않고, 행정경찰사무, 수사사무는 물론이고 정보경찰업무까지 모두 통할하는 경찰청장 1인이 14만 경찰(전체 공무원 수의 12%에 해당)을 일사분란하게 지휘하는 조직이 경찰이다. 윤석열 정부가 들어서고 난 뒤에 거대해진 경찰권력을 통제한다는 명분으로 행정안전부에 경찰국을 설치하는 문제가 대두되었다. 경찰국 설치에 대하여 경찰은 강하게 반발하였는데, 이는 경찰국 설치의 당 · 부당을 떠나 건국 후 경찰조직이 대통령의 정책에 대하여 반기를 든 '최초의 항명'이라고까지 평가를 받고 있다. 자치경찰제를 실질적으로 도입하지 못한 후유증이 이렇게 예상치 못한 문제가 발생한 중요한 원인을 제공한 것이다.

71) 이상훈, "한국 자치경찰제의 도입 모형: 정부안(홍익표의원 대표발의안) 검토를 중심으로", 한국경찰학회보 21권 2호(2019) 51면 이하; 김명대, "이원적 경찰제도를 통한 자치경찰의 구현방안: 소방조직체계 분석을 중심으로", 한국민간경비학회보 16권 2호(2017) 1면 이하는, 이원제 자치경찰제도를 소방조직과 비교하여 분석하였다.

는 약간의 차이가 있을 뿐이다.[72]

3) 국가경찰의 인사는 현행 경찰법과 다르지 않다. 자치경찰의 인사를 보면, 우선 시도경찰위원은 5명으로 구성하되 그중 2명은 시도의회의 추천을, 1명은 대법원의 추천을, 1명은 국가경찰위원회의 추천을 거쳐 시도지사가 임명하고, 나머지 1명은 추천 없이 시도지사가 임명한다. 자치경찰본부장은 시도경찰위원회 위원장이 공모를 통해 2배수로 추천한 사람 중에서 시도지사가 임명하고, 시・군・구 자치경찰대장은 자치경찰본부장과 해당 시・군・구의 의견을 들어 시도경찰위원회 위원장의 추천으로 시도지사가 임명한다.

(3) 김영배 안의 내용(일원제 자치경찰)

1) 제20대 국회의 임기만료로 홍익표 안을 비롯한 위 3개의 자치경찰법안들은 모두 폐기되고, 제21대 국회에서 김영배 의원이 2020. 8. 4. 자치경찰법안을 대표발의하였으며, 위 법안이 대부분 반영되어[73] 발의 후 4개월 남짓 만인 2020. 12. 22. 현행 경찰법으로 탄생하였다. 이러한 전광석화와 같이 빠른 입법은 2021년부터 시행되는 검사의 수사지휘권을 박탈하고 수사권을 제한하는 개정 형사소송법 시행과 발맞출 필요가 있고, 대통령 임기 후반으로 넘어가면 개혁법안 통과가 어렵다는 상황이 반영된 것으로 평가된다.[74] '이원화 모델'은 그동안 경찰 내에서도 자치경찰제 도입안으로 계속 검토해왔었다. 그런데 갑자기 한 번도 논의된 적이 없던 '일원화 모델'이 발의되자마자, 깊은 연구와 토론 없이, 검찰수사권 약화를 내용으로 한 법규의 시행을 위한 정치적 명분을 쌓기 위하여, 졸속하게 법제화되어 시행된 것이 현행 경찰법이다. 그래서 위 법은 그 후 많은 혼동과 혼란의 원인을 제공하게 된다.

2) 김영배 안의 특징은 국가경찰 위주의 자치경찰 '일원화 모델'로서 국가경찰조직을 그대로 두고, 즉 자치경찰담당 경찰관이 지방공무원이 아닌 국가경찰관인 채로, 업무의 일부만을 자치경찰사무로 분류하여, 이에 대하여 시도자치경찰위원회의 지휘를 받는 것이다.[75] 국가경찰 사무 중 일부가 자치사

72) 세부적 차이의 예를 들면 즉결심판절차는 자치경찰사무로 명백히 분류하였다.

73) 김영배 안의 내용을 대부분 수용한 국회 행정안전위원회 대안이 2020. 12. 9. 의결되면서, 김영배 안은 폐기되는 형식으로 정리되었다.

74) 박준휘, 자치경찰제연구(III) 122면.

무로 전환되지만, 그것이 시도로 완전히 이관되거나 위임된 것으로 볼 수도 없다. 이러한 애매모호한 시스템은 실질적으로는 자치경찰제의 도입이라기보다는 그 도입을 위한 과도기적 대안으로 평가할 수 있다.[76] 그 명분은 이원화에 따른 업무혼선을 방지하고, 자치경찰조직 신설에 따른 비용을 절약한다는 것이었으나, 명분이 약하다는 것이 중론이다.[77]

다. 자치경찰제의 파행적 시행

1) 자치경찰제도를 전국적으로 시행하는 내용의 현행 경찰법이 2021. 1. 1.부터 시행되었다. 자치경찰제도가 원활히 운영될 수 있도록 시범운영 등을 거쳐 문제점을 발굴·개선한 후에 전국적으로 확대할 필요가 있다는 경찰과 시도지사 협의회의 일치된 요구를 무시하고, 2021. 6. 30.까지 임의적 시범운영을 거쳐[78] 2021. 7. 1.부터 전면 시행되었다. 2021. 7. 1. 자치경찰제도 전

75) 이정원, "현행 자치경찰제의 공법적 고찰-행정조직법적 분석평가를 중심으로", 법학논총 52집, 숭실대학교 법학연구소(2022) 239면 이하.

76) 황문규, "(국가경찰 중심의) 일원적 자치경찰제에 관한 고찰 : 김영배 의원안의 경찰법 개정안을 중심으로", 한국경찰연구 19권 4호(2020) 183면 이하.

77) 업무혼선이야 새로운 제도가 시행되면 어느 정도 따라 올 수밖에 없는 것이고, 결국 코로나 환경 때문에 예산을 절감해야 한다는 것이 사실상 유일한 명분이었다. 거액의 추가 예산이 필요하다고 하였지만, 국가경찰의 하부조직 자체를 자치경찰로 넘긴다면 추가 비용은 거의 들지 않을 것이고, 국민(주민)을 위한 새로운 경찰제도의 시행에 그만한 정도의 재정 투입을 부담할 수 없다는 것도 명분이 약하다. 자치경찰제도 자체가 원래 국가경찰에 비하여 비용이 드는 시스템이지만 그에 따라 주민들이 입는 이익은 경제적 부담을 능가할 수도 있기 때문이다.

78) 시범운영기간이 의무적이지도 않았을 뿐만 아니라(경찰법 부칙 제3조 제1항), 자치경찰위원회를 운영할 조직이나 규정을 정비하는 시간도 없었기 때문에 전국의 자치경찰위원회가 구성되어 시범운영을 한 기간은 1~2개월을 넘지 않았다. 사실상 시범운영기간이 없이 시행된 법률이다. 전국의 자치경찰위원회 구성일(시범운영 시작일)은 박준휘, 자치경찰제연구(III) 70면 참조(충남이 2021. 3. 31. 강원이 4. 2. 대전이 4. 29. 구성되었고, 대부분이 2021년 5월에 구성되었으며, 서울과 경기남·북은 6월 말에 구성됨). 한 번도 논의되어 본 적도 없는 내용의 일원화 자치경찰제 법안을 전광석화와 같이 발의하여 입법한 후에 시범운영도 없이 시행하는 것이 과연 국가 운영을 책임지는 사람들이 할 수 있는 일인지 의문이 든다. 그것도 국민의 일상생활과 깊은 연관이 있는 경찰제도에 관한 것으로서, 일회성이 아닌 다시 되돌리기도 어려운 새로운 제도를 시행하는 법률이다. 국민을 존엄하게 생각하고 국정의 무거움과 자신의 행위에 대한 책임을 인식하는 공무원이라면 있을 수 없는 행동이다. 공적 업

면시행에 앞서 조례안을 입안[79]하는 과정에서 광역자치단체와 지방경찰청 사이에 갈등이 불거지기도 하고, 일부 경찰서 직장협의회에서는 자치경찰제를 반대하는 가두집회가 있었다. 자치경찰제도를 실질적으로 담당하게 될 일선 경찰관들이 시행 초기는 물론이고 아직까지도 그 내용을 이해하지 못하고 있을 뿐만 아니라,[80] 학계에서도 개정된 경찰법의 모호성과 운용방안에 대한 우려를 제기하였다.

2) 경찰법을 전면 개정하여 새로이 자치경찰제를 도입하는 과정에서 자치경찰제를 실시할 필요성에 대한 사회구성원들의 공감대 형성, 경찰 또는 지방자치단체를 비롯한 운영 주체들의 의견이 충분이 수렴되지 못한 채, 검경수사권조정을 빨리 마무리하려는 일정에 맞추어 급하게 자치경찰제가 도입되었다.[81] 또한 자치경찰을 운영하여야 할 지방자치단체 역시 자치경찰제도를 채택·운영하고자 하는 의지와 지역민들을 대상으로 한 공감대 형성, 자치경찰제도의 운영 방안 등에 대한 구체적 준비과정을 갖지 못한 채 중앙정부의 일방적 결정을 받아들이는 결과가 되었다.[82]

무를 자신의 사유재산을 처분할 때보다도 더 가볍게 처리하는 사람들이 공무를 맡아서는 안 된다.

79) 자치경찰관련 조례의 내용에 관하여는 이동기·조경욱, “지방자치단체의 자치경찰 조례 분석에 관한 연구”, 한국지방자치연구 23권 2호(2021) 1면 이하.

80) 위에서 본 바와 같이 경찰 내부에서도 이원화 모델인 경찰개혁위원회의 권고안을 중심으로 자치경찰제를 준비하여 왔는데, 갑자기 생각해본 적도 없는 일원화 모델로 바뀌면서 제대로 된 토론이나 검토도 없이 입법이 되고 시행된 것이 현행 자치경찰제도이다. 그러다 보니 제도의 당부를 떠나 법규를 해석하는 것부터 혼란스러웠기 때문에 위와 같은 갈등현상이 일어난 것은 당연한 결과이다.

81) 자치경찰제가 수사권조정 및 공수처설치라는 검찰개혁과 연계된 것이라는 점은 2019. 2. 15. 문재인 정부 스스로 인정한 사항이다. 좀 더 실질적으로 본다면 검찰개혁이 주가 되고 자치경찰은 검찰수사권 약화의 명분을 쌓기 위한 끼워넣기식 메뉴에 불과하였다는 비판도 있다. 그 결과 자치경찰제는 불완전하고 과도기적인 제도가 되고 말았다. 박준휘, “현행 자치경찰제의 의의와 개선 방안”, 월간 공공정책 201권, 한국주민자치학회(2022. 7. 기획특집) 11면 이하 참조: 황문규, “자치경찰제 도입과 수사권조정의 상관관계에 대한 연구: 연혁적 고찰을 중심으로”, 한국민간경비학회보 15권 1호(2016) 151면 이하는 자치경찰제와 수사권조정의 관계를 연혁적으로 본 글이다.

82) 조현빈, “한국형 자치경찰제도의 도입과정과 내용에 대한 비판적 논의”, 한국치안행정논집 18권 1호(2021) 171면 이하.

3. 현행 자치경찰제도에 관한 평가와 비판[83)]

가. 과도기적 입법

1) 일반적으로 경찰제도는 이를 운영하는 정부의 형태에 따라 결정된다. 경찰제도는 '공공의 안녕과 질서유지'라는 경찰업무의 권한과 책임 및 운영권이 어디에 있는지에 따라서 유형이 달라진다. 구체적으로는 그 나라의 일반행정제도, 문화나 역사, 국민의 성향, 교통·통신의 발달정도, 치안상태를 비롯한 여러 요인들이 영향을 미친다. 경찰작용을 일반행정의 일부로서 국가가 주도하는 나라에는 중앙집권적 국가경찰제도가 기본적으로 채택되고, 반대로 자치행정이 발달하여 지방정부가 주도하는 경우에는 지방분권적 경찰제도를 채택하는 경향이 있다. 다만 민주화된 대부분의 선진 국가에서는 유형과 정도는 다르지만 그 나라에 맞는 자치경찰제도를 운영하고 있다.

2) 자치경찰이란 원래 지방자치단체 내에서 지방자치 공무원인 경찰관이 자치사무를 처리하는 제도이다. 현행 경찰법상의 자치경찰제도는 기존 국가경찰의 기능과 인력의 이관 없이, 국가경찰이라는 하나의 경찰조직 안에서 자치사무를 담당하는 경찰관들에 대한 일부 인사권한만을 시도지사에게 위임하고 있지만, 이 또한 인사권한을 실질적으로 행사할 수도 없는 실정이다.[84)] 즉 지방분권적 차원에서 본다면 전통적인 자치경찰이라 할 수 없고, 중앙집권적 국가경찰체제를 그대로 유지하면서 지휘·감독권 등 일부 권한만을 분산시킨 '무늬만 자치경찰제'에 지나지 않는다. 이에 대하여는 도입과 시행 과정뿐만 아니라 내용에서도 자치경찰제도로서는 많은 문제점을 가지고 있는 과도기적이고 임시변통적인 제도라는 평판이 많다.[85)]

---

83) 조현빈, 위의 글, 180면 이하의 내용을 정리하면서 약간의 첨삭을 하였다

84) 오세훈 서울시장은 이를 '자치경찰'이 아닌 '경찰자치'라고 하였다. 그리고 언론은 '지금 자치경찰은 양복 윗도리에 한복 바지 입은 꼴'이라 평가했다. 서울신문 2021. 11. 4.자 기사 참조.

85) 현행 자치경찰제도가 과도기적인 제도임을 인정하면서도, 이를 실패로 보아서는 안되고 오히려 큰 혼란 없이 자치경찰제 정착을 위한 의미 있는 제도라는 평가도 있다. 위 박준휘, "현행 자치경찰제의 의의와 개선 방안" 15면.

나. 도입과정에 대한 비판

(1) 제안이유의 검토

현행 경찰법 개정법률안의 제안이유는 "진정한 지방자치를 위해서는 경찰권한의 분권화와 함께 지역특성에 적합한 치안서비스의 제공이 필요"하다는 것이었다. 그러나 그 실질적 내용은 그렇게 보기 어렵다.

1) 분권화가 되었는가?

진정한 지방자치를 위한다면 경찰기능을 복잡하게 구분하여 국가와 지방의 공동운영형태를 취할 것이 아니라, 지방으로 경찰의 권한과 역할을 이양하는 것이 법률안 제안이유에 더 부합한다. 현행 경찰법 시행 이전의 경찰권한과 경찰조직만으로도 문재인 정부 국정과제에 경찰개혁이 포함될 정도였다면, 수사권 독립이나 국정원 개혁에 따라 전보다 경찰의 권한이 비대해진 점을 감안할 때, 경찰에 대한 견제장치와 분권화의 필요성은 더욱 커졌다고 볼 수 있다.[86] 그럼에도 불구하고 현행 경찰법은 경찰권한의 분권과는 거리가 멀다.

2) 지역특성에 적합한 치안서비스를 제공할 수 있는가?[87]

지역특성에 맞는 경찰작용을 위하여 광역단위의 자치경찰제로 개편하는 것은 합리적인 방안이 될 수 없다. 광역단위 자치단체 안에는 도시지역, 농·어촌지역과 같이 여러 가지 성격을 가진 지역이 병존한다. 전국의 경찰서는 치안수요와 지역 상황에 따라서 1급지, 2급지, 3급지 나누어 운영하고 있다. 지역 상황에 맞는 경찰활동의 운영은 행정구역보다는 지역의 성격에 따라 구분하는 것이 더 효율적이다. 지역에 따라 현안이 다르기 때문에 서로

86) 수사권 조정에 관한 시민들의 인식에 관하여는 홍승표·신소라. "권력기관 개혁에 따른 경찰의 수사권 변화에 관한 시민인식 조사", 한국경찰연구 21권 2호(2022) 297면 이하 참조; 수사권 조정이후에 업무과중으로 경찰수사부서의 기피현상이 심각한 수준이라는 보도로 경북매일 2022. 10. 18. 사회 4면 참조.

87) 이와 관련하여 조현빈, "경찰지역사회관계(PCR) 관점에서의 자치경찰활동 운영 방향", 한국민간경비학회보 20권 특별호 (2021) 219면에는 지역특성에 맞는 경찰활동은 아무런 기준이나 방향 없이 무작정 지역특성을 반영할 것이 아니라, 지역특성을 반영하기 위한 전략·전술 등 소위 철학을 가지고 체계적으로 접근할 필요가 있다고 한다.

다른 경찰활동이 필요하기 때문이다. 따라서 광역자치단체보다는 기초자치단체를 단위로 하여 자치경찰을 운영하거나, 적어도 기초자치단체가 이에 적극적으로 참여할 수 있는 구조가 되어야 지역특성에 맞는 치안서비스를 제공하기에 적합하다.

(2) 인력[88]・예산・장비의 배분 문제

자치경찰제도의 올바른 시행을 위해서는 인력・예산・장비 등의 "이관"이 반드시 필요하다는 것이, 15년 이상 시행한 제주자치경찰의 경험에서 얻은 교훈이다.[89] 현행 자치경찰제는 경찰사무를 국가경찰사무와 지방경찰사무로 구분하고, 이를 운영하는 주체를 '한지붕 세가족'의 모습[90]으로 인사권을 비롯한 지휘권한이 국가와 지방으로 분산되어 있다. 이러한 상황에서 효율적인 경찰권 행사를 위하여는 인력・예산・장비 등을 어떻게 분배할 것인가에 관하여 법 시행 전에 충분히 관련 기관들과 논의되었어야 한다. 그러나 그러한 기초적인 준비절차마저 거치지 않은 채 다급하게 국민의 일상생활에 직접적인 영향을 미치는 새로운 경찰제도가 시행되었다는 점이 문제이다. 하나의 조직 안에서 국가경찰・지방경찰・수사사무가 이루어진다면, 그 조직 안에서 그에 해당되는 인력・예산・장비의 운영주체는 누구이며 예산의 지원 책임은 누구에게 있는가? 이러한 자치경찰제도 시행을 위한 전제조건의 제도적 보완이 시급함에도 불구하고, 자치경찰제도가 시행되고 1년이 넘은 현재까지도 제대로 해결되지 못한 상태이고, 예산의 일부만을 제외하고는 쉽게 해결될 기미도 보이지 않는다.

(3) 자치경찰제도 실시를 위한 공감대 부족

---

88) 박종승, "자치경찰제도 도입을 고려한 경찰인력의 합리적 배분에 관한 연구", 한국경찰학회보 23권 1호(2021) 135면 이하(① 조직진단을 통해 기능별 역할배분의 적정성과 실제 업무량 등을 검토하여 각 기능별 표준적인 인력배분 계획을 수립해야 한다. ② 경찰의 치안사무와 지방자치단체의 일반행정사무를 유기적으로 연계하여 보다 시너지 효과를 낼 수 있도록 조직설계와 인력배분이 이루어져야 한다. ③ 지구대나 파출소와 같은 현장 중심의 인력 배분이 이루어질 수 있도록 해야 한다).

89) 제주자치경찰에 대한 현장조사는 박준휘, 자치경찰제연구(Ⅱ) 415면 이하 참조.

90) 국가경찰이라는 한지붕 아래 '일반국가경찰, 수사경찰, 자치경찰'의 세 가족이 동거한다는 뜻이다.

1) 하나의 경찰제도를 채택하거나 변화시키는 데에는 사회적 합의와 나름의 이유가 있어야 한다. 그런데 이를 운영하는 국가나 지방자치단체, 경찰관과 경찰 서비스의 대상인 국민(주민)들은 현행 경찰자치제도의 내용이나 시행 이유를 인식하지 못하고 있다. 이래서야 제도의 안착은 물론이고 제도를 정상적으로 시행하는 자체를 바랄 수 없다. 이미 법률이 시행되었지만, 이제라도 이에 대한 활발한 홍보와 이해를 구하고, 우리 사회에 가장 적합한 경찰제도가 무엇인지에 대한 공감대를 형성할 필요가 있다.[91)]

2) 현행 일원화 자치경찰모델은 일반 국민들에게는 물론이고 이를 현장에서 수행하는 경찰관들에게도 충분히 알리지 않은 채 전격적으로 도입된 것이다. 2020년 6월까지 문재인 정부의 공식적 정부안은 이원화 모델이었고, 이를 실시하기 위해 제주자치경찰단에서는 제주지방경찰청과 함께 이원화 모형을 확대 시범실시하고 있었으며, 그 성과 역시 성공적이었다는 평가를 받았다. 그런데 국민들은 물론이고 경찰을 비롯한 관계자들 그 누구도 예상하지 못한 상황에서, 민정수석실이 주도하여 만든 일원화 모델로 전환되었다. 표면적인 이유는 이원화 자치경찰의 시행에 따른 재정부담, 일선기관의 혼란, 경찰관의 대대적인 승진이었다. 그러나 그러한 명목상의 이유는 경찰개혁을 하려는 당초부터 예상되었거나 과장된 것이고, 실제로는 문재인 대통령 재임시에 국정과제의 핵심인 권력기관 개혁, 특히 검경수사권 조정을 완결하기 위한 목적에서, 최소한의 준비로 실시 가능한 일원화 자치경찰모델을 선택한 것으로 볼 수 있다. 다시 말해서 문재인 정부의 공약인 검찰개혁을 임기 내에 시행하기 위한 들러리로, 이름뿐인 자치경찰제도가 국민들은 물론 이를 일선에서 시행할 경찰관에게도 제대로 알리거나 설득하는 절차를 무시한 채 전격적으로 시행된 것이다.[92)]

---

91) 김건희, "빅데이터 분석기술을 이용한 자치경찰제 도입 전후 인식 연구", 한국지방자치연구 24권 1호(2022) 1면 이하는, 위와 같은 상황에서도 자치경찰제를 도입한 이후 사람들의 인식이 SNS상에서나마 긍정적으로 변화된 것으로 나타났으며, 이는 제도가 시행된 지 얼마 되지 않은 시점에서의 자치경찰에 대한 기대감을 나타낸 것으로 해석할 수 있다고 한다.; 같은 유형의 선행연구로서 이민형, "빅데이터 분석을 활용한 자치경찰 관련 언론보도의 태도 연구", 한국치안행정논집 16권 1호(2019) 173면 이하.

92) 자치경찰제에 대한 시민들의 인식에 관하여 홍승표, "한국형 자치경찰제도 인식조

3) 현행 자치경찰제를 도입할 때 경찰 내 직장협의회[93]의 반대가 상당하였다.[94] 자치경찰업무를 최전선에서 시행할 이들의 공감대가 없이는 자치경찰제가 성공하기 어렵다. 그럼에도 불구하고 직장협의회와 사이에 적극적인 소통이 없는 상태에서 성급하게 제도가 시행되었다. 현재 전국의 많은 자치경찰위원회에서는 실무협의회에 이들의 대표를 참가하도록 하는 등 업무협조와 함께 자치경찰에 대한 홍보를 통해 긍정적인 반응을 얻고 있다.

(4) 기존 경찰법의 적절한 운용방안 검토 미비

1) 현행 경찰법 시행으로 폐기된 구 경찰법 제2조 제2항에서도, 시도지사 소속으로 지방경찰청을 두도록 규정되어 있었다. 즉 이미 경찰조직은 광역단위의 지방자치단체장 소속으로 설치되어 있었다. 조직은 지방자치단체장 소속이었음에도 불구하고 그 인사권 행사는 경찰공무원법이나 경찰공무원임용령 등 관련 법령에 따라 국가가 행사하였다.

2) 광역단위의 자치경찰제가 필요하다면, 경찰법・경찰공무원법・경찰공무원임용령 등 경찰 운영과 관련된 법령을 일부 개정하여, 실제 운영권을 국가에서 지방으로 이양하면 문제가 없었다. 경찰은 기존 조직에서 같은 업무를 수행하고 그 운영 권한만을 국가에서 지방으로 이양하면 오히려 간편한 방법이 될 수도 있었다. 물론 이 경우에는 경찰사무의 전면적 이양을 전제로 한다. 현행 경찰법은 거창하게 자치경찰제도를 도입한다는 정치적 구호만 내

사", 한국경찰학회보 24권 2호(2022) 247면 이하; 경찰관들의 인식에 관하여 류준혁, "자치경찰제도의 문제점에 대한 경찰관들의 인식분석", 한국치안행정논집 18권 1호(2021) 123면 이하.

93) 경찰공무원들은 국가필수인력으로 직장협의회 설립에 제한이 있다가, 2019. 12. 10. '공무원직장협의회의 설립・운영에 관한 법률'(약칭 공무원직협법)이 개정되고 2020. 6. 11.부터 시행됨에 따라, 경찰공무원도 근무여건 개선을 위해 직장협의회를 설립할 수 있게 되었다.

94) 자치경찰 일원화안에 대하여는 경찰과 지방자치단체는 물론 분권을 연구하는 학자, 단체들의 반대도 심하였다. 이러한 상황에서 현행 경찰법이 통과된 것은 기존에 가깝다는 견해로 양영철, 자치경찰론 275면. 양영철 교수는 법안이 통과된 12월 9일을 '자치경찰의 날'로 마음속에 새겨 놓았다고 한다. 자치경찰제도의 도입을 위하여 오랫동안 노력하였으나 수없이 좌절한 양영철 교수는, 아무리 좋은 제도라도 실시하지 않으면 의미가 없으므로, 가장 좋은 자치경찰제는 '지금 실시하는 안'이라고 한다.

세우고 실속이 없는, '이름뿐인 자치경찰' 또는 '자치경찰위원회만 있고 자치경찰은 없다'는 비판을 받고 있다. 정치적인 이유로 자치경찰제를 도입한다는 명분만 내세우고, 실제로는 아무런 변화 없는 법령을 만드는 것은 입법의 낭비이고 행정의 낭비이다.

(5) 소결론

1) 실패한 개혁

자치경찰제에 관하여는 다양한 방법이 있을 수 있고, 이를 파악하여 입법화하기 위해서는 철저하고 신중한 연구와 준비가 필요하다. 국민(주민)의 일상생활이나 치안정책과 밀접한 관계가 있는 제도이기 때문이다. 현행 경찰법은 그 도입과 시행 과정에서 이해관계자들의 의견과 새로운 제도의 도입에 따른 문제점을 충분히 검토하는 필수적인 절차를 거치지 않은 채 성급하게 처리됨으로써, 내용상으로도 입법목적을 제대로 살리지 못한 부실한 입법이라는 비판을 면하기 어렵다.[95] 특히 자치경찰제의 제안이유로서 내세운 수사권조정과 함께 비대해진 경찰권을 효율적으로 분산한다는 명분은, 실제로는 아무런 실효성 없는 구호로 변질되고 말았다. 그러나 시작이 반이라는 말이 있듯이 비록 불완전하더라도 이를 시행한 것 자체도 의미가 있으므로, 좌절하지 말고 제대로 된 자치경찰제를 완성하기 위한 끊임없는 노력이 필요하다. 불완전한 제도마저 실패한다면 자치경찰의 미래는 없기 때문이다.[96]

95) 신원부, "자치경찰 일원화모델 사전 진단과 평가: 3대 방향 10대 쟁점을 중심으로", 한국경찰학회보 22권 5호(2020) 121면 이하; 김기갑, "일원화 자치경찰제에 대한 현장 경찰관들의 인식 조사", 한국경찰연구 19권 4호(2020) 3면 이하는 현장 경찰관이 쓴 글임.

96) 1. 자치경찰제의 성공적 시행을 위한 실증적 분석으로는, 박재희 · 김지영, "자치경찰제의 성공적인 시행을 위한 초기 운영의 쟁점 분석 -시 · 도자치경찰위원회의 인식조사를 토대로-", 한국지방행정학보 19권 1호(2022) 103면 이하. 현재의 국가경찰 중심의 일원적 모델에서는 법에서 규정하고 있는 자치경찰위원회의 역할이 유명무실하게 운영될 가능성이 매우 크다. 인사 및 예산에 대한 자치경찰위원회의 권한이 실질적으로 행사되기 위해서는 국가경찰의 시설 · 인력 · 예산이 지자체로 완전하게 이양되어야 한다. 자치경찰 인력, 자치경찰 시설 및 장비, 자치경찰 예산이 없는 자치경찰제는 자치분권의 관점에서 자치경찰이라고 말할 수 없다. 위 글의 결론인 125면 참조.

2) 자치경찰법 제정의 필요성

현재의 자치경찰제도가 경찰법에 자치경찰사무의 범위만을 명시한 수준의

---

2. 시민참여의 관점에서도 결함이 많다는 분석으로, 배미란, "현행 자치경찰제의 한계와 과제-주로 시민 참여를 중심으로-", 법학논총 34권 2호, 국민대학교 법학연구소(2021) 123면 이하.

3. 절차적이나 실제적으로 비판을 받는 현행 자치경찰제도이지만 이런 제도라도 성공하지 않으면 미래가 없다는, 양영철, "자치경찰제 실시 100일, 희망을 걸어 본다", 월간 공공정책 193권, 한국주민자치학회(2021) 58면 이하. 이 부분을 그대로 인용한다. "일원론은 시작하기도 전에 많은 비판을 받았다. 그리고 실시하는 과정에서 100일밖에 지나지 않았지만, 그 비판의 강도는 너무나 강하다. 조직, 인사 재정 어느 것 하나 정리된 것이 없을 정도이기 때문에 비난은 당연하다. 그런데도 일원론은 반드시 성공적으로 가야만 한다는 점을 강조하고 싶다. 이 안이 어느 정도 성공해야 이를 바탕으로 해서 이원론으로 가든지 이보다 더 분권화된 안으로 가든지 하기 때문이다. 이 안이 실패하면, 자치경찰제는 백지상태에서 처음부터 논의가 시작할 것이며, 이 과정은 너무나 길고 긴 여정이 될 것이다. 더욱이 우리는 이 기간 자치경찰이 없는 지방자치를 실시해야 한다."

4. 최영관 · 정진수, "자치경찰제도 실질화를 위한 실천전략에 관한 연구", 한국민간경비학회보 21권 1호(2022) 141면 이하.

5. 자치경찰에 관한 연구동향과 향후의 연구과제에 관하여, 장재성, "자치경찰 연구동향과 향후 연구과제", 경찰법연구 20권 1호(2022) 133면 이하.

6. 이상훈, "자치경찰제의 발전을 위한 입법적 개선 과제 -경찰권의 효율적 분산과 민주적 통제를 중심으로-", 한국경찰학회보 24권 2호(2022) 269면 이하는, ① 기존의 전체 경찰사무 가운데 국가경찰사무를 먼저 확정 · 분리하고, 국가경찰사무를 제외한 경찰의 임무 수행을 위한 일체의 사무를 자치경찰사무로 규정하고(역전된 일원적 자치경찰제), ② 지방자치단체의 기관구성권을 최대한 보장하며, ③ 국가경찰위원회의 자치경찰위원 추천권을 삭제하고, ④ 주민참여의 폭을 넓이기 위하여 '지역경찰장 주민추천제' 조항의 신설과 ⑤ 국무총리를 의장으로 하고 국가경찰위원장과 자치경찰위원장 협의회장을 공동부의장으로 하는 '중앙지방치안협력회의' 신설 필요성을 제시하였다.

7. 이수진 · 박외병, "자치경찰제도의 현황과 지향점에 대한 소고 -부산 지역을 중심으로-", 한국공안행정학회보 86호(2021) 341면 이하.

8. 김상호, "자치경찰활동 평가모형 구축 : 성과지표 개발을 중심으로", 한국치안행정논집 19권 2호(2022) 19면 이하.

9. 김원중, "주민참여가 제한된 자치경찰제의 문제점과 개선방안", 지방자치법연구 21권 3호, 한국지방자치법학회(2021) 325면 이하는 시도경찰청장 임명에 대한 자치경찰위원회의 동의권한 도입과 주민의 감독권한 강화를 주장한다.

10. 최종술, "'한국적' 자치경찰제 만들어야", 월간 공공정책 199권, 한국주민자치학회(2022) 22면 이하.

구체성이 낮고, 국가경찰 중심인 치안체계의 일부로서 도입된 것은 대단히 아쉬운 부분이다. 거기다 자치경찰의 취지・개념・기능을 비롯한 자치경찰제의 기본이 되는 규정이 미흡하고, 자치경찰의 독립성이나 위상이 제대로 정립되지 않았으며, 각종 제약조항(재의요구권이나 비상사태시 경찰청장의 직접 지휘권 등)을 삽입하여 자치경찰위원회의 자율성과 효율적인 권한행사가 저해되고 있다. 따라서 최소한 이원화된 자치경찰제를 도입하고,[97] 자치경찰제와 관련된 사항을 체계적으로 정리한 별도의 '자치경찰법'을 제정할 필요가 있다.

현행 경찰법은 국가경찰법의 전면 개정으로 자치경찰에 관한 규정이 경찰법 내에 있으므로, 그 소관부처도 경찰청으로 되어 있어, 자치경찰에 대한 정책 주도권을 경찰청이 갖게 되었다. 자치경찰법이 독립법안이 되면 소관부처는 자방자치단체와 관련된 법을 총괄하는 행정안전부가 된다. 전국 시・도지사 협의회에서는 경찰청이 왜 자치경찰에 대한 정책을 주도하느냐에 대한 반발이 법 제정 당시부터 지금까지 계속되고 있다.

3) 지방자치법의 명시규정

이와 관련하여 지방자치법에 자치경찰사무의 개념을 명확히 할 필요가 있다. 자치경찰제도는 단순히 경찰행정의 측면에서만 볼 것이 아니라, 자치경찰을 자치단체의 한 조직으로 보고 지방분권의 일환으로 추진되어야 하기 때문이다. 지방자치법 제13조에는 자치단체의 고유사무인 '자치사무'를 예시적으로 규정하고, 제15조에는 자치단체가 처리할 수 없는 '국가사무'를 정하고 있다. 그중 어느 곳에도 자치경찰사무(지역주민의 치안 등)에 관련하여 명시적 규정이 없다. 이에 대하여 지자체는 자치경찰사무가 자치사무에 해당한다고 판단하여 이를 근거로 제도를 추진하고 있으나, 행정안전부는 명확한 답변을 주지 않고, 전문가들도 자치사무라는 견해와 기관・단체위임사무라는 견해 또는 그 어느 것에도 해당되지 않는 단순한 국가사무라는 견해로 나뉜다.[98] 현행 자치경찰제의 도입취지와 자치경찰사무가 주민의 복리증진 사무

97) 문재인 정부도 처음에는 이원화 자치경찰제를 시도하였고, 이는 또한 윤석열 정부의 국정과제이기도 하다.

98) 이에 대하여는 경찰법 제4조와 제35조를 설명할 때 자세히 보겠지만, 자치경찰제 도

에 해당함을 고려할 때 자치경찰사무는 '자치사무'가 되는 것이 바람직하다. 그리고 지방자치법 제13조에 열거된 자치사무는 예시에 불과하고 제15조가 규정하는 국가사무가 아닌 한 주민의 복리증진 사무는 원칙적으로 자치사무에 해당함이 원칙이다(보충성). 따라서 행정의 혼란을 해소하기 위해서는 자치경찰사무를 지방자치법에 자치사무로 명시하고 자치경찰사무에 관한 위임 규정을 둘 필요가 있다. 이를 통하여 기관 사이의 입장 차이에 따른 혼란을 줄이고, 지자체가 주체성과 자율성을 가지고 지역치안을 책임질 수 있도록 해야 한다.

4) 미래지향적 경찰개혁

문재인 정부의 이른바 권력기관 개혁은 목소리만 크고 실패하였거나 바람직하지 않는 결과가 된 이유는 여러 가지 있겠지만, 무엇보다도 개혁이 국가조직이나 기관에 대한 '애정'과 미래지향적 사고에 기반을 둔 것이 아니라 운동권 특유의 '적대감'에서 시작된 잘못된 동기 때문이 아닌가 생각한다. 특히 국정원의 정보수집권한과 국내 대공수사권을 박탈하고, 검찰의 수사권을 지나치게 약화시킨 부분에 대하여는 더욱 그러하다. 국정원이나 검찰이 한때 독재정권의 하수인으로서 무소불위의 권력을 행사하였다는 비난을 받은 적은 있지만, 이제는 그럴 수 있는 상황은 아니고, 일정 분야에 관하여는 국가 자산이라고 할 수 있는 많은 노하우를 가진 기관이기도 하다.[99] 더욱이 대한민

입의 당위성이나 입법취지와 현행 경찰법 규정과의 괴리 때문에 뚜렷한 견해를 정립하기 어렵다.

99) 경찰도 마찬가지로 독재정권에 부역하여 고문과 불법사찰 그리고 과잉진압을 한 부끄러운 역사가 있는데도, 문재인 정부에서 경찰은 권력기관 개혁에서 비켜나서 오히려 수사권과 정보에 관한 더 많은 권한을 가지게 되었다. 전두환 정권에서 경찰은 정권의 비호 아래 실제로 검찰보다 더 막강한 권력을 행사하며 성고문이니 물고문이니 하는 민주국가의 경찰로서 부끄러운 범행을 저질렀다. 박종철 물고문 치사사건의 주범은 치안본부 대공분실이었고(주범은 이근안, 조한경 등이고 이를 은닉하려고 했던 자들은 강민창 치안본부장과 박처원 치안감 등이었다), 오히려 이를 밝히기 위하여 청와대의 반대를 무릅쓰고 부검을 강행한 쪽은 검찰(최환 부장검사)이었다. 민주화 운동의 주역임을 자랑스럽게 내세워 정권을 잡은 문재인 정부가 검찰이나 국정원과 기무사에 대한 아픈 역사만 기억하고 경찰의 권력남용에 대한 뼈저린 경험을 잊어버린 채, 오히려 더 많은 힘을 실어준 것은 불가사의 중 하나이다. 그 이유에 대하여 민주당 대표가 '경찰은 권력에 잘 따른다'는 말을 한 사실이 있는데(동아

국은 세계에서 가장 가난하고 혼란스러운 나라에서 세계적인 경제대국이 되었고 민주화를 달성한 자랑스러운 국가이다. 이러한 자랑스러운 대한민국을 지탱해 왔던 모든 국가조직과 기관들은 단점만이 있는 것이 아니라 나름대로 장점과 자랑스러운 역사도 가지고 있다.[100] 따라서 각 국가기구가 가지고 있는 장점과 그 정신을 살리고 단점을 보완하는 방향으로 미래를 위한 개혁을 해 나가야 하고, 일방적으로 그 시스템을 파괴하는 것은 개혁이 아니라, 소인배적인 한풀이거나 이념의 맹목적 추종과 파괴에 불과하다.[101] 나라에 대한 깊은 애정은 국가조직에 대한 애정으로 통한다. 세상의 어느 나라이건 완벽한 국가조직은 있을 수 없다. 수사권도 각 기관이 그동안 쌓아온 노하우가 달라서 각자 유능한 분야가 있으므로[102] 이를 집중적으로 살리고, 수사기관끼리 서로 협력하고 보완하며 국민을 보호하는 기능을 최대한 발휘하게 하는 것이 이상적인 개혁이다.[103] 경찰은 범죄수사뿐만 아니라 범죄예방에 전문적인 노하우를 가지고 있는 귀중한 우리의 자산이다. 이러한 자산을 소중하게 키워나가는 동시에 경찰이 가지고 있는 부정적인 유산을 정리해나가는 것이 중요하다. 이를 위한 제도 중 하나가 자치경찰이다. 전체 공무원 중 12%를 차지하고 수사와 정보권을 가진 비대한 조직이 경찰청장 한 사람의 지휘 아래 일사분란하게 움직이는 것은 민주사회에서 결코 바람직하지 않다. 범죄예방과 민생치안을 주로 담당하는 자치경찰이 국가경찰로부터 분리되어 주민의 일상생활과 가까운 곳에서 치안활동을 할 수 있다면, 경찰의 비대화를 막을 수 있을 뿐만 아니라, 주민들로부터 신뢰받는 경찰, 말 그대로의 민

일보 2022. 4. 12.자 기사), 이는 경찰로서는 참으로 아프게 들어야 할 말이고, 우리 경찰관 모두에 대한 모욕이라는 사실을 명심하여야 한다.

100) 저자로서는 우리 경찰의 가장 자랑스러운 역사는 건국을 둘러싸고 많은 희생을 감수하면서 적대세력으로부터 대한민국을 지켜낸 것이라고 생각한다. 경찰관들의 그러한 희생과 역할이 없었더라면 지금과 같이 자유와 번영을 누릴 수 없었을 것이다.

101) 중국의 문화혁명은 지나친 이념적 사고를 내세워 중국을 파괴하고 수십 년 동안 중국을 가난하고 퇴행된 나라로 만들었다.

102) 간첩수사는 국정원이 많은 경험과 능력을 갖추고 있고, 정치권이나 재벌 및 금융계에 관한 수사는 검찰이, 그 외 대부분의 수사영역, 특히 민생과 관련된 살인, 강도, 강간, 절도, 유괴와 같은 범죄에 대한 수사는 역시 경찰이 최고의 능력을 발휘하는 분야라고 할 수 있다.

103) 미국에서도 전문적인 수사기관은 분화되는 경향이 있다(FBI, DEA 등).

주경찰이 될 수 있을 것이다.

5) 성찰과 협력('승자의 저주'를 명심할 것)[104)]

현행 자치경찰제는 분권 부분에서 매우 취약하고 모호한 규정이 너무 많다. 이러한 부분은 실시과정에서 국가경찰과 자치단체의 성찰과 협력으로 해결해야 한다. 법규의 모호성을 이용하여 무리하게 권한을 행사하거나, 과도한 해석이나 소관 규정을 통하여 상대를 견제하려고 하면 이 제도는 시행단계부터 파탄이 날 수밖에 없다. 자치경찰제도가 실패로 끝났을 때 돌아오는 대가는 혹독할 것이다. 더 많은 권한과 조직을 가진 더 강한 자치경찰제도가 도입될 것이고, 그 과정에서 실패의 책임이 있는 국가경찰은 주도권을 빼앗길 것이다. 문재인 정부의 검경수사권 조정과정에서 검찰이 철저하게 개혁의 대상이 되고 주도권을 잃었던 모습이 재현될 것이다. 현행 자치경찰제를 사실상 주도하는 국가경찰은 기관과 조직의 이익보다 국민(주민)을 중심에 놓고 생각하는 성찰이 선행되어야 한다. 경찰은 문재인 정부에서 원하는 것은 모두 얻은 기관이다. 많아진 권한과 책임을 완수하기 위해서는 선택과 집중은 당연한 전략이고, 그 중 자치경찰사무는 이원화 모델처럼 자치단체의 자치경찰로 이관시켜 주어야 한다. 경찰청 스스로 이원화 모델을 만들었기 때문에 이를 번복하는 것은 국민에 대한 약속 위반이기 때문이다. 수사권 독립이 시행된 이후 경찰의 공룡화에 대한 우려와 경찰에 대한 부정적인 목소리가 커지고 있고, 이러한 현상이 가속되면 경찰의 재편은 국정과제로 올려진 것이며, 문재인 정부의 검찰처럼 가혹한 개혁의 대상이 될 것이다. 이를 방

104) 양영철, 자치경찰론 276면 이하의 현행 자치경찰제의 성공적 안착을 위한 탁월한 해결책을 정리한 것이다. 이 부분은 자치경찰에 관여하는 사람들은 반드시 숙독하여 몸에 체득하여야 할 귀중한 지혜라고 생각한다. 다만 양영철 교수는 현행 자치경찰제에 관한 주도권을 국가경찰이나 광역자치단체 둘 다 가질 수 있다는 것을 전제로 하여 기술하였으나, 그 후 현행 경찰법 시행 이후에 자치단체는 아무런 역할을 하지 못하고 국가경찰, 즉 경찰청이 일방적으로 주도권을 가지고 있고, 양교수님의 우려대로 경찰청의 무리한 법해석이나 경찰청이 소관하는 규정의 개정을 통하여(예를 들어 지구대·파출소의 112로 소속 변경 등) 새로운 제도의 시행을 견제하고 있는 현실에 비추어, 자치경찰제도가 실패한다면 그 책임자는 결국 경찰청이 되어야 한다는 점에서, 그 부분에 관하여는 양교수님 글에 약간의 보충을 하였다.

지하기 위해서도 자치경찰에 필요한 인원과 조직을 이관하여 재정비함으로써, 국가경찰 조직을 정예화하고 국민에게 사랑받는 조직으로 탄생해야 할 것이다. 자치경찰실시가 국가경찰의 보강이지 대립적인 관계가 아니라는 점을 명심해야 한다.

다. 법리적 문제

현행 경찰법상의 자치경찰제도는 세계의 유래가 없는 특이한 제도일 뿐만 아니라 우리 스스로도 제대로 검토도 하지 않은 채 도입된 것으로서, 법리적으로도 많은 의문점이 제기되고 있다. 자치경찰제도에 대하여 제기된 법리적 의문점은 아래와 같고, 이들 모두가 간단하게 해결될 수 있는 사항은 아니다.

(1) 조직과 책임

1) 기존 경찰조직 체계를 그대로 유지하면서 하나의 조직 안에서 국가사무와 자치사무가 동시에 수행된다면, 그 조직은 국가기관인가 아니면 지방기관인가? 국가사무와 자치사무에 대한 책임은 각각 누가 지는 것이 타당한가?

2) 조직의 제1원리는 명령통일의 원칙으로 지휘 및 감독체제는 한 곳에 있어야 하고, 여러 곳에 있으면 조직 운영에 혼란이 생긴다는 것이다. 그러나 현행 경찰법에서는 자치경찰사무 담당경찰관에 대한 지휘나 인사는 자치경찰위원회와 시도경찰청장 또는 경찰서장 등 여러 명이 관여하고 있어서, 일선 경찰관들은 매우 혼란스럽다고 호소하고 있다.[105] 그것이 일선 경찰관들이 자치경찰제에 대한 거부감을 갖는 가장 큰 원인 중의 하나이다.

(2) 자치경찰사무의 구분

1) 관할지역의 생활안전, 교통, 여성·아동·노약자 보호 및 이와 관련된 수사라는 업무 분배에 대한 구분이 합리적인가?[106] 또한 지방사무를 지휘·감독하는 시도지사 소속 자치경찰위원회의 사무내용과 기존에 지방자치단

---

105) 자치경찰사무 담당 경찰관들은 자신들에 대한 지휘감독권이 자치경찰위원회에 있다고 하더라도 신분에 결정적인 권한인 신규채용과 면직권한이 있는 경찰청장에게 더 큰 무게를 둘 것이다. 양영철, 자치경찰론 274면.

106) 이 부분에 관한 연구로는, 최천근, “국가경찰과 자치경찰간의 합리적 사무배분에 관한 연구”, 한국지방자치학회보 26권 2호(통권 86호) (2014) 275면 이하 참조.

체가 이미 수행하고 있던 특별사법경찰의 사무내용과 지휘·감독권의 충돌 또는 중복문제에 대한 검토와 해결책이 있는가?

2) 자치경찰을 설치하는 목적 중 하나는 자치단체의 법집행력 향상이다. 우리나라 자치단체는 수행하는 업무량에 비하여 집행력을 담보하는 강제력은 매우 취약한 편이다. 이러한 취약점을 보강하기 위하여 현재 자치단체가 수행하는 법집행사무와 특별사법경찰사무에 집행력을 보강할 수 있도록 기능 배분에 유의할 필요가 있다.[107]

(3) 경찰공무원의 신분·인사·지휘감독

1) 자치경찰사무를 수행하는 경찰공무원은 국가와 시·도지사(자치경찰위원회 포함)가 함께 인사권을 가지는데, 국가공무원인 경찰관에 대한 임용권을 지방기관에서 행사하는 것이 타당한가? 즉 국가공무원인 경찰공무원에 대하여 담당직무를 기준으로 국가사무는 경찰청장이, 자치경찰사무는 자치경찰위원회가 시·도경찰청장을 지휘·감독하는 것이 타당한가?

2) 이러한 사례를 소방공무원에서 찾는 견해가 있으나, 경찰공무원과 소방공무원은 모두 국가공무원이라는 점 외에는 다른 점이 더 많다. 지방의 소방본부는 시도의 직속기관으로서 여전히 지방자치단체 소속인 반면에 시도경찰청은 중앙정부의 특별지방행정기관으로 그 성격 자체가 다르다. 자치경찰 담당공무원이라 할지라도 경찰공무원법 및 경찰공무원임용령과 시행규칙의 적용을 받는다. 현행 자치경찰제도는 자치경찰 담당경찰관은 있으나 자치경찰관이 없는 구조라 할 수 있다. 그러다 보니 그 인사과정(위임 과정과 추천)도 매우 복잡하게 얽혀 있다.[108] 또한 자치경찰사무 담당공무원의 인사에 대한 법령 소관은 경찰청이고, 정원과 지방자치에 관한 법령 소관은 행정안전부로서, 두 부처 사이의 갈등도 일어나고 있다.[109]

---

107) 양영철, 자치경찰론 320면.

108) 양영철, 자치경찰론 374면.

109) 행정안전부의 경찰국 설치와 관련된 갈등도 그 사례 중 하나이다.

4. 외국 자치경찰제도에 대한 고찰[110][111]

경찰제도를 분류하는 방식은 여러 가지 있고, 중앙집권형과 지방분권형으로 분류하거나, 국가경찰제와 자치경찰제로 나누는 방식도 있으나,[112] 자유민주주의 시장경제체제를 갖춘 대부분의 정상적인 국가들이 형태와 정도의 차이는 있지만 자치경찰제를 운영하고 있다. 지방자치를 실시하는 국가에서 국가경찰만이 지역치안을 독점하는 나라는 이 지구상에서 찾을 수 없다.[113] 따라서 여기서는 자치경찰제도를 운영하는 자치단체가 주로 기초자치단체인지

110) 최천근, "외국의 자치경찰제도에 대한 비교론적 고찰", 자치발전, 한국자치발전연구원(2013) 38면 이하를 보충하고 정리하였다. 또한 문준섭, "OECD 국가 등 경찰제도와 환경요인 분석", 박준휘, 자치경찰제 연구(Ⅱ) 119면 이하는, OECD 국가를 국가경찰중심국가, 자치경찰중심국가, 절충형 모델로 분류한 자료이다.
이 책에서 예로 든 나라 외의 자치경찰제도에 관하여는, 신현기, "벨기에 자치경찰의 구조와 특징에 관한 연구", 한국유럽행정학회보 4권 1호(2007) 121면 이하; 신현기 · 강선, "멕시코 자치경찰제도에 관한 연구", 자치경찰연구 2권 1호(2009) 3면 이하; 이임걸, "멕시코 경찰제도 및 운영상의 시사점", 자치경찰연구(2017) 10권 1호 52면 이하; 박종철, "과테말라 경찰제도에 관한 연구", 자치경찰연구, 10권 1호(2017) 139면 이하; 신현기 · 김학배, "호주 경찰제도의 구조와 특징에 관한 연구", 자치경찰연구 4권 2호(2011) 47면 이하.

111) 자치경찰제복에 관한 비교연구로는 안별 · 이영재, "자치경찰제복에 나타난 조형적 특성에 관한 연구-프랑스, 이탈리아, 스페인, 한국을 중심으로", 패션비즈니스 24권 2호(2020) 17면 이하. 경찰제복은 시각적 효과뿐만 아니라 심리적인 효과도 크고, 시민들은 물론 이를 입는 경찰관의 자부심과도 관계가 있으므로 많은 영역의 전문가들이 참여한 가운데 신중하게 고려하여 정해야 한다.

112) 경찰을 영미법계와 대륙법계 경찰로 나눌 수 있다. 전자의 경찰은 분권화된 법집행기관으로서 제한된 권한을 가지고 있고, 그 역할을 개인의 생명 · 신체 · 재산의 보호와 사회질서의 유지로 생각한다. 한편 후자의 경찰은 국가의 일반통치권의 일부로서 경찰행정의 중앙집권화를 강조하며, 경찰은 개인의 생명 · 신체 · 재산의 보호뿐만 아니라 국가의 시책을 추진하기 위한 행정을 경찰의 개념에 포함시킴으로서 경찰작용의 영역이 훨씬 광범위하다(양영철, 자치경찰론 32면). 한편 양영철 교수는 자치경찰을 ① 국가경찰 주도형 자치경찰(자치경찰은 국가경찰에 종속됨-제주를 제외한 우리 현행 제도), ② 지방자치단체 주도형 자치경찰(자치경찰은 자치단체의 일부 조직-제주자치경찰단), ③ 자치경찰 주도형 경찰자치(영국과 미국의 일부)로 나눈다(양영철, 자치경찰론 68면 이하); 신현기, "대륙법계 국가경찰제와 영미법계 자치경찰제", 자치경찰연구 14권 1호(2021) 3면 이하.

113) 양영철, 자치경찰론 14면.

광역자치단체인지를 기준으로 하여, '기초단위 자치경찰제도'(프랑스, 스페인, 이탈리아 등), '광역단위 자치경찰제도'(독일, 영국, 일본 등) 및 '기초단위와 광역단위 혼합의 자치경찰제도'(미국, 캐나다 등)로 구분한 견해에 따라 설명하였다. 물론 이 구분 자체도 절대적인 것은 아니고, 시대와 상황의 변화와 함께 그 모습이 달라지고 있다.

가. 기초단위 자치경찰제도

(1) 프랑스[114)]

1) 프랑스는 국가의 행정분권과 지방의 자치분권이 이원적으로 공존한다. 자치단체는 지역-도-꼬뮨 등 3계층으로 이루어진다. 지역과 도에는 각각 국가를 대표하는 지사가 임명된다. 프랑스는 1789년 프랑스혁명 이후 기초자치단체장에게 경찰권을 부여하면서 자치경찰조직을 운영하여 왔으나, 20세기 이후에는 경찰권의 중앙집권화를 시도하였고, 현재는 중앙집권적인 경찰제도에 인구 1만 명 이하의 꼬뮨에서만 제한적으로 기초단위의 자치경찰을 가미하고 있다. 광역자치단체에는 자치경찰이 없고 국가경찰만 있으며, 기초단위 자치경찰이 담당하는 경찰사무는 주민생활 중심의 사무에 제한된다.

2) 프랑스 경찰조직은 국가경찰이 주를 이루고 있고, 이는 공공질서를 유지하기 위해 범죄예방을 담당하는 행정경찰과 범죄 발생 후 수사를 통해 범죄자를 체포하고 형사소송절차에 회부하는 것을 담당하는 사법경찰로 구분

114) 한견우, "경찰의 주민근접성을 실현하기 위한 프랑스 자치경찰의 연혁과 발전-프랑스 자치시경찰의 법적 구조를 중심으로-", 법학논총 29권 3호(2017) 523면 이하; 김택 · 오승규, "프랑스 경찰의 국가-지방자치단체간 협력과 윤리적 거버넌스', 한국부패학회보 18권 4호(2013) 127면 이하; 유주성, "프랑스 근접경찰; 자치경찰과 일상안전경찰", 경찰법연구 18권 1호(2020) 181면 이하; 유주성, "프랑스, 미국, 일본의 자치경찰제와 비교법적 검토", 동아법학 80호, 동아대학교 법학연구소(2018) 39면 이하; 오승규, "프랑스 자치경찰제도와 시사점", 법과 정책연구 18집 2호, 한국법정책학회(2018) 173면 이하; 오승규, "프랑스의 자치경찰", 월간 공공정책 201권, 한국주민자치학회(2022) 28면 이하; 신현기 (2010) "프랑스 리옹(Lyon)시의 자치경찰제에 관한 연구 -제주자치경찰제와 비교를 중심으로-", 자치경찰연구 3권 1호(2010) 151면 이하; 안영훈, "프랑스 코뮌 기초자치단체 자치경찰제도 연구", 자치경찰연구 13권 1호(2020) 31면 이하.

하여 둘 사이의 업무분장을 엄격하게 구분하고 있다.

3) 프랑스 자치시 경찰의 행정경찰작용에는 도(déartement)에 파견된 국가대표자인 도지사의 행정적 통제를 받으면서 자치시 경찰의 임무와 농촌 경찰의 임무 그리고 관련 국가행정(기관위임사무)을 집행하는 임무를 수행하는 특징이 있다. 반면에 프랑스 형사소송법전에서 규율하는 자치시의 사법경찰 작용은 검찰의 지휘・감독을 받으며 형사범죄와 법위반행위를 수사하고 조사하는 임무를 수행한다.

4) 국가경찰은 국립경찰과 군인경찰로 구분되고, 국립경찰에는 내무부 소속으로 국립경찰청이 있으며 그 산하에 중앙부서의 지방분국 및 경찰서 등이 설치되어 있다. 국립경찰은 일정 인구 이상 도시에서 치안을 담당하는 것이 특징이다. 이와 달리 군인경찰은 일정 인구 이하 소도시와 농촌지역의 치안을 담당하고, 국방부장관 산하 군경찰총국에서 지휘한다. 국가경찰은 행정경찰과 사법경찰 등 대부분의 경찰사무를 포괄적으로 수행한다.

5) 자치경찰은 자치단체의 규모와 자치단체의 재정자립도 및 시장의 치안정책에 따라 경찰 인력과 조직이 다양하다. 전체 꼬뮨 중에서 10% 가까운 지역에서 자치경찰제도를 도입하고 있다. 프랑스의 자치경찰은 국가경찰의 권한을 침해하지 않는 범위 안에서 공공질서 유지, 공공의 안녕, 안전 및 위생에 관한 임무 등의 제한적 사무를 수행한다. 국가경찰과 자치경찰은 수평적인 상호협력관계를 유지하며, 국가경찰과 자치경찰 사이의 업무 범위는 시장과 국가의 대표자인 도지사가 협약으로 정한다.

(2) 스페인[115)]

1) 스페인은 오랫동안 민족간 갈등이 지속되고 있는 다민족 국가로서, 특히 바르셀로나를 중심으로 하는 카탈류냐, 바스크, 나바라 지역은 아직도 스페인 민족에 동화되는 것을 거부하고, 17개 주 중에서 위 3개주만 광역자치단체 수준에서 자치경찰을 두고 있다.[116)] 또한 스페인은 내란과 외침이

115) 안영훈, “스페인 지역정부 중심의 자치경찰제도 연구”, 자치경찰연구 13권 2호 (2020) 3면 이하.

116) 스페인 역사에서 처음으로(1690년) 전문직 경찰을 채용하여 업무를 시작한 곳이 카탈류냐였다. 위 3개주 외에도 안달루시아, 카나리아, 갈라시아, 발렌시아 4개주가

많았기 때문에 경찰과 군인을 뚜렷하게 구분하기 어려워, 인구가 적거나 해양지역에는 군인경찰 제도가 남아있다.

2) 스페인은 17개의 주와 2개의 자치시로 나누어져 있고 서로 다른 자치권을 향유하며 연방국가를 구성하고 있는데, 스위스・독일・벨기에와 함께 유럽에서는 지방자치가 가장 잘 이루어진 국가이다. 스페인 자치경찰제도의 특징은 국가경찰을 근간으로 하면서도 주로 기초단위의 자치경찰을 보완적으로 도입하고 있다. 기초자치단체 8,100개 정도에서 자치경찰이 시행되고 있는 곳은 5,500개 정도이고, 자치경찰이 실시되지 않는 곳은 국립경찰이나 군인경찰이 자치경찰 역할을 맡고 있다.

3) 스페인 국가경찰은 국립경찰과 군인경찰[117]이 있다. 국립경찰은 국립경찰청 산하에 있고 그 아래 지방청과 대도시・중도시・구 단위의 경찰서가 설치되어 있고, 프랑스와 유사한 조직으로 운영된다.

4) 자치경찰은 주로 기초단위 자치단체에서 자치경찰을 운영하고 있다. 자치경찰은 시장 지휘 아래 있는 시민적 무장조직으로서, 시장이 임명하는 본부장이 직접 지휘를 한다. 자치경찰의 사무를 살펴보면, 기초단위 자치경찰은 지역생활안전・교통 등 주민생활 밀착형 사무를 담당하고, 광역단위 자치경찰은 주민증 발급, 국경검문 등 국가적 사무와 공공질서 유지, 경비, 교통, 범죄수사 등의 포괄적 경찰사무를 수행한다. 자치경찰은 국가경찰과 상호 대등한 관계에서 협력적 관계를 형성하고 있다.

(3) 이탈리아[118]

1) 이탈리아의 지방자치단위는 2006년 기준 20개 주(Region)－103개 도(Province)－8,102개 시(Commune)로 구성되어 있고, 자치경찰제도는 국가

자치규약에 자치경찰의 창설이 규정되어 있으나, 실제로는 자체 경찰력을 보유하고 있지는 않다. 까딸루냐는 스페인으로부터 독립운동을 할 정도로 독립성이 강한 자치경찰을 가지고 있고, 까딸루냐 사람들에게 자치주경찰은 자신들의 정체성을 길거리에서 일깨워 주는 상징이라고 할 수 있다. 이임걸, "스페인 경찰 속의 까딸루냐 자치주경찰에 관한 연구", 유럽경찰연구 1권 1호(2017) 67면 이하.

117) 군사적 성격을 가진 무장기관으로 평소에는 내무부장관의 지휘를 받아 치안업무에 종사하나, 전시와 계엄 아래서는 국방장관의 지휘를 받는다.

118) 안영훈, "이탈리아 자치경찰제도 연구", 자치경찰연구 14권 1호(2021) 57면 이하.

경찰을 근간으로 하되, 자치경찰을 보완적으로 도입하고 있다. 광역단위와 기초단위 모두에 자치경찰을 두고 있다. 자치경찰의 규모는 기초자치단체인 시단위가 주나 도보다 훨씬 크다(예를 들어 로마시의 경우에는 도보다 20배 이상 크다).

2) 이탈리아의 국가경찰은 내무부 소속의 국립경찰, 국방부 소속의 군인경찰, 법무부 소속의 교도경찰과 재무부 소속의 재무경찰 등 다양하게 운영된다. 국립경찰은 고속도로와 철도 순찰, 사이버범죄 대응, 일반 치안업무와 수사업무를 담당하고, 재무경찰은 강도, 절도, 횡령과 같은 재산범죄에 대한 수사업무를 담당하며, 군인경찰은 이탈리아 전역에 배치되어 공공질서 유지와 비상상황 발생 시 대처업무를 담당한다.

3) 기초단위인 시 자치경찰은 범죄예방을 위한 순찰과 공공시설에 대한 보호, 교통 및 상거래의 안전을 담당하고, 보충성의 원칙에 따라 자치경찰의 중심적 역할을 한다. 광역단위 자치경찰은 환경보호, 밀렵단속, 고속도로순찰과 같은 특정 분야의 역할만을 수행한다. 자치경찰은 해당 자치단체의 고유조직이기 때문에 운영을 위한 재정부담은 각 자치단체의 자체 예산에서 충당하고, 국가의 지원은 일부 있으나 한계가 있다.

자치경찰과 국가경찰은 상호 수평적으로 협력관계를 유지하지만, 자치경찰은 국립경찰인 지방경찰본부장의 협조요청이 있으면 국립경찰의 지휘 아래 공공질서와 안전유지업무에 협조해야 한다. 예를 들어 교통사고 사망사건의 경우에 자치경찰이 현장 상황을 파악한 후, 국가경찰이 사건을 인계받아 조사하여 종결하는 방식이다.

나. 광역단위 자치경찰제도

(1) 독일[119]

119) 신현기・홍의표, “독일 자치경찰제도에 관한 연구”, 자치경찰연구 6권 1호(2013) 3면 이하 ; 김성룡, “독일 경찰의 구조와 기능－행정, 위험예방, 사법, 정보 기능 분리의 관점에서-”, 형사법의 신동향 통권 63호(2019) 230면 이하; 신현기, “오스트리아와 독일 바이에른주 경찰개혁이 한국경찰개혁에 주는 시사점 분석”, 한국치안행정논집 16권 2집(2019) 49면 이하; 신현기, “프랑크푸르트시 도시경찰제와 서울시 자치경찰제 도입에 관한 실태분석” 한국치안행정논집 13권 4호(2017) 89면 이하.

1) 독일의 국가형태는 연방공화국으로 연방정부와 16개의 주정부로 구성되고, 각 주는 고도의 자치권과 광범위한 입법권을 가지며, 기본법의 테두리 내에서 독자적인 주 헌법을 가지고 있다. 주 산하에 중간 지방자치단체와 기본 지방자치단체가 존재한다. 독일에서 경찰제도는 기본적으로 주단위에서 경찰권을 행사하고 있으나, 연방경찰과 주경찰 그리고 지방자치단체 소속의 자치경찰로 나뉘어져 있다.

2) 독일의 경찰은 연방경찰과 주경찰로 구분된다. 연방경찰은 연방경찰청, 연방수사청, 연방헌법보호국, 연방경찰대학으로 구성된다. 주경찰은 보통치안경찰, 수사경찰, 기동경찰, 수상경찰 등 4개의 경찰로 구성된다. 독일의 연방경찰은 국경수비, 테러대비, 국제범죄, 정치범죄 수사 등 연방차원의 수사와 국가방첩 임무, 연방요인 신변보호 등 연방차원의 경찰업무만을 수행한다. 주경찰은 일반범죄에 대한 수사, 생활안전 활동, 공공질서유지, 교통·경제사범 단속, 시위진압, 수상경찰업무 등 포괄적인 경찰업무를 수행한다. 연방경찰과 주경찰은 서로 독립적인 지위를 유지하고 연방경찰의 주경찰에 대한 지휘나 통제는 인정되지 않는다.

(2) 영국[120]

1) 영국 경찰은 'Bobby'라는 애칭으로 불리면서 국민의 많은 신뢰를 받고 있으며, 나아가 세계 경찰의 모범생이라는 평가를 받는다. 또한 영국은 비교법적으로 자치경찰제도를 가장 빨리 정착시킨 국가이기도 하다.[121] 영국

120) Jin U. Choi · Alexander Fay, "Research on Municipal Policing in the United States and the United Kingdom", 자치경찰연구 10권 2호(2017) 3면 이하; 박현호, "영국 자치경찰 조직의 확대와 네이버후드 폴리싱", 대한범죄학회 학술대회(2006) 2면 이하; 안동인, "영국법상 경찰권 행사의 근거와 한계－경찰관직무집행법의 비교법적 검토와 관련하여-", 공법학연구 17권 4호, 한국비교공법학회(2016) 315면 이하; 최선우, "영국경찰의 정당성 확보와 저하에 관한 역사적 연구", 경찰학논총 11권 4호(2016) 153면 이하; 영국의 경찰개혁에 관하여, 허경미, "영국의 경찰개혁 : 경찰 및 범죄 총감제의 정착과 시사점 연구", 경찰학논총 13권 4호, 경찰학연구소(2018) 117면 이하.

121) 1829년 영국의 런던수도경찰을 '최초의 근대경찰'로 보고 있다. 이를 창설하는데 많은 기여를 한 로버트 필(R. Peel)을 '근대경찰의 아버지'(the Father of Modern Police)라 한다. 당시의 영국 런던수도경찰을 최초의 근대경찰로 보는 것은 이전의

경찰은 잉글랜드와 웨일즈, 스코틀랜드, 북아일랜드 별로 경찰지역(police area)을 구분하여 조직되어 있으며, 이 모든 지역을 통합한 통일적인 국가경찰은 없다. 영국 경찰은 북아일랜드를 제외하고는 전통적으로 거의 완전히 자치경찰의 형식을 갖추고 있다.

2) 영국의 자치경찰제도는 1,000년의 오랜 전통을 가지고 있고, 주민생활과 밀접한 관계가 있는 사무는 자치단체에서 수행하고, 자치단체에서 처리하기 어려운 사무는 중앙에서 수행한다. 20세기 초까지는 국가경찰창립에 대하여 대대적인 반발이 있을 정도로 치안의 중심은 자치경찰이 담당하였으나, 청소년 범죄의 급증을 비롯한 각종 범죄가 증가하고 광역화되면서 1964년 경찰법이 제정되고 국가경찰이 창설되었다. 영국사회에 마약이나 불법이민 등의 조직범죄가 증가하자 이를 국가적 차원에서 대응하기 위하여 국립범죄청(National Crime Agency)[122]이 설립되었다.

3) 영국의 자치경찰은 지방자치단체 소속이 아닌 별도의 독립기관이면서, 자치단체의 강한 통제를 받지만, 정당정치와 분리되어 정치적 중립을 제도화하고 있다. 자치경찰제도는 형식적으로는 광역단위의 완전한 자치경찰 전통을 이어오고 있지만,[123] 실질적으로는 중앙정부의 통제가 강화되는 때도 있었다.[124] 즉 범죄의 광역화 등에 대응하기 위해 중앙정부의 통제장치를 강화하고, 중앙정부에 법집행기구를 신설하는 등 중앙집권화하려는 경향이 있었다. 그러다 2012. 1. 1.부터 시행된 경찰개혁법(Police Reform and Social

---

국가지향적 또는 소수의 지배집단 지향적 경찰에서 벗어나 다수의 시민지향적 경찰로서 전환되는 계기가 되었고, 또 그것이 개인의 자유와 권리의 보호를 본질로 하는 민주주의 기본이념에 부합하기 때문이다. 최선우, 위 논문 157면.

122) 국립범죄청은 국가적, 국제적 조직범죄에 대응하는 기관으로, 조집범죄담당, 국경담당, 경제범죄담당, 아동학대 및 온라인보호센터의 4개 집행기관으로 구성되어 있다.

123) 중앙정부와 지방정부 및 지역 주민들로 구성된 지방경찰위원회가 자치경찰 운영의 주체가 되고 있다. 양영철, 자치경찰론 109면.

124) 네덜란드도 신속한 범죄대응을 위하여 2013년 경찰관련 법률 개정을 통하여 중앙집권을 강화하고 있다. 네덜란드는 민간경비를 위해 고용된 청원경찰의 수가 국가경찰의 절반 이상을 구성하고 있고, 이는 독일도 같은 사정이다. 스웨덴도 19세기 중반부터 강력한 지방분권적인 자치경찰제를 실시하였으나, 효과적인 범죄 대응을 위하여 1984년 기존 경찰관서를 1/5 수준으로 줄여서 경찰조직에 대한 중앙정부의 통제가 강화되었다. 문준섭, 위 글, 123면, 128면.

Responsibility)으로 자치경찰을 전통적인 모습으로 되돌려 놓았다. 즉 주민들이 자치경찰책임자를 직접 선출하고 중앙정부의 관여를 대폭 축소시켰다.

4) 자치경찰은 52개의 지방경찰청이 있고, 그 아래 지역 → 지구 → 경찰서로 나누어져 있으며, 생활안전, 경비, 교통 등 경찰사무를 포괄적으로 수행하고, 독자적인 수사권을 가지고 있다. 자치경찰의 기능 범위가 가장 넓은 나라 중 하나이다. 이에 대하여 내무부장관은 지방경찰위원회 위원의 선발에 관여하고, 자치경찰 예산의 50% 이상을 관장하며, 지방경찰청장 및 차장의 임명 승인권 및 해임권을 행사할 수 있다. 한편 자치경찰에 대한 강력한 권한을 행사하는 지방경찰위원회는 지방의원이 과반수이므로 실질적으로 지방자치단체 소속이라 할 수 있다.

(3) 일본[125)]

1) 일본은 1871년 이후 제2차 세계대전이 끝날 때까지 국가경찰제와 중앙집권형 경찰조직을 가지고 있었다. 패전 후 미군정명령에 따라 1948년 공안위원회 제도와 함께 미국식 자치경찰제를 기초자치단체인 市町村 단위에 도입하였으나, 자치단체의 재정 부족과 경찰간 공조 부재 등의 문제점 때문에 1954년 都道府縣 단위의 광역자치경찰로 일원화하여 지금에 이른다.[126)]

일본 경찰은 정치적 중립을 조직운영의 기본원리로 삼아 공안위원회를 두고 다른 정부조직과 달리 독립적으로 운영된다. 그리고 한 조직 내에서 국가경찰과 자치경찰이 동시에 존재하는 형태를 띠고 있고, 국가경찰제적인 성격이 강하여 자치단체장이나 지방공안위원회는 권한이 없고,[127)] 실질적인 지휘

125) 박종철. "올바른 자치경찰제 정착을 위한 개선방안 연구 : 일본 자치경찰제와의 비교를 중심으로," 자치경찰연구 14권 2호(2021) 26면 이하; 박증철, "일본의 자치경찰제 분석과 시사점", 자치경찰연구 11권 2권(2018) 23면 이하; 김현우, "일본의 실종자 수색제도에 관한 검토", 한국경찰학회보 23권 5호(2021) 213면 이하; 오승은, "일본의 통합형 경찰제도에 관한 연구", 한국지방자치학회보 29권 3호(통권99호)(2017) 275면 이하; 김민정, "일본경찰제도에 관한 연구", 자치경찰연구 10권 2호(2017) 14면 이하; 하동현, "일본 자치경찰제도의 변화와 함의", 월간 공공정책 201권, 한국주민자치학회(2022) 25면 이하; 浦中千佳央, 「日本自治警察制度の問題点と發展方策 : 國、地方、民間の役割り変化」, 한국공안행정학회보 75호(2019) 9면 이하.

126) 양영철, 자치경찰론 95면 이하.

감독은 국가경찰의 수장인 경찰청장관에게 있어 진정한 의미의 자치경찰이라 보기 어렵다.

2) 일본의 자치제도는 도도부현(1都1道2府43縣, 광역자치단체)과 시정촌(市町村, 기초자치단체)의 2단계 형태를 띠고 있다. 일본 자치경찰은 도도부현을 중심으로 광역단위 자치경찰에서 경찰사무의 대부분을 수행하지만, 국가는 자치경찰사무에 대한 지휘감독과 고위직 경찰관의 인사권을 행사한다.

국가경찰은 내각총리대신의 소할(所轄)[128] 아래 있는 국가공안위원회가 관리[129]하는 경찰청과 경찰청의 지방기관인 관구경찰국이 있다. 경찰청장관은 총리의 승인을 받아 국가공안위원회가 임명하지만, 국가공안위원회와 동급의 국가경찰기관으로서 전자는 의결기관이고 후자는 집행기관의 역할을 한다.[130] 자치경찰은 도도부현 공안위원회가 관리하는 도도부현 경찰본부가 있고, 그 산하에 경찰서와 파출소 등이 설치되어 있다.

3) 자치경찰은 생활안전, 경비, 교통 등 경찰사무를 포괄적으로 수행하고, 독자적인 수사권을 확보하고 있어, 경찰의 일반적 업무를 모두 수행하고 있다. 국가경찰은 공안 관련이나 정책 입안 사무 및 전국적 통일이 필요한 사무에 한정되어 경찰업무를 수행한다.

다만 국가경찰은 소관 사무에 대해 자치경찰을 지휘감독할 수 있고, 특히 자치경찰에 대한 인사권과 예산을 통해 자치경찰을 지휘통제하며 자치경찰행정에 대한 조정 역할을 한다. 도도부현 경찰은 상호협력의무가 있으며, 경시정(우리나라의 총경에 해당) 이상은 국가직 공무원으로서, 기능에 의한 구분

---

127) 지방공안위원회는 자체의 조직을 가지지 않고, 관리 대상인 지방경찰본부 안에 있다. 따라서 지방경찰본부 경찰공무원이 위원회를 운영함으로써, 지방자치경찰의 운영은 주민이 아닌 경찰 중심으로 될 수밖에 없다. 이러한 사정은 우리나라 국가경찰위원회와 같다.

128) '소할'이라 특이한 용어는 그 통괄 아래 있지만 권한행사의 독립성이 강한 행정기관과의 관계를 나타내는 용어이다. 박준휘, 자치경찰연구(Ⅱ) 184면.

129) '관리'라는 말은, 국가공안위원회가 경찰청의 운영방침에 대하여 대강의 방향만 결정할 수 있을 뿐 직접 지휘 감독 관계가 아니라는 뜻을 가진다. 국가경찰은 형식만 총리의 '소할'과 국가공안위원회의 '관리' 아래 있을 뿐, 실제로는 경찰청장관이 경찰청의 직무를 총괄하고 직원을 통솔하는 권한이 있고, 심지어 자치경찰에 대한 지휘감독권을 가진다. 양영철, 자치경찰론 98면.

130) 이러한 구조는 자치경찰의 경우도 같다.

이 아니라 계급에 따라 국가경찰과 자치경찰를 구분하고 있다. 재정은 지방자치단체가 주로 부담하지만 교육 · 훈련 · 장비 등의 재정은 국가가 부담한다.[131] 자치경찰에 대한 임용권은 지방자치단체장이 아닌 실질적으로 국가공안위원회가 가지고 있다.

다. 기초단위와 광역단위 혼합의 자치경찰제도

(1) 미국[132]

1) 미국경찰의 주요기능은 범죄예방, 질서유지, 법집행, 공공서비스, 교통통제라 할 수 있으나, 이들 기능 이외에도 심지어 민간분야인 가족분쟁, 정신이상자, 알코올 중독자와 같은 업무도 처리하므로 경찰의 기능은 명확하게 규정할 수 없을 정도로 무한하다. 영국의 영향으로 지역주민들이 이웃에 범죄가 발생하면 연락하고 합심하여 처리하는 '친척경찰(kin policing)'에서 출발한 까닭에, 자치경찰이 오랜 전통과 역사를 가지고 있고, 우리나라 경찰청과 같은 중앙경찰기관이 없으므로 일사불란한 명령체계 없이 각 지방경찰이 자율성을 가지고 업무를 처리한다.[133]

2) 미국의 행정체계는 연방, 주(state), 카운티(county), 시티(city), 타운(town, township), 빌리지(village, borough) 등으로 되어 있으며, 이들은 서로 수평적이고 대등한 관계로서 강력한 분권체제를 가진다. 이에 따라 미국의 자치경찰도 정치적 중립보다는 주민들이 무엇을 원하느냐에 대한 민주성

---

131) 양영철, 자치경찰론 37면.

132) Jin U. Choi (2016) "The Research on the Local and State Policing in the United States-Including Special Purpose Police Organizations-", 자치경찰연구 9권 2호(2016) 76면 이하; Jin U. Choi · Alexander Fay, "Research on Municipal Policing in the United States and the United Kingdom", 자치경찰연구 10권 2호(2017) 3면 이하; 김환권, "미국의 경찰제도에 관한 고찰", 자치경찰연구 10권 2호(2017) 31면 이하; 최진욱 · 양현호, "미국의 경찰제도와 국방 법 집행 기관에 관한 연구", 자치경찰연구 8권 3호(2015) 28면 이하; 김면기 · 강소영, "지방분권에 기초한 시민 안전과 치안협력 네트워크 강화 – 미국 자치경찰의 변화와 시사점을 중심으로-", 한국경찰연구 21권 1호(2022) 3면 이하; 그 외에 미국의 경찰제도에 관하여 자세하면서도 흥미롭게 소개한 책으로, 최성규, 총과 도넛 – 존경과 혐오의 공권력 미국경찰을 말하다, 동아시아(2021)가 있다.

133) 양영철, 자치경찰론 90면 이하.

을 주요 이념으로 삼는다.[134] 이를 실현하기 위하여 주민들이 자치경찰의 장을 직접 선출하거나 아니면 시장이 직접 지휘감독하는 직속기관으로 설치하는 경우가 대부분이다.

3) 연방경찰과 자치경찰도 상호 수평적이고 대등한 관계이고, 자치경찰은 광역(州)은 물론 기초(카운티, 시티, 타운, 빌리지) 단위에 모두 설치할 수 있다.[135] 자치경찰이 경찰활동의 중심이고, 자치경찰의 조직과 사무는 지역별로 다르다. 미국에서 대부분의 치안업무는 지방 단위의 경찰기관(local police)이 담당하고, 주경찰[136]은 local police의 요청이 없는 한 이에 관여할 수 없으며, 그 활동은 대체로 미약한 기초자치단체의 자치경찰을 보완해주는 역할을 한다.

4) 연방은 국가적 차원에서 중요하거나 특수한 경찰사무만을 담당한다. 연방경찰업무를 담당하는 기관은 다양하며 연방범죄수사국(FBI)과 마약수사국(DEA), 비밀경호국(SS)과 연방보안국(U.S. Marshalls), 국토안보부(DHS) 등을 들 수 있다.[137] 연방경찰은 헌법상 명문화된 경찰권을 갖지 않으나, 조세권, 주간(州間. inter-state)통상규제권, 대외통상권 등을 통하여 실질적인 권한을 행사하고 있다.[138]

---

134) 다만 로스엔젤레스 경찰국과 같이 경찰위원회(Board of Police Commissioners)를 두고 자치단체장의 자치경찰에 대한 전횡을 방지하기 위한 견제장치로 활용하는 곳도 있다. 양영철, 자치경찰론 92면.

135) 대한민국은 전국 257개 경찰서에 14만 여명의 경찰관이 같은 시스템으로 같은 법을 집행한다. 미국은 전국 17,985개 경찰서가 모두 독립적이고 자율적으로 움직인다. 경찰관 수는 대략 50개 주의 주경찰이 6만명, 3,083개 보안관 사무실에서 18만명, 12,501개 기초자치단체 경찰서에 46만명이 근무하고 있다. 규모가 가장 큰 뉴욕경찰은 36,000명인데 비해, 경찰서 전체의 75%가 경찰관 수 10인 이하이고, 텍사스 주에는 5인 미만 경찰서가 1,200개이다. 심지어 경찰서장만 있는 1인 경찰서도 전체의 10%나 된다. 최성규, 위 책 16면 참조.

136) 전통적인 주경찰청(State Police)과 마약단속 등의 수사를 위한 주경찰국(Department of Public Safety)이 있다.

137) 다만 이러한 기관이 그 기능상 경찰업무로 볼 수 있는 수사나 정보업무를 담당하고 있다는 의미이지 경찰(police) 조직이라고 말하기는 어렵다. 예를 들면 FBI나 DEA 및 U.S. Marshalls은 모두 내무부가 아닌 법무부 소속이다. 한편 미국의 정보기관에 관하여는 조석영, "미국의 정보기관 조직과 활동-미 국가정보국을 중심으로-", 형사법의 신동향 통권 63호(2019) 334면 이하 참조.

5) 주단위 자치경찰은 주경찰청(State Police), 주경찰국(Department of Public Safety), 고속도로순찰대(State Highway Patrol)의 형태로 존재한다. 주정부는 고속도로의 순찰과 교통단속, 주 내의 다른 지방정부 경찰의 관할 구역이 아닌 지역에 한정하여 경찰권을 행사하고, 지방정부의 요청이 있으면 지원 업무를 수행할 수 있다.

6) 기초단위 자치경찰은 지역과 단위에 따라 다양한 형태로 존재한다.[139] 자치경찰은 생활안전, 수사, 경비 등 경찰활동을 포괄적으로 수행한다.

7) 미국의 연방경찰과 자치경찰 및 자치경찰 상호간의 관계는 상호 대등한 협력관계임이 특징이다.

(2) 캐나다[140]

캐나다는 유럽에서 건너온 영국인들과 프랑스인들이 각자 모국인 영국과 프랑스의 경찰제도를 시행한 것부터 유래한다. 캐나다도 미국과 같이 지방자치제가 확립된 연방국가로서, 경찰기관은 연방경찰과 주경찰, 기초자치단체경찰이 있다. 캐나다는 헌법에 법집행과 사법행정의 주체를 주(州)로 규정하였고, 이를 바탕을 각 주에서 주경찰을 설치하고 운영할 수 있지만, 재정적인 문제 때문에 연방경찰과 계약을 맺어 치안을 유지하는 경우가 많다(10개 주 중 재정이 양호한 온타이로주와 케벡주만 자체적으로 주경찰기관을 운영하고, 또한 이 2개주는 주 산하의 지방자치단체들과 계약을 맺고 치안활동을 담당하기도 한다). 주 산하의 기초자치단체경찰 역시 주경찰의 통제를 바탕으로 자체적인 자치경찰조직을 운영하고 지역의 치안을 유지하고, 인접 자치

138) 양영철, 자치경찰론 94면.

139) 자치단체는 물론이고 미국 전체 대학의 75%가 대학경찰을 두고 있다. 한편 미국에만 있는 경찰로서 흔히 영화에서 나오는 보안관이 있다. 보안관은 카운티의 법집행기관으로서 카운티 안에 도시가 생기면 시정부의 경찰이 우선적으로 치안을 담당하고, 그 나머지 지역(카운티의 직할지)은 여전히 보안관이 담당한다. 보안관은 경찰서장과 달리 주민들의 투표로 선출되며, 시장이 임명하는 경찰서장과 달리 상당한 독립성이 보장된다. 보안관의 임무는 법정관리, 치안유지, 교도소관리, 법원의 서류송달, 압수물경매 등이다. 최성규, 위 책 27면 이하.

140) 임경호・양경민・좌동진, “캐나다 자치경찰제도에 관한 연구” 한국자치경찰논총 1권 1호(2022) 97면 이하; 류은희, “캐나다 경찰제도에 대한 연구”, 자치경찰연구 10권 2호(2017) 48면 이하.

단체와 협정을 맺어 지역경찰조직을 공유하는 경우도 있다.

라. 소결론

1) 자치경찰의 필요성

위에서 본 바와 같이 영미법계 국가는 물론 대륙법계 국가들도 국가경찰이 유일한 경찰조직인 나라는 없고 다양한 경찰조직을 가지고 있다. 우리나라와 같이 오랫동안 국가경찰이 경찰기능을 모두 독점하고 지역치안까지 담당해온 경우에는 업무의 통일성을 유지하여 효율성을 제고하고 전국의 치안서비스를 균질화할 수 있다는 장점이 있다. 그러나 지역 특성을 반영하지 못하고 주민의 통제 밖에 있기 때문에 비민주적이며 중앙정치에 휩쓸려 정치적 중립을 지켜내지 못할 때가 많았다. 뿐만 아니라 지휘계통의 복잡화와 관료화로 비능률성이 드러나고 있다. 자치경찰이 출범해야 할 이유이기도 하다.[141)]

2) 우리 실정에 맞는 최적화된 제도

지방자치제도가 국가마다 다른 문화와 역사 속에서 다양하게 전개되었듯이, 자치경찰제도도 국가마다 다른 분권 형태에 따라 여러 가지 모습으로 발전되었다. 즉 자치경찰제도의 도입단위나 사무・조직・인사에 관한 사항은 국가에 따라 다르고, 어느 것이 정답이라고 말할 수 없다. 따라서 우리나라의 실정에 맞는 최적화된 자치경찰제도를 도입하고 발전시켜 나가기 위해서는, 정치적 고려에 우선하여 우리 국가경찰이 현재 갖고 있는 장점을 살리면서 단점을 보완한다는 차원에서, 외국 자치경찰제도의 장단점을 보다 면밀히 비교분석하여 법령을 정비하고 신중하게 운용해야 한다.[142)]

3) 기초자치단체 단위의 자치경찰제가 원칙

---

141) 양영철, 자치경찰론 37면.

142) 박동균・이행준, "한국 자치경찰제의 도입방향에 관한 연구", 한국경찰연구 18권 1호(2019) 55면 이하; 이상열・남재성, "자치경찰제 도입에 관한 시민 인식태도 연구", 한국치안행정논집 15권 1호(2018) 181면 이하; 박성수・김우준, "자치경찰제도의 도입에 따른 해양경찰의 역할 변화에 관한 연구", 한국지방자치연구 10권 4호(2009) 169면 이하; 이영남, "통합형 자치경찰제도 도입에 관한 연구", 한국경찰연구 15권 4호(2016) 155면 참조.

우리나라는 2022년 현재 17개의 광역자치단체와 226개의 기초자치단체가 있다. 광역자치단체는 기초자치단체와 중앙정부의 사이에 있는 중간자치단체로서 대체로 기획·보완·연락·조정 등의 기능을 주로 처리한다(지방자치법 제14조 제1항 제1호). 자치경찰의 도입단위를 광역자치단체로 하느냐 기초자치단체로 하느냐의 정책 결정은, 사무배분이나 재정 규모 및 국가경찰과의 관계 등에서 큰 차이가 난다. 우리나라의 자치경찰 도입단위는 노무현 정부 이전까지는 일본의 영향을 받아 광역단위였으나, 노무현 정부에서는 안목을 넓혀서 유럽과 미국의 제도를 연구한 결과 기초자치단체로 전환되었고, 이러한 기조는 이명박, 박근혜 정부까지 계속되었다. 그러다 문재인 정부에서는 다시 광역단위 자치경찰제를 채택하였다. 보충성의 원칙에서 본다면 자치경찰사무는 주민과 가장 가까운 기초자치단체에 우선 배분하고, 기초자치단체의 능력이나 사무의 성격상 할 수 없는 것은 광역자치단체에 배분하고, 광역자치단체에서 할 수 없는 사무는 국가에 배분해야 하는 것이 원칙이다. 지역의 교통·방범·경비 업무는 기초자치단체가 충분히 할 수 있는 업무이다. 문재인 정부는 처음부터 광역자치단체를 도입단위로 하였으나 기초자치단체의 업무뿐 아니라 광역성 경찰 사무인 수사업무까지 자치경찰사무의 범위로 확대되었다.[143] 우리나라는 남북대치에 따른 국가안보상황, 자치단체의 능력과 같은 여러 문제가 있지만, 지방분권의 차원에서 자치경찰제도를 도입한다면 보충성의 원칙, 민주성 우선의 원칙, 주민참여·통제와 책임성 확보, 효율성의 측면에서 볼 때 궁극적으로는 기초자치단체를 도입단위로 하는 것이 가장 이상적인 형태라 할 수 있다.[144]

4) 지방분권의 안목에서 출발

자치경찰제를 생각할 때 국가경찰과 자치경찰을 대비한 경찰행정학적인 사고가 아니라, 지방분권의 안목에서 자치경찰은 지방자치단체의 한 조직이라는 관점에서 출발하여야 한다. 지방분권의 가장 중요한 요소의 하나가 치

143) 실제로는 자치경찰위원회가 수사업무에 관여할 수 있는 여지가 거의 없어 큰 의미가 있는 것은 아니다. 다만 경찰법 제24조 제1항 제7호에 따라 자치경찰사무인 수사업무에 대한 감사와 감사의뢰는 가능하다.

144) 양영철, 자치경찰론 280면 이하.

안자치이기 때문이다. 국가경찰이 국민에게 과거 경찰처럼 정권의 수호자가 되어 국민을 탄압하는 경찰이 아니라는 것을 스스로 밝히기 위해서도 자치경찰을 적극적으로 실시하여 자발적으로 조직과 권한을 축소하는 모습을 국민에게 보임으로써 신뢰를 얻어야 한다. 우리나라는 선진국으로 발돋움할 수 있는 경제적 기반은 어느 정도 마련되어 있다. 행정비용이 조금 더 들더라도 국민의 안전과 행복을 위한 자치경찰제도를 도입할 때가 된 것이다.[145] 한 나라 경찰의 수준은 그 나라의 국격과 수준을 그대로 반영하는 거울이기 때문이다.

5) 국가경찰과 차별화된 새로운 유형의 경찰

자치경찰이 기존 경찰과 다르지 않는 단순히 또 하나의 경찰조직이 된다면, 자치경찰의 도입은 주민들에게 아무런 도움을 주지 못하고 혼란과 비효율만 야기할 것이다. 자치경찰이 성공하기 위해서는 국가경찰과 차별화되어 주민의 수요를 적극적으로 창출하는 새로운 경찰개념이 필요하다. ① 지역주민을 주인으로 섬기는 경찰이 되어,[146] ② 문제해결까지 책임지는 전담경찰활동을 통하여,[147] ③ 지역주민의 수요를 창출하는 경찰이 되어야 한다. 이를 위하여는 지역특색을 반영하여 자치경찰 유형을 주민을 중심으로 세분화

---

145) 지방자치의 관점에서 자치경찰제를 도입할 경우 법적인 문제점을 검토한 논문으로, 신평우 · 이영우, "지방자치강화를 위한 자치경찰제의 확대에 관한 공법적 검토", 토지공법연구 75집(2016) 365면 이하. 이를 정리하면 다음과 같다.
"정치적 중립성을 확보하기 위한 위원회 중심의 광역단위로 하여 수사 및 정보업무를 자치경찰에 부여하는 것을 골자로 하는 자치경찰제가 필요하다. 자치경찰제 확대를 위한 재원의 문제도 국가경찰의 사무가 대폭 줄기 때문에 국가경찰의 재원을 재분배하고, 과태료나 범칙금 등을 자치경찰로 이관한다면, 국가나 지방자치단체에 큰 부담은 없다. 그밖에 '자치경찰제'를 전국적으로 확대하면서 정비되어야 하는 법률에는 경찰법 · 경찰공무원법 · 정부조직법 · 지방자치법 · 지방재정법 · 지방공무원법이 있고, 위의 6개 법률은 별도의 개정절차로 개정되어야 한다. '시도 경찰재정교부금법'은 새로 제정해야 할 법률이다. 그밖에 도로교통법 · 행정심판법 등 20여개의 법률은 경찰법의 부칙으로 일괄 개정하면 된다."

146) servant leadership은 다른 사람을 섬기는 사람이 리더가 되어야 한다는 것이다. 부하직원을 성장시키고 목표를 공유하면서 이를 달성하는 리더십을 의미한다.

147) 지역친화 자치경찰은 사건해결율에 집착하지 않고 지역주민의 안전과 만족(예컨대 스토킹 피해자의 사후 안전확보)을 최종 목표로 삼아야 하므로 가시적 성과보다는 실질적 해결을 위한 경찰활동이 되어야 한다.

해야 한다. 예를 들면 정착지형,[148] 유동지형,[149] 폐쇄지형[150]으로 3가지 유형으로 구분하여 현지 치안환경에 맞는 자치경찰을 조직하고 운영할 수 있다.[151]

5. 제주자치경찰[152]

148) 정착지형 : 주거지역이나 농어촌지역과 같이 주거지 근처에서 업무를 해결하는 지역을 말한다. 특징은 인구 유동성이 낮아 지역주민간 친밀도가 높고, 범죄예방적 측면에서는 지역환경적 요인에 기인한 범죄(농산물이나 수산물 절도 등)와 지역주민 상호간의 갈등문제 해결이 필요하다.

149) 유동지형 : 인구유동이 잦아 치안 불안요인이 잠재되어 있는 지역이다. 상호간의 친밀도는 낮고 범죄예방 차원에서 주로 문제가 되는 것은 유흥지와 관광지에서 발생하는 절도・폭력・성범죄이다.

150) 폐쇄지형 : 산간 및 도서지역과 같이 다른 지역과 교류가 어려운 곳으로 지역주민과의 친밀도는 매우 높다. 비교적 범죄와는 무관하나 위급상황시 의료서비스 등을 제공받기 어렵다는 불안요인이 존재한다. 폐쇄지역의 여건상 다수의 지역경찰을 배치하는 것은 곤란하므로 소수의 인원과 현대식 장비를 활용하여 치안서비스 제공의 효율성을 기하여야 한다. 따라서 CCTV나 드론 등을 활용하여 범죄 및 안전 사각지대를 지속적으로 관찰하고 지역주민과 유무선 통신 네트워크를 구축할 필요가 있다.

151) 구체적으로는 김진혁, "지역친화적 자치경찰 도입모델과 나아갈 방향－경남지역을 중심으로", 한국공안행정학회보 73호(2018) 249면 이하 참조.

152) 양영철, 자치경찰론 457면 이하의 순서에 따라 설명한다. 제주자치경찰은 우리나라 자치경찰의 메카로서 역사적 의미가 크므로, 이에 대한 논문의 양은 매우 많고 그 주제도 다양하다.

신현기, "제주자치경찰제에 대한 역사적 고찰", 자치경찰연구 7권 1호(2014) 3면 이하; 신현기, "제주자치경찰제의 실태분석과 박근혜정부의 자치경찰제 도입 방향", 한국경찰연구 14권 2호(2015) 257면 이하; 김원중, "제주자치경찰의 법집행에 관한 변천 검토", 유럽헌법연구 제28호(2019) 319면 이하; 이훈재, "제주자치경찰의 위상제고를 위한 수사기능강화에 관한 연구", 한국경찰연구 16권 1호(2017) 159면 이하; 송영지, "제주자치경찰의 운영실태와 한국자치경찰의 도입", 국제법무 14집 1호, 제주대학교 법과정책연구원(2022) 1면 이하; 고헌환, "제주특별자치도 특별법상 자치경찰 규정의 법적 검토", 공법학연구 10권 1호(2009) 321면 이하; 고헌환, "제주특별자치도 자치경찰의 운영 실태와 제도개선", 국가법연구 14권 3호, 한국국가법학회(2018) 79면 이하; 황문규, "제주자치경찰 비판에 대한 비판적 고찰－제주자치경찰의 정체성을 중심으로-", 경찰학논총 10권 2호(2015) 211면 이하; 양재열, "제주자치경찰 특별사법경찰 사무 현황분석을 통한 수사권 효율화 방안", 자치경찰연구 10권 1호(2017) 109면 이하; 이상열, "제주자치경찰의 미래지향적 발전방안에 관한 연구", 한국경찰연구 20권 3호(2021) 71면 이하; 최순호, "제주자치경찰의 사

가. 제주자치경찰 도입과정

1) 제주자치경찰은 '제주특별자치도 설치 및 국제자유도시 조성을 위한 특별법'(이하 제주특별법이라 함)에 규정되어 있는 제도이지만, 제주특별자치도를 논의하는 과정에서 처음부터 끝날 무렵까지 자치경찰에 대한 문제는 제기되지 않았다. 그러다가 노무현 정부가 강력한 의지를 가지고 추진하던 자치경찰제도를 담은 자치경찰법안이 2005. 11. 3. 국회에 제출된 이후 국회(특히 여당)의 제동으로 좌초될 상황에 이르자, 제주특별법을 만드는 과정에서 자치경찰 실시 문제가 제기되기 시작하였다.

2) 제주특별자치도가 2006. 7. 1. 출범하고 제주자치경찰도 국가경찰에서 이관된 38명의 자치경찰관만으로 출범식을 가졌으나, 장비를 비롯한 세부 규정이 미비하여 정상적인 활동을 할 수 없었다. 그 후 장비 구입과 규정의 정비 및 신규 충원 등의 준비 후에 2007년 3월에 비로소 자치경찰은 본격적 활동을 시작하였다.

3) 제주자치경찰의 사무는 ① 주민생활 안전사무, ② 지역교통 활동사무와 ③ 공공시설 및 지역 행사장 경비사무, ④ 특별사법경찰 사무 등이었고(당시 제주특별법 제109조, 현행 제90조),[153] 그 중 ①, ②, ③에 대한 구체적 범위에 대하여는 도지사와 제주자치도 지방경찰청장이 협약으로 정하고 이를 공표하였다(당시 제주특별법 제110조 제1항, 현행 제91조 제1항). 이에 따라 자치경찰이 수행할 주요 사무는 제주국제공항, 주요 관광지, 한라산 등반로, 문화축제 등 지역행사장을 중점 활동장소로 지정하여 사무를 수행하고, 단체관광객 수송안전에 관한 사무도 국가경찰과 병행하여 수행하기로 하였다(위 협약 제4조, 제5조).

무확장 및 인력확대에 따른 정책효과 검증", 한국테러학회보 14권 3호(2021) 5면 이하; 최은하, "제주특별법상 목적규정의 필요성", 한국경찰연구 15권 4호(2016) 263면 이하

그 외에도 저자가 2022. 8. 31.부터 2박 3일간 제주자치경찰위원회가 개최한 세미나에 참석하여, 제주자치경찰단과 현장을 직접 방문하여 견문한 경험은 많은 감동과 함께 우리나라 자치경찰에 대한 희망을 보여 주었다.

153) 현행 제주특별법 제90조 제5호는 도로교통법과 경범죄처벌법 위반 등에 대한 즉결심판청구권이 자치경찰사무로 되어 있으나, 이는 2015. 7. 24. 개정(법률 제13426호)으로 들어간 규정이다.

나. 제주자치경찰의 사무

1) 출범 당시의 사무는 지역교통, 지역방범, 지역경비와 특사경 업무였다가, 그 후 2015. 7. 24. 제주특별법의 개정으로 도로교통법과 즉결심판법 위반에 대한 즉결심판청구 권한이 추가되었음은 위에서 보았다.[154] 제주특별자치도 출범시에 국방, 사법, 외교만 제외하고는 모두 이관한다는 취지에서 본다면, 자치경찰관 직무집행시 공무집행방해사범에 대한 수사권도 주지 않은 것은 경찰청의 지나친 방어적 자세라는 비판이 있다.

2) 제주특별법 제90조 제1호부터 제3호까지의 사무를 처리할 때, 국가경찰과 자치경찰 사이의 사무분담과 사무수행방법은 도지사가 자치경찰위원회의 의견을 들어 제주자치경찰청장이 협약으로 정하여야 하나. 협약이 체결되지 않는 경우에는 국가경찰위원회의 심의·의결을 거쳐 행정안전부장관이 조정한다(제주특별법 제91조 제2항). 국가경찰과 자치경찰 사이의 사무분담과 사무수행의 방법에 관한 기준 및 협약의 공포에 필요한 사항은 도조례로 정한다(같은 조 제4항).

3) 제주자치경찰은 지방분권적 차원에서 설치되었으나, 다른 지역은 국가경찰중심의 자치경찰제로 구성되어 있으므로, 제주자치경찰의 법률 소관부서는 행정안전부장관이 되지만, 다른 지역은 경찰청이다.

다. 조직의 운영

1) 제주자치경찰이 2006. 7. 1.에 38명의 경찰관으로 출범할 당시는 민생치안 현장인력은 없는 상태로 자치경찰단은 도지사의 단순한 보조기관[155] 이었다. 2007. 2. 21. 자치경찰관 1기 45명을 채용한 후, 다시 추가로 채용하기로 한 44명의 인건비와 운영비 예산 문제로 정부와 제주도 사이에 갈등을

154) 그 외에도 음주측정 및 통행금지 제한 권한과 주차장 위반에 대한 처벌 등도 자치경찰의 업무에 추가되었다. 제주도와 중앙정부는 권한 이양에 관하여 단계별로 추진해왔는데 2020년까지 제4단계 권한 이양까지 추진해왔다. 2009년 제3단계의 권한 이양 때 중앙정부에서는 제주자치경찰에 관광 및 환경사범에 대한 수사권을 부여하였다. 2019년도에 4단계 권한이양이 되었지만 아직도 자치경찰의 권한미비 논란이 많다.

155) 보조기관이란, 행정청의 내부기관으로서 기관장을 보조하는 권한과 책임을 갖는 행정기관이다. 부지사, 부시장, 부군수는 물론 그 아래의 국장이나 과장까지도 포함된다.

빛으면서 2010. 11. 8. 그중 일부를 2기로 채용할 때까지 3년 9개월 동안 83명의 체제로 운영되었다. 자치경찰조직은 자치경찰단과 제주시 자치경찰대 및 서귀포시 자치경찰대로 나누어, 2개의 자치경찰대는 주민밀착형 치안서비스를 주된 업무로 수행하였다.

2) 제주자치경찰은 2012. 1. 9. 행정시의 자치경찰대를 폐지하고 자치경찰단 1단 체제로 통합운영하게 되었고, 자치경찰단은 도의 보조기관에서 직속기관으로 전환되었다. 오랫동안 지속된 인력 부족으로 생활안전과 지역교통을 수행하기 위한 기본적 치안조직과 역량을 갖추지 못하다가, 2015. 12. 7. 공채 5기를 채용함으로써 출범 당시의 정원인 127명을 채울 수 있었다. 그 후 2020. 12. 31. 현재의 경찰관 정원은 169명에 현원은 167명이다.

자치경찰단의 2021. 2. 기준 조직은 1관(경찰정책관), 3과(교통생활안전과, 관광경찰과, 수사과), 1센터(교통정보센터), 1지역대(서귀포 지역경찰대) 17팀, 2사무소와 기마경찰대로 구성되어 있다.

3) 제주도지사는 제주자치경찰단의 최고책임자로서, 자치경찰 활동의 목표를 수립하고, 인력과 장비의 운영계획을 수립하며, 통신설비망을 구축할 책임이 있다(제주특별법 제92조, 제93조).

4) 제주자치경찰단장은 자치경찰사무를 집행하는 책임자로서, 도지사가 임명하며, 정치적 중립을 유지하기 위하여 자치경찰위원회의 지휘감독을 받는다. 계급은 자치경무관으로서 내부승진자로 임명하거나 개방형으로 임명할 수도 있고, 개방형 임용의 경우에는 자치경찰 인사위원회의 심의·의결을 거쳐야 한다(제주특별법 제109조 제7호).[156]

5) 제주자치경찰관의 업무수행 방식은 경찰관직무집행법을 준용하며(제주특별법 제96조), 일반범죄에 대한 수사권은 없고, 교통질서 위반사범이나 기초질서 위반사범 등 단속권한만 행사할 수 있다. 무기를 휴대·사용하기 위해서는 도지사의 신청에 따라 제주자치도 경찰청장의 승인이 필요하다(같은 법 제97조). 자치경찰공무원이 직무수행 중 범죄를 발견한 경우 범죄의 내용 또는 증거물 등을 즉시 국가경찰에 인계하며, 현행범인을 현장에서 체포한 경우에는 즉시 국가경찰공무원에게 인도하여야 한다(다만 특사경 사건의 범

156) 노무현 정부에서부터 2022년까지 줄곧 자치경찰단장은 개방형으로 임명해오고 있다.

인은 그렇지 않다. 같은 법 제98조). 제주자치경찰은 권한이 너무 약하다는 비판, 심지어 경찰도 아닌 경찰이라는 혹평까지 받기도 한다.

6) 자치경찰 업무실적

자치경찰단의 업무수행실적을 분야별로 살펴보면, ① 제주국제공항의 관광질서(특히 호객행위)와 교통질서를 확립하고, ② 한라산을 비롯한 관광지의 관광객을 보호하고 환경사범을 집중단속하였으며, ③ 관광경찰을 운영하고, ④ 지역의 각종 문화행사에서 교통정리와 경비업무를 성공적으로 수행하였다는 평가를 받는다. ⑤ 또한 교통안전시설에 대한 관리권한을 국가경찰로부터 이관받아 주민들의 의견 등을 수렴해서 불합리한 교통안전시설을 개선한 공로도 높이 평가받고 있다.[157)]

관광경찰제도는 특별경찰제도의 일종으로 관광객의 안전을 주목적으로 하며, 제주도가 가진 특수한 환경에 따라 중요한 역할을 수행하고 있다. 노무현 정부는 특별법을 제정하여 제주도를 홍콩처럼 특수지역으로 개발해 나가기 위한 계획을 세웠으며, 이에 근거하여 2005년부터 제주도는 외국인들이 5억원 이상을 투자하면 영주권을 주는 기회 부여와 함께, 토지 등 부동산도 자유로이 취득할 수 있게 되었다. 그 효과로 외국인 관광객의 급속한 증가와 지속적인 투자확대와 함께 외국인 범죄도 증가함에 따라 제주도에서도 관광경찰의 중요성이 부각되었다. 이에 따라 2016년 마침내 기존의 제주자치경찰찰단 산하 특별사법경찰과를 경찰정책과로 옮기고 기마경찰대와 제주공항사무소를 합쳐 관광경찰과로 조직개편을 단행했다.[158)]

---

157) 제주자치경찰의 업적 중 교통분야와 특별사법경찰 분야의 업적에 관하여는, 위 신현기, "제주자치경찰제에 대한 역사적 고찰"(2014) 3면 이하 참조.

158) 관광경찰제의 도입은 박근혜 정부의 주요 관광진흥정책 중 하나로 2013년 서울지방경찰청을 시작으로 2014년 부산지방경찰청과 인천경찰청으로 확대되었으며, 2016년 전국에서 4번째로 제주관광경찰이 창설되었다. 관광안전문제를 해결하기 위한 가장 중요한 방안 중의 하나로 평가받아, 1991년 아르헨티나에서 개최되었던 세계관광기구 제9차 총회에서 최초로 주요 안건으로 다루어졌다. 이에 대하여는 박억종, "관광경찰제 도입에 따른 관광경찰의 실무적인 역할에 관한 연구", 자치경찰연구 6권 3호(2013), 24면 이하; 정덕영・최정환, "자치경찰제 도입과 관광경찰 운영방안", 한국민간경비학회보 18권 1호(2019) 69면 이하; 이성중, "관광경찰제에 관한 법리적 검토", 한국공안행정학회보 76호(2019) 373면 이하; 신현기, "제주자치경찰단 관광경찰제의 현황과 미래지향적 제언", 한국치안행정논집 14권 3호(2017) 167

라. 특별사법경찰의 운영 실적[159)]

1) 특별사법경찰(이하 '특사경'이라 함) 제도라 함은, 행정조직의 전문화로 경찰이 수사하기에는 전문성이 높고 인력이 부족한 경우, 해당 사무를 집행하는 전문성을 가진 담당공무원에게 그 분야의 경찰권을 부여하는 것을 말한다. 제주자치경찰은 위에서 본 바와 같이 제주특별법에 따라 특사경의 권한을 당연히 가진다는 점에서, 일반적으로 다른 특사경이 '사법경찰관리의 직무를 수행할 자와 그 직무범위에 관한 법률'(이하 '사법경찰직무법'이라 함)에 따라 경찰권이 부여되는 것과 다르다.[160)] 현재 제주자치경찰단에서 주민들의 만족도가 가장 높은 분야가 특사경일 정도로 특사경 사무는 제주자치경찰의 핵심 사무가 되었다.

2) 특사경의 사무는 사법경찰직무법 제5조에서 정한 업무가 모두 포함된다. 제주도는 특히 산림보호, 식품단속, 문화재 보호, 환경 단속, 관광지도 등이 중요한 업무이고, 이는 동시에 자치단체에서도 매우 비중이 높은 업무이다. 자치경찰제 도입 이전에는 이러한 사건이 발생하면 자치단체의 해당 부서는 수사권이 있더라도 수사능력이 부족하여 이를 경찰에 고발하였고, 경찰은 이를 처리할 시간이 없다는 이유로 접수를 거부하거나 협조하지 않는 기관간 갈등도 야기되었다. 그러나 제주자치경찰관은 특사경 업무에 대한 수사권과 수사능력을 가지고 있고, 담당공무원들은 전문성을 가지고 있으며 자치경찰이 같은 제주도 소속 직원이기 때문에 업무협조에 아무런 문제가 없다.

3) 이에 따라 종래 활성화되지 못하였던 환경, 식품위생, 산림, 관광 분야의 위반 사범이 자치경찰제가 도입되면서 집중적인 수사를 할 수 있게 되어 기초생활에 관한 법질서 확립에 현저한 성과를 낼 수 있었다. 2020년 기

면 이하 참조.

159) 오재환・이충은, "특별사법경찰관리로서 자치경찰의 역할에 관한 연구 – 제주자치경찰의 경험을 중심으로-", 법학논총 39집, 숭실대학교 법학연구소(2017) 81면 이하; 자치경찰제도과 관련한 특사경의 문제에 관하여 주대욱・양재열, "경찰법 전면개정(안)에 따른 특별사법경찰사무 고찰", 시큐리티 연구 65권(2020) 125면 이하 참조; 양재열, "환경치안 확보를 위한 환경특별사법경찰의 합리적 운영방안 고찰 – 제주자치경찰단 특별사법경찰의 환경부분 지명사무를 중심으로-", 한국치안행정학회 학술세미나(2015) 64면 이하.

160) 제주자치경찰 특사경 업무의 범위는 사법경찰직무법 제10조 규정되어 있다.

준 특사경 1인당 사건 처리수를 보더라도 제주는 36.7건, 서울 9.2건, 경기 7.6건으로 제주특사경이 서울이나 경기보다 4~5배나 많은 사건을 처리하고 있다.[161]

마. 자치경찰의 인사운영

제주자치경찰관의 인사에 대한 결정기관은 자치경찰 인사위원회로서, 경찰관 충원계획·임용시험·승진임용·징계의결 등에 관한 심의·의결권을 가진다(제주특별법 제109조). 자치경찰관의 모집과 임용 등에 관한 사항은 '제주특별자치도 자치경찰공무원 임용 등에 관한 조례'에 상세히 규정되어 있다.

바. 자치경찰의 재정운영

1) 국가는 제주자치도가 자치경찰을 설치·운영하는 데 필요한 경비를 지원할 수 있다(제주특별법 제103조). 이에 따라 국가균형발전 특별회계 안에 제주특별자치도 계정이 설치되고, 그 계정 안에 자치경찰로 이체되는 경찰인력에 대한 인건비 상당액 및 그 운영비 일부가 들어 있다(국가균형발전특별법 제35조의2 제2항 제2호).

2) 재정에 관한 제주특별자치도의 입장은, 자치경찰이 국가사무인 경찰의 업무 일부를 이관하여 처리하는 것이기 때문에 이에 따른 인건비와 운영비용은 정부가 부담해야 한다는 것이다. 이에 대하여 기획재정부는 자치경찰은 지방의 기관이기 때문에 이를 운영하는 비용은 당연히 자치단체가 부담해야 한다는 입장이다. 설사 지원을 하더라도 균특예산회계 계정에서 이관된 국가경찰의 인건비와 일부 운영지원예산 이외에는 지원할 수 없다는 것이다. 이러한 대립에도 불구하고 제주도의 기대에 미치지는 못하지만 국고지원은 꾸준히 되고 있고, 2021년도 기준으로 자치경찰운영 예산 약 136억 원 중에서 국비는 33%를 차지한다.

사. 확대시범실시 과정과 결과

161) 구체적인 특사경 활동사례는 양영철, 자치경찰론 502면 이하에 자세히 소개되어 있다.

1) 2018년 4월부터 약 2년 동안 정부안인 이원화 모델을 실제로 적용해 보는 확대시범실시가 제주자치경찰단과 제주지방경찰청을 중심으로 이루어졌다. 이원화 모델 운영을 위한 새로운 사무가 제주자치경찰단에 이관되었고, 이를 위하여 제주지방경찰청에 근무하는 국가경찰관 268명이 제주자치경찰단으로 파견되었다. 확대 시범실시는 향후 전국적으로 자치경찰이 실시되었을 때 이양될 사무가 적용과정에서 나타날 문제점들을 사전에 파악하여 수정하려는 목적이었다. 평가는 성공적으로 나타났다. 이원론에서 많이 우려했던 112신고나 지구대·파출소에 대한 혼란도 시행과정에서 보완된 결과 이상없이 수행할 수 있었다.[162] 당사자인 경찰청과 제주도 역시 만족하기는 마찬가지였다. 성공 요인 중에서 가장 큰 것은 자치경찰제 도입에 당시까지 소극적이었던 경찰청이 문재인 정부가 추진하는 검경수사권 분리로 수사권을 가질 수 있는 기회로 생각하여 적극적으로 협력했기 때문이다. 특히 국가경찰 중 약 43,000명을 단계적으로 지방으로 이관하여 자치경찰을 신설하는 계획에도 경찰청이 찬성하였다. 모든 준비가 순차적으로 진행되고 있었다. 입법화 과정만이 기다리고 있었다고 할 정도로 순탄한 진행이었다. 당장 이관받을 전국의 시·도에서도 반대가 없었다.[163] 자치경찰 이원화 모델을 내용으로 하는 경찰법 전부개정안(홍익표 안)은 심의과정에서 20대 국회가 임기만료되었지만, 21대 국회가 여당이 압승하였기 때문에 홍익표 안이 재상정되어 국회에 통과될 것이라고 기대하였다.[164] 그래서 확대시범실시는 위 법이 통과될 때까지 계속 추진하기로 하였다.

2) 그러나 2020년 7월이 들어서면서 지금까지 분위기가 크게 달라지기 시작하였다. 기존 정부안인 이원화 모델이 수정될 가능성이 보이기 시작하였다. 그러나 이는 청와대 민정수석실이 주도하여 이루어졌기 때문에, 짐작만 할 뿐 이를 아는 기관이나 사람들은 극소수였다. 결과적으로 나타난 모델이 현재의 일원화 모델이다. 2020. 7. 30. 당·정·청 협의의 의결을 거쳐 기자

---

162) 시범실시의 주요 실적 등은 양영철, 자치경찰론 518면 이하 참조.

163) 이에 대한 자세한 내용은 제주지방경찰청과 제주자치경찰단이 공동으로 발행한 '확대시범 실시백서' 참조.

164) 이러한 국민의 기대를 저버린 것은 결국 총선과정에서 나타난 민의를 배신한 것이 된다.

회견으로 발표되었다. 그리고 이 안은 5일 후인 2020. 8. 3. 더불어민주당 김영배 의원이 대표발의하여 국회에 제출되었다(‘김영배 안’). 그리고 야당과 합의로 2020. 12. 9. 일원화 모델이 제시된지 4개월만에 현행 경찰법으로 국회를 통과하였고, 그해 12월 말에는 경찰공무원 임용에 관한 법령 등 관계 법령까지 정비되었다. 그리고 시·도는 2021. 6. 30.까지 시범실시를 위한 준비에 들어갔고, 2021. 7. 1.부터 전면 실시된 사실은 위에서 보았다.

3) 현행법의 법률안이 발표된 후에 경찰청과 시도지사협의회가 공동으로 요구한 사항, 즉 제주자치경찰의 실시는 그 역사가 15년이고, 2018년 이후 국가경찰관 268명이 이관되어 추가된 자치경찰사무를 수행하고 있으므로, 역사적 의미와 시범실시의 의미에서 그 수준의 유지와 단계적 실시를 하자는 요구도 받아들여지지 않았다. 청와대는 처음에는 아예 제주자치경찰단도 폐지하여 전국적으로 통일된 수준의 일원화 자치경찰제를 시행하려 하였으나, 도민들의 반대가 크고 제주자치경찰단 설치가 경찰법에 근거한 것이 아니라, 제주특별법였기 때문에 이를 함부로 강행할 수 없었다. 제주자치경찰단 설립 근거인 제주특별법은 우리나라 분권확대를 위한 제1호 특별법이라는 역사적 의미가 크기 때문에 이를 결국 그대로 유지하는 것으로 결론이 났지만, 그 규모와 사무는 문재인 정부에서 시범실시하기 이전의 수준으로 다시 축소되었다. 특히 확대시범실시 과정에서 도민들에게 성공적인 치안서비스를 제공하였던 분야를 유지하기 위하여 76명의 파견 인원을 잔류해 달라는 제주도의 요구 또한 수용되지 않고, 국가경찰의 모든 인원과 장비가 철수되었다.

4) 제주에서 확대시범실시는 일반행정과 치안행정을 융합한 자치경찰제의 대한민국 롤모델을 제시하였다. ① 자치경찰이 교통사무를 주도적으로 수행하며 교통시설의 개선과 시설예산의 즉각적인 투입이 가능하게 되고, 교통사망사고를 획기적으로 감소시켰다. ② 주민생활불편 112신고(code 2 또는 3)시 도착시간을 긴급범죄신고(code 1)에 준하는 수준으로 신속하게 도착하였으며 그 처리 만족도도 상승하였다. ③ 어린이 보호구역 통학로 안전사업을 자치경찰단으로 일원화하여 신속하고 체계적인 어린이 통학로 개선을 추진하였다. ④ 中山間지역에 행정복합치안센터(행복센터)를 신설하여 일반행정과 치안행정을 융합한 서비스 제공으로 치안·행정사각지대 해소 가능성

을 보여주었다. ⑤ 기존 학교폭력에만 국한된 한교전담경찰관을 통학로 시설 개선, 불량식품 및 유해업소 단속과 같은 학교안전을 총괄하는 '학교안전전담 경찰관'으로 발전시켰다. 그 외에 ⑥ 전국 최조로 '유실물통합센터'를 설치하여 유실물반환율을 향상시키고, ⑦ '주취자응급의료센터' 신설로 지역사회 음주문화 개선을 유도하고 경찰관들의 과중한 업무를 덜어준 것도 확대시범실시에서 얻은 소중한 결과였다.[165]

아. 제주자치경찰의 경험을 통한 올바른 자치경찰상의 정립[166]

(1) 우리나라에서 자치경찰을 출범하기도 어렵고, 제즈자치경찰이 출범부터 많은 어려움을 겪은 까닭은 경찰이 항상 권력의 핵심에 있었고, 정책결정 참여자들이 자치경찰을 권력분권의 차원에서 생각하고,[167] 주민의 생명과 재산을 잘 지키는 방법을 강구한다는 생각은 뒷전이었기 때문이다. 이제 자치경찰은 주민 가까이에서 주민의 재산과 생명을 보호하는 제도로 생각해야 한다.

(2) 자치경찰에 대한 인식은 아래와 같이 달라져야 한다.

1) 자치경찰은 국가경찰의 일부가 아닌 자치단체의 경찰이다. 따라서 자치단체와 주민들의 통제와 참여 속에 운영되는 조직이어야 한다. 제주자치경찰단이 제주도 소속이기 때문에 주민의 지지와 사랑의 힘으로 폐지될 위기에서 벗어날 수 있었다.

2) 자치경찰은 봉사하는 조직이어야 한다. 세계 경찰의 흐름이 봉사를 실천하는 지역사회 경찰로 가고 있다. 공무원도 여러 가지 종류의 공무원이 있는 것과 같이 경찰도 여러 경찰이 있다. 국가경찰처럼 강한 권한으로 무겁고 무서운 경찰이 아니라, 더 가볍고 친절한 경찰이 진정한 자치경찰의 미래상이다. 제주자치경찰이 가진 수사권이나 강제력이 국가경찰에 비하여 부족

---

165) 양영철, 자치경찰론 520면.

166) 양영철, 자치경찰론 525면 이하.

167) 국회의원은 자신의 맞수인 자치단체장이 권력을 더 갖는 것으로 생각하고, 정부·여당은 정권의 방패막이를 내준다고 생각하며, 경찰은 조직을 잃는다고 생각하고, 광역과 기초자치단체장은 권력을 갖느냐 못갖느냐의 문제로 인식한다.

하지만 그래도 주민을 위한 봉사라는 강력한 무기로 신뢰를 얻을 수 있는 것이다.

3) 자치경찰은 주민과 함께 하는 경찰, 늘 현장에 있는 움직이는 경찰을 말한다. 본부에 있는 경찰은 상급기관에 보낼 공문작성에 시간을 다 보내고 정작 주민들이 필요한 범죄자와 싸우는 경찰관은 아니다. 경찰의 인력과 재원이 현장에 있어야 한다. 그런데도 2021년 기준 지난 10년간 전국의 경찰서와 지역경찰 인력비율은 감소했지만, 시・도경찰청(본부, 이하 시도청)의 인력비율과 투입자원은 꾸준히 확대되었다. 그에 비해, 범죄검거 건수는 감소했고, 112신고 처리 건수는 폭증했다. 즉, 경찰인력이 증원되었음에도, 112신고 대비 현장대응 인력은 오히려 감소한 셈이다.[168] 제주자치경찰청이 운영하는 송당 행복센터는 자치경찰관 단 2명이 주변 마을 6~7개를 방문순찰하고 있다. 이들은 수시로 주민과 접촉하며, 통학질서유지, 환자이송, 치매환자 위치확인, 좀도둑 예방, 농산물 도둑 예방 등 그 효과가 매우 크다. 지구대나 파출소의 인력과 장비의 10분의 1을 가지고 그 이상의 효과를 내고 있다.

4) 국가경찰과 자치경찰은 동반자로서 서로 협력이 필요하다. 서비스 대상인 국민이나 주민을 가운데 놓고 보면 서로 갈등이 나올 이유가 없다. 국가경찰이나 자치경찰 모두가 과거처럼 영역을 두고 갈등하기보다는 서로 협력체제 구축이 필요하다. 자치경찰이 실패하면 국가경찰의 앞날도 장담할 수 없고, 국가경찰의 재편・재설계와 건전한 발전이 자치경찰 성공의 기반이자 필수요건이 될 것이다.

국가경찰을 개혁하여 경찰을 경찰답게 만들 필요성과 방향에 관한 탁월한 견해를 제시하면서,[169] 우리 경찰조직의 핵심적인 문제점을 지적한 부분을 소개한다.

---

168) 강소영・배정환, "현행 자치경찰제도의 112신고체계와 지역경찰 운용에 관한 담론", 한국경찰학회보 24권 2호(2022) 362면.

169) 황문규, "경찰개혁: '경찰을 경찰답게' 만들기 위한 경찰조직 재설계", 법학논총 39집, 숭실대학교 법학연구소(2017) 293면 이하 참조. 황문규 교수는 경상남도 자치경찰위원회의 초대 상임위원이자 사무국장의 임무를 수행하고 있다.; 한편 경찰조직문화의 측정도구에 관하여는, 박종문・박해룡, "경찰조직문화 측정도구 개발을 위한 탐색적 연구", The Journal of Social Convergence Studies, Vol. 5, No. 5(2021) 57면 이하.

"경찰개혁이 필요한 이유는 무엇보다도 현재의 시스템이 경찰을 경찰답지 못하게 만들고 있기 때문이다. ① 경찰조직이 너무 비대하고, 경찰청장 1인을 중심으로 강력히 중앙집권화되어 있다. ② 계급제를 기반으로 한 권위주의적 조직문화가 팽배해 있어 경찰활동의 비민주성을 초래하고 있다. ③ 행정경찰과 사법경찰이 조직적으로 분리되지 못하고 통합적으로 운영되어 수사의 전문성뿐만 아니라 공정성을 담보하지 못하고 있다. ④ 물리력을 행사하는 경찰활동의 특수성에도 불구하고 경찰관, 특히 지휘부에 있는 고위직 경찰관들의 인권감수성은 낮고, 또한 이를 보완할 교육도 충분하지 못하다."

자치경찰법 해설

제2편 경찰법 해설

국가경찰과 자치경찰의 조직 및 운영에 관한 법률 (약칭 : 경찰법)

제1장 총 칙

제1조 목 적

> 제1조(목적) 이 법은 경찰의 민주적인 관리·운영과 효율적인 임무수행 을 위하여 경찰의 기본조직 및 직무 범위와 그 밖에 필요한 사항을 규정함을 목적으로 한다.

1. 이 법(이하 '경찰법'이라 함)의 이상인 '민주적 관리'와 '효율적인 임무수행'은 언뜻 서로 배치되는 개념으로 보일 수 있고, 실제로도 서로 충돌하는 경우도 적지 않다. 그러나 넓게 생각하고 길게 본다면 이 두 가지 이상은 서로 보완적인 관계에 있다. 경찰의 '정치적 중립(전문성·효율성·독립성과 통한다)과 민주성(분권성·자치성과 통한다)'[170]은 경찰제도 논의의 가장 중요한 가치이다.

170) 경찰조직의 민주성을 확보하기 위한 방안으로 자치경찰제가 반드시 필요하다는 견해로는, 박호연·김명대, "경찰조직의 민주성 확보 방안－'백남기 사건'을 중심으로－", 홍익법학 18권 3호(2017) 213면 이하.

2. 경찰은 민주법치국가에서 어느 행정기관도 가지기 어려운 조직과 인력을 가지고 물리력까지 사용할 수 있다. 이러한 경찰이 본연의 임무에 충실하지 않는다면, 경찰은 시민들이 안전을 위해 의지해야 할 대상이 아니라 경계해야 할 '흉기'나 다름없게 된다.[171] 따라서 경찰이 본연의 임무에 충실하여 시민의 안전을 지키는 경찰이 되기 위해서는 무엇보다도 특정 정파에 휘둘리지 않고 정치적으로 중립성을 지키는 것이 필요하다.[172]

3. 내무부 소속 치안본부를 내무부의 외청인 경찰청으로 독립시킬 때도 같은 이유를 표명하였다. 특히 심각한 선거부정을 방지하기 위하여 선거 담당부서인 내무부로부터 경찰조직을 독립시키기 위한 조치이기도 하였다.[173]

(구)경찰법 [시행 1991. 7. 31.]의 제정 이유

경찰의 민주적인 관리·운영과 효율적인 임무수행을 위하여 필요한 경찰의 기본조직과 직무범위를 정하려는 것으로, 분단국가로서 우리나라의 특수한 안보상황과 치안여건에 효율적으로 대처하기 위하여 국가경찰체제를 유지하면서 경찰의 기본조직을 중앙은 현재 보조기관으로 되어 있는 치안본부를 내무부장관 소속하의 경찰청으로, 지방은 시·도지사 보조기관인 경찰국을 시·도지사 소속기관인 지방경찰청으로 개편함으로써 경찰행정의 책임성과 독자성을 보장함과 동시에 내무부에 각계의 덕망있는 인사로 구성되는 경찰위원회를 두어 경찰행정에 관한 주요제도 및 인권보호에 관한 사항을 심의·의결하게 함으로써 경찰 운영의 민주성과 공정성의 확보를 기하며 경찰의 임무인 국민의 생명과 재산의 보호 및 공공의 안녕과

171) 군부독재의 전성기에 경찰은 스스로 '민중의 지팡이'라고 하였으나, 국민들은 '민중의 방망이'라고 불렀다. 국민의 민주화에 대한 평화로운 시위를 경찰봉으로 강제진압하던 경찰에게 던진 국민의 뼈아픈 꾸짖음과 조롱의 해학이었다.

172) 황문규, "경찰개혁: '경찰을 경찰답게' 만들기 위한 경찰조직 재설계", 법학논총 39집, 숭실대학교 법학연구소(2017) 298면; 박병욱·이상훈, "자치경찰시대 경찰법학의 전망과 과제-자치경찰의 조직, 권한, 임무(사무)의 측면에서", 경찰법연구 19권 2호(2021) 35면 이하는 자치경찰 도입시 고려되어야 할 기본원칙을 분권성·자치성 vs 전문성·정치적 중립성·독립성의 조화라고 한다.

173) 김보현, "중립내각 구성과 경찰청의 발족", 지방행정 48-550, 대한지방행정공제회 (1999. 8.) 142면 이하.

질서유지에 충실할 수 있도록 그 임무를 명확히 하고 직권을 남용하지 못하도록 하여 국민의 자유와 권리를 최대한 보장함으로써 경찰에 대한 국민의 신뢰를 회복하고 진정한 민주경찰로서의 발전을 도모하려는 것임.

제2조 국가와 지방자치단체의 책무

제2조(국가와 지방자치단체의 책무) 국가와 지방자치단체는 국민의 생명·신체 및 재산을 보호하고 공공의 안녕과 질서유지에 필요한 시책을 수립·시행하여야 한다.

1. 이 규정은 자치경찰제 도입과 함께 신설되었다. 즉 자치경찰제 도입에 따라 국가경찰사무는 경찰청장의 지휘를 따르고, 자치경찰사무는 시·도지사 소속의 합의제 행정기관인 자치경찰위원회[174]가 지휘·감독한다. 따라서 국가뿐만 아니라 지방자치단체도 국민의 생명·신체·재산의 보호와 공공의 안녕과 질서유지에 필요한 시책을 수립하고 시행할 책무가 있다.[175]

2. 국민의 생명·신체·재산의 보호와 공공의 안녕과 질서유지는 경찰업무의 핵심이다. 따라서 이 규정에 따라 자치경찰사무가 국가사무가 아닌 자치사무라고 볼 여지도 생겼다.

제3조 경찰의 임무

174) 경찰법상의 정식 명칭은 '시·도자치경찰위원회'이나 현재 자치경찰위원회는 모두 시도에 설치되어 있으므로, 이 책에서는 간단히 '자치경찰위원회'라고 부른다(법령을 인용할 때는 법령의 용어인 '시도자치경찰위원회'라고 함).

175) 박행렬, "범죄예방과 국가·공공단체의 역할", 한국공안행정학회보 78호(2020) 45면 이하는, 지방자치단체는 자치경찰제 시행에 따라 다차원적이고 복합적인 범죄예방전략을 효율적이고 효과적으로 실행하기 위해서 ① 자치경찰과 별도의 범죄예방 전담부서를 설립하여야 하며, ② 범죄예방 전문 코디네이터를 두어야 하며, ③ 범죄예방과 복지의 융합을 통하여 주민 삶의 질을 실질적으로 높여야 한다고 주장한다.

제3조(경찰의 임무) 경찰의 임무는 다음 각 호와 같다.
1. 국민의 생명·신체 및 재산의 보호
2. 범죄의 예방·진압 및 수사
3. 범죄피해자 보호
4. 경비·요인경호 및 대간첩·대테러 작전 수행
5. 공공안녕에 대한 위험의 예방과 대응을 위한 정보의 수집·작성 및 배포
6. 교통의 단속과 위해의 방지
7. 외국 정부기관 및 국제기구와의 국제협력
8. 그 밖에 공공의 안녕과 질서유지

1. 자치경찰제의 도입에 따라 현행 경찰법 시행 이전의 구 경찰법 제3조 '국가경찰의 임무'를 국가경찰과 자치경찰을 포괄하는 개념인 '경찰의 임무'로 제목을 바꾸었다.[176]

2. 제5호는 구 경찰법에 규정된 '치안정보'에서 '공공안녕에 대한 위험의 예방과 대응을 위한 정보'로 수정함으로써, 경찰정보 수집의 범위를 포괄적으로 확장하였다. 하나의 기관이 정보를 포괄적으로 수집하여 그 집행권한인 수사권까지 가지는 것은 민주법치국가에서는 매우 예외적이라 할 수 있으므로, 경찰에서 정보기능을 분리하거나, 최소한 수사권과 포괄적인 정보기능은 분리하여야 한다는 견해가 많다.[177]

3. 우리나라 경찰은 다른 나라와 달리 그 역할이 매우 넓고 복잡하다. 요인경호를 비롯한 데모대 방지 등의 경비업무, 국가안전을 침해하는 개인이나 단체의 모든 위해(危害)행위를 예방하고 수사하기 위하여 수집된 첩보를

176) 자치경찰 담당관실, 알기쉬운 자치경찰제 법령, 경찰청 2021(이하 '알기쉬운 자치경찰'이라고 함) 8면 참조.

177) 경찰과 정보기능은 분리되어야 한다는 원칙에 대하여는 김성룡, "독일 경찰의 구조와 기능-행정, 위험예방, 사법, 정보 기능 분리의 관점에서-", 형사법의 신동향 통권 63호(2019) 251면 이하; 이경렬·배수용, "경찰활동의 수사와 정보 분리에 관한 법제의 비교 검토", 형사법의 신동향 통권 63호(2019) 187면 이하.

관리하는 정보수집기능, 외사기능은 물론 대간첩작전까지도 수행하는 등 복합적 기능을 가지고 있다.178)

4. 자치경찰제가 도입되었다고 하나, 이는 모두 경찰청장의 실질적 인사권 아래 있는 국가공무원인 경찰관들이 수행하고 있다. 거기다 수사권 독립과 대공수사권의 독점으로 조직과 권한에서 역대 어느 국가경찰보다 광대해졌다고 할 수 있다. 이에 따라 경찰은 본래의 경찰조직으로 재탄생하였다는 평가와 함께 비대해진 경찰조직이 과거와 같이 권한을 오・남용하거나 정치적 활동을 할 우려를 동시에 받고 있다.179)

제4조 경찰의 사무

> 제4조(경찰의 사무) ① 경찰의 사무는 다음 각 호와 같이 구분한다.
> 1. 국가경찰사무: 제3조에서 정한 경찰의 임무를 수행하기 위한 사무. 다만, 제2호의 자치경찰사무는 제외한다.
> 2. 자치경찰사무: 제3조에서 정한 경찰의 임무 범위에서 관할 지역의 생활안전・교통・경비・수사 등에 관한 다음 각 목의 사무
>   가. 지역 내 주민의 생활안전 활동에 관한 사무
>   1) 생활안전을 위한 순찰 및 시설의 운영
>   2) 주민참여 방범활동의 지원 및 지도
>   3) 안전사고 및 재해・재난 시 긴급구조지원
>   4) 아동・청소년・노인・여성・장애인 등 사회적 보호가 필요한 사람에 대한 보호 업무 및 가정폭력・학교폭력・성폭력 등의 예방
>   5) 주민의 일상생활과 관련된 사회질서의 유지 및 그 위반행위의 지도・단속. 다만, 지방자치단체 등 다른 행정청의 사무는 제외한다.
>   6) 그 밖에 지역주민의 생활안전에 관한 사무
>   나. 지역 내 교통활동에 관한 사무

178) 이와 관련하여 경찰의 가장 기본적인 임무인 범죄대응능력을 강화하기 위한 방안에 관하여는 허경미, “경찰의 범죄 대응능력의 진단 및 강화 방안에 관한 연구”, 한국공안행정학회보 44호(2011) 415면 이하.

179) 양영철, 자치경찰론 41면.

1) 교통법규 위반에 대한 지도·단속
2) 교통안전시설 및 무인 교통단속용 장비의 심의·설치·관리
3) 교통안전에 대한 교육 및 홍보
4) 주민참여 지역 교통활동의 지원 및 지도
5) 통행 허가, 어린이 통학버스의 신고, 긴급자동차의 지정 신청 등 각종 허가 및 신고에 관한 사무
6) 그 밖에 지역 내의 교통안전 및 소통에 관한 사무

다. 지역 내 다중운집 행사 관련 혼잡 교통 및 안전 관리

라. 다음의 어느 하나에 해당하는 수사사무
1) 학교폭력 등 소년범죄
2) 가정폭력, 아동학대 범죄
3) 교통사고 및 교통 관련 범죄
4) 「형법」 제245조에 따른 공연음란 및 「성폭력범죄의 처벌 등에 관한 특례법」 제12조에 따른 성적 목적을 위한 다중이용장소 침입행위에 관한 범죄
5) 경범죄 및 기초질서 관련 범죄
6) 가출인 및 「실종아동등의 보호 및 지원에 관한 법률」 제2조 제2호에 따른 실종아동 등 관련 수색 및 범죄

② 제1항 제2호 가목부터 다목까지의 자치경찰사무에 관한 구체적인 사항 및 범위 등은 대통령령으로 정하는 기준에 따라 시·도조례로 정한다.

③ 제1항 제2호 라목의 자치경찰사무에 관한 구체적인 사항 및 범위 등은 대통령령으로 정한다.

1. 국가경찰과 자치경찰의 사무분장

가. 일원화 자치경찰제의 도입에 따라 신설된 규정으로, 국가경찰의 조직을 그대로 두고 제3조에서 정한 경찰 사무만을 국가경찰사무와 자치경찰사무로 구분하였다.[180] 자치경찰사무는 '관할 지역의 생활안전·교통·경비·

180) 김원중, "자치경찰제도의 도입에 따른 행정법적 쟁점과 과제", 행정법학 21호(2021) 1면 이하 참조.

수사 등' 사무로서, 제1항 제2호 가항에서 라항까지 규정하고 있고, 그 나머지 경찰사무가 국가경찰사무이다. 경찰법 제3조에 따른 자치경찰사무의 구체적인 사항과 범위는 대통령령으로 정하는 기준에 따라 시·도조례(생활안전 및 교통·경비사무, 제2항)로 정하거나, 또는 대통령령(수사사무, 제3항)으로 정한다. 생활안전·교통·경비사무와 수사사무를 달리 취급한 이유는 이들 사무가 본질적으로 차이가 있다는 사고에 근거한 것으로 보인다. 즉 전자는 자치사무의 성격이 강한 경찰사무이고, 후자는 자치경찰업무와 관련된 수사사무라 하더라도 국가사무의 성격이 더 강하다는 시각에서 규정한 것이 아닌가 생각된다.[181]

나. 자치경찰사무의 범위와 관련해 경찰법상의 규정을 열거주의(경찰청의 견해)[182]와 예시주의(경찰법학자들의 일반적인 견해)로 보는 입장이 나뉘고 있다. 후자의 입장에서는 기본적으로 자치사무 수행의 보충성 원리에 비추어 볼 때 예시주의로 보는 것이 타당하다고 하나,[183] 법규정의 형식으로 보아 전체적으로 예시주의로 보기는 어려울 것 같다. 다만 해석에 따라 얼마든지 열거주의의 틀을 완화할 수 있고, 특히 제4조 제2항 제2호 가목과 나목(생활안전 및 교통사무)은 규정 자체가 포괄적이고 예시적인 내용('그 밖에' 생활안전이나 교통사무라는 규정)으로 되어 있다.

2. 국가경찰사무(법 제4조 제1항 제1호)

1) 제3조에 따른 경찰의 임무를 수행하기 위한 사무 중 자치경찰사무를 제외한 사무가 국가경찰사무이다. 국가경찰사무는 포괄적이고, 자치경찰사무는 열거적·한정적인 외관을 보이고 있으나, 자치사무의 성격을 가진 업무에

181) 자치경찰사무는 자치사무가 아니라 국가사무이지만, 그 중 수사사무는 기관위임사무이고, 나머지는 단체위임사무로 볼 수 있다고 하는 견해로는 성홍재, "자치경찰사무의 법적 성격을 토대로 현행 자치경찰제에 대한 법리적 검토", 경찰법연구 20권 2호(2022) 69면 이하; 이와 달리 재정과 관련하여 자치경찰사무는 국가사무로서 기관위임사무나 단체위임사무가 아니라 순수한 국가사무라는 견해로는 양영철, 자치경찰론 422면.

182) 알기쉬운 자치경찰 11면.

183) 박준휘, 앞의 논문 13면.

해당하면 해석에 따라 자치경찰사무로 분류될 수 있다고 보아야 한다. 자치경찰제도가 제대로 정립되어 있는 민주국가에서는 경찰사무는 원칙으로 자치경찰이 담당하고 전국 단위의 통일적인 업무수행이 필요한 사무만이 국가경찰의 업무가 되는 것이 원칙이다.

2) 따라서 자치경찰제도를 도입한 이상 자치경찰사무의 범위에 관하여 조례를 정하거나 이를 해석할 때 넓게 해석할 필요가 있다. 지방자치단체의 장은 법령이나 조례가 위임한 범위에서 그 권한에 속하는 사무에 관하여 규칙을 제정할 수 있을 뿐만 아니라(지방자치법 제28조 제1항 본문), 주민의 권리 제한이나 의무부과에 관한 사항이나 벌칙을 정하는 사항이 아닌 한 법령의 범위 안에서 별도로 법령의 위임이 없더라도 조례를 제정할 수 있으며(같은 항 단서), 법령을 위반하는 사항이 아니라면 주민도 조례의 제정 및 개폐 청구를 할 수 있다(같은 법 제19조 제1항, 제2항).

3) 자치경찰사무와 관련된 지휘·감독권은 원칙적으로 시·도자치경찰위원회에 배타적으로 귀속되고, 경찰청은 일정한 경우 엄격한 절차를 거쳐 자치경찰사무와 관련하여 전국적 치안유지를 위한 사안[184]에 관한 지휘를 할 수 있다(법 제32조). 국가경찰위원회는 자치경찰사무에 대한 주요 법령·정책에 관한 사항을 심의·의결할 수 있으나(법 제10조 제1항 제5호, 제6호, 제8호), 그 의결이 바로 자치경찰위원회를 구속하지는 않는다.

3. 자치경찰사무(법 제4조 제1항 제2호)[185]

법 제4조 제1항 제2호에 규정된 자치경찰업무는 '관할 지역의 생활안전·교통·경비·수사 등'에 관한 사무로서, 이는 열거적 규정으로서, 열거되지 않은 경찰 사무는 자치경찰사무에 해당하지 않음이 원칙이나, 자치분권과 자

---

184) 예를 들어 실종사건은 국가경찰이 전국적으로 해결해야 할 필요성이 있는 사건이다.

185) 조성규, "지방자치의 본질과 자치경찰제 논의", 행정법연구 50호, 행정법이론실무학회(2017) 83면 이하는 자치경찰은 사법경찰이 아닌 행정경찰업무가 주가 된다고 한다.; 박재희·전대욱·최인수, "자치경찰 사무의 상대적 비중 및 중요도 분석", 지방행정연구 35권 4호(2021) 145면 이하에 따르면, 자치경찰 법정 사무의 중요도는 생활안전 활동과 교통 활동이 수사 활동이나 경비 활동보다 상대적으로 더 중요한 것으로 나타났다.

치경찰제도 도입의 취지에 비추어 볼 때 이를 넓게 봄으로써, 이를 해석하거나 조례를 제정할 때는 예시적인 수준으로 운용할 필요가 있다.

가. 자치경찰사무의 범위

1) 국가경찰 중심의 일원화 자치경찰제도에서는 기존 국가경찰이 수행하던 사무를 국가경찰사무와 자치경찰사무로 나누어, 지휘·감독권만을 분산하는 것을 내용으로 하고, 기존 경찰의 업무가 확대되는 것은 아니다. 즉 자치경찰업무가 경찰의 임무 범위를 벗어나 다른 행정청의 사무까지 확대되지는 않는다고 해석된다.[186]

2) 자치경찰사무 중 수사사무[187]를 제외한 생활안전·교통·경비 등에 관한 사무는 대통령령으로 정하는 기준에 따라 조례로 정한다(법 제4조 제2항).[188] 시·도에서는 지역 특성에 맞는 치안활동의 제공을 위하여 자치경찰사무의 구체적인 사항과 범위를 조례로 정하되, 조례의 내용은 경찰의 임무 범위를 벗어난 사무까지 확정되지 않도록 하고,[189] 아래 별표에 따른 자치경찰사무의 범위를 준수하여야 한다{자치경찰사무와 시·도자치경찰위원회의 조직 및 운영 등에 관한 규정(대통령령, 이하 '자치경찰운영규정'이라 함) 제2호 제1호}.

---

186) 알기쉬운 자치경찰 12면. 예를 들어 지방자치단체가 관리하는 공공청사에 대한 경비는 지방자치단체의 방호직 공무원과 청원경찰이 수행하는 업무이고, 공유재산(공공청사 등) 관리 및 지역축제에 관한 사무는 지방자치단체의 사무이다. 공공시설과 지역행사장 등에서 하는 경찰의 경비 업무는 치안요구의 차원에서 수행하는 업무이다. 또한 노숙인과 행려병자에 대한 보호조치는 자치단체의 업무에 속하고, 그들의 생명과 신체의 위험이 있는 경우의 구호조치는 경찰의 업무이기도 하다. 그러나 그 구분이 매우 어려운 경계선에 있는 경우가 많고, 현장에서도 경찰과 자치단체와 사이에 이를 두고 갈등이 발생하기도 한다.

187) 자치경찰의 수사사무에 관한 구체적인 사항과 범위는 대통령령으로 정한다(경찰법 제3조 제1항 제2호 라목, 제3항).

188) 주민안전 관련 자치입법의 쟁점에 관하여는, 조성제, "주민 안전 관련 자치입법 특성비교를 통한 실효적 자치입법 정비", 법학연구 30권 2호, 경상국립대학교 법학연구소(2022) 53면 이하.

189) 법령에 위반되는 조례는 지방자치법에 따른 재의 요구나 제소의 대상이 될 수 있고, 법원에 무효확인을 청구할 수 있다. 대법원 2002. 4. 26. 선고 2002추23 판결(지방자치법 제15조 본문은 "지방자치단체는 법령의 범위 안에서 그 사무에 관하여 조례를 제정할 수 있다."고 규정한다. 지방자치단체가 제정한 조례가 법령에 위반되는 경우에는 효력이 없다).

3) 그러나 현장실무에서는 어디까지가 경찰업무이고 어디까지가 다른 행정부서의 업무인지 구별하기가 쉽지 않는 경우가 많다. 경찰의 임무 중 가장 중요한 것이 '국민의 생명 · 신체 및 재산의 보호'이므로(경찰법 제3조 제1호), 예를 들면 노숙인을 시설에 보호하는 것이 경찰의 임무가 아니라 하더라도, 노숙인의 생명이나 신체가 위험한 상태에 있다는 사실을 발견한 경찰관은 주저 없이 그를 보호해야 한다. 죽어가는 노숙인을 즉시 구호하지 않고 방치하였다면 경찰관으로서 직무유기에 해당할 수 있다. 그런데 노숙자가 생명이나 신체가 위험한 상황에 있는 경우에 이를 경찰이 구호하였는데, 그 후 이들을 돌보아야 할 시설을 관리하는 지방자치단체의 기관이 이들을 제대로 인수하지 않는 경우에는 곤란한 문제가 생긴다. 치안행정과 일반자치행정의 원만한 연계가 필요한 부분이고, 경찰과 자치단체가 서로 협의할 문제이며, 그 조정을 자치경찰위원회의 실무협의회가 담당하고 있다.

생활안전, 교통, 경비 관련 자치경찰사무의 범위

자치경찰사무		범 위
1. 지역 내 주민의 생활안전 활동에 관한 사무	가. 생활안전을 위한 순찰 및 시설의 운영	1) 지역주민 안전을 위한 범죄예방시설 설치 · 운영 2) 지역주민 안전을 위한 범죄예방진단 3) 지역주민 안전을 위한 순찰과 범죄예방활동 시행 · 관리
	나. 주민참여 방범활동의 지원 및 지도	1) 범죄예방을 위한 주민 참여 지역협의체 구성 · 운영 2) 주민 참여형 범죄예방활동 시행 · 관리
	다. 안전사고 및 재해 · 재난시 긴급구조지원	1) 재난이 발생할 우려가 현저하거나 재난이 발생한 경우 주민의 생명 · 신체 및 재산을 보호하기 위한 긴급구조지원 2) 재해 발생 시 지역의 사회질서 유지 및 교통관리 등 3) 그 밖에 긴급구조지원기관으로서의

	긴급구조지원 활동 등
라. 아동·청소년·노인·여성·장애인 등 사회적 보호가 필요한 사람에 대한 보호 업무 및 가정·학교·성폭력 등의 예방	1) 아동·노인·장애인 학대 예방과 피해 아동·노인·장애인에 대한 보호활동 2) 아동·청소년·노인·여성·장애인 등 사회적 보호가 필요한 사람의 실종 예방·대응 활동 3) 아동 대상 범죄예방 및 아동안전 보호활동 4) 청소년 비행방지 등 선도·보호 활동 5) 가정폭력범죄 예방과 피해자 등 보호 활동 6) 학교폭력의 근절·예방과 가해학생 선도 및 피해학생 보호 활동 7) 성폭력 예방과 성폭력 피해자 등 보호 활동 8) 그 밖에 관련 법령에 경찰의 사무로 규정된 아동·청소년·노인·여성·장애인 등 사회적 보호가 필요한 사람에 대한 보호 및 가정폭력·학교폭력·성폭력 등 예방 업무
마. 주민의 일상생활과 관련된 사회질서의 유지 및 그 위반행위의 지도·단속. 다만, 지방자치단체 등 다른 행정청의 사무는 제외한다.	1) 경범죄 위반행위 지도·단속 등 공공질서 유지 2) 공공질서에 반하는 풍속·성매매 사범 및 사행행위 지도·단속 3) 그 밖에 관련 법령에 경찰의 사무로 규정된 주민의 일상생활과 관련된 사회질서의 유지 및 그 위반행위의 지도·단속 업무
바. 그 밖에 지역주민의 생활안전에 관한 사무	1) 지역주민의 생활안전 관련 112신고(일반신고를 포함한다) 처리 2) 지하철, 내수면 등 일반적인 출동이 어려운 특정 지역에서 주민의

		생명 · 신체 · 재산의 보호를 위한 경찰대 운영 3) 유실물 보관 · 반환 · 매각 · 국고 귀속 등 유실물 관리 4) 「경찰관 직무집행법」 제4조에 따른 응급구호대상자에 대한 보호조치 및 유관기관 협력 5) 그 밖에 관련 법령에 경찰의 사무로 규정된 지역주민의 생활안전에 관한 사무
2. 지역 내 교통 활동에 관한 사무	가. 교통법규 위반에 대한 지도 · 단속	1) 교통법규 위반 지도 · 단속, 공익 신고 처리 등 2) 음주단속 장비 등 교통경찰용 장비 보급 · 관리 · 운영 등
	나. 교통안전시설 및 무인 교통단속용 장비의 심의 · 설치 · 관리	1) 교통사고 예방, 교통소통을 위한 교통안전시설 설치 · 관리 · 운영 2) 도로교통 규제 관련 지역 교통안전시설 심의위원회 설치 및 운영 3) 무인 교통단속용 장비의 심의 · 설치 · 관리 · 운영
	다. 교통안전에 대한 교육 및 홍보	1) 교통안전에 대한 교육 2) 교통안전에 대한 홍보
	라. 주민참여 지역 교통 활동의 지원 및 지도	1) 교통활동 지원 협력단체에 대한 운영 · 관리 2) 주민참여형 교통안전활동 지원 및 지도
	마. 통행 허가, 어린이 통학버스의 신고, 긴급자동차의 지정 신청 등 각종 허가 및 신고에 관한 사무	1) 차마의 안전기준 초과 승차, 안전기준 초과적재 및 차로폭 초과 차 통행허가 처리 2) 도로공사 신고접수, 현장점검 및 지도 · 감독 등 3) 어린이 통학버스 관련 신고접수 · 관리 및 관계 기관 합동 점검

<table>
<tr><td></td><td></td><td>4) 긴급자동차의 지정 신청 · 관리
5) 버스전용차로 통행 지정신청 처리
6) 주 · 정차 위반차량 견인 대행법인 등 지정</td></tr>
<tr><td></td><td>바. 그 밖에 지역 내의 교통안전 및 소통에 관한 사무</td><td>1) 지역주민의 교통안전 관련 112신고(일반신고를 포함한다) 처리
2) 운전면허 관련 민원 업무
3) 지역교통정보센터 운영 및 교통정보 연계
4) 정체 해소 등 소통 및 안전 확보를 위한 교통관리
5) 지역 내 교통안전대책 수립 · 시행
6) 교통안전 관련 기관 협의 등</td></tr>
<tr><td colspan="2">3. 지역 내 다중운집 행사 관련 혼잡 교통 및 안전 관리</td><td>가. 지역 내 다중운집 행사 등의 교통 질서 확보 및 교통안전 관리 지원
나. 지역 내 다중운집 행사 안전 관리 지원</td></tr>
</table>

나. 자치경찰사무와 지역관할 문제

1) 자치경찰사무는 '관할 지역'의 사무로 규정되어 있다. 자치경찰위원회는 시 · 도지사 소속이므로, 여기서 '관할 지역'은 시 · 도의 관할구역과 일치한다. 다만 경기도에는 경기도 남부자치경찰위원회와 경기도 북부자치경찰위원회가 있고, 각각 경기도남부경찰청과 경기도북부경찰청의 관할구역과 같다(자치경찰운영규정 제4조). 자치경찰위원회의 관할 지역을 벗어나거나, 2개 이상의 시 · 도에 걸치는 사안에서는 다른 자치경찰위원회나 시도자치경찰청장과의 협의하여 사무를 처리하여야 한다.

2) 자치경찰사무라 하더라도 국민안전에 중대한 영향을 미치는 사안에 대하여 다수의 시 · 도에 동일하게 적용되는 치안정책을 시행할 필요가 있을 때에는 경찰청장은 자치경찰사무를 수행하는 경찰공무원을 직접 지휘 · 명령할 수 있다(법 제32조 제1항 제2호). 또한 국가경찰위원회는 자치경찰사무에 관

한 주요 법령・정책 등에 관한 사항을 심의・의결할 수 있다(법 제10조 제1항 제6호).

3) 이러한 규정의 범위를 벗어나, 단순히 전국 단위의 통일적인 업무수행이 필요한 법령의 정비 및 정책수립이라 하여 이를 국가경찰사무에 해당된다고 하는 견해가 있으나,[190] 이는 경찰법의 취지에 어긋나고 그 근거도 없다. 즉 국민안전에 중대한 영향을 미치는 사안으로서 다수의 시・도에 동일하게 적용되는 치안정책을 '시행'할 필요가 있을 때는 경찰법 제32조에 따라서만 경찰청장이 자치경찰공무원을 직접 지휘할 수 있고, 이에 대하여는 같은 법조에 따른 절차적 제한을 받아야 한다. 따라서 통일적인 업무수행이 필요하다는 이유로 경찰청장이 이를 국가경찰사무로 취급하여 그 정책을 수립할 수 있는 권한은 없다. 이러한 정책 수립은 전국 자치경찰위원회가 협의하여 정하여야 하고, 이는 본질적으로 자치경찰업무에 속한다.[191] 또한 국가경찰위원회가 자치경찰사무에 관한 주요 법령과 정책에 관하여 심의・의결할 수 있다 하더라도, 그 의결 내용이 자치경찰위원회를 구속할 수는 없고, 더 나아가 그러한 의결 사항이 바로 국가경찰업무가 된다는 의미도 아니다.

4) 관할과 관련하여, 고속도로에서 발생한 교통사고 및 교통관련범죄의 수사업무가 자치경찰사무에서 제외된 것(자치경찰운영규정 제3조 제3호)도 합리적이지 않다. 고속도로가 여러 시・도에 걸쳐 있다는 이유 때문인 것으로 보이나, 일반도로(특히 국도)의 경우도 그러한 점에서는 다르지 않다. 자치경찰

---

190) 알기쉬운 자치경찰 15면.

191) 이에 대하여 같은 책에서도 "경찰청에서 자치경찰사무에 대한 종합 정책을 수립하더라도 … 그 정책의 시행계획 등은 자치경찰사무에 해당하고, 이는 시・도자치경찰위원회에 지휘・감독권이 있다는 점에서 실질적으로는 시・도자치경찰위원회에 권고・협조 요청 형태로 이행되어야 할 것이다"라고 한다(알기쉬운 자치경찰 15면). 본문에서 본 바와 같이 경찰법 제32조 제1항 제2호의 요건을 충족하는 경우에만 다수의 시・도에 동일하게 시행되어야 할 시책에 대하여 경찰청장의 지휘권한이 인정된다. 그 외에는 자치경찰업무에 대한 시책의 시행은 경찰청장이 지휘할 수 없음은 물론이다. 다만 자치경찰사무에 관한 정책수립이 '국가경찰사무'에 해당한다는 점을 전제로 한 위 견해는 이해할 수 없다. 그러한 사무가 국가경찰사무라고 한다면 당연히 경찰청장에게 그 시행에 관한 지휘권이 있는 것이므로, 더 이상 자치경찰위원회와의 관계를 언급할 필요가 없으므로 위와 같은 경찰청의 견해는 모순되기 때문이다.

위원회의 관할 내에서 발생한 교통사고의 수사업무는 일반도로나 고속도로나 모두 그 지역을 관할하는 자치경찰위원회의 사무가 되는 것이 일관성이 있다(수사업무에 대한 지휘감독은 별개의 문제이다).[192]

4. 생안・교통 등 자치경찰사무(법 제4조 제1항 제2호 가, 나, 다목, 제2항)

가. 원 칙

기존의 시・도경찰청과 경찰서의 '생활안전・여성청소년・교통' 기능에서 담당하던 업무가 원칙적으로 자치경찰업무에 해당된다.

(1) 이에 대하여 이들 기능이 담당하고 있는 업무 중 운전면허, 총포・화약, 경비업,[193] 경호현장 안전검측 및 경호・집회 교통관리 및 전국단위 시스템의 운영 등의 사무 및 즉결심판업무는 국가경찰사무로 분류된다는 것이 경찰청의 해석이다.[194]

(2) '운전면허'업무는 '자치경찰운영규정' 제2조 제1호 별표 2. 바. 2)에 자치경찰사무로 규정되어 있다. 또한 같은 조 별표 3.에는 지역 내 다중운집

---

192) 국가경찰과 자치경찰 사이의 토지관할에 관하여는, 이정원, "자치경찰사무의 관할갈등과 해결방안: 2021년 자치경찰제 시행에 따른 토지관할을 중심으로", 2021년도 한국지방정부학회 동계학술대회 발표논문집, 259면 이하 참조. 관할이 애매한 경우 서로 자기 관할이 아니라고 미루는 것을 방지하기 위하여 현행 법규정만으로는 부족하고, 자치경찰사무와 관련한 고유의 행정응원 규정을 마련할 필요가 있다고 한다.

193) 미국 자치경찰제도와 민간경비업과의 관계에 대하여는, 강성복, "미국 자치경찰제도의 민간경비 활용방법: 영리와 공익의 양면성에 기초한 민경협력", 한국민간경비학회보 19권 2호(2020) 334면 이하; 민간경비업자들의 지역경찰과의 관계에 관하여는, 김순석, "치안서비스 공동생산자론에 입각한 경비근무자들의 지역경찰제에 대한 인식이 범죄두려움에 미치는 영향", 한국민간경비학회보 20권 특별호(2021) 1면 이하; 민간경비와 자치경찰과의 협력관계에 관하여는 조민상, "자치경찰제 시행에 따른 민간경비 협력 강화방안", 한국민간경비학회보 20권 특별호(2021) 195면 이하; 자치경찰의 민간경비 활용방안에 관하여는 박종철, "자치경찰 시행에 따른 민간경비원의 활용방안", 자치경찰연구 14권 1호(2021) 13면 이하; 김진철, "지방자치경찰제에 있어서 민간경비의 역할", 한국민간경비학회보 13권 1호(2014) 47면 이하; 박동균・장철영, "치안환경 변화에 부응하는 한국 경찰의 개혁과제", 한국경찰연구 17권 3호(2018) 21면 이하.

194) 알기쉬운 자치경찰 15면. 따라서 생활안전, 교통, 여성청소년 부서가 담당하는 사무에는 자치경찰사무뿐만 아니라 국가경찰사무도 함께 존재한다고 한다.

행사 등의 교통질서 확보 및 교통안전관리 지원과 행사 안전관리 지원을 역시 자치경찰사무의 범위에 넣고 있고, 이러한 사무는 국가경찰이 맡는 것보다는 주민과 가까이 있는 자치경찰이 맡는 것이 더 효율적이다.[195] 이러한 자치경찰사무 중에서 전국 단위로 시스템을 운영해야 할 사안은 경찰법 제32조의 요건과 절차에 따라 경찰청장이 자치경찰을 직접 지휘할 수는 있겠지만,[196] 위와 같은 내용의 경찰사무가 바로 국가경찰사무가 되지는 않는다.

(3) 즉결심판업무는 형사소송법에 따른 수사로서 국가수사본부장의 지휘·감독을 받아야 하는 국가경찰업무(경찰법 제16조 제2항 참조)라는 것이 경찰청의 해석으로 보인다. 그러나 '즉결심판에 관한 절차법'이 형사소송법의 특별법으로서 심판청구권과 형집행권이 경찰서장에게 있고, 증거법상으로도 형사소송법과는 현저히 다른 특칙을 두고 있으므로, 이를 경찰법 제16조 제2항이 정한 '형사소송법에 따른 수사'로 보기도 어렵고, 그 실질적 기능이 주민의 일상생활과 관련된 사회질서의 유지 및 그 위반행위의 지도를 위한 절차로서 '자치경찰운영규정' 제2조 제1호 별표 1. 마의 자치경찰업무 내용(특히 그 안에 경범죄 위반행위의 지도·단속이 포함되어 있음)과 밀접한 관련이 있으므로, 굳이 이를 자치경찰업무에서 제외할 필요는 없다고 본다. 특히 즉결심판사건의 대부분을 차지하는 경범죄 위반행위나 교통위반 및 주민의 일상생활과 관련된 사회질서위반행위의 지도·단속업무를 담당하는 생활안전이나 교통 부서가 자치경찰업무의 주된 담당부서이므로, 즉결심판 역시 자치경찰업무로 보는 것이 행정조직관리의 측면에서도 합리적인 해석이다. 노무현 정부에서 경찰청이 스스로 마련한 자치경찰 법률안에도 즉결심판청구 업무는 자치경찰 주관사무이거나 국가경찰과 공동주관사무로 분류되어 있다.[197]

195) 2022. 10. 29. 발생한 이태원 압사사건을 계기로 자치경찰 이원화와 지구대·파출소 및 112상황실과 경찰기동대를 자치경찰로 편입해야 한다는 내용의 범정부 TF에서의 논의도 효율성의 관점에서 나온 것으로 보인다. 헤럴드경제 2022. 11. 3.자 사회면 참조.

196) 자치경찰위원회가 경찰법 제32조에 해당하지 않는다고 인정하면 경찰청장에게 지휘명령의 중단을 요청할 수 있음은 물론이다(제32조 제3항).

197) 양영철, 자치경찰론 334면 이하.

나. 지역 내 주민의 생활안전 활동에 관한 사무(법 제4조 제1항 제2호 가목)

(1) 생활안전을 위한 순찰 및 시설의 운영

1) 순찰은 범죄예방을 위한 가장 기본적이고 중요한 경찰의 업무이다. 순찰의 방식도 여러 가지가 있고, 예를 들어 '탄력순찰'은 주민이 원하는 시간・장소를 사전에 접수받아 순찰경로에 반영하는 주민접촉형 순찰시스템으로서 주민들로부터 좋은 반응을 얻고 있다. 순찰은 범죄예방의 기능도 있지만 주민들과 더욱 가까운 곳에서 소통함으로써, 주민들을 치안의 객체가 아닌 주체가 될 수 있는 계기를 만들어 주는 긍정적인 효과도 있다.[198]

2) 범죄예방을 위한 시설의 운영은 CPTED(crime prevention through environmental design)[199] 개념의 도입으로 최근 자치경찰이 수행하는 핵심적인 사업 중 하나가 되었다.[200] 다만 이는 예산 문제로 기초자치단체와 연계하여 수행하는 사업이 많다. 범죄예방시설의 설치・운영 업무야말로 생활안전사무 중에서 자치단체와의 협력강화 필요성이 가장 필요하고, 자치경찰제 시행 이후 업무협력(특히 CCTV통합 관제센터의 업무지원을 통한 협업)이 가장 잘 개선되고 있는 분야이기도 하다.[201] 이러한 현상은 자치경찰제가 시행된 이후 아직은 비록 초기 단계이지만 경찰이 자치단체의 식구가 되었다는 심리적 우호현상도 한몫을 한 것으로 생각된다.[202]

---

198) 한편 각도를 달리하여 경찰관서와 주민들과의 거리와 재산범죄와의 관련성을 연구한 흥미로운 논문이 있다. 염윤호, "경찰관서와의 지리적 인접성이 재산범죄에 미치는 영향 분석", 한국공안행정학회보 73호(2018) 417면 이하.

199) '범죄예방환경설계' 즉 도시 환경을 바꿔 주민 범죄를 방지하고 주민 불안감을 줄이는 기법이다. 어두운 골목길에 폐쇄회로TV(CCTV), 가로등을 설치하거나 외진 곳의 담벼락을 없애 주민들의 자연 감시가 이뤄지도록 하는 방법이 대표적인 사례이다.

200) 최철호, "지방자치단체의 도시안전에 관한 법정책 고찰", 토지공법연구 66집, 한국토지공법학회(2014) 299면 이하; 범죄예방환경설계의 기준을 구체적으로 정해야 한다는 주장으로, 김혜란・이형복・이윤진, "범죄예방 환경설계 가이드라인 적용을 통한 안심마을 조성에 관한 연구 -대전광역시 사례를 중심으로-", 한국공안행정학회보 83호(2021) 161면 이하; 정지연・박현호, "주거시설 침입범죄 예방을 의한 방범인증시설 CPTED 사업의 효과 연구", 한국셉테드학회지 13권 1호(2022) 81면 이하.

201) 박준휘, 자치경찰제 연구(Ⅲ) 281면.

202) 특히 CCTV관제센터 업무지원을 통한 협업은 서로가 필요하여 기존부터 업무협조가 원활하였고, 자치단체가 예산확보에 적극적이고, 경찰의 전문적 경험을 활용한

3) 경찰이 안심귀갓길을 지정하여 그 지역을 중심으로 순찰하고, 지방자치단체(여성보육과)가 신청을 받아 여성이 야간에 안전하게 귀가할 수 있도록 동행해주는 여성안심 귀가서비스 사업을 함께 시행하고 있다.

4) 여성을 포함한 1인 가구 방범시설 지원사업: 경찰이 시행 중인 이 사업도 자치단체에서 시행하는 홈방법시스템, 디지털 비디오폰, 현관문 안전고리, 공동주택 출입구 CCTV 설치,[203] 출입문미러시트 설치 등의 사업과 유사하므로 서로 협의하여 시행함으로써 예산절약과 효율증진의 효과를 가져올 수 있다.

5) 자치단체에서는 안전한 생활환경을 위해 지역 내 건축물과 도시공간에 범죄예방 환경디자인을 할 수 있도록 조례(범죄예방 환경디자인 조례)를 제정하여 시행하고 있다. 범죄예방 환경설계 위원회를 개최할 때 범죄예방과 방범진단 분야의 경험이 풍부한 경찰공무원(CPO)이 위원으로 참석할 필요가 있다.

(2) 주민참여 방범활동의 지원 및 지도[204]

1) 지역치안협의회[205]

자치단체 예산집행으로 환경개선의 효과가 증대된 것이 중요한 이유이다. 이것만 보더라도 자치경찰이 주민의 안전과 범죄예방에 관심을 가지고 적극적으로 자치단체와 연계하여 협력하여 업무를 추진한다면 좋은 결과가 나올 수 있다는 것을 알 수 있다.

203) 이창훈, "공공안전이냐? 사생활보호냐? CCTV 선호도와 관련된 요인 연구", 경찰학논총 10권 2호(2015) 35면 이하는 CCTV에 대한 주민의 선호도에 영향을 미치는 주된 요인은, 경찰이 CCTV를 운용할 때 사생활보호를 비롯한 인권침해의 여지가 없는 범위 내에서 운용할 것이라는 신뢰에 따라 달라진다고 한다.

204) 윤우석·최응렬, "경찰활동에 대한 인식이 범죄예방활동에 미치는 영향: 비공식적 사회통제와 지역사회 경찰활동을 중심으로, 한국공안행정학회보 33호(2008) 399면 이하에는. 지역주민들이 경찰과의 협력관계를 긍정적으로 인식할수록 개인 수준의 범죄예방활동에 보다 활발하게 참여하는 것으로 나타났다.; 김지영·박재희, "자치경찰제의 주민참여에 영향을 미치는 요인에 관한 연구: 전라남도 지역을 중심으로", 지방행정연구 36권 2호(2022) 107면 이하는 자치경찰제 시행과 관련하여 주민참여를 독려하기 위해 홍보 활성화, 지역사회 주민자치조직의 적극적 활용, 지역의 안전성을 도모하는 환경설계 및 효과적인 참여 인센티브 제공 등을 제언한다.

205) 이에 대한 자치경찰제도 시행 이전의 연구로는, 김재운·이주락, '경찰과 자치단체 간의 치안업무 협의조정기구에 관한 연구", 한국치안행정논집 9권 3호(2012), 29면

지역치안협의회는 기초자치단체별로 범죄예방 및 사후 대응체제를 구축하기 위해 자치단체장이 의장이고 지역 경찰서장, 소방서장과 교육기관의 장 및 언론사, 학계 등 지역 내 민간기관이나 단체장이 참여하는 모임으로, 관련 조례를 제정하여 지역치안에 관하여 자치단체가 주도적으로 논의할 것을 목적으로 운영하고 있으나, 집행이나 의결이 아닌 단순한 자문위원회의 성격을 가진다.[206] 현재 광역단위로 도입된 자치경찰제를 보완하여, 기초자치단체와 협력을 강화하기 위하여 기초단위의 협의체로서 기능을 강화할 필요가 있다. 즉 자치경찰제 도입에 발맞추어 광역단위의 자치경찰의원회와 기초단위의 지역치안협의회가 함께 각 지역의 자치경찰사무를 총괄적으로 논의하고 실무적으로 운영하는 조직으로 재구성할 필요가 있다.

이와 관련하여 기초자치단체 내에 자치경찰사무를 담당하는 부서가 세분화되어 있어[207] 자치경찰사무를 총괄하는 부서가 필요하다. 광역자치단체가 자치경찰제를 시행하고 있고, 기초자치단체의 부시장·부군수는 광역자치단체에서 파견된 사람들이므로 이들이 자치경찰사무를 총괄하는 것도 한 방법이다.

2) 자율방범대 지원

자원봉사단체로 운영되던 자율방범대의 운영·지원에 대한 법적인 근거가 없어, 실질적인 범죄예방활동을 하고 있음에도 불구하고 장비지원, 보험가입, 교육훈련을 비롯한 필요한 사항을 충분히 지원하지 못하고 있었다. 이에 2022. 4. 26. 제정된 법률에 따라 국가 및 지방자치단체는 자율방범대와 중앙회 등의 활동에 필요한 복장·장비의 구입, 교육·훈련, 포상 및 운영 등에

이하.

206) 지역치안협의회는 2008년 이명박 정부가 추진한 주요 정책과제 중 하나로 광역·기초 단체에 조례·규칙을 제정하여 설립운영하다가, 광역단체는 2021년 자치경찰제 시행으로 폐지되고 기초자치단체만 존속하고 있으나, 활발한 활동을 하고 있지는 않다.

207) 예를 들어 공중화장실에 대한 시설과 관련하여 일반적으로는 공원 내부는 산림공원과에서 관리하지만, 소규모 공원은 읍면동 사무소에서 관리하고, 일반 공중화장실은 하수과에서 관리하는 등 관련담당부서가 세분화되어 있어서 자치경찰사무 담당부서에서는 사안마다 연락할 기초자치단체의 부서가 달라서 업무추진이 어려운 상황이다.

소요되는 경비의 전부 또는 일부를 지원할 수 있게 되었다('자율방범대 설치 및 운영에 관한 법률' 제14조, 법률 제18848호, 시행일 2023. 4. 27). 기존부터 자율방범대원의 피복 및 안전장비 구입을 위한 예산지원이 일부되고 있었으나,[208] 이는 기초자치단체별로 조례에 근거한 것으로서 지원예산과 항목에 한계가 있었다. 이제 자율방범대 지원에 대한 근거법률이 제정되었으므로 자율방법대의 활동에 걸맞는 예산지원이 가능할 것으로 기대된다. 범죄예방활동은 주민들이 어느 정도 적극적으로 참여하느냐에 따라 성패가 좌우되기 때문에, 자율방범대는 더욱 활성화할 필요가 있다.[209] 자율방범대원은 경찰서장이 위촉·해촉하고 시도경찰청이 지도·감독과 교육을 담당하도록 되어 있다(위 법 제6조, 제9조, 제10조).

3) 시민(주민)순찰대 등의 지원

주민들이 스스로 순찰대를 구성하여 순찰활동을 한다면, 범죄예방활동에 주민들을 적극 참여하는 기회를 제공하고 범죄에 대한 두려움을 감소시키는 효과가 있다.[210] 한편 대학캠퍼스 내에서 대학생 순찰대를 운영하는 곳도 많이 있고, 이를 자치경찰위원회에서 적극 지원하고 있다.[211]

(3) 안전사고 및 재해·재난 시 긴급구조지원

1) 지역 내 재난 등으로부터 주민보호는 해당 지방자치단체에서 주관하고 경찰청은 재난사고의 주관기관이 아닌 '긴급구조지원기관'이다.[212]

---

208) 2019년 기준으로 자율방법대원들의 야식비, 유류비, 행사비, 운영비 등으로 지방자치단체가 지원한 금액은 모두 242억원이고, 안정용품이나 방한용품으로 경찰청이 지원한 금액은 모두 11억7,000만원이었다. 박준휘, 자치경찰제 연구(III) 328면.

209) 우리나라 자율방법대와 비슷한 독일의 자원경찰관제도에 관하여, 신현기·임종헌, "독일 주경찰단위의 범죄예방 프로그램에 관한 연구 -바이어른주 안전감시제도와 바덴-뷔르템베르크주 자원경찰관제도를 중심으로-", 한국민간경비학회보 14권 1호(2015) 233면 이하.

210) 2015년 7월부터 1년간 시행하던 성남시민순찰대의 성과에 대하여는, 박종철, "성남시민순찰대의 발전적인 운영 방안에 관한 연구", 자치경찰연구 9권 3호(2016) 32면 이하.

211) 주민의 치안활동 참여에 관하여는 허용훈·문유석, "지역경찰활동에 대한 주민협조의 실태와 영향요인: 경찰관의 인식분석을 중심으로", 지방정부연구 17권 4호(2014) 143면 이하.

212) 재난관리업무를 하는 '재난관리책임기관'은 국가와 지방자치단체가 원칙이고(재난

2) 자치단체는 '재난 및 안전관리 기본법'에 근거하여 조례를 제정하고, 이에 따라 안전관리위원회 등을 두며, 상황이 발생하면 재난안전대책본부와 재난안전상황실을 운영해야 한다.

3) 자치단체에서는 기후 변화 등에 따른 자연재해에 대한 대책을 강구하기 위하여, '재난재해대책법'에 근거하여 '자율방재단 운영조례'를 제정하여 자율방재단을 구성하고 있다.

4) 위 조례에는 경찰이 구성원으로 명시되어 있지 않지만, 안전사고나 재난재해 상황이 발생하면 경찰에게 부여되는 임무를 고려하여, 경찰도 재난안전상황실에 참여하는 것은 물론, 자치단체와 소방 등의 유관기관과 정기적으로 재난상황훈련을 실시하고 서로 협력을 강화하고 있다.[213)]

(4) 아동・청소년・노인・여성・장애인 등 사회적 보호가 필요한 사람에 대한 보호 업무 및 가정폭력・학교폭력・성폭력 등의 예방[214)]

1) 이 항에서 규정한 여성・청소년 관련 자치경찰사무는 주로 사회적 약자에 대한 범죄예방 및 치안서비스 제공에 중점이 있고, 그 보호대상은 아동, 청소년, 노인, 여성, 장애인이 포함된다. 그 외에도 사회적 보호가 필요한

및 안전관리기본법 제3조 제5호), '재난관리주관기관'이란 재난이나 그 밖의 각종 사고에 대하여 그 유형별로 예방・대비・대응 및 복구 등의 업무를 주관하여 수행하는 기관으로서 행정안전부를 비롯한 각 부처이며(같은 법 제3조 제5의2, 같은 법 시행령 제3조의 2), '긴급구조기관'이란 소방청・소방본부 및 소방서를 말하고(다만, 해양에서 발생한 재난의 경우에는 해양경찰청・지방해양경찰청 및 해양경찰서를 말함. 같은 법 제3조 제7호), '긴급구조지원기관'이란 긴급구조에 필요한 인력・시설 및 장비, 운영체계 등 긴급구조능력을 보유한 기관으로서, 경찰청도 이에 포함된다(같은 법 제3조 제8호, 같은 법 시행령 제4조).

213) 조민상, "사회재난극복을 위한 경찰의 역할 정립", 한국민간경비학회보 19권 특별호(2020) 1면 이하는 사회재난 극복을 위한 경찰관들의 역할을 검토하였다.; 경찰관들의 재난대응역량에 영향을 미치는 요소에 관하여는, 김병구・이상훈, "경찰공무원의 근무환경이 재난대응역량에 미치는 영향" 한국경찰학회보 23권 5호(2021) 263면 이하 참조.

214) 경찰법 제4조 제1항 제2호 가목 중 5)는 경찰조직 내의 여성・청소년과에서 담당하고, 나머지 가목 전부는 생활안전과의 담당 사무이다. 구체적으로 여성・청소년사무의 내용은 ① 보호대상자 보호활동, ② 아동대상 범죄예방 및 보호활동, ③ 청소년 비행방지 및 보호활동, ④ 가정폭력범죄 예방과 피해자 보호, ⑤ 학교폭력 근절, ⑥ 성폭력 예방 및 성폭력 피해자 보호, ⑦ 보호대상자 실종 예방 및 대응이 있다.

사람에 대한 보호를 포괄적으로 다루고 있으며, 아래와 같은 활동을 하고 있다.

ㄱ) 아동대상 범죄예방 및 보호활동 : 학교 부근에서 아동안전지킴이 운영과 아동안전지킴이집,[215] 녹색어머니회 관리 및 운영 업무

ㄴ) 청소년 비행방지 및 청소년선도 및 보호활동,[216] 위기청소년 면담 및 관리, 위기청소년 발굴 및 유관기관 연계와 소년범 선도제도(선도프로그램, 선도심사위원회, 전문가참여제, 우범소년 송치) 운영, 청소년 참여제도(정책자문단 등) 운영의 업무

ㄷ) 가정폭력범죄 예방과 피해자보호 업무 : 이를 위한 협의회 참석 및 가·피해자 조사, 가정폭력에 대한 긴급(임시)조치, 상담 및 보호기관 연계지원, 학대전담경찰관[217](APO : Anti-Abuse Police Officer) 운영

ㄹ) 학교폭력근절업무 : 학교폭력 대책심의위원회 참석과 117사건의 대응 및 연계업무 수행, 학교폭력 전문경찰인 학교폭력전담경찰관[218](SPO : School

---

215) 2021년 기준으로 전국에서 10,535명이 아동안전지킴이로 활동 중에 있다. 주로 학교 부근의 문방구점이나 어린이들이 잘 드나드는 가게의 주인들이 아동안전지킴이집을 운영하면서 많이 참여하고 있다.

216) 다문화 청소년에 대한 비행에 관한 연구로서, 홍명기·민수홍·조은비, “다문화 청소년의 비행 원인에 대한 연구: 사회통제이론과 일상활동이론을 중심으로”, 형사정책 32권 3호(통권 63호)(2020) 223면 이하.

217) 경찰청이 2016. 2. 발족시킨 제도로서, 사회적 약자를 대상으로 하여 학대사건을 포괄적으로 전담하는 전담경찰관이다. 2020년 기준 전국 총 662명이 근무하고 있다. APO와 유사한 업무에 종사하는 아동학대 전담공무원의 실태에 대하여는, 배태상·이희영, “아동학대 전담공무원에 대한 내러티브 연구”, 경찰학연구 22권 1호(통권 제69호) (2022) 135면 이하. 이들은 전문성 부족에 따른 과도한 스트레스를 호소하고 있다.

218) 학교폭력문제가 부각되면서 2005년 부산에서 스쿨폴리스제도를 시범으로 실시하였고, 2012년 경찰청이 전국적으로 SPO제도를 실시하여 학교와 긴밀한 협력을 통해, 예방교육, 학생상담, 117 해결 등의 업무를 주로 담당하고 있다. 2020년 기준 전국 총 1,031명이 근무하고 있다.; 허준, “학교전담경찰제도를 통한 학교경찰의 발전방안”, 한국민간경비학회보 제14권 제2호 (2015) 105면 이하는, 학교경찰로서 임무를 원활하게 수행할 수 있도록 신규채용하여 기존 신임경찰 교육훈련과는 별도의 전문인 교육훈련을 실시해야 하고, 거시적인 관점에서 학교폭력을 넘어 학교안전의 개념을 도입하여 학교폭력을 포함한 제반 사항에 대응할 수 있도록 해야 하며, 학교의 안전을 지역사회가 주도적으로 해결하고 학교경찰이 이를 지원하고 보조하는

Police Officer) 운영, 학교폭력과 관련된 기관이나 단체와의 협업과 연계업무(교육청의 또래조정제도-peer mediation-의 지원) 수행, 학교폭력근절을 위한 제도(청소년 경찰학교,[219] 명예경찰 소년소녀단) 운영

ㅁ) 성폭력예방 및 성폭력 피해자 보호 관련 업무 : 성폭력범죄 예방을 위한 교육과 홍보, 성폭력범죄 피해자에 대한 보호지원

ㅂ) 보호대상자 실종 예방 및 대응 : 지문사전등록, 실종[220] 및 유괴정보 체계 구축과 운영, 실종아동 조기발견 대상 시설의 지도업무

ㅅ) 지금까지 사회적 약자에 대한 정책은 상대적으로 아동・청소년이나 여성에 중점을 두었다. 그러나 급격하게 초고령화사회로 접어들고 있는 우리나라에서는 고령자를 피해 대상으로만 생각하는 틀에서 벗어나 범죄자가 될 가능성도 커졌다는 점에 대한 새로운 사실을 인식하고 고령자에 대한 체계적인 정책이 필요하다.[221]

역할을 하는 학교안전자치경찰제도를 도입하자고 주장한다.; 황정용, "위기청소년 문제의 근본적 해결을 위한 학교전담경찰관의 역할 변화 모색 - 범죄와 싸우는 전사에서 회복적 사법의 일원으로", 한국경찰연구 21권 1호(2022) 349면 이하는 학교전담경찰관의 회복적 사법 역할을 주장한다.

219) 청소년경찰학교의 운영횟수는 전국적으로 2019년 4,329회에 참가자 77,406명에 이르렀으나, 2020년에는 코로나 때문에 운영횟수 852회에 참가자 9,108명으로 줄었다. 코로나 사태가 진정되면 다시 운영횟수와 참가인원이 회복되고 증가할 것으로 보인다.

220) 실종 대상은 18세 미만의 아동 청소년, 지적・자폐성・정신 장애인, 치매환자들이 주된 대상이다.

221) 1. 고령범죄자의 실태와 대응방안으로, 조민상・신승균, "고령범죄자 실태 분석 및 대응방안", 한국민간경비학회보 14권 1호(2015) 369면 이하에서는, ① 고령범죄자에 대한 개별화된 접근이 필요하고, ② 고령인구에 대한 법률 교육이 실시되어야 하며, ③ 고령범죄 전담부서의 구축이 필요하고, ④ 노인보호구역의 확대가 필요하며, ⑤ 고령자보호 사회안전망 구축이 필요하다고 한다.

2. 고령자의 간병과 관련된 사회문제에 관하여는, 이철호, "고령화 사회와 간병범죄", 한국민간경비학회보 15권 1호(2016) 99면 이하. 있다. 식물인간 아들을 25년 돌본 아버지, 아내 병수발 26년 들던 노인이 동반자살이라는 극단적 선택을 했다는 소식이 들린다. 간병범죄에 대한 사회적 대응방안으로 ① 간병가족의 자살 및 살인사건 현황에 대한 정확한 파악이 필요하고, ② 간병 문제를 개인의 문제, 한 가족의 문제로 접근해서는 해결할 수 없고, 사회복지의 관점에서 접근해야 하며, ③ 시범실시되고 있는 포괄간호서비스제도에 대한 확대가 필요하며, ④ 생명보험전매제도(life settlement)의 도입이 필요하다고 한다.

ㅇ) 사회적 보호가 필요한 사람 중에는 범죄피해자가 포함된다. 특히 아동·장애인·노인 학대 피해자와 가정폭력·성폭력 피해자의 보호기관과 연대하여 지원하는 것은 지방자치단체의 업무로서 이미 시행하고 있는 업무이다. 지방자치단체는 범죄피해자 보호·지원을 위하여 적극적으로 노력하고, 국가의 범죄피해자 보호·지원 시책이 원활하게 시행되도록 협력하여야 하며, 이에 필요한 재원을 조달하여야 한다(범죄피해자보호법 제5조). 자치경찰제 시행으로 피해자 보호지원에 있어 자치경찰과 지방자치단체의 역할이 강화되어야 하므로, 중앙정부를 중심으로 이루어지고 있는 현행 범죄피해자 보호정책 수립을 자치경찰과 지방자치단체를 피해자 보호지원정책 수립 주체로 전환할 필요가 있다. 또한 범죄피해자를 초기에 신속하게 지원하여 적시에 피해회복이 이루어질 수 있도록 범죄피해자와 1차적으로 접촉하는 경찰 단계에서 직접 지원 비중을 대폭 확대하되, 이는 자치경찰업무이므로 집행에 대한 관리감독은 자치경찰위원회가 담당해야 한다.[222)]

---

3. 노인들의 범죄두려움의 원인에 대하여, 송일호·곽대경, "노인의 범죄두려움 영향요인에 대한 연구: 취약성 가설을 중심으로", 한국경찰학회보 20권 5호(2018) 181면 이하. 경제적인 문제가 노인들의 범죄두려움의 주된 원인이라고 한다.
4. 노인학대예방과 경찰의 대응에 관하여, 조호대, "노인학대 예방 및 대응에 대한 경찰의 역할", 한국치안행정논집 제19권 제1호(2022) 135면 이하. 대응방안으로서, ① 노인학대 수사사무를 자치사무로 명시하고, ② 학대전담경찰관을 증원하고 노인학대 전담수사팀 신설이 필요하다. ③ 지역 순찰시 노인접촉을 강화하여야 한다.
5. 전자팔찌 등 전자감독제도를 자치경찰의 전담부서에서 운영해야 한다는 견해로, 김재한, "전자감독제도의 효율적 운영에 관한 연구", 인문사회 21. 12권 5호(2021) 1467면 이하.

222) 1. 심민규, "범죄피해자 보호를 위한 자치경찰 사무에 관한 연구", 한국공안행정학회보 88호(2022) 83면 이하.
2. 강일원, "범죄피해자 보호 및 지원에 대한 자치경찰의 역할", 한국공안행정학회보 84호(2021) 1면 이하에는, 자치경찰이 국민을 보호하는 국가기관이자 지방자치단체와의 긴밀한 관계를 유지할 수 있기 때문에, 피해자 보호·지원에 있어서 효율적인 지원정책을 전개하는 등 지자체 및 민간단체와의 연계를 원활하게 도모할 수 있도록 자치경찰의 역할을 강화해야 한다고 주장한다.
3. 박주상·정육상, "사회연결망 분석을 활용한 범죄피해자 보호 협력단체간의 관계", 한국민간경비학회보 15권 1호(2016) 55면 이하에는, 경찰청이 2015. 3. 13. 국민건강보험공단, 교통안전공단, (사)손해보험협회, (사)한국피해자 지원협회의

2) 노숙인과 주취자 보호문제

ㄱ) '노숙인'은 상당한 기간 동안 일정한 주거 없이 생활하는 18세 이상인 사람이다('노숙인 등의 복지 및 자립지원에 관한 법률' 제2조 제1호 가목, 같은 법 시행규칙 제2조). 국가[223]와 지방자치단체가 노숙인을 보호할 책임을 지며(같은 법 제3조), 주거와 급식, 의료와 고용을 지원해야 하고(같은 법 제10조, 제11조, 제12조, 제13조), 경찰공무원은 중대한 질병,[224] 동사(凍死) 등 노숙인 등에 관한 응급상황을 신고받거나 발견한 때에는 지체 없이 필요한 조치를 하여야 한다(같은 법 제14조, 같은 법 시행령 제6조 제3항 제1호, 경찰관직무집행법 제4조 제1항 제3호). 경찰관으로부터 긴급구호를 요청받은 보건의료기관이나 공공구호기관은 정당한 이유 없이 긴급구호를 거절할 수 없다(경찰관직무집행법 제4조 제2항).

ㄴ) '주취자'는 정신착란을 일으키거나 술에 취하여 자신 또는 다른 사람의 생명・신체・재산에 위해를 끼칠 우려가 있고, 응급구호가 필요하다고 믿을 만한 상당한 이유가 있는 사람(피구호자)으로서, 경찰관은 이를 보건의료기관이나 공공구호기관에 긴급구호를 요청하거나 경찰관서에 보호하는 조치를 취할 수 있다(경찰관직무집행법 제4조 제1항 제1호).[225]

유관기관과 피해자보호를 위한 MOU체결을 한 사실과 관련하여, 기관별로 산재해있는 피해자 지원제도를 종합적으로 연결하여 보다 세밀하고 빈틈없는 피해자 지원이 이루어지도록 해야 한다고 주장한다.

4. 김윤영・백남설, "국내 체류 이주여성의 범죄피해대책 개선방안 연구", 한국경찰학회보 22권 5호(2020) 60면 이하. 국가인권위원회의 실태조사에 따르면 42.1%(387명)가 '가정폭력'을 경험했던 것으로 응답하였다(2017년).

223) 보건복지부 장관이 주관부서이다(같은 법 제7조).

224) 일정한 주거가 없는 사람으로서 경찰관서에서 무연고자로 확인된 사람은 의료급여 수급권자가 되는데(의료급여법 시행령 제2조 제1호), 이를 실무에서는 일반적으로 '행려병자'라고 한다.

225) 피구호자의 요건에 해당하지 않음에도 범죄수사 목적으로 그의 의사에 반하여 경찰관서에 데려간 것은 위법한 체포에 해당한다는 판례로서, 대법원 2012. 12. 13. 선고 2012도11162 판결{경찰관직무집행법 제4조 제1항 제1호(이하 '이 사건 조항'이라 한다)에서 규정하는 술에 취한 상태로 인하여 자기 또는 타인의 생명・신체와 재산에 위해를 미칠 우려가 있는 피구호자에 대한 보호조치는 경찰 행정상 즉시강제에 해당하므로, 그 조치가 불가피한 최소한도 내에서만 행사되도록 발동・행사 요건을 신중하고 엄격하게 해석하여야 한다. 따라서 이 사건 조항의 '술에 취한 상태'란 피구호자가 술에 만취하여 정상적인 판단능력이나 의사능력을 상실할

주취자를 대상으로 하는 보호조치는 지역경찰이 현장에서 주취자를 확인한 후 응급입원을 진행하는 과정이 어렵고 시간이 오래 걸려 치안공백이 발생하기 쉽다. 거기다 주취자를 응급실로 옮기더라도 의료진과 다른 환자들에게 위험이 되기 때문에 병원에서는 받아들이기를 꺼려한다. 이를 개선하기 위해 자치경찰위원회는 응급의료센터를 확보하고 전담경찰관을 배치하는 노력을 하고 있다. 주취자 응급의료센터 설립에 가장 어려운 점은 의료진이 주취자를 받아들이기를 거부하고, 시도경찰청으로서는 가뜩이나 인원이 부족한 상황에서 전담경찰관(교대근무를 위해 병원마다 최소한 4명이 필요)을 배치하는 것에 난색을 표하는 것이다. 그러나 시도가 운영하는 공공의료기관을 대상으로 영리보다는 주민의 이익과 안전을 우선해야 함을 설득하고, 인력배치에 관하여도 지역경찰관이 가장 힘들어 하는 부분[226]을 해결해주어야 치안공백을 방지할 수 있다는 점을 들어 시도경찰청을 설득할 필요가 있다.

ㄷ) 위와 같이 노숙인이나 주취자의 보호는 일정한 요건 아래 경찰관직무집행법에 따른 경찰의 업무이고, 그 중 자치경찰사무에 해당한다. 그럼에도 불구하고 이러한 업무를 자치경찰사무로 규정한 이른바 '김영배 의원 발의안'에 대하여, 이는 포괄적인 복지행정을 책임지는 지방자치단체가 우선 수행하는 업무이고, 경찰의 사무로 규정하는 것은 맞지 않다는 경찰의 의견에 따라 삭제된 것은[227] 경찰에 대한 국민의 기대를 저버리는 것 같은 외관을 보여주어서 아쉽다. 현실적으로 경찰의 업무가 과중하고 힘든 것은 충분히 이해할 수 있다.[228] 그러나 민주국가에서 경찰의 주된 업무는 국민의 생명과 신체

정도에 이른 것을 말하고, 피구호자의 가족 등에게 피구호자를 인계할 수 있다면 특별한 사정이 없는 한 경찰관서에서 피구호자를 보호하는 것은 허용되지 않는다. 이 사건 조항의 보호조치 요건이 갖추어지지 않았음에도, 경찰관이 실제로는 범죄수사를 목적으로 피의자에 해당하는 사람을 이 사건 조항의 피구호자로 삼아 그의 의사에 반하여 경찰관서에 데려간 행위는, 달리 현행범체포나 임의동행 등의 적법요건을 갖추었다고 볼 사정이 없다면, 위법한 체포에 해당한다}.

226) 주취자 1명이 발생하면 그날 밤 내내 지역경찰관 1명 이상이 아무 일도 하지 못하고 그를 돌보아야 하는 실정이다.

227) 알기쉬운 자치경찰, 16, 17면 참조.

228) 특히 야간에 발생한 사건의 경우에는 일반행정기관의 경우 당직근무자의 숫자도 적고 전문성도 없을 뿐만 아니라 야간근무자가 아예 없어서 오롯이 경찰관들이 그

및 재산을 보호하는 것이다. 수사나 정보와 같이 국민들에게 군림하거나 감시하는 침해적 업무만으로는 국민들로부터 신뢰를 얻을 수 없고, 그 업무조차 제대로 수행하기 어려운 것이 현대의 복잡한 사회구조이다. 무엇보다 노숙자나 주취자의 보호와 관련하여 지방자치단체가 할 수 있는 업무는 사전예방과 사후조치임에 반하여, 경찰이 할 수 있는 일은 현장에서 긴급한 상황에 대처하여 사람의 생명을 구하는 것이므로 일부 중복될 수는 있지만 서로 그 내용이 다르다. 김영배 안에서 의미하는 것도 경찰이 지금 수행하고 있는 바로 그러한 업무를 말하는 것으로 볼 수 있다. 경찰의 민주화는 경찰관들의 국민에 대한 봉사하는 자세로부터 시작되어야 하고, 경찰다운 경찰로서 국민의 신뢰는 얻는 것은 자치경찰에 대한 깊은 이해가 밑거름이 된다. 한편 경찰활동이 지나치게 형사법적으로 편향되어 있기 때문에 현장의 경찰관들은 재량의 여지가 적어 책임소재가 분명한 사후대응 위주의 경찰활동에 치중하고,[229] 그럼으로써 현장 경찰활동이 상대적으로 위축되며, 그리하여 결국 행정경찰과 자치경찰 영역이 잠식될 우려가 있다.[230]

업무를 담당해야 하는 문제도 있다. 자치경찰사무의 연계와 관련해서는 자치단체와 유관기관의 야간근무자 배정을 적극적으로 검토할 필요가 있다.

229) 층간소음 신고에 대하여 경찰이 형사 입건의 가능성이 있는 경우에만 출동하는 것에 관하여, 국민권익위는 현장 경찰의 재량에 따라 경찰출동 여부가 결정되는 것에 대한 혼선을 예방하기 위해, 층간소음 다툼이 있었거나 보복소음인 경우 경찰출동을 의무화하고, 당사자 사이에 문제해결 의지가 있는 경우에는 회복적 경찰활동으로 연계하도록 했다. 2022. 10. 25. 국민권익위원회 공식블로그 참조.

230) 경찰의 업무는 사법경찰업무와 행정경찰업무가 있고 이들 사이에는 업무의 차이만큼이나 일을 대하는 사고가 다르다. 우리나라 경찰관들은 행정경찰업무를 하면서도 사법경찰관으로서의 사고에 근거하여 일을 처리하는 사례가 많다. 행정경찰영역에서의 경찰활동은 아직 발생하지 않은 장래의 위험(또는 범죄)에 대응하는 것이어서 현장 경찰관의 판단에 따라 재량권을 행사할 여지가 많은데, 이것이 자칫 경찰권 남용 및 그에 따른 신분상 불이익의 문제로 비화될 가능성이 높아서, 현장 경찰관들은 이미 발생한 위험(또는 범죄)에 대한 사후적 대응, 즉 사법경찰의 영역에서 활동하려고 하기 때문이다. 사법경찰의 영역에서는 이미 발생한 위험(또는 범죄)에 대해 형사법에서 정한 절차와 방식에 따라 사후적으로 대응하기만 하면 경찰권 남용의 문제가 발생할 여지가 없다. 그에 반해 위험방지 목적의 사전예방적 영역에서의 경찰활동은 장래의 위험(또는 범죄)에 대한 사전적 대응이어서, 현장경찰관들은 경찰관 개개인의 판단에 따라 경찰권 발동여부 및 수단의 선택에 대해 결정해야

20세기 초까지 법치국가 시대의 경찰은 절대국가(경찰국가) 시대의 적극적 개념에서 소극적 개념으로 전환되어 '치안행정'만을 의미했다. 그러나 20세기 이후 현대의 경찰개념은 '공공의 질서유지를 위한 위협과 범죄로부터 국민의 생명과 질서를 보호하는 것은 물론이고, 국민에게 봉사와 도움을 주는 공공서비스 또는 공공재의 제공자'로 이해한다는 점을 명심해야 한다.[231][232]

3) 비범죄신고 대응의 중요성

많은 경찰관들이 경찰을 범죄척결자(crime fighters)로서 비범죄(nomcrime) 신고를 중요하지 않게 여기고 이에 대응하는 것은 경찰의 업무가 아니라고 생각하는 경향이 있다.[233] 그러나 이러한 비범죄 신고에 대한 대응은 경찰의 범죄대응에 효율성을 높여줄 수 있는 다음과 같은 기능이 있기 때문에 중요한 의미를 가진다.

① 범죄예방효과(crimephylactic model)로서 경찰의 개입이 잠재적인 폭

하는데, 그 결정이 의도하지 않은 결과로 이어질 경우 경찰권 남용의 부담을 혼자 짊어져야 한다. 때문에 현장에서는 이미 발생하지도 않은 위험(또는 범죄)에 대응하기 위해 괜히 재량권을 행사했다가 혹시 잘못되기라도 하여 신분상 불이익을 받는 것보다, 이미 발생한 범죄에 대해 재량의 여지가 적은 사후적 대응을 하는 것이 훨씬 더 안전하다고 생각한다. 여기에 형사법 편향적 경찰활동이 이루어지게 되는 이유가 있다. 황문규, "경찰개혁: '경찰을 경찰답게' 만들기 위한 경찰조직 재설계", 법학논총 39집, 숭실대학교 법학연구소(2017) 302면 이하.

231) 양영철, 자치경찰론 35면 참조.

232) 이른바 경찰만능주의는 경계해야 한다. 일제 강점기 경찰은 순수한 경찰업무뿐만 아니라 위생, 경제, 검열을 비롯한 국민생활의 사회전반에 관여하였다. 이러한 전통이 건국 후에도 그대로 남아 일반행정이 담당할 영역까지 경찰의 권한이 미치는 상태가 계속되었고, 이에는 권위주의 정권 아래 권력자의 눈에 들어 출세하려는 경찰수뇌부의 적극적인 행동도 함께 거들었다. 나라의 규모가 작을 때에는 어느 정도는 이러한 시스템이 구동될 수 있었으나, 세계 10대 경제규모를 가지고 사회가 세계화·복잡화되고 모든 면에서 이해관계가 충돌되는 상황인 현재의 대한민국에서는 부작용이 크게 나타날 수밖에 없다. 무엇보다 현장 경찰관이 그러한 업무를 모두 담당해낼 수 없다. 경찰도 이제는 선택과 집중이 필요하다. 우리 경찰이 할 수 있고 제일 잘 할 수 있는 일을 선택하여 이에 집중하여야 한다. 그렇다고 하여 우리 경찰이 국민의 생명과 재산을 보호하고 범죄를 예방하기 위하여 반드시 해야 할 일을 하지 않으면 안 되고, 바로 그러한 일에 집중하여야 한다.

233) 인천시의회가 '경찰이 지하철을 순찰할 때 임산부 전용석을 비워둘 것을 권고할 수 있다'는 조례 제정을 추진하자 경찰이 반발하고 나섰다. 경향신문 2021. 9. 8.자 기사 참조.

력상황을 진정시킴으로써 형사법상의 폭력으로 진정되는 것을 방지한다. ② 지식습득효과(police knowledge model)로서 경찰관들이 비범죄신고를 통해 지역사회에 노출되어 범죄해결을 도울 수 있는 지식과 경험을 얻게 된다. ③ 사회적 역할효과(social work model)로서 경찰이 가진 강제력이 잠재적인 범죄자가 법준수행위(law-abiding)로 나아가도록 돕는다. ④ 지역사회 협력효과(community cooperation model)로서 비범죄신고에 대한 효과적인 대응이 경찰이 주민과 더 큰 신뢰관계를 구축할 수 있다. 주민들이 겪고 있는 긴급한 상황을 해결해 줄 수 있는 기관은 현실적으로 경찰밖에 없는 경우가 많다. 이런 상황에서 경찰이 소극적으로 대응한다면 국민들은 경찰에 대한 불신뿐만 아니라 국가기관 전체에 대한 불신으로 이어질 수 있다.

그래서 오늘날의 경찰 전문가들은 범죄척결만큼이나 중요한 역할이 비범죄신고에 대한 적절한 대응, 즉 범죄예방활동이라고 주장한다.[234]

(5) 주민의 일상생활과 관련된 사회질서의 유지 및 그 위반행위의 지도·단속. 다만, 지방자치단체 등 다른 행정청의 사무는 제외한다.

1) 풍속영업에 대한 영업신고·허가를 비롯한 관리업무는 기초자치단체의 관할이고, 풍속영업위반 사항을 확인하여 과태료 처분이나 영업정지·취소처분 등을 할 수 있다. 경찰은 풍속영업소가 공공질서에 위반하는 행위를 하는가를 지도·단속하고, 필요시 두 기관은 합동점검을 실시한다.

2) 성매매단속과 예방 및 피해자 보호업무에 관하여는, 자치단체가 '범죄피해자 보호법'에 따른 피해자보호조례와 '여성폭력방지기본법', '가정폭력방지 및 피해자보호 등에 관한 법률', '성폭력방지 및 피해자보호 등에 관한 법률', '성매매 방지 및 피해자보호 등에 관한 법률'에 근거한 조례에 따라 지역별로 아동·여성안전 지역연대를 구성하여 성매매피해상담과 치료 등의 업무를 하고 있고, 자치경찰도 이에 대한 협력을 강화하고 있다.

3) 단서의 취지 : 본 조항의 본문은 매우 포괄적인 규정으로서 다른 행정청이나 지방자치단체의 사무도 개념적으로는 그에 포함될 수 있다. 예를 들면 쓰레기 수거나 광고물 정비·단속 업무 등 과태료 처분 사항은 지방자

234) 이상은·박준휘, 자치경찰제연구(III) 125면에서 소개한 Stephen Mastrofski의 모델을 정리하였다.

치단체의 사무[235]이고, 이에 대하여 경범죄처벌법 제3조 제9호, 제11호에 따른 범칙금(경범죄처벌법 제6조 이하)이나 형사처벌의 대상이 되는 행위로 단속・수사하는 것은 경찰의 사무가 된다. 생활폐기물을 버린 갑에 대하여 경범죄처벌법 위반으로 수사한 후 즉결심판청구를 하여 범칙금이나 벌금 또는 과료에 처하도록 하였다면 이는 경찰의 사무이지만, 그 쓰레기를 버리지 않도록 지도하거나 이를 회수하고, 갑에 대하여 과태료를 부과하는 것은 지방자치단체의 사무가 된다.

다만 위에서 본 바와 같이 자치단체의 사무와 경찰의 사무의 구별이 명확하지 않고, 서로 겹치는 부분도 많으므로, 치안행정과 지방행정의 연계를 더 긴밀히 함으로써(특히 주민들의 신고에 대하여 자신의 소관사무가 아닌 경우에도, 그 점을 친절히 안내하고 사무담당자에게도 이를 통지하여 주는 연계활동도 필요하다) 지역주민들에게 보다 만족스러운 치안서비스를 제공할 수 있다는 점을 명심해야 한다.[236]

(6) 그 밖에 지역주민의 생활안전에 관한 사무[237]

1) 자치단체별로 '정신건강증진 및 지원에 관한 조례', '자살예방 및 생명존중 문화 조성에 관한 조례'[238], '스토킹 범죄예방 및 피해지원에 관한 조

---

235) 지방자치법 시행령 제10조 별표 1, 폐기물관리법 제14조, 옥외광고물 등의 관리와 옥외광고산업 진흥에 관한 법률 제5조의2 참조.

236) 황문규, "자치경찰제 : 지방행정과 치안행정의 연계를 중심으로", 자치발전<2020-5>, 한국자치발전연구원(2020) 22면 이하.

237) 이 규정은 그 문언 자체로서 매우 포괄적인 의미를 가진다. 따라서 자치경찰사무가 예시적인가 아니면 열거적인가의 논쟁은 큰 의미가 없는 것이 될 수 있다.

238) 2021년도 기준으로 한국인은 13,352명 하루 평균 36.6명이 자살하여 2020년보다 1.2% 상승하였다. 인구 10만명 당 자살률은 남자가 35.9명, 여자가 16.2명으로 남자가 여자의 2.2배이고, 평균 23.6명으로 OECD 38개국 평균 11.1명의 2배가 넘는다. 경북일보 2022. 9. 28. 사회 9면. 이에 대한 비교적 이른 연구업적으로, 이상영・노용환・이기주, "우리나라의 자살급증원인과 자살예방을 위한 정책과제", 한국보건사회연구원(2012)이 있다. 일반적으로 자살은 개인이 처한 사회・문화적 환경이나 우울증 등 개인적인 속성에 크게 영향을 받는 것으로 알려져 있다. 우리나라의 경우는 이러한 전통적인 자살 원인 외에 외환위기 전후의 구조조정과 경쟁구조 심화, 소득불평등 확대, 인구구조의 고령화, 이혼율 증가, 출산율 저하, 혼인연령의 상승, 인터넷의 보급 확대 등의 사회 경제적 여건 변화가 자살률을 증가시키는 요인으로 지적되고 있다. 자살예방을 위한 국가의 의무를 정한 법률로서 '자살예방

례'[239]와 같은 조례를 제정하여 시행 중이다.

2) 응급구호대상자(주취자 등) 보호조치와 관련하여 자치단체와의 업무 연계가 중요하나, 자치단체가 운영하는 보건소의 정신건강복지센터의 인력이 부족하여 긴급한 상황에 있는 응급구호대상자에 대한 보호조치가 어려움이 있다.

3) 코로나19 발생에 따라 자치단체에서 '감염병의 예방 및 관리에 관한 법률'에 근거한 관련 조례를 제정하여 보건소에서 역학조사를 비롯한 감염병 예방과 관리업무를 수행하고 있으며, 경찰도 방역지침준수 여부에 대한 현장 점검과 같은 단속업무를 함께 참여하여 지원하고 있다.

4) 유실물관리업무도 자치경찰의 업무로서, 현재는 내부행정망과 통합되어 전국에서 유실물과 분실물정보를 등록하거나 확인할 수 있다. 그런데 매년 증가하는 유실물을 경찰서에서 보관할 수 있는 시설이 좁거나 오래 되어 보관에 어려움이 있어, 시도경찰청에 '유실물 통합관리센터'를 설치하여 운영하는 곳이 있다. 광역단위 유실물 통합관리센터 운영을 통해 경찰서 내의 공간부족 문제를 개선하고, 유실물 관리업무의 효율성 증가와 시민 편의 증대와 같은 여러 긍정적 성과를 기대할 수 있을 것이다.[240] 또한 지하철・철도

및 생명존중문화 조성을 위한 법률(약칭: 자살예방법)'이 있다.

239) 2022년 들어 스토킹 범죄로 인한 살인사건까지 발생하자(예: 신당역 스토킹 살인사건) 피해자를 보호하기 위한 방안이 언론의 집중적인 조명을 받고 있다. 한국일보 2022. 10. 6. 자 사회면 10면 참조. 스토킹범죄의 처벌 등에 관한 법률(약칭: 스토킹처벌법)이 정한 구속영장이나 접근금지명령(긴급응급조치) 및 과태료는 근본적인 해결책이 되지 못하고 경찰이 자치단체와 연계하여 피해예방책을 강구할 필요가 있다. 자치경찰위원회의 역할이 기대되는 분야이다. 경찰이 추진하는 신변보호 스마트 워치 등의 운영도 기술적인 장애를 극복한다면 효율적인 방법 중 하나이다. 스토킹 범죄의 대응방안에 관하여는, 이범오・최순호, "스토킹 범죄의 유형과 효과적인 대응방안", 한국치안행정논집 18권 3호(2021) 157면 이하.

240) 제주자치경찰에서 제주도 내 3개 경찰서에서 분산 운영하던 유실물 업무를 통합하여 운영한 결과, 유실물 반환율이 2018년 56.9%에서 2019년 65.7%(전국 평균 58%)로 증가한 사례가 있다. 그런데 2021. 7. 전국적으로 자치경찰제가 도입되면서 제주 유실물 통합관리센터의 운영은 종료되고, 제주도 자치경찰단에 파견되었던 국가경찰은 모두 복귀하였으며, 현재 제주도는 자치경찰단과 제주경찰청 및 경찰서 모두 유실물 관리사무를 담당하고 있다. 국가경찰이 제주자치경찰단에 협력하지 않아 발생한 비효율과 자원낭비의 사례이다. 박준휘, 자치경찰연구(III) 327면에서 인용.

·버스·택시, 공항·우체국, 대형마트·쇼핑몰, 박물관·병원 등 다양한 유실물 관리자들이 경찰청의 유실물 통합포털(LOST112)에 참여하고 있다.

5) 범죄예방진단경찰관(CPO) : 경찰청은 2016년부터 범죄취약요인에 대하여 전문적으로 분석하고 그에 따른 해결책을 제시할 수 있는 전문인력인 범죄예방진단경찰관(Crime Prevention Officer, 이하 CPO)을 두고 생안·여청·수사 등 관련 기능이 모인 범죄예방진단팀을 운영하고 있다.[241)]

다. 지역 내 교통활동에 관한 사무(법 제4조 제1항 제2호 나목)

교통 관련 경찰의 법집행의 바람직한 모습을 전반적으로 개괄하면 아래와 같다. ① 교통안전확보를 위한 경찰의 법집행은 권력적인 작용보다는 지역의 실정에 부합하는 비권력적인 작용이 되어야 한다. 권력적 작용은 일시적인 규제의 효과를 발생할 수 있으나 장기적인 관점에서 보면 효과가 없는 한계를 내포하고 있다. 따라서 비권력적인 경찰지도를 통하여 안전한 교통문화를 달성할 필요가 있다. ② 경찰환경의 변화에 따라 경찰제도 또한 지역 실정에 맞는 자치경찰제도로 변화되어야 한다. 자치경찰은 지역의 실정에 부합하는 교통안전을 위한 지역적 특성을 반영할 수 있다. 지역적 특성에 따른 교통안전정책과 집행은 안전한 교통환경을 확보하는 가장 합리적인 방법이다. ③ 교통안전시설물에 대한 설치와 관리권자를 지방자치단체로 일원화하여 법집행의 효율성과 책임성을 달성할 필요가 있다.[242)]

(1) 자치경찰사무인 교통사무의 내용

1) 교통법규 위반에 대한 지도·단속

2) 교통안전시설 및 무인 교통단속용 장비의 심의·설치·관리

3) 교통안전에 대한 교육 및 홍보

4) 주민참여 지역 교통활동의 지원 및 지도

5) 통행 허가, 어린이 통학버스의 신고, 긴급자동차의 지정 신청 등 각종 허가 및 신고에 관한 사무

6) 그 밖에 지역 내의 교통안전 및 소통에 관한 사무

---

241) 2020년 기준으로 전국 412명의 경찰관이 CPO로 근무하고 있다.

242) 김원중, "사회환경 변화에 대응한 경찰의 교통안전을 위한 법집행 방안", 국가법연구 9권 1호, 한국국가법학회(2013) 113면 이하.

7) 고속도로 관련사무 : 교통활동에 관한 사무라 하더라도 시・도간 지역 경계를 넘어설 수 있는 고속도로 관련 사무 등은 국가경찰사무에 해당한다는 견해가 있다.[243] 그러나 시・도간 지역 경계를 넘어설 수 있는 도로는 고속도로뿐만 아니라 일반도로도 마찬가지이므로, 이를 이유로 고속도로 교통활동에 관한 모든 사무를 국가경찰사무라고 하는 주장은 근거가 미약하다. 자치경찰의 수사사무에 관하여 고속도로에서 발생한 교통사고 및 교통 관련 범죄가 제외된다는 명문의 규정(자치경찰운영규정 제3조 제3호 단서)이 있다고 하더라도, 수사사무를 제외한 고속도로 교통에 관한 사무는 경찰법상으로도 다른 규정이 없으므로 여전히 자치경찰사무이다(다만 여러 지역에 걸치는 도로는 관할 자치경찰위원회 사이에 서로 협의가 필요하고, 나아가 전국적으로 통일된 업무가 필요하다면 전국 자치경찰위원회가 협의할 수 있을 것이다.). 또한 전국적인 통일이 반드시 필요하지 않는 고속도로 교통사고에 관한 수사사무가 국가경찰사무로 규정된 것은 이론적으로나 실무현실로 보아 합리적이라고 보기는 어렵다.[244]

(2) 교통사무와 자치단체의 업무연계[245]

1) 교통법규 위반에 대한 지도・단속

경찰이 교통법규 위반에 대한 단속활동을 할 수 있음은 물론이나, 시군공무원도 전용차로 통행금지위반이나 주정차금지위반을 한 운전자에 대하여 단속할 권한과 과태료를 부과징수할 권한이 있다(도로교통법 제143조, 제161조 제1항 제3호).

---

243) 알기쉬운 자치경찰 18면.

244) 경찰법상 자치경찰사무와 관련된 일정 수사사무를 자치경찰사무로 분류하고 다만 수사사무에 대하여는 국가수사본부장의 지휘를 받게 되어 있는 것과 달리, 고속도로에서 발생한 교통사고나 범죄에 관한 수사사무는 처음부터 국가경찰사무로 분류한 것은 비교법적으로는 의미가 있을지 몰라도, 법체계의 일관성에 비추어 미숙한 입법이다. 여러 지역을 관통하는 고속도로와 일반국도와 사이에 이런 차별을 둘 만큼 합리적 이유가 없기 때문이다. 고속도로에서 발생한 교통사고의 처리 현황을 보더라도, 여러 지역을 관통하는 고속도로에서는 이를 관할하는 고속도로 순찰대의 각 지구대가 일단 초동조사를 한 후, 사고지역을 관할하는 경찰서로 이첩하여 사건을 처리하게 하고, 이에 대하여 각 경찰서마다 법이 정한 범위 안에서 그 지역 특성에 맞는 수사업무를 하는 것은 다른 사건과 다르지 않기 때문이다.

245) 박준휘, 자치경찰제 연구(Ⅲ) 500면 이하를 정리하였다.

2) 교통안전시설 및 무인교통단속용 장비의 관리[246)]

ㄱ) 교통안전시설 심의위원회

일반도로의 신호등이나 안전표지에 대한 설치관리권은 지방자치단체장이 가진다(도로교통법 제3조). 다만 실제로는 교통시설의 설치·관리권한을 광역자치단체장은 시도경찰청장에게, 기초자치단체장은 경찰서장에게 위임·위탁하고 있다(도로교통법 제147조 제1항, 같은법 시행령 제86조 제1항 제1호). 이에 따라 지방자치단체가 도로에서 횡단보도와 신호기를 설치하거나 폐지할 때 등에는[247)] 시도경찰청이나 경찰서에 설치된 교통안전심의위원회의 심의를 받아야 한다.

한편 자치단체장은 도로법상 도로의 부속물을 설치할 수 있고, 그 중 도로안전시설인 중앙분리대, 과속방지턱, 시선유도표지는 교통안전시설과는 달리 경찰에게 위임하지 않고 지방자치단체에서 독자적으로 설치할 수 있다.

ㄴ) 무인 교통단속용 장비의 관리

시도경찰청장, 경찰서장 또는 시장·군수는 도로교통법을 위반한 사실을 기록·증명하기 위하여 무인 교통단속용 장비를 설치·관리할 수 있다(도로교통법 제4조의2. 시장·군수는 도로교통법 제143조에 따라 불법 주·정차와 전용차로 위반 단속을 위하여 무인단속장비를 설치한다).

3) 교통안전에 대한 교육 및 홍보

교통안전에 대한 교육과 홍보는 경찰이 단독으로 수행하는 경우도 있지만, 지방자치단체와 교육청 및 교통협력단체들과 협력하여 이루어지는 경우도 많이 있다. 또한 각 광역자치단체들이 교통연수원을 설치하여(여객자동차운수사업법 제25조 제3항) 일반시민과 교통약자 등을 상대로 교통안전교육을 실시하고 있다.

4) 주민참여 지역 교통활동의 지원 및 지도

---

246) 지방자차제 실시 전에 발표된 교통안전시설물에 관한 경찰과 지방자치단체와의 관계에 관하여는, 김원중, "도로교통법상 교통안전시설물 설치·관리에 관한 경찰과의 관계 검토", 토지공법연구 61집, 사단법인 한국토지공법학회(2013) 287면 이하 참조.

247) 그 외에도 통행속도의 제한, 좌회전이나 유턴, 보행자전용도로, 주차금지장소의 허용·폐지도 심의사항임.

모범운전자(도로교통법 제2조 제33호)와 자원봉사단체인 녹색어머니회에 대하여도 경찰과 지방자치단체가 지원하고 있다.

5) 지방교통위원회와 교통안전정책 심의위원회

지방자치단체가 관리하는 주요 교통정책 등을 심의하기 위하여 시도지사 소속으로 지방교통위원회를 두고(국가통합 교통체계 효율화법 제110조), 시장・군수・구청장 소속으로 시・군・구 교통안전정책 심의위원회를 둔다(교통안전법 제13조 제1항). 이들 위원회에서는 지역별 교통안전에 대한 주요 정책과 지역교통안전 기본계획에 대한 심의를 담당하고, 경찰의 교통관련 부서의 장 등이 위원으로 활동하고 있다.

6) 교통소통 관련 협의

ㄱ) 교통영향평가 : 교통영향평가란 일정한 규모의 사업 시행에 따라 발생하는 교통량, 교통 흐름의 변화 및 교통안전에 미치는 영향을 조사・예측・평가하고 그와 관련된 각종 문제점을 최소화할 수 있는 방안을 마련하는 제도이다(도시교통정비촉진법 제2조 제5호). 도시교통정비지역이나 그 교통권역에서 일정한 사업을 하려는 자(국가와 지방자치단체를 포함)는 교통영향평가를 실시하여야 한다(같은 법 제15조 제1항). 교통영향평가 내용에는 교통소통현황, 교통안전현황 및 문제점과 개선방안, 공사 중 교통처리대책이 포함되어 있기 때문에 경찰과의 협의가 필요하다.

ㄴ) 교통성 검토 : 교통성 검토는 도시계획시설 변경 결정을 할 때와 도시계획(재정비)을 할 때 교통상 문제점을 분석하여 개선안을 제시하기 위하여 도입된 제도로서, 지방자치단체가 '도시・군관리 계획수립지침'에 따라 도시・군관리계획을 할 때 교통성 검토가 필요하다. 그 검토항목 중 특히 교통시설현황분석에 교통소통현황 등의 내용이 포함되어 있어서 경찰과의 논의가 필요하다(국토의 계획 및 이용에 관한 법률 제2조 제3호, 제24조).

7) 보호구역 지정

시장・군수는 교통사고의 위험으로부터 어린이와 노인 및 장애인을 보호하기 위해 일정한 시설이나 장소의 주변도로 가운데 일정 구역을 어린이보호구역, 노인보호구역, 장애인보호구역으로 지정하여 통행속도의 제한이나 차마의 통행을 제한하는 조치를 할 수 있다(도로교통법 제12조, 제12조의2). 보호구역지정을 위해 시장·군수는 자동차 통행량 등의 교통사고원인 자료를 조사해야 하며, 지정이 필요하다고 인정되는 경우에는 시도경찰청장이나 경찰서장과 협의하여 해당 보호구역 지정대상시설의 주출입문을 중심으로 반경 300미터(특별한 경우에는 500미터) 이내의 도로 중 일정 구간을 보호구역으로 지정할 수 있다(어린이·노인 및 장애인 보호구역의 지정 및 관리에 관한 규칙 제3조).

(3) 교통사무 관련 문제점[248]

1) 교통사무 관련 예산 부족 문제

경찰의 교통안전과 관련된 예산은 규모가 너무 작아서,[249] 지자체로부터 지원을 요청할 수밖에 없는 실정이다.[250] 이런 상황은 자치경찰제도 시행 이전에도 마찬가지였으나, 자치경찰제도가 시행된 현재에도 큰 변화가 없다. 지방자치단체에서는 독자적인 예산이 배정된 것이 없기 때문에, 경찰로서는 지자체의 여러 부서로부터 예산을 구걸하다시피 하는 행태가 반복되고 있다. 그런데 지방자치단체 역시 교통안전시설과 관련하여 충분한 예산이 없다. 이렇게 되면 지역실정에 맞는 교통안전 사업을 진행할 수 없고 교통사무에 대한 자치경찰제도 무용론이 제기될 수도 있다.

이런 문제점을 해결하기 위해서는 교통안전시설 설치와 같은 교통사고예방과 관련된 예산을 자치경찰로 일원화하여 운영할 수 있도록 할 필요가 있다. 참고할 만한 제도로서 과거에 시행되었던 '자동차교통관리개선 특별회계법'이다. 이 법은 1993년 제정 후 여러 차례 개정과정을 거쳐 세입원으로 도로교통법상의 교통범칙금와 과태료를 확보하여, 그 재원을 교통안전시설이나 도로부속물의 개선에 사용하도록 용도가 지정되어 있었다. 2007년 이후 국가재정 운용의 합리화를 이유로 특별회계는 운용되지 않게 되었으나, 그 필요성에 대하여는 많은 사람들이 공감하고 있어 동일한 취지의 법안이 여러 차

248) 박준휘, 자치경찰제 연구(Ⅲ) 586면 이하를 정리하였다.

249) 우리나라의 교통안전과 관련된 2021년 사업비는 6조5,787억원이고, 그중 도로교통안전과 관련된 예산은 3조5,157억원이다. 이러한 사업들은 국트교통부, 행정안전부, 경찰청, 한국교통안전공단, 한국도로공사 등에서 운영하고, 그중 경찰청의 사업비는 3,385억원에 불과하다(국토교통부 2021년 자료).

250) 대부분의 무인단속장비를 비롯한 교통안전시설은 지방자치단체에서 설치 후 경찰로 기부채납하는 형식을 취하고 있다. 지방자치단체 소속의 자치경찰을 따로 둔다면 지방자치단체가 이를 직접 운영할 수 있을 것이다.

례 발의되고 있다.[251] 특히 현재 제주에서는 제주자치경찰이 부과한 범칙금과 과태료를 교통안전시설에 집중적으로 사용하고 있고, 일본이나 프랑스의 입법례도 있다고 한다.[252] 국민들도 95%가 교통범칙금과 과태료는 교통안전에 사용해야 한다는 입장임을 감안한다면[253] 이는 하루빨리 이루어져야 한다.

2) 자치경찰위원회의 인력과 전문성 부족

시도경찰청이나 경찰서의 입장에서는 자치경찰위원회가 자치경찰제 시행 이전의 경찰청 교통국의 역할을 해주어야 함에도 불구하고, 교통업무에 관한 목표의 수립이나 시책의 수립과 같은 역할을 하기에는 인력의 전문성은 차치하더라도 운영 인력이 지나치게 부족하다.[254] 실질적인 지휘・감독 기능을 가진 자치경찰위원회가 작동하기 위해서는 경찰관이든 시도의 일반직 공무원이든 교통관련 업무의 수행경험과 전문성을 갖춘 사람들이 배치되어야 하고, 외부인력 중에서도 교통공학을 비롯한 전문성을 가진 직원이 있다면 파견형식을 빌려서라도 근무하도록 하여야 한다. 물론 인력 증원은 당연히 필요하다.

3) 협업을 위한 시스템의 결여

교통사무는 자치경찰제도 시행 이전에도 지방자치단체와 경찰 사이에 협력활동을 계속하여 왔기 때문에, 자치경찰제도가 도입되면 시너지 효과가 날 수 있을 것이라는 기대가 높았다. 그런데 과거에는 경찰관들이 업무협의를 위하여 지방자치단체로 직접 찾아가 요청을 하였는데, 이제는 자치경찰위원회를 거쳐 업무를 수행하다 보니, 전달과정에서 와전되거나 잘못 전달되는 상황이 발생하는 사례도 있다. 이런 문제를 해결하기 위해서는 먼저 지역에 맞는 교통정책을 펴나가기 위한 인력을 보강하여, 자치경찰위원회가 교통사

251) 구체적인 법안 발의자들은 박준휘, 자치경찰제 연구(Ⅲ) 597면 참조.

252) 한상진, "해외 주요국 국비활용 지자체 교통안전 투자 현황", 지속가능한 교통안전 예산 법제화를 위한 정책토론회 자료집, 국회의원 김관영 의원실 주최(2019), 26면, 32면. 박준휘, 자치경찰제 연구(Ⅲ) 598면에서 재인용.

253) 이윤호, "교통안전특별회계 신설의 필요성", 국가 교통안전예산 확보 방안 전문가 세미나 자료집, 국회의원 김관영 의원실・대한교통학회 공동주최(2017), 14면. 박준휘, 자치경찰제 연구(Ⅲ) 598면에서 재인용.

254) 서울자치경찰위원회는 교통사무를 담당하는 별도의 조직이 존재하지만 인원이 4명에 불과하고, 다른 자치경찰위원회는 전담인력이 1명이거나 2명 혹은 전혀 없는 경우도 있다.

무와 관련된 업무기획의 중심이 되고 이를 주도적으로 관리할 수 있어야 한다. 또한 지역교통안전협의체를 내실화하고, 실무협의회(자치경찰 운영규정 제15조)를 세분화하여 교통분과를 두고 여기에 기초자치단체와 담당 경찰관들을 참석케 함으로써 경찰과 지자체와의 소통을 원활하게 하여야 한다.

라. 지역 내 다중운집 행사 관련 혼잡 교통 및 안전관리(법 제4조 제1항 제2호 다목)

1) 지방자치단체가 관리하는 공공청사에 대한 경비 사무

지방자치단체가 관리하는 공공청사 경비는 지방자치법상 지방자치단체의 사무인 공유재산관리에 해당하고(지방자치법 제9조 제2항 제1호 자목), 일반적으로 해당 공공기관의 장이 공법상 가택권을 행사하여 청사경비 등 업무를 주관하되, 경찰은 이러한 공법상 가택권이 범죄나 구체적 위험으로 말미암아 제대로 기능하지 못하는 경우에만 보충적으로 개입한다.

2) 지역축제 등 행사의 안전관리 : '재난 및 안전관리 기본법'에 따라 행사주체인 지방자치단체와 행사주최자에게 안전관리의무가 있고(같은 법 제66조의11), 경찰은 경찰관 직무집행법 등에 따라 구체적 위험이 발생할 우려가 있거나 발생한 때 안전조치 등을 한다.[255]

3) '재난 및 안전관리 기본법'은 재난을 예방하고 재난이 발생한 경우 그 피해를 최소화하는 것이 국가와 지방자치단체의 기본적 의무임을 전제로 하여, 각종 재난으로부터 국토를 보존하고 국민의 생명·신체 및 재산을 보호하기 위하여 재난 및 안전관리체제를 확립할 목적으로 제정된 법률이다(같은 법 제1조, 제2조 참조). 따라서 지역축제의 안전관리가 지방자치단체에 있고, 특히 공공시설의 관리책임 역시 해당 공공기관에 있음은 당연하다. 다만 이러한 제1차적이고 당연한 업무를 수행하는 중에 발생한 범죄를 비롯한 경찰업무에 대하여는 경찰이 개입하는 것이 바람직하다. 이는 업무의 분장뿐만 아니라 경찰업무의 지나친 과중을 미리 예방한다는 의미도 있다.

4) 문제는 이러한 영역에서 자치단체의 업무와 경찰의 업무가 엄격히 구분할 수 없는 경우가 많고, 무엇보다도 '국민(주민)의 생명과 신체 및 재산

255) 알기쉬운 자치경찰 19면 참조.

의 보호'가 경찰의 직무라는 점(경찰관 직무집행법 제2조 제1호)을 염두에 두고 지나치게 소극적인 자세가 되어서는 안 된다는 점을 명심해야 한다. 국민이 경찰만을 의지해야 할 다급하고 위험한 상황에서 경찰의 업무가 아니라는 이유로 이를 기피하거나 다른 공무원에게 미루는 것은, 특히 국민을 위험으로부터 보호할 의무가 있는 경찰관으로서 해서는 안 될 행동이다.[256]

5) 지역 내에서 많은 사람이 모이는 행사에 따른 혼잡교통관리와 안전관리의 지원은 자치경찰의 기본적인 업무이다. 2022. 10. 29. 22:00경 서울 용산구 이태원에서 발생한 압사 사건은 11. 1. 11:00 기준으로 사망자만 156명이나 되는 대형 참사였다. 당시 이태원에는 할로윈을 앞두고 많은 사람들이 몰려 있었으며, 해밀톤호텔 앞 좁고 경사진 골목길로 인파가 밀리면서 사상자가 다수 발생했다. 이에 대한 경찰의 특히 112신고에 대한 안이한 대응이 대형사망사고의 원인이 되었거나 사고의 규모를 확대시켰다는 지적이 있다. 사고 후 경찰은 주최자가 없이 사람들이 모인 자연스러운 행사라는 이유로 사고에 대한 책임이 없다는 취지의 주장을 하여 국민들을 실망시키기도 하였다. 제대로 된 자치경찰이 갖추어져 있었더라면 지역주민들 가까이에서 수시로 소통하면서 사고의 가능성을 미리 탐지함으로써 위와 같은 대형참사를 예방하는데 큰 도움이 되었을 것이다.[257] 주민과 가장 가까이 있는 지역

256) 경찰관과 일반 행정공무원의 업무에 관한 접근방법에는 소극행정과 적극행정이라는 심리적 차이가 있음은 부정할 수 없다. 경찰업무는 원칙적으로 법률이 정한 사안 외에는 할 수 없는 소극적 특성을 가지고 있고, 일반행정공무원은 법률이 특히 금지하지 않는다면 얼마든지 적극적인 행정을 할 수 있고, 현대 복지국가에서는 더욱 더 적극행정이 일반적인 분위기인 것 같다. 이는 경찰업무가 국민에 대한 침해적 행정이라는 전제 아래 생긴 관념으로 보인다. 그러나 수사업무와 같이 엄격한 적법절차를 따라야 하는 경찰업무는 아직도 소극적 입장이 필요하지만, 현대적 의미의 경찰업무인 국민의 생명·신체·재산에 대한 보호의무는 과거보다 넓고 적극적 사고가 필요한 부분도 많이 있다.

257) 소방은 첫 신고 28분만에 '대응1단계' 조치를, 1시간 뒤에는 '구급차 총동원령'을 내린 것에 반하여, 경찰 지휘부는 첫 신고 후 5시간만에 파악하였다는 기사가 있다. 세계일보 2022. 11. 3. 종합 3면. 소방공무원은 국가공무원이지만 소방기구가 모두 지방자치단체에 소속되어 있어서, 보고체계가 단순하기 때문에 이러한 사고와 관련하여 현장 대응력이 더 높고 기민할 수 있었을 것이다. 한편 이에 대한 경찰청장의 감찰에 대하여 현장에 근무하는 경찰관들은, 최선을 다하였지만 인원이나 장비가 부족하고 시스템이 잘못된 상황에서 일어난 사고에 대하여 자신들에게만 책임을

경찰마저도 범죄예방이나 순찰업무(자치경찰업무부서)보다는 국가경찰이 관할하는 112 신고출동업무 부서로 바꾸어버린 현재의 우리 경찰시스템 아래서는 위와 같은 사고가 재발하지 않는다고 장담할 수 없다. 하루빨리 주민을 바라보고 주민의 안전을 최우선으로 하여 업무를 수행하는 여건이 마련된 자치경찰을 두어야 할 필요성이 여기에도 있다.

5. 자치경찰사무 중 수사사무 관련(법 제4조 제1항 제2호, 제4조 제3항)[258]

1) 학교폭력 등 소년범죄
2) 가정폭력, 아동학대 범죄
3) 교통사고 및 교통 관련 범죄[259]
4) 「형법」 제245조에 따른 공연음란 및 「성폭력범죄의 처벌 등에 관한 특례법」 제12조에 따른 성적 목적을 위한 다중이용장소 침입행위에 관한 범죄
5) 경범죄 및 기초질서 관련 범죄
6) 가출인 및 「실종아동등의 보호 및 지원에 관한 법률」 제2조 제2호에 따른 실종아동 등 관련 수색 및 범죄

경찰법 제4조 제3항은 자치경찰사무 중 수사사무의 구체적인 사항 및 범

묻는다고 하여 강하게 반발하였다. 국민일보 2022. 11. 3. 종합 5면.

258) 이범오, "자치경찰 수사범위에 관한 연구 -가정폭력, 학교폭력, 성폭력, 실종수사 중심으로-", 법이론실무연구 10권 1호, 한국법이론실무학회(2022) 251면 이하. 행정경찰과 사법경찰은 분리되어야 하고, 유능한 수사경찰이 유입될 수 있도록 인사상 인센티브도 부여해야 한다고 주장한다.; 강성용・강소영, "자치경찰제와 사법경찰 작용의 공백에 관한 재고", 경찰법연구 20권 1호(2022) 109면 이하는 이원화 모델을 도입할 때 발생할 수 있는 사법경찰 업무의 공백에 관한 연구이다.; 황문규, "자치경찰제 설계 모델 검토 : 자치경찰의 수사를 중심으로", 형사정책 32권 1호(통권 61호) (2020) 7면 이하는 자치경찰의 수사 모델에 관한 연구이다.

259) 교통사고 범죄에 관한 분석과 예방책은, 이범오・최순호, "교통범죄의 현황과 처벌규정에 관한 연구 -음주운전, 무면허운전 및 뺑소니운전을 중심으로-", 법이론실무연구 9권 4호(2021) 527면 이하; 김상호, "난폭운전에 관한 연구", 한국치안행정논집, 15권 1호(2018) 29면 이하.

위를 대통령령으로 정하도록 하고, 이에 따라 자치경찰운영규정 제3조는 아래와 같이 규정한다.

> 제3조(수사 관련 자치경찰사무의 범위 등) 법 제4조 제1항 제2호 라목에 따른 자치경찰사무에 관한 구체적인 사항 및 범위는 다음 각 호와 같다.
>
> 1. 학교폭력 등 소년범죄 : 소년(19세 미만인 사람을 말한다. 이하 이 조에서 같다)이 한 다음 각 목의 범죄. 다만, 그 소년이 해당 사건에서 19세 이상인 사람과 「형법」 제30조부터 제32조까지의 규정에 따른 공범관계에 있는 경우는 제외한다.
>
> 가. 「형법」 제225조, 제229조(제225조의 죄에 의하여 만들어진 문서 또는 도화의 행사죄로 한정한다), 제230조 및 제235조(제225조, 제229조 또는 제230조의 미수범으로 한정한다)의 범죄 → 공문서위조, 행사
>
> 나. 「형법」 제257조, 제258조, 제258조의2 및 제260조부터 제264조까지(제262조는 같은 조의 죄를 범하여 사람을 상해에 이르게 한 경우로 한정한다)의 범죄 → 상해와 폭행(치사는 제외)
>
> 다. 「형법」 제266조의 범죄 → 과실치상
>
> 라. 「형법」 제276조부터 제281조까지(제281조는 같은 조의 죄를 범하여 사람을 상해에 이르게 한 경우로 한정한다)의 범죄 → 체포와 감금죄(치사는 제외)
>
> 마. 「형법」 제283조부터 제286조까지의 범죄 → 협박
>
> 바. 「형법」 제287조, 제294조(제287조의 미수범으로 한정한다) 및 제296조(제287조의 예비 또는 음모로 한정한다)의 범죄 → 미성년자 약취유인
>
> 사. 「형법」 제307조부터 제309조까지 및 제311조의 범죄 → 명예훼손과 모욕
>
> 아. 「형법」 제319조, 제320조, 제322조(제319조 또는 제320조의 미수범으로 한정한다)의 범죄 → 주거침입과 수색
>
> 자. 「형법」 제324조 및 제324조의5(제324조의 미수범으로 한정한다)

의 범죄 → 강요죄

차. 「형법」 제329조부터 제331조까지, 제331조의2 및 제342조(제329조부터 제331조까지 또는 제331조의2의 미수범으로 한정한다)의 범죄. 다만, 같은 소년이 본문에 규정된 죄를 3회 이상 범한 사건은 제외한다. → 절도

카. 「형법」 제347조, 제350조, 제350조의2, 제351조(제347조, 제350조 또는 제350조의2의 상습범으로 한정한다) 및 제352조(제347조, 제350조, 제350조의2 또는 제351조의 미수범으로 한정한다)의 범죄 → 사기와 공갈

타. 「형법」 제360조의 범죄 → 점유이탈물횡령

파. 「형법」 제366조, 제368조(제366조의 죄를 범하여 사람의 생명 또는 신체에 대하여 위험을 발생하게 하거나 사람을 상해에 이르게 한 경우로 한정한다), 제369조 제1항 및 제371조(제366조 또는 제369조 제1항의 미수범으로 한정한다)의 범죄 → 손괴, 중손괴, 특수손괴

하. 「정보통신망 이용촉진 및 정보보호 등에 관한 법률」 제70조 제1항·제2항 및 제74조 제1항 제2호·제3호의 범죄 → 명예훼손, 음란한 부호·문언·음향·화상 또는 영상을 배포·판매·임대하거나 공공연하게 전시하는 행위, 공포심이나 불안감을 유발하는 부호·문언·음향·화상 또는 영상을 반복적으로 상대방에게 도달하게 하는 행위

거. 가목부터 하목까지의 범죄로서 다른 법률에 따라 가중처벌되는 범죄

2. 가정폭력 및 아동학대 범죄 : 다음 각 목의 범죄

가. 「가정폭력범죄의 처벌 등에 관한 특례법」 제2조 제3호에 따른 가정폭력범죄[260]

260) 제2조(정의)

1. "가정폭력": 가정구성원 사이의 신체적, 정신적 또는 재산상 피해를 수반하는 행위
2. "가정구성원":

가. 현재나 과거의 배우자(사실상 혼인관계 포함)

나. 현재나 과거의 자기 또는 배우자와 직계존비속관계(사실상의 양친자관계 포함)

다. 계부모와 자녀의 관계 또는 적모(嫡母)와 서자(庶子)의 관계에 있거나 있었던 사람

나. 「도로교통법」 제148조(「특정범죄 가중처벌 등에 관한 법률」 제5조의3이 적용되는 죄를 범한 경우는 제외한다), 제148조의2, 제151조, 제151조의2 제2호, 제152조 제1호, 제153조 제2항 제2호 및 제154조부터 제157조까지의 범죄 → 아래 '도로교통법' 표 참조

다. 「자동차손해배상보장법」 제46조 제2항의 범죄

라. 「특정범죄 가중처벌 등에 관한 법률」 제5조의11 및 제5조의13의 범죄 → 음주약물사고와 어린이 보호구역 사고

4. 「형법」 제245조의 범죄 및 「성폭력범죄의 처벌 등에 관한 특례법」 제12조의 범죄 → 공연음란과 성적목적 다중이용시설 침입[261)]

5. 경범죄 및 기초질서 관련 범죄: 「경범죄처벌법」 제3조에 따른 경범죄[262)]

6. 가출인 및 「실종아동등의 보호 및 지원에 관한 법률」 제2조 제2호에 따른 실종아동등 관련 수색 및 범죄: 가목의 수색 및 나목의 범죄

가. 가출인 또는 실종아동등의 조속한 발견을 위한 수색. 다만, 제1호부터 제5호까지 또는 나목의 범죄가 아닌 범죄로 인해 실종된 경우는 제외한다.

나. 「실종아동등의 보호 및 지원에 관한 법률」 제17조 및 제18조의 범죄

라. 동거하는 친족

3. "가정폭력범죄"란 가정폭력으로서 다음 각 목의 어느 하나에 해당하는 죄를 말한다(이하 생략).

261) 이 부분 입법과정에 관하여, 성폭력범죄는 온라인 등 장소적 제약 없이 전국적·광역적 성격을 띠고 있어서 지역 내 경찰사무를 전제로 한 자치경찰사무와 맞지 않고, 범죄수법이 고도화·지능화되고 피해범위가 확대되고 있어 국가차원의 종합적·체계적 대응이 요구된다는 점에서 자치경찰사무로 규정하는 것이 부적절하고, 국민들의 성폭력에 대한 강력한 처벌 요구 등을 고려하여 성폭력 수사를 자치경찰사무에서 제외하되 예외적으로 주민의 생활환경시설의 설치·관리 등 지방자치단체의 사무와 연계된 공연음란죄와 성적 목적을 위한 다중이용장소 침입행위에 관한 죄에 한정하였다고 한다. 알기쉬운 자치경찰 22면.

262) 기초질서의 개념 등에 관하여는, 김지선, "기초질서에 대한 개념 정립과 질서의식 제고를 위한 경찰활동 활성화 방안", 경찰학논총 10권 1호(2015) 87면 이하 참조.

도로교통법(요약)

제148조(벌칙) 교통사고 발생 시의 조치를 하지 아니한 사람

제148조의2(벌칙) ① 2회 이상 음주운전

② 음주측정 불응

③ 음주운전(혈중알코올농도 0.2퍼센트 이상 > 0.08퍼센트 이상 > 0.03퍼센트 이상-3단계 구분

④ 약물 복용 운전

제151조(벌칙) 재물손괴

제151조의2(벌칙) 최고속도보다 시속 100킬로미터를 초과한 속도로 3회 이상 운전

제152조(벌칙) 1. 무면허운전(원동기장치자전거면허 제외)

제153조(벌칙) ② 2. 최고속도보다 시속 100킬로미터를 초과한 속도로 자동차 등을 운전한 사람

제154조(벌칙)

1. 자동차등에 도색·표지 등을 하거나 그러한 자동차등을 운전한 사람
2. 원동기장치자전거 무면허 운전
3. 과로·질병 상태에서 자동차등 또는 노면전차 운전
   - 3의2. 보호자를 태우지 아니하고 어린이통학버스를 운행한 운영자
   - 3의3. 어린이나 영유아가 하차하였는지를 확인하지 아니한 운전자
   - 3의4. 어린이 하차확인장치를 작동하지 아니한 운전자
   - 3의5. 보호자를 태우지 아니하고 운행하는 어린이통학버스에 보호자 동승표지를 부착한 자
4. 사고발생 시 조치상황 등의 신고를 하지 아니한 사람
5. 원동기장치자전거 무면허자에게 원동기장치자전거를 운전하도록 시킨 고용주등
6. 고속도로등을 통행하거나 횡단한 사람
7. 도로공사의 미신고를, 교통안전시설 미설치, 안전요원 또는 안전유도 장비를 미배치
8. 불법교통안전시설 제거명령 위반
9. 최고속도보다 시속 80킬로미터를 초과한 속도로 자동차등을 운전한 사람

제155조(벌칙) 운전면허증등의 제시 요구나 운전자 확인을 위한 진술 요구에 따르지 아니한 사람
제156조(벌칙)
6. 좌석안전띠 미착용
6의2. 자율주행시스템의 직접 운전 요구에 대응하지 아니한 자율주행자동차 운전자
7. 운전면허증 회수 거부행위
10. 주・정차된 차만 손괴한 것이 분명한 경우에 피해자에게 인적 사항을 제공하지 아니한 사람
11. 술에 취한 상태에서 자전거등을 운전한 사람
12. 음주측정에 응하지 아니한 자전거등 운전한 사람
13. 원동기장치자전거 운전면허 없이 개인형 이동장치를 운전한 사람
제157조(벌칙) 1.~3. 보행위반자
4. 도로에서의 금지행위: ⅰ. 술에 취하여 도로에서 갈팡질팡하는 행위, ⅱ. 도로위에 눕거나 앉거나 서있는 행위, ⅲ. 교통이 빈번한 도로에서 놀이하는 행위, ⅳ. 돌・유리병・쇳조각 등을 도로에 던지는 행위, ⅴ. 도로를 통행하고 있는 차마에서 밖으로 물건을 던지는 행위, ⅵ. 도로 통행 차마에 뛰어오르거나 매달리거나 뛰어내리는 행위, ⅶ. 시・도경찰청장이 교통상의 위험을 방지하기 위하여 필요하다고 인정하여 지정・공고한 행위 위반

가. 수사사무의 성격

1) 자치경찰사무 중 생활안전, 여성청소년, 교통 분야의 자치경찰사무와 연계된 일부 수사사무를 자치경찰사무로 규정하고 있다. 다만 수사에 관한 사무는 국가수사본부장의 지휘・감독을 받게 되어 있으므로(경찰법 제28조 제3항 단서), 비록 자치사무라 하더라도 자치경찰위원회의 지휘를 받지 않는다.

그 근거에 대하여 수사는 전국 통일적인 업무수행이 요구되어 국가의 일원화된 지휘・감독이 필요하고, 지방자치법 제11조에 따라 국가사무인 사법과 연관된 사무로서 시・도지사 소속 행정기관인 자치경찰위원회가 지휘하

는 것은 타당하지 않다는 것이다.[263] 그러나 수사라 하여 모든 분야에서 전국 통일적인 업무수행이 요구되는 것은 아니고, 오히려 자치경찰업무와 관련된 수사는 그 지역에 특성에 맞는 합당한 기준을 설정할 수 있고, 그러한 방식이 더 합리적인 경우가 많다.

2) 수사가 사법업무인지 여부에 관하여는 논란이 있으나, 사법업무라 하더라도 법률의 규정이 있다면 얼마든지 지방자치단체가 이를 처리할 수 있으므로(지방자치법 제15조 단서), 모처럼 경찰법에 자치경찰사무로 규정한 수사업무를 사법절차와 연관된 사무라는 이유로 자치경찰위원회의 지휘권을 배제한 것은 논리적 필연성도 없고, 경찰분권이라는 시대정신이나 경찰법의 입법취지에도 부합하지 않는다.

3) 이러한 수사업무는 자치경찰사무로 규정되어 있기 때문에, 이에 대하여 자치경찰위원회가 시도경찰청장을 지휘할 수는 없지만, 그 수사사무를 담당하는 시도경찰청과 경찰서 여성청소년・교통기능 소속 공무원은 자치경찰사무 담당공무원에 해당된다.[264] 학교폭력, 가정폭력 등 범죄에 대한 수사사무를 자치경찰사무로 규정함으로써 그 사무를 담당하는 경찰공무원에 대해서 자치경찰위원회가 아니라 국가수사본부장이 지휘・감독하는 반면, 그 사무를 담당하는 경찰공무원에 대한 인사권한은 국가수사본부장이 아닌 자치경찰위원회가 행사하는 기형적 구조로 되어 있다.[265]

나. 가출인 및 실종아동 등 관련 수색(자치경찰운영규정 제3조 제6호)

1) 가출인이란 가족과 함께 살다가 가족의 동의 없이 집에서 나간 사람을 말하고,[266] 실종자란 실종 당시 18세 미만의 아동, 장애인 복지법 제2조

---

263) 알기쉬운 자치경찰 20면.

264) 이들에 대한 자치경찰위원회의 임용권, 감찰요구・징계요구에 대하여는 경찰법 제24조에서 다룬다.

265) 성홍재, "자치경찰사무의 법적 성격을 토대로 현행 자치경찰제에 대한 법리적 검토", 경찰법연구 20권 2호(2022) 83면.

266) 실종신고가 들어온 일반 성인의 경우 법적 근거가 없어 경찰은 '가출인'으로 분류한다. 따라서 범죄혐의나 자살 의심 단서 등이 없을 경우 아동처럼 위치추적 등의 신속한 수색에 나서기 어려우므로, 이들을 신속하게 수색하기 위하여 '실종성인법'의 제정을 추진하고 있다. 2021년 전국에서 실종신고된 성인의 수는 66,259명이고

의 지적 장애인, 자폐성 장애인, 정신장애인과 치매관리법 제2조 제2호의 치매환자를 말한다('실종아동등의 보호 및 지원에 관한 법률' 제2조 제2호, 이하 '실종아동법'이라 함).

2) 범죄의가 없다고 사료되는 실종자 수색은 자치경찰사무에 해당하여 자치경찰위원회의 지휘 대상이 되나, 실종사건의 경우 치안 현장에서는 신고 내용만으로 범죄와의 연관성이 명백히 없다고 판단되지 않으면 범죄혐의가 있다고 판단하여 수색이 이루어져야 하므로 국가수사본부장에게 지휘권이 있다는 견해가 있다.[267] 범죄혐의가 인정되지 않으면 수사사무 자체가 될 수 없으므로[268] 경찰법 제4조 제1항 제2호 라목이 정하는 '수사사무'로서의 자치경찰사무는 될 수 없다. 그런데 치안 현장에서는 특별한 사정이 없는 한 실종자 수색업무를 수사사무로서 취급한다면 자치경찰위원회가 지휘감독할 수 있는 경우는 거의 없다고 볼 수 있다.

3) 위와 같은 견해에 따르면 지역 내 주민의 생활안전 활동의 하나로서 실종자 수색을 자치경찰사무로 분류한 법의 취지에 어긋난다. 실종아동법 제9조에 따르면 실종자에 대하여는 범죄혐의가 없더라도 위치추적을 위한 여러 가지 방법을 강구할 수 있으므로 굳이 범죄혐의가 없는데도 이를 수사사무로 보아 위치추적을 할 필요가 없다. 또한 실종자 발생을 예방하거나 실종자 발생시 경찰력만으로는 실종자 조기발견 수색에 한계가 있으므로 각종 기관이나 단체 및 주민의 적극적인 협조가 필요하다. 이를 위하여는 지방자치단체와 연계된 협력체계를 구축할 필요가 있고, 이를 맡을 가장 적합한 기구로서 자치단체의 기관이자 자치경찰을 지휘할 수 있는 자치경찰위원회의 관여가 필요하고 가장 효과적이다.[269]

그 중 931명이 발견되지 않았다. 한겨레 2022. 1. 5.자 인터넷 신문.

267) 알기쉬운 자치경찰 23면.

268) 대법원 2006. 12. 7. 선고 2004다14932 판결.

269) 실제로도 많은 자치단체에서 '실종아동등의 발생예방 및 조기발견지원 조례'를 제정하여 시행하고 있거나 준비하고 있다. 2022. 10. 30. 현재 조례가 제정된 자치단체는 강원도, 경상북도, 경상남도, 전라남도, 제주도, 충청북도, 서산시 등이다.

제5조 권한남용의 금지

> 제5조(권한남용의 금지) 경찰은 그 직무를 수행할 때 헌법과 법률에 따라 국민의 자유와 권리 및 모든 개인이 가지는 불가침의 기본적 인권을 보호하고, 국민 전체에 대한 봉사자로서 공정·중립을 지켜야 하며, 부여된 권한을 남용하여서는 아니 된다.

경찰의 직무수행과 인권보호를 위한 경찰청 예규와 훈령으로는 물리력 행사의 기준과 인권강령이 있다. 문제는 경찰관이 이러한 기준을 준수하기 위하여 노력하였다면 그 결과가 잘못되었다 하더라도 그에 대한 책임을 묻는 것은 가혹하고 바람직하지 않는 경우가 많다는 것이다. 경찰이 수행하는 치안활동은 원래가 위험을 수반하는 것으로서 그 과정을 보지 않고 결과만 가지고 위법 여부나 당·부당을 따져서 책임을 묻는 것은 경찰관으로 하여금 소극적인 업무자세가 되도록 유인하는 원인이 되고, 결국은 국민에게 이롭지 못하기 때문이다. 이는 마치 의료사건에서 의사의 판단이 결과적으로는 잘못되었다 하더라도, 그 당시 위급한 상황에서 그와 같은 판단을 한 것이 일반적으로 용인될 수준이었고 제대로 된 절차를 거쳤다면 면책되는 것과 같은 이치이다.[270]

이와 관련하여 경찰관의 정당한 공무집행행위를 두텁게 보호하는 것도 현실적으로는 중요한 과제 중 하나이다.[271]

---

270) 예를 들어 환자에게 암의 의심증세가 있어 환자의 동의를 받아 그 부분을 절개하여 조직을 검사하였으나 암이 아니라고 판명된 경우에 의사에게 책임을 물을 수 없는 것과 같다.

271) 이와 관련된 문제점에 대하여는 정도희, “경찰관 대상 공무집행방해 행위와 입법제안 -울산지방법원 2021. 5. 14. 선고 2020고단2928 판결을 논의의 출발점으로-, 강원법학 65권, 강원대학교 비교법학연구소(2021) 249 이하 참조.

경찰 물리력 행사의 기준과 방법에 관한 규칙 [경찰청예규]

제1장 총 칙

1.1. 목적

이 규칙은 경찰관이 물리력 사용 시 준수하여야 할 기본원칙, 물리력 사용의 정도, 각 물리력 수단의 사용 한계 및 유의사항을 규정함으로써 국민과 경찰관의 생명·신체를 보호하고 인권을 보장하며 경찰 법집행의 정당성을 확보하는 데에 그 목적이 있다.

1.2. 경찰 물리력의 정의

경찰 물리력이란 범죄의 예방과 제지, 범인 체포 또는 도주 방지, 자신이나 다른 사람의 생명·신체 방어 및 보호, 공무집행에 대한 항거 제지 등 경찰목적을 달성하기 위해 경찰권발동의 대상자(이하 '대상자')에 대해 행해지는 일체의 신체적, 도구적 접촉(경찰관의 현장 임장, 언어적 통제 등 직접적인 신체 접촉 전 단계의 행위들도 포함한다)을 말한다.

1.3. 경찰 물리력 사용 3대 원칙

경찰관은 경찰목적을 실현함에 있어 적합하고 필요하며 상당한 수단을 선택함으로써 그 목적과 수단 사이에 합리적인 비례관계가 유지되도록 하여야 하며, 특히 물리력을 사용할 필요가 있는 경우 다음 원칙을 준수하여야 한다.

1.3.1. 객관적 합리성의 원칙

경찰관은 자신이 처해있는 사실과 상황에 비추어 합리적인 현장 경찰관의 관점에서 가장 적절한 물리력을 사용하여야 하며, 이를 위해 범죄의 종류, 피해의 경중, 위해의 급박성, 저항의 강약, 대상자와 경찰관의 수, 대상자가 소지한 무기의 종류 및 무기 사용의 태양, 대상자의 신체 및 건강 상태, 도주여부, 현장 주변의 상황 등을 종합적으로 고려하여야 한다.

1.3.2. 대상자 행위와 물리력 간 상응의 원칙

경찰관은 대상자의 행위에 따른 위해의 수준을 계속 평가·판단하여 필요최소한의 수준으로 물리력을 높이거나 낮추어서 사용하여야 한다.

1.3.3. 위해감소노력 우선의 원칙

경찰관은 현장상황이 안전하고 시간적 여유가 있는 경우에는 대상자가 야기하는 위해 수준을 떨어뜨려 보다 덜 위험한 물리력을 통해 상황을 종결시킬 수 있도록 노력하여야 한다. 다만, 이러한 노력이 오히려 상황을 악화시킬 가능성이 있거나 급박한 경우에는 이 원칙을 적용하지 않을 수 있다.

1.4. 경찰 물리력 사용 시 유의사항

1.4.1. 경찰관은 경찰청이 공인한 물리력 수단을 사용하여야 한다.

1.4.2. 경찰관은 성별, 장애, 인종, 종교 및 성정체성 등에 대한 선입견을 가지고 차별적으로 물리력을 사용하여서는 아니 된다.

1.4.3. 경찰관은 대상자의 신체 및 건강상태, 장애유형 등을 고려하여 물리력을 사용하여야 한다.

1.4.4. 경찰관은 이미 경찰목적을 달성하여 더 이상 물리력을 사용할 필요가 없는 경우에는 물리력 사용을 즉시 중단하여야 한다.

1.4.5. 경찰관은 대상자를 징벌하거나 복수할 목적으로 물리력을 사용하여서는 아니 된다.

1.4.6. 경찰관은 오직 상황의 빠른 종결이나, 직무수행의 편의를 위한 목적으로 물리력을 사용하여서는 아니 된다.

제2장 대상자 행위와 경찰 물리력 사용의 정도

2.1. 대상자 행위

대상자가 경찰관 또는 제3자에 대해 보일 수 있는 행위는 그 위해의 정도에 따라 ① 순응 ② 소극적 저항 ③ 적극적 저항 ④ 폭력적 공격 ⑤ 치명적 공격 등 다섯 단계로 구별한다.

2.1.1. 순응

대상자가 경찰관의 지시, 통제에 따르는 상태를 말한다. 다만. 대상자가 경찰관의 요구에 즉각 응하지 않고 약간의 시간만 지체하는 경우는 '순응'으로 본다.

2.1.2. 소극적 저항

대상자가 경찰관의 지시, 통제를 따르지 않고 비협조적이지만 경찰관 또는 제3자에 대해 직접적인 위해를 가하지 않는 상태를 말한다.

경찰관이 정당한 이동 명령을 발하였음에도 가만히 서있거나 앉아있는 등 전혀 움직이지 않는 상태, 일부러 몸의 힘을 모두 빼거나, 고정된 물체를 꽉 잡고 버팀으로써 움직이지 않으려는 상태 등이 이에 해당한다.

2.1.3. 적극적 저항

대상자가 자신에 대한 경찰관의 체포·연행 등 정당한 공무집행을 방해하지만 경찰관 또는 제3자에 대해 위해 수준이 낮은 행위만을 하는 상태를 말한다.

대상자가 자신을 체포·연행하려는 경찰관으로부터 물리적으로 이탈하거나 도주하려는 행위, 체포·연행을 위해 팔을 잡으려는 경찰관의 손을 뿌리치거나, 경찰관을 밀고 잡아끄는 행위, 경찰관에게 침을 뱉거나 경찰관을 밀치는 행위 등이 이에 해당한다.

2.1.4. 폭력적 공격

대상자가 경찰관 또는 제3자에 대해 신체적 위해를 가하는 상태를 말한다.

대상자가 경찰관에게 폭력을 행사하려는 자세를 취하여 그 행사가 임박한 상태, 주먹·발 등을 사용해서 경찰관에 대해 신체적 위해를 초래하고 있거나 임박한 상태, 강한 힘으로 경찰관을 밀거나 잡아당기는 등 완력을 사용해 체포에서 벗어나려고 하는 상태 등이 이에 해당한다.

2.1.5. 치명적 공격

대상자가 경찰관 또는 제3자에 대해 사망 또는 심각한 부상을 초래할 수 있는 행위를 하는 상태를 말한다.

총기류(공기총·엽총·사제권총 등), 흉기(칼·도끼·낫 등), 둔기(망치·쇠파이프 등)를 이용하여 경찰관, 제3자에 대해 위력을 행사하고 있거나 위해 발생이 임박한 경우, 경찰관이나 제3자의 목을 세게 조르거나 무차별 폭행하는 등 생명·신체에 대해 중대한 위해가 발생할 정도의 위험한 폭력을 행사하는 경우가 이에 해당한다.

2.2. 경찰관 대응 수준

대상자 행위에 따른 경찰관의 대응 수준은 ① 협조적 통제, ② 접촉 통제 ③ 저위험 물리력 ④ 중위험 물리력 ⑤ 고위험 물리력 등 다섯 단계로 구별한다.

2.2.1. 협조적 통제

'순응' 이상의 상태인 대상자에 대해 사용할 수 있는 물리력 수준으로서, 대상자의 협조를 유도하거나 협조에 따른 물리력을 말한다. 그 종류는 다음과 같다.

'순응' 이상의 상태인 대상자에 대해 사용할 수 있는 물리력 수준으로서, 대상자의 협조를 유도하거나 협조에 따른 물리력을 말한다. 그 종류는 다음과 같다.

가. 현장 임장

나. 언어적 통제

다. 체포 등을 위한 수갑 사용

라. 안내 · 체포 등에 수반한 신체적 물리력

2.2.2. 접촉 통제

'소극적 저항' 이상의 상태인 대상자에 대해 사용할 수 있는 물리력 수준으로서, 대상자 신체 접촉을 통해 경찰목적 달성을 강제하지만 신체적 부상을 야기할 가능성은 극히 낮은 물리력을 말한다. 그 종류는 다음과 같다.

가. 신체 일부 잡기 · 밀기 · 잡아끌기, 쥐기 · 누르기 · 비틀기

나. 경찰봉 양 끝 또는 방패를 잡고 대상자의 신체에 안전하게 밀착한 상태에서 대상자를 특정 방향으로 밀거나 잡아당기기

2.2.3. 저위험 물리력

'적극적 저항' 이상의 상태인 대상자에 대해 사용할 수 있는 물리력 수준으로서, 대상자가 통증을 느낄 수 있으나 신체적 부상을 당할 가능성은 낮은 물리력을 말한다. 그 종류는 다음과 같다.

가. 목을 압박하여 제압하거나 관절을 꺾는 방법, 팔 · 다리를 이용해 움직이지 못하도록 조르는 방법, 다리를 걸거나 들쳐 매는 등 균형을 무너뜨려 넘어뜨리는 방법, 대상자가 넘어진 상태에서 움직이지 못하게 위에서 눌러 제압하는 방법

나. 분사기 사용(다른 저위험 물리력 이하의 수단으로 제압이 어렵고, 경찰관이나 대상자의 부상 등의 방지를 위해 필요한 경우)

2.2.4. 중위험 물리력

'폭력적 공격' 이상의 상태의 대상자에 대해 사용할 수 있는 물리력 수준으로서, 대상자에게 신체적 부상을 입힐 수 있으나 생명 · 신체에 대한 중대한 위해 발생 가능성은 낮은 물리력을 말한다. 그 종류는 다음과 같다.

가. 손바닥, 주먹, 발 등 신체부위를 이용한 가격

나. 경찰봉으로 중요부위가 아닌 신체 부위를 찌르거나 가격

다. 방패로 강하게 압박하거나 세게 미는 행위

라. 전자충격기 사용

2.2.5. 고위험 물리력

가. '치명적 공격' 상태의 대상자로 인해 경찰관 또는 제3자의 생명·신체에 급박하고 중대한 위해가 초래될 가능성이 있는 경우 최후의 수단으로 사용할 수 있는 물리력 수준으로서, 대상자의 사망 또는 심각한 부상을 초래할 수 있는 물리력을 말한다.

나. 경찰관은 대상자의 '치명적 공격' 상황에서도 현장상황이 급박하지 않은 경우에는 낮은 수준의 물리력을 우선적으로 사용하여 상황을 종결시킬 수 있도록 노력하여야 한다.

다. '고위험 물리력'의 종류는 다음과 같다.

1) 권총 등 총기류 사용

2) 경찰봉, 방패, 신체적 물리력으로 대상자의 신체 중요 부위 또는 급소 부위 가격, 대상자의 목을 강하게 조르거나 신체를 강한 힘으로 압박하는 행위

2.3. 경찰 물리력 행사 연속체

2.3.1. 비례의 원칙에 입각한 물리력 사용 한계에 대한 이해도 제고를 위해 대상자 행위에 대응한 경찰 물리력 수준을 도식화한 것을 '경찰 물리력 행사 연속체 <그림>'라고 한다.

<그림> 경찰 물리력 행사 연속체 (대상자 행위에 대응한 경찰 물리력 수준) (생략)

2.3.2. 경찰관은 가능한 경우 낮은 수준의 물리력부터 시작하여 물리력의 강도를 높여감으로써 상황을 안전하게 종결시키도록 하여야 한다. 다만, 급박하거나 대상자 행위의 위해 수준이 불연속적으로 급변하는 경우 경찰관 역시 그 상황에 맞는 물리력을 곧바로 사용할 수 있다.

가. (1단계 : 평가) 현장상황을 종합적으로 고려하여 대상자 행위를 '순응', '소극적 저항', '적극적 저항', '폭력적 공격', '치명적 공격' 등으로 평가

나. (2단계 : 판단) 대상자의 저항이나 공격을 제압할 수 있는 적절

한 물리력 수단을 선택하되, 전체적인 현장상황이 안전하고 시간적 여유가 있는 경우 대상자가 야기하는 위해 수준을 감소시키기 위해 노력하여야 하며, 낮은 수준의 물리력 수단을 우선적으로 고려

다. (3단계 : 행동) 선택한 물리력을 사용하는 경우에도 경찰목적을 달성하는 한도 내에서 대상자에게 최소한의 침해를 가져오는 방법으로 물리력을 사용

라. (4단계 : 재평가) 이후 상황을 지속적으로 재평가하면서 대상자의 행위 및 현장 주변 상황 변화에 따라 대응 물리력 수준을 증가시키거나 감소

2.3.3. 이 연속체는 경찰관과 대상자가 대면하는 모든 상황에 기계적, 획일적으로 적용될 수 있는 것이 아니며, 실제 개별 경찰 물리력 사용 현장에서는 대상자의 행위 외에도 위해의 급박성, 대상자와 경찰관의 수 · 성별 · 체격 · 나이, 제3자에 대한 위해가능성, 기타 현장 주변 상황을 종합적으로 고려하여 가장 적절한 물리력을 사용하여야 한다.

제3장 개별 물리력 수단 사용 한계 및 유의사항

3.1. 현장 임장

3.1.1. 현장 임장의 정의

현장 임장은 경찰관이 대상자에게 접근하여 자신의 소속, 신분과 함께 임장의 목적과 취지를 밝혀 그에 따르도록 하는 것을 말한다. 현장 임장은 대상자의 모든 행위 유형에서 행해질 수 있다.

3.1.2. 현장 임장 시 유의사항

가. 경찰관은 현장에 임장하는 것만으로도 대상자의 순응을 이끌어 낼 수 있다는 점을 인식하여 현장 임장만으로 상황을 종결시키도록 노력하여야 한다.

나. 경찰관은 현장 임장 시 대상자 및 주변 관계자들에 의한 갑작스런 위해 발생 가능성을 염두에 두고 불시의 피습에 대한 대비, 대상자의 흉기소지 여부 확인, 대상자와의 적절한 거리 유지, 여타 경찰 물리력 사용 태세 완비 등 신변보호를 위한 적절한 조치를 취하여야 한다.

다. 경찰관은 현장 임장 시 대상자나 주변 관계자들의 감정을 자극하거나 오해를 불러 일으켜 경찰관 또는 제3자에 대한 위해로 이어지지 않도록 하여야 한다.

3.2. 언어적 통제

3.2.1. 언어적 통제의 정의

언어적 통제는 경찰관이 대상자에게 특정 행위를 유도하거나 합법적인 명령을 발하기 위해 말이나 행동으로 하는 대화, 설득, 지시, 경고 등을 말하며 대상자의 어깨를 다독이거나 손을 잡아 주는 등의 가벼운 신체적 접촉도 포함한다. 언어적 통제는 대상자의 모든 행위 유형에서 행해질 수 있다.

3.2.2. 언어적 통제 시 유의사항

가. 경찰관은 대상자에 대한 직접적인 물리력 사용 이전 언어적 통제를 통하여 상황을 종결시킬 수 있도록 노력하여야 한다. 다만, 이러한 시도가 오히려 상황을 악화시킬 가능성이 있거나 급박한 경우에는 생략할 수 있다.

나. 경찰관이 언어적 통제를 시도하는 경우 대상자가 경찰관의 지시, 경고 등에 따를 충분한 시간을 부여하여야 한다.

다. 경찰관은 언어적 통제 시 대상자가 갑자기 위해를 가하거나 도주할 것에 대비하여 여타 경찰 물리력 사용 태세를 갖추어야 한다.

라. 경찰관은 언어적 통제 시 불필요하게 대상자를 자극하여 경찰관 또는 제3자에 대한 위해로 이어지지 않도록 하여야 한다.

3.3. 신체적 물리력 사용

3.3.1. 신체적 물리력의 정의

'신체적 물리력'은 여타 무기나 경찰장구에 의존하지 않고 경찰관 자신의 신체, 체중, 근력을 활용하여 대상자를 통제하는 일련의 방법을 말한다.

3.3.2. 신체적 물리력 사용 한계 및 유의사항

가. 대상자가 '순응'하는 경우(협조적 통제)

경찰관은 '순응' 이상의 상태인 대상자를 인도 또는 안내하기 위해 대상자의 손이나 팔을 힘을 주지 않고 잡을 수 있고 어깨 등 신체 일부를 힘을 주지 않고 밀거나 잡아끌 수 있다(다만, 임의동행하는 대상자를 인도·안내하는 경우에는 동행의 임의성이 침해되지 않도록 신체 접촉에 유의하여야 한다).

형사소송법에 따라 대상자를 체포하는 경우에는 수갑 등으로 결박하기 위해 대상자 신체 일부를 잡거나 대상자를 돌려 세울 수 있다.

나. 대상자 행위가 '소극적 저항'인 경우(접촉 통제)

경찰관은 '소극적 저항' 이상인 상태의 대상자를 통제하기 위해 손이나 팔을 힘을 주어 잡을 수 있고 대상자의 어깨 등 신체 일부를 힘을 주어 밀거나 잡아끌 수 있다.

대상자가 물체를 꽉 잡고 움직이지 않는 경우에는 대상자의 신체 일부를 쥐거나 누르거나 비틀어서 손을 떼도록 할 수 있다.

다. 대상자 행위가 '적극적 저항'인 경우(저위험 물리력)

경찰관은 '적극적 저항' 이상인 상태의 대상자에게 목을 압박하여 제압하거나 관절을 꺾는 방법, 팔·다리를 이용해 움직이지 못하도록 조르는 방법, 다리를 걸거나 들쳐 매는 등 균형을 무너뜨려 넘어뜨리는 방법, 대상자가 넘어진 상태에서 움직이지 못하게 위에서 눌러 제압하는 방법 등을 사용할 수 있다.

라. 대상자 행위가 '폭력적 공격'인 경우(중위험 물리력)

경찰관은 '폭력적 공격' 이상인 상태의 대상자에게 손바닥, 주먹, 발 등 신체 부위를 이용하여 대상자를 가격함으로써 제압할 수 있다.

또한, 현행범 체포나 긴급체포의 요건을 충족하는 대상자 또는 체포영장이 발부된 대상자가 도주하는 경우 체포를 위해 '중위험 물리력'으로 신체적 물리력을 사용할 수 있다.

마. 대상자 행위가 '치명적 공격'인 경우(고위험 물리력)

신체적 물리력 이외의 여타 모든 경찰 물리력 사용이 불가능하거나 무력화된 상태에서 형법상 정당방위 또는 긴급피난의 요건을 충족하는 경우 경찰관은 최후의 수단으로서 대상자의 신체 중요 부위 또는 급소 부위를 가격하는 방법, 대상자의 목을 강하게 조르거나 대상자의 신체를 강한 힘으로 압박하는 방법 등을 사용할 수 있다.

신체적 물리력을 '고위험 물리력'으로 사용할 수밖에 없는 불가피한 경우에는 3.9.2.항의 권총 사용 한계 가.~다.를 따른다.

3.4. 수갑 사용

3.4.1. 수갑의 정의

수갑은 대상자의 동작이 자유롭지 못하도록 대상자의 양쪽 손목에 걸쳐서 채우는 금속 재질의 장구로서 경찰청이 지급 또는 인정한 장비를 말한다.

3.4.2. 수갑 사용 한계 및 유의사항

가. 경찰관은 대상자의 언행, 현장상황 등을 종합적으로 고려하여 도주, 폭행, 소요, 자해 등의 위험이 있는 경우 수갑을 사용할 수 있으며, 그 우려가 높다고 판단되는 경우 뒷수갑을 사용할 수 있다.

나. 경찰관은 뒷수갑 상태로 대상자를 이동시키는 경우 팔짱을 끼고 동행하는 등 도주 및 안전사고 예방을 위한 적절한 조치를 취하여야 한다

다. 경찰관은 대상자의 움직임으로 수갑이 조여지거나 일부러 조이는 행위를 예방하기 위해 수갑의 이중 잠금장치를 사용하여야 한다. 다만, 대상자의 항거 등으로 사용이 곤란한 경우에는 사용하지 않을 수 있다.

라. 경찰관은 대상자의 신체적 장애, 질병, 신체상태로 인하여 수갑을 사용하는 것이 불합리하다 판단되는 경우에는 수갑을 사용하지 않을 수 있다.

마. 경찰관은 대상자가 수갑으로 인한 고통을 호소하는 경우 수갑 착용 상태를 확인하여 재착용, 앞수갑 사용, 한손 수갑 사용 등 적절한 조치를 취하여야 한다.

바. 경찰관은 급박한 상황에서 수갑이 없거나 사용이 불가능한 경우 예외적으로 경찰혁대 등을 수갑 대용으로 사용할 수 있다.

3.5. 경찰봉 사용

3.5.1. 경찰봉의 정의

경찰봉은 강화 플라스틱, 나무 또는 금속으로 제작된 원통형 막대기

로서 경찰청이 지급 또는 인정한 장비를 말한다.

3.5.2. 경찰봉 사용 한계

가. 격리도구로서의 경찰봉 사용

경찰관은 '소극적 저항' 이상인 상태의 대상자에게 경찰봉을 대상자의 신체에 안전하게 밀착한 상태로 밀거나 끌어당길 수 있다.

나. 중위험 물리력으로서의 경찰봉 사용

1) 경찰관은 '폭력적 저항' 이상인 상태의 대상자의 신체를 경찰봉으로 찌르거나 가격할 수 있다. 이 경우 가급적 대상자의 머리, 얼굴, 목, 흉부, 복부 등 신체 중요 부위를 피하여야 한다.

2) 경찰관은 현행범 또는 사형·무기 또는 장기 3년 이상의 징역이나 금고에 해당하는 죄를 범한 대상자가 도주하는 경우 체포를 위해서 경찰봉으로 찌르거나 가격할 수 있다. 이 경우 가급적 신체 중요 부위를 피하여야 한다.

다. 고위험 물리력으로서의 경찰봉 사용

1) 경찰봉 이외의 여타 모든 경찰 물리력 사용이 불가능하거나 무력화된 상태에서 형법상 정당방위 또는 긴급피난의 요건을 충족하는 경우 경찰관은 최후의 수단으로서 경찰봉으로 대상자의 신체 중요 부위 또는 급소 부위를 찌르거나 가격할 수 있다.

2) 경찰관이 경찰봉을 '고위험 물리력'으로 사용할 수밖에 없는 불가피한 경우에는 3.9.2.항의 권총 사용 한계 가.~마.를 따른다.

3.6. 방패 사용

3.6.1. 방패의 정의

방패는 강화 플라스틱 또는 금속으로 제작된 판으로서 경찰청이 지급 또는 인정한 장비를 말한다.

3.6.2. 방패 사용 한계 및 유의사항

가. 격리도구로서의 방패 사용

경찰관은 '소극적 저항' 이상인 상태의 대상자에게 방패를 대상자의 신체에 안전하게 밀착한 상태로 밀 수 있다.

나. 중위험 물리력으로서의 방패 사용

1) 경찰관은 대상자의 '폭력적 저항' 이상인 상태의 대상자에 대해 방패로 강하게 압박 또는 세게 밀 수 있다.

2) 경찰관은 현행범 또는 사형·무기 또는 장기 3년 이상의 징역이나 금고에 해당하는 죄를 범한 범인이 도주하는 경우 체포를 위해 방패로 막거나 세게 밀 수 있다.

다. 고위험 물리력으로서의 방패 사용

1) 방패 이외의 여타 모든 경찰 물리력 사용이 불가능하거나 무력화된 상태에서 형법상 정당방위 또는 긴급피난의 요건을 충족하는 경우 경찰관은 최후의 수단으로서 방패를 '고위험 물리력'으로 활용하여 대상자의 신체를 가격할 수 있다.

2) 경찰관이 방패를 '고위험 물리력'으로 사용할 수밖에 없는 불가피한 경우에는 3.9.2.항의 권총 사용 한계 가.~마.를 따른다.

3.7. 분사기 사용

3.7.1. 분사기의 정의

분사기는 사람의 활동을 일시적으로 곤란하게 하는 최루 또는 자극 등의 작용제를 내장된 압축가스의 힘으로 분사할 수 있는 기기로서 경찰청이 지급 또는 인정한 장비를 말한다.

3.7.2. 분사기 사용 한계 및 유의사항

가. 경찰관은 '적극적 저항' 이상인 상태의 대상자에 대해 다른 저위험 물리력 이하의 수단으로 제압이 어렵고, 경찰관이나 대상자의 부상 등의 방지를 위해 필요하다고 판단되는 경우 분사기를 사용할 수 있다.

나. 경찰관은 범인의 도주방지를 위해 분사기를 사용할 수 있다.

다. 경찰관은 정당방위나 긴급피난의 요건이 충족되지 않는 한, 다음 어느 하나에 해당하는 상황에서는 분사기를 사용하여서는 아니 된다.

1) 밀폐된 공간에서의 사용(다만, 경찰 순찰차의 운행을 방해하는 대상자를 제압하기 위해 다른 물리력 사용이 불가능한 경우는 제외한다)

2) 대상자가 수갑 또는 포승으로 결박되어 있는 경우(다만, 대상자의 행위로 인해 경찰관 또는 제3자에 대한 신체적 위해 발생 가능성 있는 경우는 제외한다)
3) 대상자의 '소극적 저항' 상태가 장시간 지속될 뿐 이를 즉시 중단시켜야 할 정도로 급박하거나 위험하지 않은 상황
4) 경찰관이 대상자가 14세 미만이거나 임산부 또는 호흡기 질환을 가지고 있음을 인지한 경우(다만, 대상자의 저항 정도가 고위험 물리력을 사용할 수밖에 없는 상황은 제외한다)

라. 경찰관이 사람을 향하여 분사기를 발사하는 경우에는 사전 구두 경고를 하여야 한다. 다만, 현장상황이 급박한 경우에는 생략할 수 있다.

3.8. 전자충격기 사용

3.8.1. 전자충격기의 정의

전자충격기란 사람의 신체에 전류를 방류하여 대상자 근육의 일시적 마비를 일으킴으로써 대상자의 활동을 일시적으로 곤란하게 할 수 있는 기기로서 경찰청이 지급 또는 인정한 장비를 말한다. 그 사용 방법은 다음을 포함한다.

가. 대상자 신체에 대해 직접 접촉하여 사용하는 스턴 방식
나. 대상자 신체에 대해 직접 발사하여 사용하는 전극침 발사 방식

3.8.2. 전자충격기 사용 한계

가. 경찰관은 '폭력적 공격' 이상인 상태의 대상자에 대해 전자충격기를 사용할 수 있다.

나. 경찰관은 현행범 또는 사형・무기 또는 장기 3년 이상의 징역이나 금고에 해당하는 죄를 범한 대상자가 도주하는 경우 체포를 위해서 전자충격기를 사용할 수 있다.

다. 경찰관은 정당방위나 긴급피난의 요건이 충족되지 않는 한, 다음 어느 하나에 해당하는 상황에서는 전자충격기를 사용하여서는 아니 된다.

1) 대상자 주변에 가연성 액체(휘발유, 신나 등)나 가스누출, 유증기가 있어 전기 불꽃으로 인한 화재・폭발의 위험성이

있는 상황

2) 대상자가 계단, 난간 등 높은 곳에 위치하거나 차량·기계류를 운전하고 있는 상황

3) 대상자가 하천, 욕조 등의 부근에 있거나, 폭우 등으로 주변이 모두 물에 젖은 상황

4) 대상자가 14세 미만 또는 임산부인 경우

5) 대상자가 수갑 또는 포승으로 결박되어 있는 경우(다만, '폭력적 공격' 이상인 상태의 대상자로 인해 경찰관 또는 제3자에 대한 신체적 위해 발생 가능성 있는 경우는 제외한다)

6) 대상자의 '저항' 상태가 장시간 지속될 뿐 이를 즉시 중단시켜야 할 정도로 급박하거나 위험하지 않은 상황

7) 경찰관이 대상자가 갖고 있는 신체적·정신적 장애로 인하여 전자충격기 사용 시 상당한 수준의 2차적 부상 또는 후유증이 발생할 가능성을 인지한 경우(다만, 대상자의 저항 정도가 '고위험 물리력'을 사용할 수밖에 없는 상황은 제외한다)

8) 대상자가 증거나 물건을 자신의 입 안으로 넣어 삼켰거나 삼키려 하여 질식할 수 있는 상황

3.8.3. 전자충격기 사용 시 유의사항

가. 경찰관은 근무 시작 전 전자충격기의 배터리 충전 여부와 전기불꽃 작동 상태를 반드시 확인하여야 한다.

나. 경찰관은 공무수행에 필요하다고 믿을 만한 상황이 아닌 경우에는 전자충격기를 뽑아 들거나 다른 사람을 향하도록 하여서는 아니 되며, 반드시 전자충격기집에 휴대하여야 한다.

다. 경찰관은 전자충격기 사용 필요성이 인정되고 시간적 여유가 있는 경우에는 신속히 이 사실을 직근상급 감독자에게 보고하고, 동료 경찰관에게 전파하여야 한다. 이를 인지한 직근상급 감독자는 필요한 지휘를 하여야 한다.

라. 경찰관이 대상자에게 전자충격기 전극침을 발사하는 경우에는 사전 구두 경고를 하여야 한다. 다만, 현장상황이 급박한 경우에는 생략할 수 있다.

마. 경찰관이 사람을 향해 전자충격기를 사용하는 경우에는 적정사

거리(3~4.5m)에서 후면부(후두부 제외)나 전면부의 흉골 이하(안면, 심장, 급소 부위 제외)를 조준하여야 한다. 다만, 대상자가 두껍거나 헐렁한 상의를 착용하여 전극침의 효과가 없다고 판단되는 경우 대상자의 하체를 조준하여야 한다.

바. 경찰관은 전자충격기 전극침 불발, 명중 실패, 효과 미발생 시 예상되는 대상자의 추가적인 공격에 대한 적절한 대비책(스턴 방식 사용, 경찰봉 사용 준비, 동료 경찰관의 물리력 사용 태세 완비, 경력 지원 요청 등)을 미리 준비하여야 한다.

사. 전자충격기 전극침이 대상자에 명중한 경우에는 필요 이상의 전류가 흐르지 않도록 즉시 방아쇠로부터 손가락을 떼야하며, 1사용주기(방아쇠를 1회 당겼을 때 전자파장이 지속되는 시간)가 경과한 후 대상자의 상태, 저항 정도를 확인하여 추가적인 전자충격을 줄 필요가 있다고 판단되는 경우 다시 방아쇠를 당겨 사용할 수 있다.

아. 한 명의 대상자에게 동시에 두 대 이상의 전자충격기 전극침을 발사하거나 스턴 기능을 사용해서는 아니 된다.

자. 수갑을 사용하는 경우, 먼저 전자충격기를 전자충격기집에 원위치 시킨 이후 양손으로 시도하여야 한다. 전자충격기를 파지한 상태에서 다른 한 손으로 수갑을 사용할 수밖에 없는 불가피한 상황에서는 안전사고 및 전자충격기 피탈방지에 각별히 유의하여야 한다.

3.9. 권총 사용

3.9.1. 권총의 정의

권총은 한 손으로 다룰 수 있는 짧고 작은 총으로서 경찰청이 지급 또는 인정한 무기를 말한다.

3.9.2. 권총 사용 한계

가. 경찰관은 대상자가 경찰관이나 제3자의 생명·신체에 대한 급박하고 중대한 위해를 야기하거나, 위해 발생이 임박한 경우 권총 이외의 수단으로서는 이를 제지할 수 없는 상황에 한하여 대상자에게 권총을 사용할 수 있다.

나. 경찰관은 사형·무기 또는 장기 3년 이상의 징역이나 금고에

해당하는 죄를 저질렀거나 저지르고 있다고 믿을 만한 상당한 이유가 있는 대상자가 도주하면서 경찰관 또는 제3자의 생명·신체에 대한 급박하고 중대한 위해를 야기하거나, 그 위해 발생이 임박한 경우 권총 이외의 수단으로서는 이를 제지할 수 없는 상황에 한하여 체포를 위해 대상자에게 권총을 사용할 수 있다.

다. 경찰관은 대상자가 경찰관 자신이나 제3자의 생명·신체에 대한 중대하고 급박한 위해를 야기하지 않고 단순히 도주하는 경우에는 오로지 체포나 도주방지 목적으로 권총을 사용하여서는 아니 된다.

라. 경찰관은 오로지 대상자 본인의 생명·신체에 대해서만 급박하고 중대한 위해를 야기하는 경우에는 이를 제지할 목적으로 권총을 사용하여서는 아니 된다.

마. 경찰관은 오로지 재산만을 보호할 목적으로 권총을 사용하여서는 아니 된다.

바. 경찰관은 다음 어느 하나에 해당하는 상황에서는 권총을 사용하여서는 아니 된다.

1) 대상자에게 단순히 경고를 하거나 겁을 줄 목적 또는 주의를 환기시킬 목적으로 실탄 또는 공포탄을 발사하는 행위

2) 대상자 이외의 제3자의 생명·신체에 대한 위해가 예상되는 경우(다만, 권총을 사용하지 아니하고는 타인 또는 경찰관의 생명에 대한 중대한 위험을 방지할 수 없다고 인정되는 등 긴급피난의 요건을 충족하는 경우 필요최소한의 범위 내에서 사용할 수 있다)

3) 경찰관이 움직이는 차량에 탑승한 상태에서 권총 실탄을 발사하는 행위(다만, 대상자가 경찰관 또는 제3자를 향해 차량으로 돌진하는 경우와 같이 형법상 정당방위 또는 긴급피난의 요건을 충족하는 경우는 제외한다)

4) 경찰관이 움직이는 차량을 정지시키기 위해 권총 실탄을 발사하는 행위(다만, 대상자가 경찰관 또는 제3자를 향해 차량으로 돌진하는 경우와 같이 형법상 정당방위 또는 긴급

피난의 요건을 충족하는 경우는 제외한다)

5) 14세 미만의 자 또는 임산부에 대한 권총 사용(다만, 대상자가 총기 또는 폭발물을 가지고 대항하여 권총을 사용하지 아니하고는 타인 또는 경찰관의 생명·신체에 대한 중대한 위험을 방지할 수 없다고 인정되는 경우는 제외한다)

3.9.3. 권총 사용 시 유의사항

가. 경찰관은 공무수행 중 필요하다고 믿을 만한 경우가 아닌 경우에는 권총을 뽑아 들거나 다른 사람을 향하도록 하여서는 안 되며, 반드시 권총을 권총집에 휴대하여야 한다.

나. 권총 장전 시 반드시 안전고무(안전장치)를 장착한다.

다. 경찰관은 권총 사용의 필요성이 인정되고 시간적 여유가 있는 경우에는 신속히 이 사실을 직근상급 감독자에게 보고하고, 동료 경찰관에게 전파하여야 한다. 이를 인지한 직근상급 감독자는 신속히 현장으로 진출하여 지휘하여야 한다.

라. 경찰관이 권총을 뽑아드는 경우, 격발 순간을 제외하고는 항상 검지를 방아쇠울에서 빼 곧게 뻗어 실린더 밑 총신에 일자로 대는 '검지 뻗기' 상태를 유지하여 의도하지 않은 격발을 방지하여야 한다.

마. 경찰관이 권총집에서 권총을 뽑은 상태에서 사격을 하지 않는 경우, 총구는 항상 지면 또는 공중을 향하게 하여야 한다.

바. 경찰관은 사람을 향하여 권총을 발사하고자 하는 때에는 사전 구두 경고를 하거나 공포탄으로 경고하여야 한다. 다만, 현장상황이 급박하여 대상자에게 경고할 시간적 여유가 없는 경우나 인질·간첩 또는 테러사건에 있어서 은밀히 작전을 수행하는 경우 등 부득이한 때에는 생략할 수 있다.

사. 경찰관이 공포탄 또는 실탄으로 경고 사격을 하는 때는 경찰관의 발 앞쪽 70도에서 90도 사이 각도의 지면 또는 장애물이 없는 허공을 향하여야 한다.

아. 경찰관은 사람을 향해 권총을 조준하는 경우에는 가급적 대퇴부 이하 등 상해 최소 부위를 향한다.

자. 경찰관이 리볼버 권총을 사용하는 경우 안전을 위해 가급적 복

동식 격발 방법을 사용하여야 하며, 단동식 격발 방법을 사용하는 경우 격발에 근접한 때가 아닌 한 권총의 공이치기를 미리 젖혀놓지 않도록 하여야 한다.

차. 수갑을 사용하는 경우, 먼저 권총을 권총집에 원위치 시킨 이후 양손으로 시도하여야 한다. 권총을 파지한 상태에서 다른 한 손으로 수갑을 사용할 수밖에 없는 불가피한 상황에서는 오발 사고 및 권총 피탈 방지에 각별히 유의하여야 한다.

제4장 경찰 물리력 사용 후 조치사항

4.1. 부상자 확인 및 조치

4.1.1. 경찰관이 대상자에게 신체접촉을 동반하는 물리력을 사용한 경우에는 반드시 대상자의 부상 여부를 즉시 확인하고, 부상 발생 시에는 지체 없이 의료진 호출, 응급조치 실시, 대상자 병원 후송, 직근상급 감독자 보고 등의 긴급조치를 취하여야 한다.

4.1.2. 이 사실을 보고받은 직근상급 감독자는 즉시 현장으로 진출하여 물리력 사용 및 부상 경위 파악, 현장 보존, 목격자 확보 등 필요한 후속조치를 취하여야 한다.

4.1.3. 대상자 병원 후송 시에는 지체 없이 대상자의 보호자 등에 해당 사실을 통지하여야 한다.

4.2. 사용보고

4.2.1. 경찰관이 권총, 전자충격기(스턴 방식 사용 포함), 분사기, '중위험 물리력' 이상의 경찰봉·방패, 기타 사람에게 위해를 끼칠 수 있는 장비를 사용한 경우 신속히 별지 서식의 사용보고서를 작성하여 소속기관의 장에게 보고하여야 한다.

4.2.2. 수갑을 사용한 때에는 일시·장소·사용경위·사용방식·사용시간 등을 근무일지 또는 수사보고서에 기재하여야 한다.

4.2.3. 수갑 또는 신체적 물리력을 사용하여 대상자에게 부상이 발생한 경우 별지 서식의 사용보고서를 작성하여 보고하여야 한다.

4.2.4. 경찰관이 권총을 사용한 경우 또는 권총 이외의 물리력 수단을 사용하여 대상자에게 사망 또는 심각한 부상이 발생한 경우 소속기관의 장은 그 내용을 상급 경찰기관의 장을 경유하여 경찰청장에게 보

고하여야 한다.

4.3. 고위험 물리력 사용자에 대한 조치

4.3.1. 소속 경찰관이 권총을 비롯한 '고위험 물리력'을 사용한 경우 경찰기관의 장은 해당 경찰관이 명백히 중대한 과실 또는 고의로 권총을 사용하지 않는 이상 육체적, 심리적 안정을 되찾고 향후 관련 조사에 성실히 임하게 할 필요가 있다고 인정되는 때에는 적절한 조치(조사를 위한 공가 허가, 근무 중 휴게 부여, 근무지정 해제, 의료기관·상담기관 연계 등)를 취하여야 한다.

4.3.2. '고위험 물리력'을 사용한 경찰관의 육체적, 심리적 안정을 위한 조치를 취하는 경우에는 직근상급 감독자가 물리력 사용 경찰관을 대리하여 사용보고서를 작성, 보고하여야 한다.

경찰관 인권행동강령 [경찰청훈령]

제1조(인권보호 원칙) 경찰관은 국민이 국가의 주인임을 명심하고 모든 사람의 인권과 인간으로서의 존엄과 가치를 존중하고 보호할 책임이 있다.

제2조(적법절차 준수) 경찰관은 헌법과 법령에 의하여 적법절차에 따라 공정하고 객관적으로 직무를 수행하여야 하며, 권한을 남용하거나 그 권한의 범위를 넘어서는 아니 된다.

제3조(비례 원칙) 경찰권 행사는 그 목적을 달성하는 데 필요한 한도에 그쳐야 하며 이로 인한 사익의 침해가 경찰권 행사가 추구하는 공익보다 크지 아니하여야 한다. 특히 물리력 행사는 법령에 정하여진 엄격한 요건을 충족하는 경우에 한하여 필요 최소한의 범위 내에서 이루어져야 한다.

제4조(무죄추정 원칙 및 가혹행위 금지) 경찰관은 누구든지 유죄가 확정되기 전에는 유죄로 간주하는 언행이나 취급을 하여서는 아니 되고, 직무를 수행하는 과정에서 고문을 비롯한 비인도적인 신체적·정신적 가혹행위를 하여서도 아니 되며, 이러한 행위들을 용인하여서도 아니 된다.

제5조(부당 지시 거부 및 불이익 금지) 경찰관은 인권을 침해하는 행위를 하도록 지시받거나 강요받았을 경우 이를 거부해야 하고, 법령에 정한

절차에 따라 이의를 제기할 수 있으며, 이를 이유로 불이익한 처우를 받지 아니한다.

第6조(차별 금지 및 약자·소수자 보호) 경찰관은 직무를 수행하는 과정에서 합리적인 이유 없이 성별, 종교, 장애, 병력(病歷), 나이, 사회적 신분, 국적, 민족, 인종, 정치적 견해 등을 이유로 누구도 차별하여서는 아니 되고, 신체적·정신적·경제적·문화적인 차이 등으로 특별한 보호가 필요한 사람의 인권을 보호하여야 한다.

第7조(개인 정보 및 사생활 보호) 경찰관은 직무를 수행하는 과정에서 취득한 개인 정보와 사생활의 비밀을 보호하고, 명예와 신용이 훼손되지 않도록 유의하여야 한다.

第8조(범죄피해자 보호) 경찰관은 범죄피해자의 명예와 사생활의 평온을 보호하고, 추가적인 피해 방지와 신체적 · 정신적 · 경제적 피해의 조속한 회복 및 권익증진을 위하여 노력하여야 한다.

第9조(위험 발생의 방지 및 조치) 경찰관은 사람의 생명 · 신체에 위해를 끼치거나 재산에 중대한 손해를 끼칠 우려가 있는 때에는 이를 방지하기 위한 필요한 조치를 하여야 한다. 특히 자신의 책임 및 보호 하에 있는 사람의 건강 보호를 위해 노력하여야 하며, 필요한 경우 지체 없이 응급조치, 진료의뢰 등 보호받는 사람의 생명권 및 건강권을 보장하기 위한 조치를 하여야 한다.

第10조(인권교육) 경찰관은 인권 의식을 함양하고 인권 친화적인 경찰 활동을 할 수 있도록 인권교육을 이수하여야 하며, 경찰관서의 장은 정기적으로 소속 직원에게 인권교육을 하여야 한다.

제6조 직무수행

第6조(직무수행) ① 경찰공무원은 상관의 지휘 · 감독을 받아 직무를 수행하고, 그 직무수행에 관하여 서로 협력하여야 한다.

② 경찰공무원은 구체적 사건수사와 관련된 제1항의 지휘 · 감독의 적법성 또는 정당성에 대하여 이견이 있을 때에는 이의를 제기할 수 있다.

③ 경찰공무원의 직무수행에 필요한 사항은 따로 법률로 정한다.

경찰관의 직무수행에 필요한 사항을 정한 법률이 '경찰관 직무집행법'이다. 이 법에는 경찰관의 직무 범위와 방법이 비교적 구체적으로 정해져 있고, 특히 경찰관이 직무집행을 하는 과정에서 민·형사소송의 당사자가 되었을 경우는 소송을 지원하고,[272] 일정한 경우 직무수행에 따른 범죄에 대한 형을 감면할 수 있다는 규정을 두고 있다. 경찰관의 임무는 그 특성상 사람이나 재산에 대한 침해를 가져오는 위험한 경우가 많고, 업무현장에서 합리적 판단을 할 시간적 여유가 부족한 경우가 있을 수밖에 없다. 이러한 경찰관의 임무를 사후에 시간적 여유를 두고 할 수 있는 합리적 판단을 기준으로 경미한 위반행위까지 책임을 묻는 것은, 경찰관에게 업무를 소극적으로 하도록 유도하게 하는 결과 국민에게 더 큰 피해가 줄 수 있고, 국가의 법집행이 소홀하게 될 우려가 크다. 경찰관이 침해적인 업무를 수행할 때 즉시 활용할 수 있는 매뉴얼을 정비하여(위에서 본 경찰 물리력 행사의 기준과 방법에 관한 규칙이 그 예이다) 그에 따라 업무를 수행하였다면, 예상치 못한 결과가 발생하였다 하더라도, 이에 따른 소송을 지원하고 경찰공무원의 책임을 감면하는 것이 타당하다. 물론 경찰관이 업무집행 중 입은 피해에 대하여도 경찰관을 보호하고 그에 합당한 보상을 하여야 한다.[273] 경찰관의 열악한 업무환경 때문에 2016년 기준으로 경찰관 자살률이 10만 명당 연 16.6명으로 전체 공무원 9.8명에 비해 1.7배 높다.[274]

---

272) 소송지원의 필요성에 관하여는 조용석·김혁, "경찰공무원의 직무 관련 소송 지원에 관한 연구", 경찰학논총 13권 3호(2018) 75면 이하 참조. 본 조항은 위 논문이 발표된 이후인 2021. 10. 19. 신설되었다.

273) 오지은·박종승, "경찰 피해자화 연구 필요성에 대한 논의", 한국공안행정학회보 68호(2017) 137면 이하.

274) 황문규, "경찰개혁: '경찰을 경찰답게' 만들기 위한 경찰조직 재설계", 법학논총 39집, 숭실대학교 법학연구소(2017), 297면; 이만석·김명식, "경찰공무원 자살 실태와 예방대책", 한국경찰학회보 22권 5호(2020), 1면 이하. 전국에서 자살한 경찰관 수는 2016년 27명, 2017년 22명, 2018년 16명, 2019년 20명, 2020년 24명으로 집계됐다. 경찰관은 트라우마 위험 등으로 자살률이 높은 특수직 공무원 중에서도 자살자 수가 많은 편이다. 2018년 발표된 '자살예방 국가행동계획'에 따르면 자살자 수를 인구 10만명으로 환산할 경우 소방관은 연 10명 내외, 집배원은 5명가량이지만 경찰관은 약 20명에 이른다. 경찰관 자살 배경에는 다양한 원인이 있지만 전문가들은 '조직문화'에 비중을 크게 둔다. 인사와 근무평가 등 시스템과도 무관하지

경찰관들이 행복하지 못하면 주민들에 대한 봉사는 생각할 수 없다. 직장 내에서는 물론 일상생활에서도 스트레스와 갈등[275]을 극복하여 행복한 삶을 살수 있도록 여러 가지 방안을 강구하여야 한다.[276]

경찰관 직무집행법

제1조(목적) ① 이 법은 국민의 자유와 권리 및 모든 개인이 가지는 불가침의 기본적 인권을 보호하고 사회공공의 질서를 유지하기 위한 경찰관(경찰공무원만 해당한다. 이하 같다)의 직무 수행에 필요한 사항을 규정함을 목적으로 한다.

② 이 법에 규정된 경찰관의 직권은 그 직무 수행에 필요한 최소한도에서 행사되어야 하며 남용되어서는 아니 된다.

제2조(직무의 범위) 경찰관은 다음 각 호의 직무를 수행한다.

1. 국민의 생명·신체 및 재산의 보호
2. 범죄의 예방·진압 및 수사

   2의2. 범죄피해자 보호
3. 경비, 주요 인사(人士) 경호 및 대간첩·대테러 작전 수행
4. 공공안녕에 대한 위험의 예방과 대응을 위한 정보의 수집·작성 및 배포

않다는 지적이다. 매일경제 2021. 11. 11. 인터넷 기사.

275) 경찰관의 직장 내에서 세대 갈등에 관하여는 정보성·김성환, "경찰조직 구성원의 세대 차이에 관한 연구", 한국경찰학회보 22권 1호(2020) 289면 이하. 밀레니얼 세대는 1980년부터 1994년까지 출생한 세대로 우리나라 전체 인구비중의 21%를 차지하고 있다. 밀레니얼 세대는 디지털매체를 기반으로 하는 라이프스타일을 가지고 있으며, 자발적으로 혼자 라이프를 추구하지만 그와 동시에 소통을 원하는 독립적인 세대이다. 또한 익숙함 보다는 비일상적인 새로운 모험소비를 추구하며 개인의 추구가치를 중요한 기준으로 두고 자신만의 가성비를 따지며 소유보다는 공유를 중시하는 세대로 볼 수 있다. 즉 기성세대와는 매우 다른 성향을 가지므로 경찰조직을 관리할 때 충분한 고려가 필요하다.

276) 한편 경찰관들의 행복에 영향을 주는 요인에 대하여는, 임혜경·하태수·박은순, "일선 경찰공무원의 행복 영향 요인 연구: S시 근무 경찰공무원을 중심으로", 국정관리연구 14권 3호(2019) 177면 이하; 갈등과 직무만족의 관계에 대하여는 신성원, "경찰관의 직장 내·외 갈등과 탈진감 및 직무만족의 관계", 한국치안행정논집 9권 3호(2012) 51면 이하.

5. 교통수단 과 교통위해(危害)의 방지
6. 외국 정부기관 및 국제기구와의 국제협력
7. 그 밖에 공공의 안녕과 질서 유지

제3조(불심검문) ① 경찰관은 다음 각 호의 어느 하나에 해당하는 사람을 정지시켜 질문할 수 있다.

1. 수상한 행동이나 그 밖의 주위 사정을 합리적으로 판단하여 볼 때 어떠한 죄를 범하였거나 범하려 하고 있다고 의심할만한 상당한 이유가 있는 사람
2. 이미 행하여진 범죄나 행하여지려고 하는 범죄행위에 관한 사실을 안다고 인정되는 사람

② 경찰관은 제1항에 따라 같은 항 각 호의 사람을 정지시킨 장소에서 질문을 하는 것이 그 사람에게 불리하거나 교통에 방해가 된다고 인정될 때에는 질문을 하기 위하여 가까운 경찰서・지구대・파출소 또는 출장소(지방해양경찰관서를 포함하며, 이하 "경찰관서"라 한다)로 동행할 것을 요구할 수 있다. 이 경우 동행을 요구받은 사람은 그 요구를 거절할 수 있다.

③ 경찰관은 제1항 각 호의 어느 하나에 해당하는 사람에게 질문을 할 때에 그 사람이 흉기를 가지고 있는지를 조사할 수 있다.

④ 경찰관은 제1항이나 제2항에 따라 질문을 하거나 동행을 요구할 경우 자신의 신분을 표시하는 증표를 제시하면서 소속과 성명을 밝히고 질문이나 동행의 목적과 이유를 설명하여야 하며, 동행을 요구하는 경우에는 동행 장소를 밝혀야 한다.

⑤ 경찰관은 제2항에 따라 동행한 사람의 가족이나 친지 등에게 동행한 경찰관의 신분, 동행 장소, 동행 목적과 이유를 알리거나 본인으로 하여금 즉시 연락할 수 있는 기회를 주어야 하며, 변호인의 도움을 받을 권리가 있음을 알려야 한다.

⑥ 경찰관은 제2항에 따라 동행한 사람을 6시간을 초과하여 경찰관서에 머물게 할 수 없다.

⑦ 제1항부터 제3항까지의 규정에 따라 질문을 받거나 동행을 요구받은 사람은 형사소송에 관한 법률에 따르지 아니하고는 신체를 구속당하지 아니하며, 그 의사에 반하여 답변을 강요당하지 아니한다.

제4조(보호조치 등) ① 경찰관은 수상한 행동이나 그 밖의 주위 사정을 합리적으로 판단해 볼 때 다음 각 호의 어느 하나에 해당하는 것이 명백하고 응급구호가 필요하다고 믿을 만한 상당한 이유가 있는 사람(이하 "구호대상자"라 한다)을 발견하였을 때에는 보건의료기관이나 공공구호기관에 긴급구호를 요청하거나 경찰관서에 보호하는 등 적절한 조치를 할 수 있다.

1. 정신착란을 일으키거나 술에 취하여 자신 또는 다른 사람의 생명·신체·재산에 위해를 끼칠 우려가 있는 사람
2. 자살을 시도하는 사람
3. 미아, 병자, 부상자 등으로서 적당한 보호자가 없으며 응급구호가 필요하다고 인정되는 사람. 다만, 본인이 구호를 거절하는 경우는 제외한다

② 제1항에 따라 긴급구호를 요청받은 보건의료기관이나 공공구호기관은 정당한 이유 없이 긴급구호를 거절할 수 없다.

③ 경찰관은 제1항의 조치를 하는 경우에 구호대상자가 휴대하고 있는 무기·흉기 등 위험을 일으킬 수 있는 것으로 인정되는 물건을 경찰관서에 임시로 영치(領置)하여 놓을 수 있다.

④ 경찰관은 제1항의 조치를 하였을 때에는 지체 없이 구호대상자의 가족, 친지 또는 그 밖의 연고자에게 그 사실을 알려야 하며, 연고자가 발견되지 아니할 때에는 구호대상자를 적당한 공공보건의료기관이나 공공구호기관에 즉시 인계하여야 한다.

⑤ 경찰관은 제4항에 따라 구호대상자를 공공보건의료기관이나 공공구호기관에 인계하였을 때에는 즉시 그 사실을 소속 경찰서장이나 해양경찰서장에게 보고하여야 한다.

⑥ 제5항에 따라 보고를 받은 소속 경찰서장이나 해양경찰서장은 대통령령으로 정하는 바에 따라 구호대상자를 인계한 사실을 지체 없이 해당 공공보건의료기관 또는 공공구호기관의 장 및 그 감독행정청에 통보하여야 한다.

⑦ 제1항에 따라 구호대상자를 경찰관서에서 보호하는 기간은 24시간을 초과할 수 없고, 제3항에 따라 물건을 경찰관서에 임시로 영치하는 기간은 10일을 초과할 수 없다.

제5조(위험 발생의 방지 등) ① 경찰관은 사람의 생명 또는 신체에 위해

를 끼치거나 재산에 중대한 손해를 끼칠 우려가 있는 천재(天災), 사변(事變), 인공구조물의 파손이나 붕괴, 교통사고, 위험물의 폭발, 위험한 동물 등의 출현, 극도의 혼잡, 그 밖의 위험한 사태가 있을 때에는 다음 각 호의 조치를 할 수 있다.

1. 그 장소에 모인 사람, 사물(事物)의 관리자, 그 밖의 관계인에게 필요한 경고를 하는 것
2. 매우 긴급한 경우에는 위해를 입을 우려가 있는 사람을 필요한 한도에서 억류하거나 피난시키는 것
3. 그 장소에 있는 사람, 사물의 관리자, 그 밖의 관계인에게 위해를 방지하기 위하여 필요하다고 인정되는 조치를 하게 하거나 직접 그 조치를 하는 것

② 경찰관서의 장은 대간첩 작전의 수행이나 소요(騷擾) 사태의 진압을 위하여 필요하다고 인정되는 상당한 이유가 있을 때에는 대간첩 작전지역이나 경찰관서·무기고 등 국가중요시설에 대한 접근 또는 통행을 제한하거나 금지할 수 있다.

③ 경찰관은 제1항의 조치를 하였을 때에는 지체 없이 그 사실을 소속 경찰관서의 장에게 보고하여야 한다.

④ 제2항의 조치를 하거나 제3항의 보고를 받은 경찰관서의 장은 관계기관의 협조를 구하는 등 적절한 조치를 하여야 한다.

제6조(범죄의 예방과 제지) 경찰관은 범죄행위가 목전(目前)에 행하여지려고 하고 있다고 인정될 때에는 이를 예방하기 위하여 관계인에게 필요한 경고를 하고, 그 행위로 인하여 사람의 생명·신체에 위해를 끼치거나 재산에 중대한 손해를 끼칠 우려가 있는 긴급한 경우에는 그 행위를 제지할 수 있다.

제7조(위험 방지를 위한 출입) ① 경찰관은 제5조 제1항·제2항 및 제6조에 따른 위험한 사태가 발생하여 사람의 생명·신체 또는 재산에 대한 위해가 임박한 때에 그 위해를 방지하거나 피해자를 구조하기 위하여 부득이하다고 인정하면 합리적으로 판단하여 필요한 한도에서 다른 사람의 토지·건물·배 또는 차에 출입할 수 있다.

② 흥행장(興行場), 여관, 음식점, 역, 그밖에 많은 사람이 출입하는 장소의 관리자나 그에 준하는 관계인은 경찰관이 범죄나 사람의 생명·신

체·재산에 대한 위해를 예방하기 위하여 해당 장소의 영업시간이나 해당 장소가 일반인에게 공개된 시간에 그 장소에 출입하겠다고 요구하면 정당한 이유 없이 그 요구를 거절할 수 없다.

③ 경찰관은 대간첩 작전 수행에 필요할 때에는 작전지역에서 제2항에 따른 장소를 검색할 수 있다.

④ 경찰관은 제1항부터 제3항까지의 규정에 따라 필요한 장소에 출입할 때에는 그 신분을 표시하는 증표를 제시하여야 하며, 함부로 관계인이 하는 정당한 업무를 방해해서는 아니 된다.

제8조(사실의 확인 등) ① 경찰관서의 장은 직무 수행에 필요하다고 인정되는 상당한 이유가 있을 때에는 국가기관이나 공사(公私) 단체 등에 직무 수행에 관련된 사실을 조회할 수 있다. 다만, 긴급한 경우에는 소속 경찰관으로 하여금 현장에 나가 해당 기관 또는 단체의 장의 협조를 받아 그 사실을 확인하게 할 수 있다.

② 경찰관은 다음 각 호의 직무를 수행하기 위하여 필요하면 관계인에게 출석하여야 하는 사유·일시 및 장소를 명확히 적은 출석요구서를 보내 경찰관서에 출석할 것을 요구할 수 있다.

1. 미아를 인수할 보호자 확인
2. 유실물을 인수할 권리자 확인
3. 사고로 인한 사상자(死傷者) 확인
4. 행정처분을 위한 교통사고 조사에 필요한 사실 확인

제8조의2(정보의 수집 등) ① 경찰관은 범죄·재난·공공갈등 등 공공안녕에 대한 위험의 예방과 대응을 위한 정보의 수집·작성·배포와 이에 수반되는 사실의 확인을 할 수 있다.

② 제1항에 따른 정보의 구체적인 범위와 처리 기준, 정보의 수집·작성·배포에 수반되는 사실의 확인 절차와 한계는 대통령령으로 정한다.

제8조의3(국제협력) 경찰청장 또는 해양경찰청장은 이 법에 따른 경찰관의 직무수행을 위하여 외국 정부기관, 국제기구 등과 자료 교환, 국제협력 활동 등을 할 수 있다.

제9조(유치장) 법률에서 정한 절차에 따라 체포·구속된 사람 또는 신체의 자유를 제한하는 판결이나 처분을 받은 사람을 수용하기 위하여 경찰서와 해양경찰서에 유치장을 둔다.

제10조(경찰장비의 사용 등) ① 경찰관은 직무수행 중 경찰장비를 사용할 수 있다. 다만, 사람의 생명이나 신체에 위해를 끼칠 수 있는 경찰장비(이하 이 조에서 "위해성 경찰장비"라 한다)를 사용할 때에는 필요한 안전교육과 안전검사를 받은 후 사용하여야 한다.

② 제1항 본문에서 "경찰장비"란 무기, 경찰장구(警察裝具), 최루제(催淚劑)와 그 발사장치, 살수차, 감식기구(鑑識機具), 해안 감시기구, 통신기기, 차량·선박·항공기 등 경찰이 직무를 수행할 때 필요한 장치와 기구를 말한다.

③ 경찰관은 경찰장비를 함부로 개조하거나 경찰장비에 임의의 장비를 부착하여 일반적인 사용법과 달리 사용함으로써 다른 사람의 생명·신체에 위해를 끼쳐서는 아니 된다.

④ 위해성 경찰장비는 필요한 최소한도에서 사용하여야 한다.

⑤ 경찰청장은 위해성 경찰장비를 새로 도입하려는 경우에는 대통령령으로 정하는 바에 따라 안전성 검사를 실시하여 그 안전성 검사의 결과보고서를 국회 소관 상임위원회에 제출하여야 한다. 이 경우 안전성 검사에는 외부 전문가를 참여시켜야 한다.

⑥ 위해성 경찰장비의 종류 및 그 사용기준, 안전교육·안전검사의 기준 등은 대통령령으로 정한다.

제10조의2(경찰장구의 사용) ① 경찰관은 다음 각 호의 직무를 수행하기 위하여 필요하다고 인정되는 상당한 이유가 있을 때에는 그 사태를 합리적으로 판단하여 필요한 한도에서 경찰장구를 사용할 수 있다.

1. 현행범이나 사형·무기 또는 장기 3년 이상의 징역이나 금고에 해당하는 죄를 범한 범인의 체포 또는 도주 방지
2. 자신이나 다른 사람의 생명·신체의 방어 및 보호
3. 공무집행에 대한 항거(抗拒) 제지

② 제1항에서 "경찰장구"란 경찰관이 휴대하여 범인 검거와 범죄 진압 등의 직무 수행에 사용하는 수갑, 포승(捕繩), 경찰봉, 방패 등을 말한다.

제10조의3(분사기 등의 사용) 경찰관은 다음 각 호의 직무를 수행하기 위하여 부득이한 경우에는 현장책임자가 판단하여 필요한 최소한의 범위에서 분사기(「총포·도검·화약류 등의 안전관리에 관한 법률」에 따른 분사기를 말하며, 그에 사용하는 최루 등의 작용제를 포함한다. 이하 같다) 또는 최루탄을 사용할 수 있다.

1. 범인의 체포 또는 범인의 도주 방지
2. 불법집회·시위로 인한 자신이나 다른 사람의 생명·신체와 재산 및 공공시설 안전에 대한 현저한 위해의 발생 억제

제10조의4(무기의 사용) ① 경찰관은 범인의 체포, 범인의 도주 방지, 자신이나 다른 사람의 생명·신체의 방어 및 보호, 공무집행에 대한 항거의 제지를 위하여 필요하다고 인정되는 상당한 이유가 있을 때에는 그 사태를 합리적으로 판단하여 필요한 한도에서 무기를 사용할 수 있다. 다만, 다음 각 호의 어느 하나에 해당할 때를 제외하고는 사람에게 위해를 끼쳐서는 아니 된다.

1. 「형법」에 규정된 정당방위와 긴급피난에 해당할 때
2. 다음 각 목의 어느 하나에 해당하는 때에 그 행위를 방지하거나 그 행위자를 체포하기 위하여 무기를 사용하지 아니하고는 다른 수단이 없다고 인정되는 상당한 이유가 있을 때
   가. 사형·무기 또는 장기 3년 이상의 징역이나 금고에 해당하는 죄를 범하거나 범하였다고 의심할 만한 충분한 이유가 있는 사람이 경찰관의 직무집행에 항거하거나 도주하려고 할 때
   나. 체포·구속영장과 압수·수색영장을 집행하는 과정에서 경찰관의 직무집행에 항거하거나 도주하려고 할 때
   다. 제3자가 가목 또는 나목에 해당하는 사람을 도주시키려고 경찰관에게 항거할 때
   라. 범인이나 소요를 일으킨 사람이 무기·흉기 등 위험한 물건을 지니고 경찰관으로부터 3회 이상 물건을 버리라는 명령이나 항복하라는 명령을 받고도 따르지 아니하면서 계속 항거할 때
3. 대간첩 작전 수행 과정에서 무장간첩이 항복하라는 경찰관의 명령을 받고도 따르지 아니할 때

② 제1항에서 "무기"란 사람의 생명이나 신체에 위해를 끼칠 수 있도록 제작된 권총·소총·도검 등을 말한다.

③ 대간첩·대테러 작전 등 국가안전에 관련되는 작전을 수행할 때에는 개인화기(個人火器) 외에 공용화기(共用火器)를 사용할 수 있다.

제11조(사용기록의 보관) 제10조 제2항에 따른 살수차, 제10조의3에 따른 분사기, 최루탄 또는 제10조의4에 따른 무기를 사용하는 경우 그 책임자

는 사용 일시·장소·대상, 현장책임자, 종류, 수량 등을 기록하여 보관하여야 한다.

제11조의2(손실보상) ① 국가는 경찰관의 적법한 직무집행으로 인하여 다음 각 호의 어느 하나에 해당하는 손실을 입은 자에 대하여 정당한 보상을 하여야 한다.

1. 손실발생의 원인에 대하여 책임이 없는 자가 생명·신체 또는 재산상의 손실을 입은 경우(손실발생의 원인에 대하여 책임이 없는 자가 경찰관의 직무집행에 자발적으로 협조하거나 물건을 제공하여 생명·신체 또는 재산상의 손실을 입은 경우를 포함한다)
2. 손실발생의 원인에 대하여 책임이 있는 자가 자신의 책임에 상응하는 정도를 초과하는 생명·신체 또는 재산상의 손실을 입은 경우

② 제1항에 따른 보상을 청구할 수 있는 권리는 손실이 있음을 안 날부터 3년, 손실이 발생한 날부터 5년간 행사하지 아니하면 시효의 완성으로 소멸한다.

③ 제1항에 따른 손실보상신청 사건을 심의하기 위하여 손실보상심의위원회를 둔다.

④ 경찰청장 또는 시·도경찰청장은 제3항의 손실보상심의위원회의 심의·의결에 따라 보상금을 지급하고, 거짓 또는 부정한 방법으로 보상금을 받은 사람에 대하여는 해당 보상금을 환수하여야 한다.

⑤ 보상금이 지급된 경우 손실보상심의위원회는 대통령령으로 정하는 바에 따라 국가경찰위원회에 심사자료와 결과를 보고하여야 한다. 이 경우 국가경찰위원회는 손실보상의 적법성 및 적정성 확인을 위하여 필요한 자료의 제출을 요구할 수 있다.

⑥ 경찰청장 또는 시·도경찰청장은 제4항에 따라 보상금을 반환하여야 할 사람이 대통령령으로 정한 기한까지 그 금액을 납부하지 아니한 때에는 국세 체납처분의 예에 따라 징수할 수 있다.

⑦ 제1항에 따른 손실보상의 기준, 보상금액, 지급 절차 및 방법, 제3항에 따른 손실보상심의위원회의 구성 및 운영, 제4항 및 제6항에 따른 환수절차, 그 밖에 손실보상에 관하여 필요한 사항은 대통령령으로 정한다.

제11조의3(범인검거 등 공로자 보상) ① 경찰청장, 시·도경찰청장 또는 경찰서장은 다음 각 호의 어느 하나에 해당하는 사람에게 보상금을 지급

할 수 있다.

1. 범인 또는 범인의 소재를 신고하여 검거하게 한 사람
2. 범인을 검거하여 경찰공무원에게 인도한 사람
3. 테러범죄의 예방활동에 현저한 공로가 있는 사람
4. 그 밖에 제1호부터 제3호까지의 규정에 준하는 사람으로서 대통령령으로 정하는 사람

② 경찰청장, 시·도경찰청장 및 경찰서장은 제1항에 따른 보상금 지급의 심사를 위하여 대통령령으로 정하는 바에 따라 각각 보상금심사위원회를 설치·운영하여야 한다.

③ 제2항에 따른 보상금심사위원회는 위원장 1명을 포함한 5명 이내의 위원으로 구성한다.

④ 제2항에 따른 보상금심사위원회의 위원은 소속 경찰공무원 중에서 경찰청장, 시·도경찰청장 또는 경찰서장이 임명한다.

⑤ 경찰청장, 시·도경찰청장 또는 경찰서장은 제2항에 따른 보상금심사위원회의 심사·의결에 따라 보상금을 지급하고, 거짓 또는 부정한 방법으로 보상금을 받은 사람에 대하여는 해당 보상금을 환수한다.

⑥ 경찰청장, 시·도경찰청장 또는 경찰서장은 제5항에 따라 보상금을 반환하여야 할 사람이 대통령령으로 정한 기한까지 그 금액을 납부하지 아니한 때에는 국세 체납처분의 예에 따라 징수할 수 있다.

⑦ 제1항에 따른 보상 대상, 보상금의 지급 기준 및 절차, 제2항 및 제3항에 따른 보상금심사위원회의 구성 및 심사사항, 제5항 및 제6항에 따른 환수절차, 그 밖에 보상금 지급에 관하여 필요한 사항은 대통령령으로 정한다.

제11조의4(소송 지원) 경찰청장과 해양경찰청장은 경찰관이 제2조 각 호에 따른 직무의 수행으로 인하여 민·형사상 책임과 관련된 소송을 수행할 경우 변호인 선임 등 소송 수행에 필요한 지원을 할 수 있다.

제11조의5(직무 수행으로 인한 형의 감면) 다음 각 호의 범죄가 행하여지려고 하거나 행하여지고 있어 타인의 생명·신체에 대한 위해 발생의 우려가 명백하고 긴급한 상황에서, 경찰관이 그 위해를 예방하거나 진압하기 위한 행위 또는 범인의 검거 과정에서 경찰관을 향한 직접적인 유형력 행사에 대응하는 행위를 하여 그로 인하여 타인에게 피해가 발생한

경우, 그 경찰관의 직무수행이 불가피한 것이고 필요한 최소한의 범위에서 이루어졌으며 해당 경찰관에게 고의 또는 중대한 과실이 없는 때에는 그 정상을 참작하여 형을 감경하거나 면제할 수 있다.

1. 「형법」 제2편 제24장 살인의 죄, 제25장 상해와 폭행의 죄, 제32장 강간과 추행의 죄 중 강간에 관한 범죄, 제38장 절도와 강도의 죄 중 강도에 관한 범죄 및 이에 대하여 다른 법률에 따라 가중처벌하는 범죄
2. 「가정폭력범죄의 처벌 등에 관한 특례법」에 따른 가정폭력범죄, 「아동학대범죄의 처벌 등에 관한 특례법」에 따른 아동학대범죄

제12조(벌칙) 이 법에 규정된 경찰관의 의무를 위반하거나 직권을 남용하여 다른 사람에게 해를 끼친 사람은 1년 이하의 징역이나 금고에 처한다.

제2장 국가경찰위원회

국가경찰위원회와 자치경찰위원회는 모두 경찰에 대한 민주적 통제기관으로서 위원의 수나 운영 등에서 유사한 면이 있으나, 국가경찰위원회는 경찰청의 주요 정책 등에 대한 심의·의결 등의 역할을 수행하는 데 반해, 자치경찰위원회는 시도시사 소속의 합의제 행정기관으로서 독립적으로 행정행위를 할 수 있고, 자치경찰사무에 대해 시도경찰청장을 지휘·감독한다는 점에서 차이가 있다.[277]

〈국가경찰위원회의 법적 지위〉[278]

277) 알기쉬운 자치경찰 29면.

278) 김성태, "국가경찰위원회의 법적 지위 그리고 역할의 재정립", 홍익법학 제23권 제2호 (2022) 191면 이하의 핵심을 정리하고 저자의 견해를 일부 피력하였다(이하, 위 논문을 '김성태'라고만 함). 자세한 내용은 위 논문을 참고하기 바라며, 참고자료도 주로 이 논문에서 재인용하였다.; 그 외 자료로서 박종승, "국가경찰위원회 실질화 방안에 관한 연구 -민주성·전문성 확보방안을 중심으로-", 한국경찰학회보 23권 3호(2021) 135면 이하; 국가경찰위원회, 제10기 국가경찰위원회 백서(2021) 참조.

1. 국가경찰위원회 설립

국가경찰위원회는 1991. 5. 31. 구 경찰법 제정 당시 경찰의 민주성과 공정성을 확보하기 위한 방안으로 마련되었다. 그 역할은 경찰청장이나 경찰관을 지휘・감독하는 것이 아니라, 경찰의 주요 정책을 심의・의결하는 기관이다. 자치경찰제 시행과 함께 2020. 12. 22. 개정된 현행 경찰법에서 국가경찰위원회에 대해서는 명칭 변경(경찰위원회 → 국가경찰위원회)과 약간의 자치경찰관련 업무(제10조 제1항 제6호 및 제8호)를 추가하였을 뿐 별다른 변화가 없다.

2. 국가경찰위원회의 법적 성격

가. 위원회 형태의 행정기관

국가경찰위원회는 행정안전부에 둔 행정기관으로서, 국가경찰사무의 심의・의결 등 사무를 담당하는 권한을 갖는 위원회 형태의 행정기관이다.

나. 의결기관인가 자문기관인가

(1) 국가경찰위원회가 의결기관인지 자문기관인지에 대하여는 견해가 대립한다.

의결기관의 정의는 일반적으로 행정주체의 의사를 결정하는 권한을 가지되, 이를 외부에 표시할 권한이 없는 기관을 말한다. 대표적인 예로서 국가공무원법 제81조의 징계위원회를 들 수 있다. 의결기관의 의결이 없는 경우 행정주체는 유효한 의사결정을 할 수 없고 의결에는 구속력이 있다. 의결기관의 의결을 거치지 않거나 의결에 어긋나는 작용은 위법하고, 그것이 중대한 하자에 해당하는 경우에는 행정작용은 무효가 된다.[279] 한편 의결에는 구속력이 인정된다는 점에서 의결기관은 그렇지 않은 자문기관과 본질적인 차이가 있다.

(2) 의결기관설[280]

1) 경찰법의 규정 : '심의・의결하기 위하여'(제7조)라는 명시적 규정이

279) 대법원 2020. 11. 5. 선고 2020다210679 판결 참조.

280) 김성태, 196~198면; 이강종, 한국경찰위원회의 운영 실태와 그 개선방안, 한국경찰학회보 4권 1호(2002. 8.) 189면(김성태에서 재인용).

있다.

2) 입법취지 : 경찰작용의 정치적 중립성과 민주성을 확보하기 위한 국가경찰위원회 입법 취지에 따른 당연한 해석이다.

3) 재의요구권 : 행안부장관에게 국가경찰위원회 의결에 대한 재의요구권을 둔 것(경찰법 제10조 제2항)은 의결의 구속력을 전제한 것으로, 재의요구권을 행사하지 않는 한 행안부장관은 국가경찰위원회 의결에 구속된다고 보아야 한다.

4) 국가경찰위원회는 행정행위를 발령할 권한을 갖지 않아 통상적인 행정청은 아니지만, 심의·의결 권한을 갖고 의결의 구속력도 인정되는 의결기관이다.

(3) 자문기관설(다수설)

1) 법적 구속력에 대한 근거조항이 없다.

2) 정부조직법에 따른 중앙행정기관에도 해당되지 않고, 경찰법에도 합의제 행정기관으로 명시한 바 없으며, 독자적인 업무나 독립적인 사무기구가 없다.

3) 행정안전부가 국가경찰위원회를 자문기구로 분류하여 설립 당시부터 현재까지 자문기구로 운영되어 왔기 때문에 국가경찰위원회 의결의 법적 구속력이 부인된다.[281)]

---

281) (국가)경찰위원회가 실제 운영상 자문위원회에 불과하다고 설명하는 견해로는 박윤규, 한국의 경찰위원회 제도 개선방안에 관한 연구, 한국경찰학회보 10권 3호(2008년 3월) 226면; 이상원, 한국의 경찰위원회제도 현황분석과 개선방안, 한국경찰학회보 15권 5호(2013. 10.) 179면; 김원중, 경찰위원회의 법적 개선 방안, 경찰위원회의 법적 개선 방안, 토지공법연구 제59집(2012. 11.) 315면; 박노섭·안정민, 경찰위원회의 지위 및 역할 재정립 방안, 경찰법연구 제15권 제2호(2017), 3면 이하; 박정훈, 경찰법의 개혁과 과제 -행정법의 관점에서-, 경찰제도의 변화에 따른 행정법학의 대응과제, 제47회 한국행정법학회 정기학술대회 자료집(2021. 4. 2.), 1~23면: 박정훈, 국가경찰위원회의 실질화 방안 -경찰의 구조개혁과 함께-, 경찰의 민주적 통제방안 모색 -국가경찰위원회의 실질화 방안을 중심으로(2021. 5. 25.) 국회세미나 자료집, 19~35면(김성태에서 재인용). 또한 의결에 법적 구속력이 없는 형식상 자문기구로 전락하였고 거수기의 역할에 머물러 있다는 견해로서 황문규, "경찰개혁: '경찰을 경찰답게' 만들기 위한 경찰조직 재설계", 법학논총 39집, 숭실대학교 법학연구소(2017) 314면.

4) 아래 '독립적 업무수행' 항에서 다시 검토하겠지만 저자의 견해로도 자문기관설이 현재로서는 타당하다고 본다.

다. 독립적 합의제 행정기관 여부

(1) 명시적 규정의 부재

중앙행정기관의 설치와 직무범위는 정부조직법에 따르지 않고는 설치할 수 없는데(헌법 제96조, 정부조직법 제2조), 국가경찰위원회가 경찰법에 규정되어 있으나, 정부조직법에 아무런 근거가 없으므로 '법률상'중앙행정기관에는 해당되지 않는다.

경찰법도 국가경찰위원회를 합의제 행정기관으로 명시하고 있지 않다. 이는 경찰법 제18조가 자치경찰사무를 관장하게 하기 위하여 시도지사 소속으로 두는 자치경찰위원회를 합의제 행정기관으로 규정하고, 그 업무를 독립적으로 수행함을 밝히고 있는 것과 다르다.

(2) 합의제 행정기관 여부

1) '행정기관 소속 위원회의 설치·운영에 관한 법률(행정기관위원회법)' 제5조는 '합의제 행정기관(행정위원회)' 설치에 필요한 요건을 정하는데,[282] 경찰법에서 정한 국가경찰위원회의 직무와 위원구성을 보면 행정기관위원회법에 따른 합의제 행정기관에 해당될 수 있는 요소(전문성, 신중성, 상시성)들을 모두 갖추고 있고, 상임위원도 두고 있다(행정기관위원회법 제8조 제1항 참조).

2) 기존 행정기관 업무와 독자성 여부

국가경찰위원회 사무수행의 독자성을 인정할 수 없다면 국가경찰위원회는

---

282) 행정기관위원회법 제5조(위원회의 설치요건) ① 「정부조직법」 제5조에 따라 합의제행정기관(이하 "행정위원회"라 한다)을 설치할 경우에는 다음 각 호의 요건을 갖추어야 한다.
1. 업무의 내용이 전문적인 지식이나 경험이 있는 사람의 의견을 들어 결정할 필요가 있을 것.
2. 업무의 성질상 특히 신중한 절차를 거쳐 처리할 필요가 있을 것.
3. 기존 행정기관의 업무와 중복되지 아니하고 독자성(獨自性)이 있을 것.
4. 업무가 계속성·상시성(常時性)이 있을 것.
② 행정위원회를 제외한 위원회(이하 "자문위원회등"이라 한다)는 제1항 제1호 및 제2호의 요건을 갖추어야 한다.

행정안전부와의 관계에서 행정기관위원회법 제5조 제2항의 자문위원회에 해당하게 된다. 경찰법은 국가경찰행정 가운데 일정 사항의 심의·의결 업무를 별도로 떼어내 국가경찰위원회의 전권적인 업무로 정하고 있으므로, 이러한 업무를 행안부장관이나 경찰청장의 업무와 중복된다거나 독자성이 없다고 단정할 수 없다. 그러나 행정안전부는 공식적으로 자문기관으로 분류하고 있다.[283] 실제로도 국가경찰위원회가 경찰청에서 부의한 사안을 수동적 입장에서 처리하고, 또한 심의·의결된 사항에 대한 법적 구속력도 없어 사실상 자문기구로 전락되었다는 견해가 있다.[284]

(3) 독립적 업무수행

1991년 제정 경찰법의 입법취지가 경찰행정의 민주성과 정치적 중립, 인권보호를 위한 기구로서 국가경찰위원회를 설치하고자 하였으므로, 국가경찰위원회는 행정안전부장관이나 경찰청장 등 다른 기관으로부터 영향받지 않고 주어진 업무를 독립적으로 수행하는 기관이 되어야 한다. 따라서 국가경찰위원회는 행정안전부에 두지만 '독립적으로 업무를 수행하는 합의제 행정기관'으로서, 입법 당초 의도한 법적 성격은, 행정기관위원회법 제5조 제2항의 '자문위원회'가 아닌 제1항의 '합의제 행정기관'(행정위원회)이었던 것으로 보인다. 그러나 현실적으로 독립된 합의제 행정기관으로서의 기능을 설립 당시부터 현재까지 30년이 넘게 오랜 기간 한 번도 행사하지 않고 스스로 자문기구의 역할을 해 옴으로써[285] 계속된 관행의 정착에 따라 자문기구화된 것으

283) 행정안전부는 행정기관위원회를 "법률에 의하여 행정기관 소관사무의 일부를 부여받아 독자적으로 그 사무를 수행하는 기관"인 행정위원회와 "행정기관의 자문에 응하여 전문적인 의견을 제공하거나, 자문을 구하는 사항에 관하여 심의·조정·협의하는 등 행정기관의 의사결정에 도움을 주는 자문위원회"로 구별하면서, 국가경찰위원회를 자문기관으로 명시하여 분류하고 있다. 행정안전부 간행, 2021년 행정기관 위원회 현황 3, 6, 394면 참조.

284) 황문규, 위 논문 314면.

285) 2018년 6월 15일 오후 3시 20분쯤 청와대가 오후 4시로 예정된 대변인 브리핑에서 경찰청장 내정자(민갑룡)를 발표한다는 소식이 들렸다. 하지만 청와대는 이런 소식을 전한 지 30분 만에 경찰청장 발표를 연기한다고 밝혔다. 그리고 오후 5시쯤 경찰청장 내정자를 공개하겠으나 경찰위원회의 동의를 받는 법적 절차를 거치지 못했기 때문에 언론 보도 시점은 경찰위원회 회의 이후로 하자고 설명했다. 결국 이날 밤 9시 황급히 경찰위원회가 소집되고 회의를 개최하여 내정자에 대한 동의절

로 볼 수 있다.[286] 국가경찰위원회가 설치 당시부터 지금까지 30여 년 동안 자문기관으로서 운영되는 관행이 계속되었고, 관련 국가기관인 행정안전부도 그와 같이 해석하고 이에 대하여 국가경찰위원회에서도 아무런 이의 없이 그에 따랐다면, 그러한 상태가 법적 확신으로 인식되었고 법칙으로서의 효력이 생겼다고 할 수 있다. 그런 국가경찰위원회를 실정법상 달리 변화가 없음에도 불구하고 이제 와서 갑자기 자문기관이 아니라 독립적으로 업무를 수행할 수 있는 기관이라고 주장하는 것은 무리라 할 것이다.[287] 이러한 확립된 관행에 따른 법규를 바꾸려면 실정법의 명확한 규정이 필요하다.

3. 행정안전부장관 및 경찰청장과의 관계

가. 국가경찰위원회와 행정안전부장관

국가경찰위원회 위원은 행정안전부장관의 제청으로 국무총리를 거쳐 대통령이 임명하지만(경찰법 제8조 제1항), 행정안전부장관의 지휘·감독은 받지 않는다. 행정안전부장관은 경찰청장 임명제청 과정에서 국가경찰위원회의 '동의'를 받아야 하고(경찰법 제14조 제2항), 국가경찰위원회에서 심의·의결된 내용에 대하여 재의를 요구할 수 있다(경찰법 제10조 제2항).

차를 완료하였다(머니투데이, 2018. 6. 18).

286) 헌법재판소 2004. 10. 21. 선고 2004헌마554·566(병합) 전원재판부
서울이 우리나라의 수도인 것은 조선시대 이래 600여 년 간 우리나라의 국가생활에 관한 당연한 규범적 사실이 되어 왔으므로 우리나라의 국가생활에 있어서 전통적으로 형성되어있는 계속적 관행이라고 평가할 수 있고(계속성), 이러한 관행은 변함없이 오랜 기간 실효적으로 지속되어 중간에 깨어진 일이 없으며(항상성), 서울이 수도라는 사실은 우리나라 국민이라면 개인적 견해 차이를 보일 수 없는 명확한 내용을 가진 것이며(명료성), 나아가 이러한 관행은 오랜 세월간 굳어져 와서 국민들의 승인과 폭넓은 컨센서스를 이미 얻어(국민적 합의) 국민이 실효성과 강제력을 가진다고 믿고 있는 국가생활의 기본사항이라고 할 것이다. 따라서 서울이 수도라는 점은 우리의 제정헌법이 있기 전부터 전통적으로 존재하여온 헌법적 관습이며 우리 헌법조항에서 명문으로 밝힌 것은 아니지만 자명하고 헌법에 전제된 규범으로서, 관습헌법으로 성립된 불문헌법에 해당한다.
관습법이란 사회의 거듭된 관행으로 생성한 사회생활규범이 사회의 법적 확신과 인식에 따라 법적 규범으로 승인되어 강행되기에 이른 것을 말한다.

287) 윤석열 정부 들어와 국가경찰위원회가 갑자기 행정안전부의 경찰지휘규칙에 대하여 헌법재판소에 권한쟁의심판을 청구한 사례가 있다. 중앙일보 2022. 10. 4. 사회 10면.

나. 국가경찰위원회와 경찰청장

국가경찰위원회는 국가경찰사무와 관한 주요정책 등 경찰법 제10조 제1항에서 정한 사항을 필요적으로 심의・의결하지만, 치안에 관한 사무를 관장하거나 국가경찰사무를 총괄하는 기관은 아니다. 국가경찰위원회는 대통령의 경찰청장 임명과정에서 행정안전부장관이 제청할 때 동의권만을 가질 뿐이고, 경찰청장에 대한 구체적 지휘・감독권은 없다. 이 점은 자치경찰사무에 대해서 시도경찰청장이 자치경찰위원회의 지휘감독을 받는 것과(제28조 제3항) 명확하게 구별된다. 따라서 국가경찰위원회가 경찰청장에 대한 상급기관이 아니고,[288] 심의・의결권을 통해 통제나 견제 기능을 수행하면서 경찰청장과 '대등한 관계'에 있다.

그러나 행정안전부장관 및 경찰청장이 국가경찰위원회의 회의에 부친 사항을 심의・의결하도록 되어 있어(경찰법 제10조 제1항 제9호) 경찰청장과의 관계에서 일정 부분 수동적 지위에 있다. 또한 국가경찰위원회 사무를 경찰청에서 수행하므로(경찰법 제11조 제1항) 심의・의결의 구체적 대상을 선정하거나, 관련 자료의 수집 및 기초적 분석에도 경찰청장에게 영향받을 수 있다.

4. 국가경찰위원회의 역할 재정립

가. 위상 재정립의 필요성과 방안

국가경찰위원회는 주요 국가경찰사무에 관한 심의・의결을 통해 경찰청장을 어느 정도 견제하는 기능을 담당할 수 있고, 자치경찰위원회 위원 추천과 같은 자치경찰사무와 관련된 일정 사항에 대한 심의・의결(경찰법 10조 제1항 제5호~제8호)을 통해 자치경찰행정에도 관여할 수 있다. 다만 그 역할이나 기능의 법적 한계를 떠나 실제 운영과정의 문제점도 많다.[289] 그러나 국가경찰위원회는 경찰의 정치적 중립과 적법・타당한 법집행을 위한 긍정적 역할을

---

288) 반대 해석으로 자치경찰위원회는 시도경찰청장을 지휘하므로 그 상급기관이다.

289) 국가경찰위원회 위원 및 위원장으로 재직했던 6년간의 경험을 바탕으로, 위원장의 비상임, 관행적인 상임위원 인선, 시간과 보좌인력의 부족, 위원의 경찰에 대한 관심과 지식・책임감 부족, 경찰청에 대한 행정안전부의 관여 등 구체적이고 경험적으로 문제점들을 지적하고 있는 문헌으로는 위 박정훈, 국가경찰위원회의 실질화 방안, 21면 이하(김성태에서 재인용).

해야 할 기관이다.

위와 같은 역할의 수행을 위하여 국가경찰위원회를 경찰에 대한 견제나 통제기관을 넘어, 치안사무를 관장하고 국가경찰행정을 총괄하는 기관으로 정립할 필요가 있다. 다만 경찰작용이 일반적인 행정과는 달리 현장에서, 시간적으로 촉박한 상황에서 이루어지는 경우가 많아 이를 합의제 행정기관이 직접하는 것은 적절하지 않기 때문에[290] 국가경찰위원회를 경찰행정을 관장하는 최고기구가 되더라도 독임제 기관인 경찰청장은 유지하여, 국가경찰위원회가 국가경찰사무와 관련하여 경찰청장을 지휘・감독해야 한다.

나. 권한의 확대・보완

국가경찰위원회가 최고 경찰행정기관이 된다면 현재 자치경찰위원회가 경찰법상 자치경찰사무에 대해서 갖는 인사・예산・감사(제24조 제1항 제1호부터 제5호, 제7호부터 제13호)와 같은 종류의 권한을 국가경찰사무에 대해서 가지고 경찰청장을 지휘・감독하여야 한다. 특히 최고 경찰기관으로서 행정이 관철될 수 있도록 지휘・명령 사항에 대한 시행결과 보고의무, 경찰청장이 수행한 개별조치에 대한 보고와 출석요구권을 가져야 한다. 또한 경찰 수사에 대한 민원 처리, 수사지휘에 대한 이의신청 처리와 같이 수사활동을 통제하는 권한도 가져야 한다.

행정안전부장관이 갖는 경찰청장 임명제청권이나 총경 이상 경찰공무원에 대한 임용제청권(경찰공무원법 제7조 제1항)을 국가경찰위원회로 변경하는 입법도 의미있는 통제 수단이 될 수 있다.

5. 결 론

자치경찰제 도입에 따라 구 경찰법에서의 명칭을 '경찰위원회'에서 '국가경찰위원회'로 바꾸었을 뿐 그 내용은 자치경찰위원회에 관련된 규정 외에는 거의 동일하게 규정하고 근본적인 개정은 다음 기회로 미루었다. 국가경찰위

290) 이는 자치경찰위원회에서도 문제되는 것으로서, 경찰법 제28조 제4항과 같은법 시행령 제19조가 자치경찰위원회의 자치경찰사무에 대한 지휘감독권을 시도경찰청장에게 위임하는 규정을 두고 있는 것도 경찰작용의 실제에 있어 합의제 행정기관인 자치경찰위원회가 직접 직무를 수행하기 어려운 경우가 있기 때문이다.

원회와 자치경찰위원회는 모두 경찰에 대한 민주적 통제기관으로서 위원의 수, 운영 면에서 유사한 면이 있으나, 국가경찰위원회는 경찰청의 주요 정책 등에 대한 심의·의결 등의 역할을 수행하는데 불과한데 반하여, 자치경찰위원회는 시도지사 소속의 합의제 행정기관으로서 독립적으로 행정행위를 할 수 있고, 자치경찰사무에 대해 시도경찰청장을 지휘·감독한다는 점에서 차이가 있다. 일원화된 국가경찰 중심의 자치경찰체제에서 경찰의 민주적 통제기관인 국가경찰위원회의 위상 재정립은 자치경찰의 제대로 된 운영을 위하여도 시급한 과제이다.

제7조 국가경찰위원회의 설치

> 제7조(국가경찰위원회의 설치) ① 국가경찰행정에 관하여 제10조 제1항 각 호의 사항을 심의·의결하기 위하여 행정안전부에 국가경찰위원회를 둔다.
> ② 국가경찰위원회는 위원장 1명을 포함한 7명의 위원으로 구성하되, 위원장 및 5명의 위원은 비상임(非常任)으로 하고, 1명의 위원은 상임(常任)으로 한다.
> ③ 제2항에 따른 위원 중 상임위원은 정무직으로 한다.

본 조는 국가경찰위원회의 설치와 조직에 관하여 규정하고 있다. 국가경찰행정에 관한 심의·의결기관으로서 행정안전부 소속이며, 위원장을 포함한 7명의 위원은 비상임이 원칙이고, 1명의 위원만이 상임으로 정무직이 된다. 지금까지 상임위원은 경찰 출신들로만 채워졌다는 점에서 민주적 통제장치로서의 기능을 기대할 수 있었겠는가라는 비판이 제기되고 있다는 점은 위에서 본 바와 같다.

제8조 국가경찰위원회 위원의 임명 및 결격사유 등

제8조(국가경찰위원회 위원의 임명 및 결격사유 등) ① 위원은 행정안전부장관의 제청으로 국무총리를 거쳐 대통령이 임명한다.

② 행정안전부장관은 위원 임명을 제청할 때 경찰의 정치적 중립이 보장되도록 하여야 한다.

③ 위원 중 2명은 법관의 자격이 있는 사람이어야 한다.

④ 위원은 특정 성(性)이 10분의 6을 초과하지 아니하도록 노력하여야 한다.

⑤ 다음 각 호의 어느 하나에 해당하는 사람은 위원이 될 수 없으며, 위원이 다음 각 호의 어느 하나에 해당하는 경우에는 당연퇴직한다.

1. 정당의 당원이거나 당적을 이탈한 날부터 3년이 지나지 아니한 사람
2. 선거에 의하여 취임하는 공직에 있거나 그 공직에서 퇴직한 날부터 3년이 지나지 아니한 사람
3. 경찰, 검찰, 국가정보원 직원 또는 군인의 직에 있거나 그 직에서 퇴직한 날부터 3년이 지나지 아니한 사람
4. 국가공무원법 제33조 각 호의 어느 하나에 해당하는 사람. 다만, 국가공무원법 제33조 제2호 및 제5호에 해당하는 경우에는 같은 법 제69조 제1호 단서에 따른다.

⑥ 위원에 대해서는 국가공무원법 제60조 및 제65조를 준용한다.

본 조는 국가경찰위원회 위원의 임명절차와 당연퇴직사유를 규정하고 있다.

위원 중 2명은 법관의 자격이 있어야 하며, 이에 대하여는 법원조직법 제42조 제2항[291]이 규정하고 있다.

아래는 국가공무원법령의 관련 조항이다. 위원은 비상임 위원이라 할지라도 비밀엄수의무가 부과되고 정치운동이 금지된다.

291) 제42조(임용자격) : 판사는 10년 이상 아래 각 호의 직에 있던 사람 중에서 임용한다(둘 이상의 직에 재직한 사람에 대해서는 그 연수를 합산).

1. 판사・검사・변호사

2. 변호사 자격이 있는 사람으로서 국가기관, 지방자치단체, 「공공기관의 운영에 관한 법률」 제4조에 따른 공공기관, 그 밖의 법인에서 법률에 관한 사무에 종사한 사람

3. 변호사 자격이 있는 사람으로서 공인된 대학의 법률학 조교수 이상으로 재직한 사람

국가공무원법 (요약)

제33조(결격사유) 다음 각 호의 어느 하나에 해당하는 자는 공무원으로 임용될 수 없다.

1. 피성년후견인
2. 파산선고를 받고 복권되지 아니한 자
3. 금고 이상의 실형을 선고받고 집행이 종료되거나 집행을 받지 않기로 확정된 후 5년이 미경과
4. 금고 이상의 형을 선고받고 그 집행유예 기간이 끝난 날부터 2년이 지나지 아니한 자
5. 금고 이상의 형의 선고유예를 받은 경우에 그 선고유예 기간 중에 있는 자
6. 법원의 판결 또는 다른 법률에 따라 자격이 상실되거나 정지된 자

  6의2. 공무원 재직기간 중 직무 관련 형법 제355조 및 제356조(횡령, 배임) 죄를 범하여 300만원 이상의 벌금형을 선고받고 그 형이 확정된 후 2년이 지나지 아니한 자

  6의3. 「성폭력범죄의 처벌 등에 관한 특례법」 제2조에 규정된 죄를 범한 사람으로서 100만원 이상의 벌금형을 선고받고 그 형이 확정된 후 3년이 지나지 아니한 사람

  6의4. 미성년자에 대한 아래 범죄를 저질러 파면・해임되거나 형 또는 치료감호를 선고받아 그 형 또는 치료감호가 확정된 사람(집행유예기간이 경과한 사람 포함)

    가. 「성폭력범죄의 처벌 등에 관한 특례법」 제2조에 따른 성폭력범죄

    나. 「아동・청소년의 성보호에 관한 법률」 제2조 제2호에 따른 아동・청소년대상 성범죄

7. 징계로 파면처분을 받은 때부터 5년이 지나지 아니한 자
8. 징계로 해임처분을 받은 때부터 3년이 지나지 아니한 자

제69조(당연퇴직) 공무원이 다음 각 호의 어느 하나에 해당할 때에는 당연히 퇴직한다.

1. 제33조 각 호의 어느 하나에 해당하는 경우. 다만, 제33조 제2호는 면책되지 않은 경우만 해당하고, 제33조 제5호는 형법 제129조부터 제

132조까지(수뢰), 「성폭력범죄의 처벌 등에 관한 특례법」 제2조, 「아동·청소년의 성보호에 관한 법률」 제2조 제2호 및 직무와 관련하여 「형법」 제355조 또는 제356조(횡령, 배임)에 규정된 죄를 범한 사람으로서 금고 이상의 형의 선고유예를 받은 경우만 해당

제60조(비밀 엄수의 의무) 공무원은 재직 중은 물론 퇴직 후에도 직무상 알게 된 비밀을 엄수(嚴守)하여야 한다.

제65조(정치 운동의 금지) ① 공무원은 정당이나 정치단체의 결성에 관여하거나 가입할 수 없다.

② 공무원은 선거에서 특정 정당 또는 특정인을 지지 또는 반대하기 위한 다음의 행위를 할 수 없다.

1. 투표를 하거나 하지 아니하도록 권유 운동을 하는 것
2. 서명 운동을 기도(企圖)·주재(主宰)하거나 권유하는 것
3. 문서나 도서를 공공시설 등에 게시하거나 게시하게 하는 것
4. 기부금을 모집 또는 모집하게 하거나, 공공자금을 이용 또는 이용하게 하는 것
5. 타인에게 정당이나 그 밖의 정치단체에 가입하게 하거나 가입하지 않도록 권유하는 것

③ 공무원은 다른 공무원에게 제1항과 제2항 위배 행위를 하도록 요구하거나, 정치적 행위에 대한 보상 또는 보복으로서 이익 또는 불이익을 약속하여서는 아니 된다.

④ 제3항 외에 정치적 행위의 금지에 관한 한계는 대통령령 등으로 정한다.

국가공무원 복무규정 [대통령령]

제27조(정치적 행위) ① 법 제65조의 정치적 행위는 아래의 정치적 목적을 가진 것을 말한다.

1. 정당의 조직, 조직의 확장이나 그러한 목적을 위한 행위
2. 특정 정당 또는 정치단체를 지지하거나 반대하는 것
3. 법률에 따른 공직선거에서 특정 후보자를 당선이나 낙선하게 하기 위한 것

② 정치적 행위는 제1항의 정치적 목적을 가지고 다음의 어느 하나에 해당하는 행위를 하는 것이다.

1. 시위운동을 기획·조직·지휘하거나 이에 참가하거나 원조하는 행위
2. 정당이나 정치단체의 기관지인 신문과 간행물을 발행·편집·배부하거나 원조 또는 방해 행위
3. 특정 정당이나 정치단체 또는 공직선거에서 특정 후보자를 지지·반대하는 의견을 집회나 여럿이 모인 장소에서 발표하거나 신문이나 그 밖의 간행물에 싣는 행위
4. 정당이나 정치단체의 기(旗)·완장·복식 등을 제작·배부·착용·권유·방해하는 행위
5. 그 밖에 어떠한 명목으로든 금전이나 물질로 특정 정당 또는 정치단체를 지지·반대하는 행위

제9조 국가경찰위원회 위원의 임기 및 신분보장

제9조(국가경찰위원회 위원의 임기 및 신분보장) ① 위원의 임기는 3년으로 하며, 연임(連任)할 수 없다. 이 경우 보궐위원의 임기는 전임자 임기의 남은 기간으로 한다.

② 위원은 중대한 신체상 또는 정신상의 장애로 직무를 수행할 수 없게 된 경우를 제외하고는 그 의사에 반하여 면직되지 아니한다.

본 조는 위원의 임기와 신분보장에 대해 규정하고 있고, 자치경찰위원회 위원의 임기와 신분보장 규정과 다르지 않다.

제10조 국가경찰위원회의 심의 · 의결 사항 등

제10조(국가경찰위원회의 심의·의결 사항 등) ① 다음 각 호의 사항은 국가경찰위원회의 심의·의결을 거쳐야 한다.

1. 국가경찰사무에 관한 인사, 예산, 장비, 통신 등에 관한 주요정책 및 경찰업무발전에 관한 사항
2. 국가경찰사무에 관한 인권보호와 관련되는 경찰의 운영·개선에 관

> 한 사항
> 3. 국가경찰사무 담당공무원의 부패 방지와 청렴도 향상에 관한 주요 정책사항
> 4. 국가경찰사무 외에 다른 국가기관으로부터의 업무협조 요청에 관한 사항
> 4. 국가경찰사무 외에 다른 국가기관으로부터의 업무협조 요청에 관한 사항
> 5. 제주특별자치도의 자치경찰에 대한 경찰의 지원·협조 및 협약체결의 조정 등에 관한 주요 정책사항
> 6. 제18조에 따른 시·도자치경찰위원회 위원 추천, 자치경찰사무에 대한 주요 법령·정책 등에 관한 사항, 제25조 제4항에 따른 시·도자치경찰위원회 의결에 대한 재의요구에 관한 사항
> 7. 제2조에 따른 시책 수립에 관한 사항
> 8. 제32조에 따른 비상사태 등 전국적 치안유지를 위한 경찰청장의 지휘·명령에 관한 사항
> 9. 그 밖에 행정안전부장관 및 경찰청장이 중요하다고 인정하여 국가경찰위원회의 회의에 부친 사항
>
> ② 행정안전부장관은 제1항에 따라 심의·의결된 내용이 적정하지 아니하다고 판단할 때에는 재의(再議)를 요구할 수 있다.

제6호에 규정된 '자치경찰사무에 대한 주요 법령·정책 등에 관한 사항'은 자치경찰사무와 관련된 법률과 대통령령, 이에 따른 부령 등 법령의 제·개정 관련 사무와 전국적으로 업무수행이 필요한 정책 등에 대하여, 경찰청에 대한 민주적 통제기관인 국가경찰위원회의 심의·의결의 대상으로 규정하였다.

제11조 국가경찰위원회의 운영 등

> 제11조(국가경찰위원회의 운영 등) ① 국가경찰위원회의 사무는 경찰청에서 수행한다.
>
> ② 국가경찰위원회의 회의는 재적위원 과반수의 출석과 출석위원 과반수

의 찬성으로 의결한다.

③ 이 법에 규정된 것 외에 국가경찰위원회의 운영 및 제10조 제1항 각 호에 따른 심의·의결 사항의 구체적 범위, 재의 요구 등에 필요한 사항은 대통령령으로 정한다.

국가경찰위원회 규정 [대통령령]

제1조(목적) 이 영은 「국가경찰과 자치경찰의 조직 및 운영에 관한 법률」(이하 "법"이라 한다) 제11조 제3항에 따라 국가경찰위원회(이하 "위원회"라 한다)의 운영등에 관하여 필요한 사항을 규정함을 목적으로 한다.

제2조(위원장) ① 위원장은 위원회를 대표하며, 위원회의 사무를 총괄한다.

② 위원장은 비상임위원중에서 호선한다.

③ 위원장이 사고가 있을 때에는 상임위원, 위원중 연장자순으로 위원장의 직무를 대리한다.

제3조(위원의 예우등) ① 위원중 상임이 아닌 위원에게는 예산의 범위안에서 수당과 여비를 지급할 수 있다.

② 상임위원은 정무직으로 한다.

제4조(위원의 면직) ① 법 제9조 제2항에 따라 위원이 중대한 심신상의 장애로 직무를 수행할 수 없게 되어 면직하는 경우에는 위원회의 의결이 있어야 한다.

② 제1항의 의결요구는 위원장 또는 행정안전부장관이 한다.

제5조(심의·의결사항의 구체적 범위) ① 법 제10조 제1항 제1호의 범위는 다음과 같다.

1. 경찰청 소관 법령과 행정규칙의 제정·개정 및 폐지에 관한 사항
2. 경찰공무원의 채용·승진 등 인사운영 기준에 관한 사항
3. 경찰공무원에 대한 교육 및 복지 증진에 관한 사항
4. 경찰복제 및 경찰장비에 관한 사항
5. 경찰정보통신 개발 및 운영에 관한 사항
6. 경찰조직 및 예산 편성 등에 관한 사항
7. 경찰 중·장기 발전계획에 관한 사항

8. 그 밖에 위원회가 경찰 주요정책 및 경찰 업무 발전에 필요하다고 인정하는 사항

② 법 제10조 제1항 제2호의 범위는 다음 각호와 같다.

1. 국민의 권리·의무와 직접 관계되는 경찰행정 및 수사절차
2. 경찰행정과 관련되는 과태료·범칙금 기타 벌칙에 관한 사항
3. 경찰행정과 관련되는 국민의 부담에 관한 사항

제6조(재의요구) ① 법 제10조 제2항에 따라 행정안전부장관이 재의를 요구하는 경우에는 의결한 날부터 10일이내에 재의요구서를 위원회에 제출하여야 한다.

② 위원장은 재의요구가 있는 경우에는 그 요구를 받은 날부터 7일이내에 회의를 소집하여 다시 의결하여야 한다.

제7조(회의) ① 위원회의 회의는 정기회의와 임시회의로 구분한다.

② 정기회의는 특별한 사유가 있는 경우를 제외하고는 매월 2회 위원장이 소집한다.

③ 위원장은 필요한 경우 임시회의를 소집할 수 있으며, 위원 3인 이상과 행정안전부장관 또는 경찰청장은 위원장에게 임시회의의 소집을 요구할 수 있다.

④ 제3항의 규정에 의한 임시회의소집 요구가 있는 경우에는 위원장은 특별한 사유가 없는 한 회의를 소집하여야 한다.

제8조(간사) ① 위원회에 간사 1인을 두되, 간사는 경찰청 혁신기획조정담당관이 된다.

② 간사는 위원장의 명을 받아 다음 사항을 처리한다.

1. 의안의 작성
2. 회의진행에 필요한 준비
3. 회의록 작성과 보관
4. 기타 위원회의 사무

제9조(의견청취등) ① 위원장은 위원회의 심의를 위하여 필요한 경우에는 관계공무원 또는 관계전문가의 출석·발언이나 자료의 제출을 요구할 수있다.

② 위원장은 위원회의 심의를 위하여 필요한 경우에는 관계 경찰공무원에게 필요한 사항의 보고를 요구할 수 있으며, 그 관계 경찰공무원은 성실히 이에 응하여야 한다.

> ③ 위원회에 출석한 관계공무원 또는 관계전문가에 대하여는 예산의 범위안에서 수당과 여비를 지급할 수 있다. 다만, 공무원이 그 소관업무와 직접적으로 관련되어 출석하는 경우에는 그러하지 아니한다.
> 제10조(공무원의 정원) 위원회에 두는 공무원의 정원은 [별표]와 같다.
> 제11조(운영세칙) 이 영에 규정된 사항 외에 위원회의 운영을 위하여 필요한 사항은 위원회의 의결을 거쳐 위원장이 정한다.

제3장 경찰청

본 장은 정부조직법상 중앙행정기관으로서의 경찰청의 조직과 직무범위 등을 정한 것이다. 현행 경찰법에서는 전국의 수사부서 소속 경찰공무원에 대한 개별적 사건의 구체적 수사지휘를 위해 경찰청장의 보조기관으로 국가수사본부장을 신설하였다.

제12조 경찰의 조직

> 제12조(경찰의 조직) 치안에 관한 사무를 관장하게 하기 위하여 행정안전부장관 소속으로 경찰청을 둔다.

본 조는 치안에 관한 사무를 관장하기 위하여 행정안전부의 외청으로 중앙행정기관인 경찰청의 설치를 규정하고 있다.[292)]

제13조 경찰사무의 지역적 분장기관

> 제13조(경찰사무의 지역적 분장기관) 경찰의 사무를 지역적으로 분담하여 수행하게 하기 위하여 특별시·광역시·특별자치시·도·특별자치도(이하

292) 정부조직법 제34조 제5항과 동일한 내용이다.

> "시·도"라 한다)에 시·도경찰청을 두고, 시·도경찰청장 소속으로 경찰서를 둔다. 이 경우 인구, 행정구역, 면적, 지리적 특성, 교통 및 그 밖의 조건을 고려하여 시·도에 2개의 시·도경찰청을 둘 수 있다.

본 조는 경찰사무의 지역적 분장기관으로서 시도경찰청의 설치를 규정하고 있다. 시도경찰청은 제4조에 규정하는 경찰사무, 즉 국가경찰사무와 자치경찰사무까지 모든 경찰사무를 지역적으로 분담하여 수행하는 경찰기관이다.

시도경찰청이 자치경찰사무를 수행한다는 점에서 지방의회가 시도경찰청을 직접 감사할 수 있는가? 시도경찰청은 정부조직법과 경찰법에 따라 설치된 국가기관이므로 감사권은 원칙으로 국회에 있다.[293] 시도경찰청장이 수행하는 자치경찰사무에 대하여는 자치경찰위원회가 감사권을 가짐은 물론이다(경찰법 제23조 제1항 제7호).

시도의회는 관련 예산의 효율적인 관리를 위하여 자치경찰사무에 대하 자치경찰위원장의 출석 및 자료 제출을 요구할 수 있다(경찰법 제35조 제3항). 위 조항은 시도지사가 지자체 예산의 범위 내에서 자치경찰사무 담당공무원에게 재정적 지원을 한 경우에 자치경찰위원장에 대해 출석 및 자료제출을 요구할 수 있는 권한을 의미한다. 따라서 자치경찰사무에 대한 지방의회의 행정사무감사는 지자체 예산이 수반되는 자치경찰위원회의 소관사무에 대한 감사, 즉 자치경찰위원장에 대한 출석 및 자료제출요구권으로 귀결된다.[294]

제14조 경찰청장

293) 국정감사 및 조사에 관한 법률 제7조(감사의 대상) 감사의 대상기관은 다음 각 호와 같다.
1. 「정부조직법」, 그 밖의 법률에 따라 설치된 국가기관
2. 지방자치단체 중 특별시·광역시·도 다만, 그 감사 범위는 국가위임사무와 국가가 보조금 등 예산을 지원하는 사업으로 한다.

294) 성홍재, "자치경찰사무의 법적 성격을 토대로 현행 자치경찰제에 대한 법리적 검토", 경찰법연구 제20권 제2호, 한국경찰법학회(2022. 6.) 80면.

제14조(경찰청장) ① 경찰청에 경찰청장을 두며, 경찰청장은 치안총감으로 보한다.
② 경찰청장은 국가경찰위원회의 동의를 받아 행정안전부장관의 제청으로 국무총리를 거쳐 대통령이 임명한다. 이 경우 국회의 인사청문을 거쳐야 한다.
③ 경찰청장은 국가경찰사무를 총괄하고 경찰청 업무를 관장하며 소속 공무원 및 각급 경찰기관의 장을 지휘·감독한다.
④ 경찰청장의 임기는 2년으로 하고, 중임할 수 없다.
⑤ 경찰청장이 직무를 집행하면서 헌법이나 법률을 위배하였을 때에는 국회는 탄핵 소추를 의결할 수 있다.
⑥ 경찰청장은 경찰의 수사에 관한 사무의 경우에는 개별 사건의 수사에 대하여 구체적으로 지휘·감독할 수 없다. 다만, 국민의 생명·신체·재산 또는 공공의 안전 등에 중대한 위험을 초래하는 긴급하고 중요한 사건의 수사에 있어서 경찰의 자원을 대규모로 동원하는 등 통합적으로 현장 대응할 필요가 있다고 판단할 만한 상당한 이유가 있는 때에는 제16조에 따른 국가수사본부장을 통하여 개별 사건의 수사에 대하여 구체적으로 지휘·감독할 수 있다.
⑦ 경찰청장은 제6항 단서에 따라 개별 사건의 수사에 대한 구체적 지휘·감독을 개시한 때에는 이를 국가경찰위원회에 보고하여야 한다.
⑧ 경찰청장은 제6항 단서의 사유가 해소된 경우에는 개별 사건의 수사에 대한 구체적 지휘·감독을 중단하여야 한다.
⑨ 경찰청장은 제16조에 따른 국가수사본부장이 제6항 단서의 사유가 해소되었다고 판단하여 개별 사건의 수사에 대한 구체적 지휘·감독의 중단을 건의하는 경우 특별한 이유가 없으면 이를 승인하여야 한다.
⑩ 제6항 단서에서 규정하는 긴급하고 중요한 사건의 범위 등 필요한 사항은 대통령령으로 정한다.

1. 본 조는 경찰청장의 직급, 임기 및 직무 등에 대하여 규정한다. 경찰청장의 사무가 구 경찰법의 '국가경찰에 관한 사무를 총괄'에서 '국가

경찰사무를 총괄'로 수정되었다. 이는 자치경찰사무에 대해서는 자치경찰위원회가 지휘·감독하도록 개정되었기 때문이다. 다만 자치경찰사무라 하더라도 전시·사변 등 비상사태, 국민안전에 중대한 영향을 미치는 다수 시·도에 동일하게 적용되는 치안정책을 시행할 필요가 있을 때 등에는 예외적으로 자치경찰사무를 수행하는 공무원을 직접 지휘할 수 있다(경찰법 제32조).

2. 경찰청장의 개별사건에 대한 구체적 수사지휘의 제한과 예외(제6항에서 제10항)

경찰청장은 원칙적으로 개별사건의 수사에 대하여 구체적으로 지휘감독할 수 없다. 따라서 개별사건이 아닌 경우는 구체적으로 지휘감독할 수 있고, 개별사건이라도 구체적인 지휘감독만 제한된다. 예외적으로 구체적 수사지휘감독을 할 수 있는 긴급하고 중요한 사건은, 대통령령에 중대한 위험, 긴급하고 중요한 사건, 통합적 현장대응이라는 예외적 허용 사유를 유형별로 분류하여 규정하고 있다. 절차적으로는 반드시 서면으로써만 지휘할 수 있다.

국가경찰과 자치경찰의 조직 및 운영에 관한 법률 제14조 제10항에 따른 긴급하고 중요한 사건의 범위 등에 관한 규정 [대통령령]

제1조(목적) 이 영은 「국가경찰과 자치경찰의 조직 및 운영에 관한 법률」 제14조제10항에 따라 경찰청장이 구체적으로 지휘·감독할 수 있는 긴급하고 중요한 사건의 범위와 그 수사지휘의 방식을 정하는 것을 목적으로 한다.

제2조(긴급하고 중요한 사건의 범위 등) ① 「국가경찰과 자치경찰의 조직 및 운영에 관한 법률」(이하 "법"이라 한다) 제14조 제6항 단서에 따른 긴급하고 중요한 사건은 다음 각 호의 어느 하나에 해당하는 사건 및 이와 직접적인 관련이 있는 사건으로 한다.

1. 전시·사변 또는 이에 준하는 국가 비상사태가 발생하거나 발생이 임박하여 전국적인 치안유지가 필요한 사건
2. 재난, 테러 등이 발생하여 공공의 안전에 대한 급박한 위해(危害)나 범죄로 인한 피해의 급속한 확산을 방지하기 위해 신속한 조치

가 필요한 사건
3. 국가중요시설의 파괴·기능마비, 대규모 집단의 폭행·협박·손괴·방화 등에 대하여 경찰의 자원을 대규모로 동원할 필요가 있는 사건
4. 전국 또는 일부 지역에서 연쇄적·동시다발적으로 발생하거나 광역화된 범죄에 대하여 경찰력의 집중적인 배치, 경찰 각 기능의 종합적 대응 또는 국가기관·지방자치단체·공공기관과의 공조가 필요한 사건

② 경찰청장은 법 제14조 제6항 단서에 따라 개별 사건의 수사에 대해 구체적 지휘·감독을 하려는 경우에는 그 필요성 등을 신중하게 판단해야 한다.

제3조(수사지휘의 방식) ① 경찰청장은 법 제14조 제6항 단서에 따라 국가수사본부장에게 개별 사건의 수사에 대한 구체적 지휘를 하는 경우에는 서면으로 지휘해야 한다.

② 경찰청장은 제1항에도 불구하고 서면 지휘가 불가능하거나 현저히 곤란한 경우에는 구두나 전화 등 서면 외의 방식으로 지휘할 수 있다. 이 경우 사후에 신속하게 서면으로 지휘내용을 송부해야 한다.

제15조 경찰청 차장

제15조(경찰청 차장) ① 경찰청에 차장을 두며, 차장은 치안정감(治安正監)으로 보한다.

② 차장은 경찰청장을 보좌하며, 경찰청장이 부득이한 사유로 직무를 수행할 수 없을 때에는 그 직무를 대행한다.

본 조는 경찰청 차장의 계급과 역할에 대한 규정이다. 경찰청 차장은 치안총감에 이은 경찰 최고 계급인 치안정감으로 보하는데, 치안정감으로 보하는 직위는 7개(경찰청 차장, 국가수사본부장, 경찰대학장, 서울청장, 부산청장, 인천청장, 경기남부청장)이다.

第16조 국가수사본부장

> 第16조(국가수사본부장) ① 경찰청에 국가수사본부를 두며, 국가수사본부장은 치안정감으로 보한다.
>
> ② 국가수사본부장은 「형사소송법」에 따른 경찰의 수사에 관하여 각 시·도경찰청장과 경찰서장 및 수사부서 소속 공무원을 지휘·감독한다.
>
> ③ 국가수사본부장의 임기는 2년으로 하며, 중임할 수 없다.
>
> ④ 국가수사본부장은 임기가 끝나면 당연히 퇴직한다.
>
> ⑤ 국가수사본부장이 직무를 집행하면서 헌법이나 법률을 위배하였을 때에는 국회는 탄핵 소추를 의결할 수 있다.
>
> ⑥ 국가수사본부장을 경찰청 외부를 대상으로 모집하여 임용할 필요가 있는 때에는 다음 각 호의 자격을 갖춘 사람 중에서 임용한다.
>
> 1. 10년 이상 수사업무에 종사한 사람 중에서 「국가공무원법」 제2조의2에 따른 고위공무원단에 속하는 공무원, 3급 이상 공무원 또는 총경 이상 경찰공무원으로 재직한 경력이 있는 사람
> 2. 판사·검사 또는 변호사의 직에 10년 이상 있었던 사람
> 3. 변호사 자격이 있는 사람으로서 국가기관, 지방자치단체, 「공공기관의 운영에 관한 법률」 제4조에 따른 공공기관(이하 "국가기관등"이라 한다)에서 법률에 관한 사무에 10년 이상 종사한 경력이 있는 사람
> 4. 대학이나 공인된 연구기관에서 법률학·경찰학 분야에서 조교수 이상의 직이나 이에 상당하는 직에 10년 이상 있었던 사람
> 5. 제1호부터 제4호까지의 경력 기간의 합산이 15년 이상인 사람
>
> ⑦ 국가수사본부장을 경찰청 외부를 대상으로 모집하여 임용하는 경우 다음 각 호의 어느 하나에 해당하는 사람은 국가수사본부장이 될 수 없다.
>
> 1. 「경찰공무원법」 제8조 제2항 각 호의 결격사유에 해당하는 사람
> 2. 정당의 당원이거나 당적을 이탈한 날부터 3년이 지나지 아니한 사람
> 3. 선거에 의하여 취임하는 공직에 있거나 그 공직에서 퇴직한 날부터 3년이 지나지 아니한 사람

1. 업무상 독립성

본 조는 경찰 수사의 중립성, 독립성을 강화하기 위하여 신설된 국가수사

본부장에 관한 규정이다. 국가수사본부는 경찰청에 두므로, 경찰청 차장과 같이 국가수사본부장은 경찰청장의 보조기관이기는 하지만 경찰청 차장과는 달리 업무상 독립성을 가지는 것으로 되어 있으나, 조직구조로 보거나 현실적으로 볼 때 독립성이 취약하다는 비판이 많다.[295] 사법경찰업무가 행정경찰업무로부터 독립되지 않으면 국민으로부터 경찰에 대한 신뢰를 얻기가 어려울 것이다. 이들은 그 성격이 너무 다르기 때문이다.

2. 국가수사본부장의 지휘 범위

국가수사본부장은 형사소송법에 따른 경찰의 수사에 관하여 지휘감독한다. 경찰활동의 특성상 일반 경찰행정의 영역과 수사영역 사이에 구분이 불분명하므로, 형사소송법상 범죄혐의가 있다는 주관적 혐의가 있는 경우 사법경찰관리의 지위에서 진행하는 수사에 한정하도록 규정하였다.

3. 국가수사본부장의 자치경찰사무에 대한 수사 지휘[296]

1) 국가경찰사무에 대하여는 경찰청장이, 자치경찰사무에 대하여는 자치경찰위원회가 시도경찰청장를 지휘감독하나, 수사사무는 국가수사본부장이 시도경찰청장을 지휘감독한다(경찰법 제28조 제3항). 학교폭력, 아동학대, 교통사고 등의 수사사무는 자치경찰사무로 규정된 지역내 생활안전·교통사무와 연계되어 수행될 필요가 있어, 자치경찰사무로 규정하였지만, 수사사무의 특성상 전국 통일적인 업무수행이 요구되어 국가의 일원화된 지휘감독이 필요하고, 지방자치법 제15조에 따라 국가사무인 사법과 관련된 사무로 지방행정기관인 자치경찰위원회에서 지휘하는 것이 부적절하다는 점을 종합적으로 고려하여, 국가수사본부장이 지휘감독하는 것으로 결정되었다고 한다.

---

295) 사법경찰이 행정경찰로부터 조직적으로 분리되지 않고 사무만 분리된 것으로 국가수사본부장의 독립성이 취약하고, 오히려 경찰권이 집중되고 강화되었다는 취지로, 오병두, "국가수사본부의 독립성 -사법경찰과 행정경찰의 분리를 중심으로-", 형사정책 33권 3호(통권 67호)(2021) 7면 이하; 이윤제, "국가수사본부의 문제점과 한계", 저스티스 통권 제186호(2021) 176면 이하.

296) 박동균, "2021년, 대한민국 경찰의 과제: 자치경찰과 국가수사본부", 자치경찰연구 13권 2호(2021) 79면 이하.

2) 그러나 법리적으로도 지방자치법 제15조 제1호가 법률에 다른 규정이 있으면, 사법 사무라 하더라도 자치단체에서 수행할 수 있고, 수사사무는 사법과 연관된 사무이지 순수한 사법사무도 아니며, 지역내 생활안전이나 교통사고와 관련된 사무는 수사사무라 하더라도 전국적으로 통일적인 업무수행이 요구되는 것이라고 단정할 수 없으므로, 이를 모두 자치경찰위원회의 지휘감독에서 배제한 것은 합리적인 입법이라고 할 수 없다.

3) 자치경찰위원회의 수사지휘권을 전면적으로 배제하는 마당에 지역내 생활안전이나 교통사고와 관련된 수사사무를 자치경찰사무로 분류한 의미는 어디에 있는가? 법문상으로 볼 때 자치경찰사무의 감사 및 감사의뢰(경찰법 제24조 제1항 제7호)나 자치경찰사무와 관련된 중요사건·사고 및 현안의 점검(같은 항 제11호)과 같은 최소한의 민주적 통제를 자치경찰위원회에 맡긴 것으로 보아야 한다.[297)]

제17조 하부조직

> 제17조(하부조직) ① 경찰청의 하부조직은 본부·국·부 또는 과로 한다.
> ② 경찰청장·차장·국가수사본부장·국장 또는 부장 밑에 정책의 기획이나 계획의 입안 및 연구·조사를 통하여 그를 직접 보좌하는 담당관을 둘 수 있다.
> ③ 경찰청의 하부조직의 명칭 및 분장 사무와 공무원의 정원은 「정부조직법」 제2조 제4항 및 제5항을 준용하여 대통령령 또는 행정안전부령으로 정한다.

본 조는 경찰청의 하부조직을 대통령령과 행정안전부령으로 정할 수 있도록 위임하였고, 이에 따라 '경찰청과 그 소속기관 직제'(대통령령)와 '경찰청과 그 소속기관 직제 시행규칙'(행정안전부령)에서 '1차장, 1본부장, 9국, 10관, 32과 22담당관'으로 개편되었다.

297) 이와 관련하여 제주자치경찰의 수사권 강화에 관한, 이훈재, "제주자치경찰의 위상제고를 위한 수사기능강화에 관한 연구", 한국경찰연구 16:1(2017) 159~190 참조.

제4장 시 · 도자치경찰위원회

일원화된 자치경찰제 도입에 따라 경찰법에서는 기존 경찰조직을 분리하지 않고, 경찰권 분산을 위해 구 경찰법상 경찰청장이 가지고 있던 자치경찰사무에 대한 지휘감독권을 시도지사 소속의 합의제 행정기관인 자치경찰위원회에 부여하였다. 자치경찰위원회는 합의제 의결기관일 뿐만 아니라 이를 집행할 수 있는 기능까지 가지고, 시도지사와 시도경찰청 사이에 있는 중립적 행정기관이다. 국가경찰만 있고 자치경찰이 없는 일원화 자치경찰체제 아래서 자치경찰위원회는 자치경찰제 실시에 대한 많은 기대와 함께 그 조직 및 권한과 업무수행에 관한 여러 가지 우려가 제기되고 있다.[298)]

---

298) 1. 전국적으로 초대 자치경찰위원회의 구성에 관하여는, 김상호, "시 · 도자치경찰위원회 구성과 운영에 관한 실증적 연구", 한국경찰연구 20권 3호(2021) 1면 이하에 자세하게 소개되어 있다.

2. 자치경찰위원회 역할과 자치경찰의 선호도에 관한 실증적 연구로서 조제성 · 강소영, "자치경찰위원회의 역할이 자치경찰사무 선호도에 미치는 영향 –치안서비스의 질과 범죄예방 정책의 효과성 제언을 중심으로 –", 한국셉테드학회지 13권 1호, 한국셉테드학회(2022) 107면 이하.

3. 자치경찰에 대한 민주적 통제에 관하여는, 황문규, "자치경찰에 대한 민주적 통제 방안", 한국경찰학회보 22권 3호(2020) 261면 이하. 이 논문 265면에 인용된 사법부 독립에 관한 다음 글은 경찰의 정치적 중립에 관하여도 타당하다. "사법부 독립이 사법부를 정치체제로부터 절연시키는 것이어서는 안 된다. 정치 집단들은 가능한 한 모든 방법을 동원해 사법부에 압력을 넣을 유인이 있다. 정치를 없앨 수는 없으므로, 제도를 통해 정치적 압력을 흡수하는 것이 더 현명한 길이다. 이러면 정치적 영향력이 행사되는 통로가 더 잘 드러날 수 있고 따라서 더 잘 통제될 수 있으며, 결국 사법부의 권력도 견제할 수 있다. 남용을 막으려면 모든 권력은 견제되어야 한다."

4. 현행 자치경찰제도의 발전방안에 관하여, 이재란 · 신연수 · 조계표, "자치경찰제도의 발전방안에 관한 법적 제도적 연구", 토지공법연구 96집, 사단법인 한국토지공법학회(2021) 185면 이하. 중요한 방안을 들면, ① 경찰서, 지구대와 파출소를 자치경찰위원회의 소속으로 할 것. ② 지방의회와 협의 강화하고 지역의 다양한 의견 반영, ③ 자치사무를 수행하는 경찰관들에 대한 전직, 전보, 승진 등의 자치경찰위원회의 인사권을 폭넓게 인정, ④ 자치경찰위원회의 독립적 운영을 위한 예산의 자율권과 경찰교부세 신설과 같은 국고보조 필요.

5. 초대 자치경찰위원회의 문제점에 관하여는, 신현기, "초대 시도자치경찰위원회의

우선 자치경찰위원회의 성격과 관련하여 가장 많이 논의되고 있는 독립성과 다른 기관이나 주민과의 관계를 살펴본다.[299]

1. 독립성의 원칙

자치경찰위원회는 원칙적으로 다른 기관의 간섭을 받지 않고 독립적으로 운영되는 것으로 구상되어 있다(경찰법 제18조 제2항은 '독립적 수행'을 명시). 이를 보장하기 위하여 조직과 구성에 관하여도 다른 위원회와 비교하여 비교적 상세한 규정과 많은 제약이 있다. 위원의 자격과 추천기관을 다양화하고, 위원이 될 수 없는 제한이 넓으며, 임기와 신분이 강하게 보장된다(경찰법 제19조, 제20조, 제23조).[300]

2. 지방자치단체와의 관계

1) 경찰법이 정한 위원 추천권 외에도 지방자치단체(특별한 언급이 없다면 자치경찰제가 도입된 광역자치단체를 말함. 이하 2항에서도 같음)와 자치경찰위원회의 관계에 관한 규정으로는, 자치경찰사무에 대한 시도지사의 정치적 목적 활용을 위한 관여 배제의무(제24조)와 위원회 의결에 대한 시도지사의 재의요구권(제25조)이 있다. 자치경찰위원회 의결에 대하여 시도지사가 재의요구를 하더라도, 위원회가 재의결을 하면 그 사항은 시도지사의 반대에도 불구하고 확정되므로, 자치경찰위원회는 형식적으로 볼 때는 시도지사와 관련하여 지방의회나 독립기관과 유사한 지위를 가진다.

2) 그러나 자치단체의 장은 동원할 수 있는 정치적·행정적 힘과 권한이 많으므로 자치경찰위원회 자체의 조직과 운영에 관하여는 실질적으로 우위를 차지한다. 즉 시도지사는 ① 경찰위원회 위원 1명을 추천하고, 모든 위원들을 임명하며, 특히 위원장을 선택할 권한을 가지고, 위원추천위원회와 위

문제점과 향후 발전 방향", 자치경찰연구 14권 2호(2021) 3면 이하 시도지사의 인사권한이 미약하여 치안행정과 지방행정의 연계가 어렵다.

299) 박준휘, 자치경찰제 연구(Ⅲ) 228면 이하를 기본 틀로 하여 첨삭을 가하였다.

300) 예를 들면 다른 위원회의 경우에 정당의 당원 등을 제외하는 경우는 많이 있으나, 이러한 지위를 그만둔 후 3년 이내에는 위원이 될 수 없도록 한 것은 매우 엄격한 제한이다.

원구성협의체를 구성하며(추천권 및 임명권. 경찰법 제20조, 제21조, 자치경찰운영규정 제4조의3), ② 자치경찰위원회의 조직권을 가짐으로써, 위원회는 시도지사의 조직 안에 들어가 있고(조직권. 제18조. 시도 조직 안에서 시도지사의 참모들인 실국장과 같은 취급을 받고, 간부회의에도 출석하고 있음), ③ 회의소집권과 안건제출권 및 재의요구권을 가지며(제26조, 제24조, 제25조), ④ 예산편성권과 재정적 지원을 할 수 있다(제35조).

다만 시도지사가 자치경찰업무 자체에 대하여 관여할 수 있는 권한은 자치경찰사무 담당공무원 중 경감과 경위로 승진 임용에 관한 형식적인 권한(경찰공무원 임용령 제4조) 외에는 없다.[301]

3) 시도의회는 자치경찰위원회의 위원 2명에 대한 추천권과 지명권을 가지고(경찰법 제20조 제1항 제1호), 예산의 심의 권한과 결산을 감사할 권한을 가지며(지방자치법 제47조 제1항 제2호, 제3호), 자치경찰위원장에 대한 의회출석요구권과 자료제출 요구권을 가진다(경찰법 제35조 제3항). 또한 지방의회는 자치입법권이 있으므로 자치경찰에 관한 조례를 통하여 자치경찰위원의 임명방법, 자치경찰위원회의 운영과 사무기구의 조직 등에 관하여 널리 개입할 수 있다(지방자치법 제28조, 경찰법 제20조 제8항, 제26조 제4항, 제27조 제4항). 다만 시도의회가 자치경찰업무에 대하여 관여할 수는 없다.

4) 기초자치단체와의 관계

현행 자치경찰은 광역자치단체를 대상으로 하여 시행되고 있다. 그런데 광역단체와 기초단체는 상하관계가 아니라 대등한 관계로서, 업무상으로 명령 · 지시를 할 수 없고 협조 체제로 운영된다.[302] 국가경찰은 전국적으로 일사분란한 지휘체계를 가지므로 이러한 문제가 발생하지 않지만, 광역단체와 기초단체 상호간에는 독립적 · 병렬적인 관계이므로, 광역자치경찰이 기초자치단계에서 업무를 수행하는 것이 한계가 있으므로, 기초자치단체와의 긴밀한

301) 허경미, "자치경찰제법(안)상 자치단체장의 자치권한 행사 제한과 관련된 쟁점", 경찰학논총 14권 4호(2019) 275면 참조.

302) 광역단체는 보조금이나 지원 등의 인센티브를 제공하여 기초단체의 협력을 얻을 수 있을 뿐이다. 물론 서울이나 부산과 같은 광역시에서는 내부의 기초단체인 구청장에 대하여 상대적으로 권한을 가지고 있지만, 도와 시군의 관계는 독립성이 매우 강하다.

관계를 형성할 필요가 있고, 자주 만나서 자치경찰제를 홍보하고 협의하는 자세가 필요하다.[303)]

5) 자치경찰은 지자체 소속이면서도 지자체로부터 독립적으로 운용되고 경찰의 독립성을 유지하도록 제도적으로 보장되어 있다. 그런데도 자치경찰에 대한 재정적 지원을 지자체에 요구하고 있다. 이러한 체제는 지자체로부터 긍정적인 반응과 협력을 끌어내기 어렵다. 자치경찰은 지자체의 도움 없이는 운영될 수 없음에도 불구하고, 현행 자치경찰제가 지방자치법이 아닌 경찰법에 규정된 것에서 보이듯이, 지자체보다는 국가경찰이 자치경찰 업무를 주도하고, 자치경찰위원회와 업무상 더 밀접한 관계를 가진다. 앞으로 자치경찰의 미래를 위하여 지자체와의 관계를 더욱 돈독하게 할 필요가 있다.

6) 자치단체 중에서 시도교육청도 자치경찰위원회의 구성에 관여한다. 교육감은 자치경찰위원 중 1명을 추천할 수 있고, 위원구성협의체 위원 중 1명을 추천할 수 있다(경찰법 제20조 제1항 제3호, 자치경찰운영규정 제4조의3과 이에 근거한 표준조례). 또한 자치경찰사무 중에서 아동·청소년이나 학교폭력과 같이 교육현장에서 일어나는 사건이 많이 있고, 전문성을 가진 교육자들의 경험과 참여가 필요하므로, 실무협의회에 교육청 관계공무원을 참석케 하여 교육청과 협의하는 등 많은 도움을 받고 있는 실정이다. 자치경찰위원회 사무국에 교육청 직원이 파견되어 있는 곳도 있다.[304)]

---

303) 이상훈·남재성, "통합「경찰법」상 주민 중심 기초 단위 자치경찰제의 실질적 운영방안 모색", 한국공안행정학회보 87호(2022) 197면 이하는 현행 광역자치단체 단위로 시행되는 자치경찰제에서 실질적으로 기초자치단체 단위로 시행하는 것과 효과가 날 수 있는 방안을 모색하고 있다. 구체적으로는 아래 3가지로 나눌 수 있다. ① 사무 범위에 관한 조례를 제정할 때 시·군·구청장의 의견수렴 장치 마련, 자치경찰위원회와 기초자치단체장 간의 상설 협의체 운영, 자치경찰위원회 위원장 등 자치경찰 인사에 대한 시·군·구청장의 참여, 지역치안협의회의 활성화, 지구대장 및 파출소장 임명에 관한 주민추천제 확산 등 기초자치단체의 권한 확대를 위한 제도적 개선이 필요하다. ② 기초자치단체 단위의 지역별 특화모델을 크게 도시 중심형, 도농 복합형, 농·어촌 중심형 특화모델 등 3가지로 설정할 수 있다. 이를 통해 주민 중심의 새로운 치안 패러다임을 실현하여 지역주민 밀착형 치안서비스를 제공해야 한다. ③ 나아가 읍·면·동 단위의 참여 확대로 이어져야 한다. 이를 위해서는 주민자치회 확대를 통한 주민 참여형 치안정책 수립, 읍·면·동장에게 행정권한 위임 확대를 통해 지역맞춤형 치안활동이 실시될 수 있어야 한다.

3. 경찰과의 관계

자치경찰위원회는 독립을 보장하기 위해 많은 규정을 두고 있는데, 이는 주로 지자체로부터 독립이고, 경찰로부터의 독립은 상대적으로 완화된 형태이다.

1) 경찰법상 경찰청장이 자치경찰업무에 관여할 수 있는 규정은, 경찰청장의 재의요구권(제25조), 비상사태에서 자치경찰사무에 대한 경찰청장의 지휘명령권(제32조)과 예산심의에서 의견개진권(제35조)이 있다.

또한 자치경찰위원회는 국가경찰사무와 자치경찰사무의 협력·조정을 위하여 경찰청장과 협의할 수 있고(경찰법 제24조 제1항 제15호), 이를 위하여 경찰청 등 관계기관과 실무협의회를 구성하여 운영하고 있다(자치경찰운영규정 제15조). 경찰법 제28조 제4항 단서에 따라 자치경찰위원회는 자치경찰사무에 대한 지휘감독이 실시간으로 이루어질 수 있도록 미리 경찰청장과 협의하여, 지휘감독권의 범위 등을 정하여야 한다(자치경찰운영규정 제19조). 이를 통하여 경찰청장은 자치경찰위원회의 활동을 제한할 수도 있다.[305)]

2) 자치경찰위원회은 시도경찰청장을 지휘감독하고 임명시 협의권을 가지고 있다(경찰법 제28조 제2항, 제3항). 그러나 시도경찰청장은 경찰청장을 통하여 자치경찰사무에 관한 안건제출권(경찰법 제24조 제1항 제15호)과 경찰관에 대한 지휘감독권(제28조)을 가지고,[306)] 이를 수행하는 경찰관은 시도경찰청 소속 아래 있는 국가경찰관이며 자치경찰위원회 사무국에 근무하는 경찰관도 마찬가지다. 따라서 자치경찰위원회와 시도경찰청 사이에 갈등이 일어난다면 그들의 주요 인사권을 행사하는 시도경찰청의 편에 설 것이다.

또한 자치경찰위원회가 심의·의결할 시간적 여유가 없거나 곤란할 경우에는 지휘감독권을 시도경찰청장에게 위임한 것으로 간주하는 이른바 역지휘감독 규정도 있다(제28조 제4항 단서). 따라서 자치경찰조직이 따로 없는 일원

---

304) 2022년 9월 현재 부산, 대구, 충남, 전남의 자치경찰위원회 사무국 직원 중에는 그 지역 교육청에서 파견된 직원도 함께 근무하고 있다.

305) 양영철, 자치경찰론 442면.

306) 자치경찰사무에 대하여는 시도경찰청장이 자치경찰위원회의 지휘감독을 받아 경찰관들을 지휘감독을 하지만, 관할구역의 사무에 대하여 실질적 지휘감독권은 시도경찰청이 보유하고 있다.

화된 자치경찰제도 아래서 자치경찰위원회가 언제든 무력화될 수도 있다는 우려가 있다.[307)]

3) 자치경찰위원회가 경찰서장에 대한 직접적인 지휘권한을 가지고 있지는 않지만, 정기적으로 경찰서장의 자치경찰사무 수행에 관한 평가결과를 경찰청장에게 통보하고, 경찰청장은 이를 반영하여야 한다(경찰법 제30조 제4항).

현행 경찰법 시행 이전에는 자치경찰사무의 주된 처리기관은 경찰서장이었으나, 현재는 시도경찰청장으로 옮겨갔다. 지역치안이 주민과 가까운 경찰서가 아니라 멀리 떨어진 시도경찰청으로 이전되는 것은 역분권(逆分權) 현상이라는 비판이 있다.[308)]

4) 현행 경찰법상의 자치경찰사무는 국가사무의 성격을 띠고 있기 때문에 국가경찰위원회는 자치경찰위원회와 직접적인 관계가 설정되어 있다. 따라서 국가경찰위원회는 제주자치경찰에 대한 주요정책사항(제10조 제1항 제5호)과 자치경찰위원회 위원 추천, 자치경찰사무에 대한 주요 법령·정책에 관한 사항, 자치경찰위원회 의결에 대한 재의요구사항(같은 항 제6호)에 관하여 심의·의결할 수 있다. 경찰법의 소관은 경찰청이므로, 국가경찰위원회는 자치경찰에 관한 법령과 조례까지도 개정·개정·폐지에 관한 심의·의결권을 가지고 있다.[309)] 지방자치관련 법규는 모두 행정안전부 소관이어야 하는데, 경찰법만은 경찰청 단독 소관으로 되어 있어서 국가경찰위원회가 자치경찰 전반에 관여할 수 있는 여지를 만들어 놓았다.

5) 법규에 규정되어 있지 않지만 시도경찰청에 소속된 경찰관들도 자치경찰위원회의 업무수행과 관련되는 경우가 있다. 특히 시도경찰청에 근무하는 경찰관들로 구성된 경찰 직장협의회는 자치경찰위원회가 운영하는 실무협의회에 참여하고 있고, 자치단체 집행부의 업무와 의회의 조례 제정에도 경찰관들의 이익을 위하여 실질적인 압력을 행사하고 있다.[310)]

---

307) 양영철, 자치경찰론 406면.

308) 양영철, 자치경찰론 444면.

309) 노무현 정부에서부터 박근혜 정부까지는 자치경찰관 관련법 제정에 관한 소관부처가 행정안전부였다. 양영철, 자치경찰론 441면.

310) 강지은, "경찰 직장협의회의 역할과 자치경찰사무의 범위", 지방자치법연구 22권 1호, 한국지방자치법학회(2022) 173면 이하.

4. 주민과의 관계

1) 자치경찰은 업무의 통일적 시행을 강조하는 국가경찰과는 달리 지역에 따라 다른 맞춤형 경찰서비스를 제공하는 것을 목적으로 하므로, 주민들의 참여와 평가가 중요한 의미를 가진다. 범죄예방과 치안업무는 주민들의 자발적 참여를 유도할 수 있는지 여부에 성패가 달려있다고 해도 과언이 아니다. 주민들의 직접 참여 기구로서 자율방범대와 모범운전자회, 녹색어머니회, 아동안전지킴이집과 같은 조직을 들 수 있다. 이러한 조직에 대한 적극적인 지원과 활성화가 필요하다.[311)]

2) 자치경찰사무에 대한 주민들의 의견을 수렴하는 절차와 제도는 따로 규정된 바는 없다. 그러나 자치경찰위원회의 홈페이지를 주민들이 접근하기 쉽게 구성하거나, 페이스북, 인스타그램, 유튜브 등을 통한 주민들의 참여와 소통 및 평가 과정이 제대로 반영될 수 있는 방안을 강구하야 한다. 홈페이지에는 주민들이 정책제안과 고충상담 등을 할 수 있는 소통방을 마련할 필요가 있다. 그리고 주민들이 쉽게 자치경찰위원회와 연결할 수 있는 전화선의 설치나 정기적으로 실시하는 여론조사도 주민들의 의견을 수렴하고 소통하는 효과적인 방법이 될 수 있다.

3) 새로운 제도로 출범한 자치경찰에 관한 주민들을 상대로 한 홍보도 매우 중요하다. 홍보영상의 제작과 방영 및 위에서 본 SNS를 통한 홍보는 물론이고 경찰순찰차에 자치경찰 문구를 부착하거나, 대학생들을 홍보대사로 임명하여 자치경찰과 관련된 과제를 주어 활동하게 하고, 토크 콘서트를 개최하는 등 여러 가지 방안을 강구하여 자치경찰에 대한 주민들의 관심과 참여를 유인할 필요가 있다.

---

311) 자율방범대에 대하여는 '자율방범대 설치 및 운영에 관한 법률'이 제정되어 보다 체계적인 지원이 가능하게 되었다는 점은 앞에서 보았다.

第18조 시 · 도자치경찰위원회의 설치

> 제18조(시 · 도자치경찰위원회의 설치) ① 자치경찰사무를 관장하게 하기 위하여 특별시장 · 광역시장 · 특별자치시장 · 도지사 · 특별자치도지사(이하 "시 · 도지사"라 한다) 소속으로 시 · 도자치경찰위원회를 둔다. 다만, 제13조 후단에 따라 시 · 도에 2개의 시 · 도경찰청을 두는 경우 시 · 도지사 소속으로 2개의 시 · 도자치경찰위원회를 둘 수 있다.
> ② 시 · 도자치경찰위원회는 합의제 행정기관으로서 그 권한에 속하는 업무를 독립적으로 수행한다.
> ③ 제1항 단서에 따라 2개의 시 · 도자치경찰위원회를 두는 경우 해당 시 · 도자치경찰위원회의 명칭, 관할구역, 사무분장, 그 밖에 필요한 사항은 대통령령으로 정한다.

1. 자치경찰위원회는 광역자치단체인 시도지사 소속으로 둔다. 다만 경기도에 경기도 남부경찰청과 경기도 북구경찰청을 둔 것과 상응하여 경기도에는 2개의 자치경찰위원회가 설치되어 있다.

2. 자치경찰위원회는 합의제 행정기관으로서, 단순한 자문기관이 아닌 자치경찰위원회 명의로 독자적인 행정행위를 할 수 있는 행정기관이다.

3. 자치경찰위원회는 시도지사로부터 독립적으로 업무를 수행하므로, 시도지사는 경찰업무를 직접 지휘 · 감독하지 않고, 자치경찰위원회가 자치경찰을 지휘 · 감독함으로써, 자치경찰의 정치적 중립성을 확보하고, 자치단체장의 권한남용을 방지하는 장치를 마련하고 있다. 자치경찰위원회는 독립적으로 업무를 수행하므로, 시도지사를 비롯한 다른 기관이 위원회의 업무수행에 영향을 미치기 위하여 하는 행위는 허용되지 않는다.[312)]

312) 대통령 비서실의 민정수석이 감사원의 직무에 대한 지시와 보고를 받은 사안에서 감사원 직무의 독립성을 보장하는 감사원법에 위배될 소지가 있다는 사례로 대법원 1992. 3. 10. 선고 92도116 판결.

第19조 시 · 도자치경찰위원회의 구성

> 第19조(시 · 도자치경찰위원회의 구성)[313] ① 시 · 도자치경찰위원회는 위원장 1명을 포함한 7명의 위원으로 구성하되, 위원장과 1명의 위원은 상임으로 하고, 5명의 위원은 비상임으로 한다
> ② 위원은 특정 성(性)이 10분의 6을 초과하지 아니하도록 노력하여야 한다.
> ③ 위원 중 1명은 인권문제에 관하여 전문적인 지식과 경험이 있는 사람이 임명될 수 있도록 노력하여야 한다.

1. 위원장

시도지사가 1명의 위원을 추천하지만, 시도지사가 본인이 추천한 위원을 위원장으로 해야 한다는 규정은 없다. 시도지사가 1명의 위원을 추천하고 위원장은 다른 위원 중에서 임명할 수 있다. 그러나 실제로는 전국의 모든 위원회에서 시도지사가 추천한 사람이 위원장을 맡고 있다. 다른 기관에서 추천한 위원 중에서 더 적정한 사람이 위원장이 될 수 있지만, 2022년 10월 말 현재까지는 시도지사가 추천한 위원이 그대로 위원장으로 임명되고 있다. 한편 상임위원은 위원회 위원들이 의결로 제청한다. 상임위원의 임명절차는 민주적 · 합리적이지만 위원장 선출절차는 그렇지 못하다는 비판이 있다.

2. 사무국장의 지위

의사결정기구와 집행기구는 상호 독립적인 것이 원칙이지만, 자치경찰위원회의 집행기구인 사무국의 국장은 상임위원이 겸임하고 있다. 위원회 위원들은 상호 평등해야 위원회로서 기능을 제대로 수행할 수 있음에도, 상임위원이 사무국장을 겸직하고 있기 때문에, 실질적으로 다른 위원들과 기능 · 역할 · 권한의 측면에서 상당한 차이가 날 수 있다. 위원이 사무국장을 겸직할 때, 의사결정과 집행이 서로 원활하게 지원될 수 있는 장점도 존재하지만,

313) 박병욱, "자치경찰의 민주적 통제를 위한 시도경찰위원회 구성 및 운영방안에 대한 제언", 경찰법연구 제18권 제2호(2020) 3면 이하.

원칙적인 시스템은 아니므로 위원회의 의사결정시 상임위원을 비롯한 모든 위원들 지위의 독립성에 대한 인식이 필요하고, 사전에 충분한 정보의 공유와 협의가 필요하다.

3. 위원구성의 다양성과 위원구성협의체

1) 위원의 특정 성(性)이 6/10을 초과하지 않도록 노력해야 한다는 규정은, 양성평등기본법 제21조[314]의 취지에 따른 것으로서 강행규정은 아니지만 특정 성별에 치우치지 않도록 노력하여야 한다. 한편 위원 중 1명은 인권전문가가 임명될 수 있도록 노력해야 한다는 규정은 경찰의 업무수행에 인권의식이 반영될 수 있도록 하기 위하여, 국가인권위원회법 제5조를 참조하여 규정하였다. 인권의식은 자치경찰만의 문제가 아니라 국가경찰에서 더욱 필요한 요건이다.

2) 자치경찰위원회 위원은 다양한 추천기관에서 추천 또는 지명한 사람을 시도지사가 임명하는 체계에서, 시도지사가 각 추천기관에게 특정 성별을 추천할 것을 강제할 수 없어 실효성을 담보하기는 어려운 측면이 있다. 그래서 '시·도자치경찰위원회 위원구성협의체'를 미리 구성하여 자치경찰위원회 의원의 구성에 대한 협의를 미리 할 수 있도록 하였다(자치경찰운영규정 제4조의3).

> 자치경찰운영규정 제4조의3(시·도자치경찰위원회 위원구성협의체)
> ① 법 제19조 제2항 및 제3항에 따른 사항을 포함한 시·도자치경찰위원

314) 제21조(정책결정과정 참여) ① 국가와 지방자치단체는 정책결정과정에 여성과 남성이 평등하게 참여하기 위한 시책을 마련하여야 한다.
② 국가와 지방자치단체는 위원회(위원회, 심의회, 협의회 등 명칭을 불문하고 행정기관의 소관 사무에 관하여 자문에 응하거나 조정, 협의, 심의 또는 의결 등을 하기 위한 복수의 구성원으로 이루어진 합의제 기관을 말한다. 이하 같다)를 구성할 때 위촉직 위원의 경우에는 특정 성별이 위촉직 위원 수의 10분의 6을 초과하지 아니하도록 하여야 한다. 다만, 해당 분야 특정 성별의 전문인력 부족 등 부득이한 사유가 있다고 인정되어 다음 각 호의 구분에 따른 위원회의 의결을 거친 경우에는 그러하지 아니하다.
1. 국가 및 시·도가 구성하는 위원회: 실무위원회
2. 시·군·구가 구성하는 위원회: 시·도위원회

회의 위원 구성에 관한 사항 등을 미리 협의하기 위하여 시 · 도에 시 · 도자치경찰위원회 위원구성협의체를 둘 수 있다.
② 제1항에 따른 시 · 도자치경찰위원회 위원구성협의체의 구체적인 구성 · 운영에 관한 사항은 시 · 도 조례로 정한다.315)

제20조 시 · 도자치경찰위원회 위원의 임명 및 결격사유

제20조(시 · 도자치경찰위원회 위원의 임명 및 결격사유) ① 시 · 도자치경찰위원회 위원은 다음 각 호의 사람을 시 · 도지사가 임명한다.

1. 시 · 도의회가 추천하는 2명
2. 국가경찰위원회가 추천하는 1명
3. 해당 시 · 도 교육감이 추천하는 1명
4. 시 · 도자치경찰위원회 위원추천위원회가 추천하는 2명
5. 시 · 도지사가 지명하는 1명

② 시 · 도자치경찰위원회 위원은 다음 각 호의 어느 하나에 해당하는 자격을 갖추어야 한다.

1. 판사 · 검사 · 변호사 또는 경찰의 직에 5년 이상 있었던 사람
2. 변호사 자격이 있는 사람으로서 국가기관 등에서 법률에 관한 사무에 5년 이상 종사한 경력이 있는 사람
3. 대학이나 공인된 연구기관에서 법률학 · 행정학 또는 경찰학 분야의 조교수 이상의 직이나 이에 상당하는 직에 5년 이상 있었던 사람
4. 그 밖에 관할 지역주민 중에서 지방자치행정 또는 경찰행정 등의 분야에 경험이 풍부하고 학식과 덕망을 갖춘 사람

③ 시 · 도자치경찰위원회 위원장은 위원 중에서 시 · 도지사가 임명하고, 상임위원은 시 · 도자치경찰위원회의 의결을 거쳐 위원 중에서 위원장의 제청으로 시 · 도지사가 임명한다. 이 경우 위원장과 상임위원은 지방자치단체의 공무원으로 한다.

---

315) 표준조례에는 자치경찰위원회 위원의 임기만료 60일 전에 위원구성협의체를 구성하되, 위원은 5명으로 하고, 위원장은 자치경찰위원회 위원장이 맡고, 나머지 4명은 도지사, 도의회, 도교육감, 위원추천위원회가 각 추천하는 것으로 되어 있다.

④ 위원은 정치적 중립을 지켜야 하며, 권한을 남용하여서는 아니 된다.
⑤ 공무원이 아닌 위원에 대해서는「지방공무원법」제52조(비밀엄수의무) 및 제57조(정치운동금지)를 준용한다.
⑥ 공무원이 아닌 위원은 그 소관 사무와 관련하여 형법이나 그 밖의 법률에 따른 벌칙을 적용할 때에는 공무원으로 본다.
⑦ 다음 각 호의 어느 하나에 해당하는 사람은 위원이 될 수 없다. 위원이 각 호의 어느 하나에 해당한 경우에는 당연퇴직한다.

1. 정당의 당원이거나 당적을 이탈한 날부터 3년이 지나지 아니한 사람
2. 선거에 의하여 취임하는 공직에 있거나 그 공직에서 퇴직한 날부터 3년이 지나지 아니한 사람
3. 경찰, 검찰, 국가정보원 직원 또는 군인의 직에 있거나 그 직에서 퇴직한 날부터 3년이 지나지 아니한 사람
4. 국가 및 지방자치단체의 공무원(국립 또는 공립대학의 조교수 이상의 직에 있는 사람은 제외한다. 이하 이 조에서 같다)이거나 공무원이었던 사람으로서 퇴직한 날부터 3년이 지나지 아니한 사람. 다만, 제20조 제3항 후단에 따라 위원장과 상임위원이 지방자치단체의 공무원이 된 경우에는 당연퇴직하지 아니한다.
5.「지방공무원법」제31조 각 호의 어느 하나에 해당하는 사람. 다만,「지방공무원법」제31조 제2호 및 제5호에 해당하는 경우에는 같은 법 제61조 제1호 단서에 따른다.

⑧ 그 밖에 위원의 임명방법 등에 관하여 필요한 사항은 대통령령으르 정하는 기준에 따라 시・도조례로 정한다.

1. 위원의 임명

자치경찰위원회가 시도지사 소속의 위원회라는 점에서 위원의 임명 주체를 시도지사로 하고 있으나, 시도지사로부터 독립적 직무수행과 정치적 중립이라는 입법취지에 맞게 위원이 구성될 수 있도록 위원의 추천기관을 분산하였다. 추천기관 중 시도교육감이 들어간 것은 자치경찰사무가 청소년 보호 등 교육행정과 연관성이 크다는 점을 고려하였다.

2. 위원의 자격요건

본조 제2항 제4호의 요건 중 ‘관할 지역주민’이라 함은 해당 시 · 도에 주소지가 있는 거주민으로 해석된다.[316]

3. 위원장 및 상임위원의 임명

위원장은 위원 중에서 시도지사가 임명하고, 상임위원은 자치경찰위원회 의결을 거쳐 위원 중에서 위원장의 제청으로 시도지사가 임명한다. 일반적으로 합의제 행정기관의 상임위원 임명 방법으로 위원들의 호선, 추천기관의 추천, 위원장의 제청으로 임명하는 방법이 있는데, 경찰법에서는 위원장의 제청에 따라 임명권자인 시도지사가 임명하는 체계를 선택하면서, 위원장이 독단적으로 판단하여 상임위원을 제청하는 것을 방지하기 위하여 자치경찰위원회의 의결을 거치도록 하였다.

위원장과 상임위원의 신분은 지방자치단체 공무원으로 하되, 구체적인 신분과 직급은 대통령령에서 정하고 정무직 지방공무원으로 한다.[317]

4. 위원의 정치적 중립(제4, 5, 6항)

1) 위원들은 정치적 중립의무를 준수하고 권한 남용을 해서는 안 되며, 비밀엄수의 의무가 있다. 따라서 위원들은 특정 정당이나 특정 상급자를 위하여 그 직무를 수행해서는 안 된다.

2) 공무원이 아닌 위원들도 자치경찰위원회 소관사무와 관련하여 형법뿐만 아니라 모든 법률에 규정된 범죄를 저지를 경우 공무원으로 의제하여 처벌된다. 이러한 조항은 국가경찰위원회 위원들에게는 없는 규정으로서, 자치경찰위원회가 합의제 행정기관으로서 시도경찰청장을 지휘감독한다는 점에서 업무수행과 관련하여 그 책임을 강화한 것이다.

5. 위원의 결격사유 및 당연퇴직사유

316) 지방자치법 제16조(주민의 자격) 지방자치단체의 구역에 주소를 가진 자는 그 지방자치단체의 주민이 된다.

317) 지방자치단체의 행정기구와 정원 기준 등에 관한 규정(대통령령) 별표 2 제4호.

가. 의원의 재직 중 경찰법 제20조 제7항 각호의 당연퇴직사유에 해당하게 되면 법률상 당연히 퇴직하며 별도의 행정처분이 필요하지 않다.[318)]

나. 요건의 판단시점

자격요건이나 결격사유는 시도지사가 위원을 임명하기 위한 요건으로, 임명시점이 기준이 되며 자격요건을 갖추지 못했거나 결격사유에 해당할 경우 임명행위는 무효이다.[319)]

다. 요건의 확인절차

자격요건은 위원으로 임명되고자 하는 자가 스스로 증명해야 한다. 결격사유는 추천기관보다는 임명권자가 임명 전에 최종적으로 확인하여야 한다. 다만 추천기관도 1차적으로 이를 점검할 필요가 있다.

6. 그 외의 위원 임명절차

위원의 임명과 관련하여 기타 필요한 사항은 대통령령(자치경찰운영규정 제4조)으로 정하는 기준에 따라 시도실정에 맞게 시도조례로 정한다.

---

318) 대법원 1995. 11. 14. 선고 95누2036 판결.
국가공무원법 제69조에 의하면 공무원이 제33조 각 호의 1에 해당할 때에는 당연히 퇴직한다고 규정하고 있으므로, 국가공무원법상 당연퇴직은 결격사유가 있을 때 법률상 당연히 퇴직하는 것이지 공무원관계를 소멸시키기 위한 별도의 행정처분을 요하는 것이 아니며, 당연퇴직의 인사발령은 법률상 당연히 발생하는 퇴직사유를 공적으로 확인하여 알려주는 이른바 관념의 통지에 불과하고 공무원의 신분을 상실시키는 새로운 형성적 행위가 아니므로 행정소송의 대상이 되는 독립한 행정처분이 아니다.

319) 대법원 1987. 4. 14. 선고 86누459 판결.
가. 국가공무원법에 규정되어 있는 공무원임용결격사유는 공무원으로 임용되기 위한 절대적인 소극적 요건으로서 공무원 관계는 국가공무원법 제38조, 공무원임용령 제11조의 규정에 의한 채용후보자 명부에 등록한 때가 아니라, 국가의 임용이 있는 때에 설정되므로 공무원임용결격사유가 있는지의 여부는 채용후보자 명부에 등록한 때가 아닌 임용 당시에 시행되던 법률을 기준으로 하여 판단한다.
나. 임용당시 공무원임용결격사유가 있었다면 비록 국가의 과실에 의하여 임용결격자임을 밝혀내지 못하였다 하더라도 그 임용행위는 당연무효이다.

제21조 시 · 도자치경찰위원회 위원추천위원회

> 第21조(시 · 도자치경찰위원회 위원추천위원회) ① 시 · 도자치경찰위원회 위원 추천을 위하여 시 · 도지사 소속으로 시 · 도자치경찰위원회 위원추천위원회를 둔다.
> ② 시 · 도지사는 시 · 도자치경찰위원회 위원추천위원회에 각계 각층의 관할 지역주민의 의견이 수렴될 수 있도록 위원을 구성하여야 한다.
> ③ 시 · 도자치경찰위원회 위원추천위원회 위원의 수, 자격, 구성, 위원회 운영 등에 관하여 필요한 사항은 대통령령으로 정한다.

본 조는 경찰법 제20조에 따라 자치경찰위원회 위원 2명을 추천할 수 있는 위원추천위원회에 관한 규정이다. 경찰법 제21조는 시도지사 소속으로 위원추천위원회를 두고, 추천위원은 각계각층의 지역주민의 의사가 반영되도록 구성하여야 한다는 취지만 규정하고, 구체적인 내용은 대통령령에 위임하였다. '자치경찰운영규정' 제5조부터 제12조까지가 이에 해당한다.

> 제5조(시 · 도자치경찰위원회 위원추천위원회의 구성) ① 법 제21조 제1항에 따른 시 · 도자치경찰위원회 위원추천위원회(이하 "추천위원회"라 한다)는 시 · 도자치경찰위원회 위원을 추천할 때마다 위원장 1명을 포함하여 5명의 위원으로 구성한다.
> ② 추천위원회 위원(이하 "추천위원"이라 한다)은 시 · 도지사가 다음 각 호에 해당하는 사람을 임명하거나 위촉하며, 추천위원회 위원장은 추천위원 중에서 호선(互選)한다.
> 1. 「지방자치법 시행령 제103조 제1항에 따라 각 시 · 도별로 두는 시 · 군 · 자치구의회의 의장 전부가 참가하는 지역협의체가 추천하는 1명
> 2. 「지방자치법 시행령」 제103조 제1항에 따라 각 시 · 도별로 두는 시장 · 군수 · 자치구의 구청장 전부가 참가하는 지역협의체가 추천하는 1명
> 3. 재직 중인 경찰공무원이 아닌 사람 중에서 경찰청장이 추천하는 1명
> 4. 시 · 도경찰청의 소재지를 관할하는 지방법원장이 추천하는 1명
> 5. 시 · 도 본청 소속 기획 담당 실장[경기도북부자치경찰위원회의 경우

에는 행정(2)부지사 밑에 두는 기획 담당 실장을 말한다]

③ 제2항 제1호 및 제2호에도 불구하고 세종특별자치시와 제주특별자치도의 추천위원은 해당 시·도 의회 및 해당 시·도 교육감이 각각 1명씩 추천한다.

제6조(추천위원의 제척 및 회피) ① 추천위원은 자기 또는 자기의 친족이 심사대상자가 되거나 그 밖에 해당 안건의 심사·의결에 공정을 기할 수 없는 현저한 사유가 있는 경우에는 그 심사·의결에 관여할 수 없다.

② 추천위원회는 추천위원에게 제1항의 사유가 있다고 인정하는 경우에는 의결로 해당 추천위원의 제척(除斥) 결정을 해야 한다.

③ 추천위원은 제1항의 사유가 있는 경우 추천위원회 위원장의 허가를 받아 추천위원회 심사 참여를 회피할 수 있다.

제7조(추천위원회 위원장) ① 추천위원회 위원장은 추천위원회를 대표하고, 추천위원회의 업무를 총괄한다.

② 추천위원회 위원장이 부득이한 사유로 직무를 수행할 수 없을 때에는 시·도지사가 지명하는 추천위원이 그 직무를 대행한다.

제8조(추천위원회의 회의) ① 추천위원회 위원장은 시·도지사 또는 추천위원 3분의 1 이상이 요청하거나 추천위원회 위원장이 필요하다고 인정하는 경우 추천위원회의 회의를 소집하고 그 의장이 된다.

② 추천위원회는 재적위원 과반수의 찬성으로 의결한다.

③ 추천위원회 위원장은 회의를 소집하려면 회의 개최 3일 전까지 회의의 일시·장소 및 안건 등을 각 추천위원에게 알려야 한다. 다만, 긴급한 사정이나 그 밖의 부득이한 사유가 있는 경우에는 그렇지 않다.

④ 추천위원회의 회의는 공개하지 않는다.

제9조(추천위원회의 추천) ① 추천위원회는 법 제20조 제1항 제4호에 따른 시·도자치경찰위원회 위원 추천을 위한 심사를 한다.

② 추천위원은 시·도자치경찰위원회 위원으로 적합하다고 판단되는 사람을 추천위원회에 심사대상자로 제시한다.

③ 제2항에 따라 각 추천위원이 제시하는 심사대상자의 수는 추천위원회에서 의결로 정한다.

④ 추천위원회는 심사대상자에게 자격요건 충족 여부 및 결격사유 유무 등의 심사에 필요한 자료의 제출을 요구할 수 있다.

⑤ 추천위원회는 심사를 거쳐 법 제20조 제2항에 따른 자격을 갖추고 같은 조 제7항 각 호에 따른 결격사유가 없는 심사대상자 중 가장 적합하다고 인정하는 사람을 시 · 도지사에게 서면으로 추천해야 한다.
⑥ 추천위원회는 제5항에 따라 위원을 추천할 때에는 특정 성(性)에 치우치지 않게 추천할 수 있도록 노력해야 한다.
⑦ 추천위원회는 제5항에 따라 위원을 추천하였을 때에는 그 결과를 즉시 시 · 도자치경찰위원회에 통보해야 한다.
⑧ 추천위원회는 제5항에 따른 추천과 제7항에 따른 통보를 완료한 때에 해산된 것으로 본다.
第10조(비밀엄수의 의무 등) ① 추천위원 또는 추천위원이었던 사람은 직무상 알게 된 비밀을 누설하거나 심사와 관련된 개인 의견을 외부에 공표해서는 안 된다.
② 추천위원회는 제9조 제8항에 따라 해산되는 경우에는 지체 없이 심사대상자의 개인정보 등 신상자료를 폐기해야 한다.
第11조(추천위원의 수당 등) 시 · 도지사는 추천위원회에 참석한 위원에게 예산의 범위에서 수당과 여비를 지급할 수 있다.
第12조(추천위원회 운영 세칙) 이 영에서 규정한 사항 외에 추천위원회의 운영 등에 필요한 사항은 추천위원회의 의결로 정한다.

1. 추천기관(자치경찰운영규정 제5조 제2항)

기초의회 의장 협의회와 기초자치단체장 협의회에서 각 1명씩 추천위원을 추천할 수 있는데, 이는 현재 자치경찰제도가 광역자치단체 단위로 도입되다 보니, 기초자치단체의 의견이 상대적으로 소외될 수 있어 이를 반영하기 위한 것이다. 경찰청장 추천은 치안 전문성을 높이고 치안의 균질성과 통일성을 반영하기 위한 것이고, 지방법원장[320] 추천은 자치경찰사무에 사법적 전문성을

320) 경기도 남부자치경찰위원회는 경기도 남부경찰청의 소재지를 관할하는 지방법원장이 추천위원을 추천하고, 경기도 기획조정실장이 추천위원이 되며, 경기도 북부자치경찰위원회는 경기도 북부경찰청을 소재지를 관할하는 지방법원장이 추천위원을 추천하고 경기도 행정(2)부지사 밑에 두는 기획담당실장이 추천위원이 된다.

제고하기 위한 것이다. 또한 시도지사 소속 기획조정실장을 당연직 위원으로 함으로써 지방행정이 위원추천위원회를 통해 반영될 수 있도록 하였다.

다만 세종특별자치시와 제주특별자치도의 특례(자치경찰운영규정 제5조 제3항)로, 이들은 다른 광역자치단체와 달리 그 소속인 기초자치단체가 없으므로, 기초자치단체 의장단 협의체와 기초자치단체장 협의체 대신 시도의회와 시도 교육감이 각 1명씩 추천한다.

2. 위원추천위원회 추천위원의 자격요건 등

1) 경찰법이나 자치경찰운영규정상 시도자치경찰위원회 위원과 달리 위원추천위원회 추천위원은 별도의 자격요건과 결격사유에 대한 규정이 없다. 이에 대하여 추천위원의 자격요건을 조례로 정할 수 있는가? 추천위원의 자격요건에 대하여 법률과 대통령령에 아무런 규정이 없고, 이는 주민의 권리 제한에 관한 규정으로서 조례로 정할 수 있다는 규정도 없으므로 부정하여야 한다.[321]

2) 심사대상자는 추천위원들이 제시하게 되어 있으므로(자치경찰운영규정 제9조 제2항), 위원추천위원회가 의결로 다른 기관에 심사대상자 추천을 위임할 수 없다.

3) 추천위원회의 운영에 관한 사항으로서 대통령령에 규정되지 않은 사항은 추천위원회의 의결로 정한다(자치경찰운영규정 제12조).

---

321) 대법원 2019. 1. 10. 선고 2016두54039 판결.

[1] 법률의 위임 없이 주민의 권리제한 또는 의무부과에 관한 사항을 정한 조례의 효력(무효)

[2] 구청장이 구 폐기물처리시설 설치촉진 및 주변지역지원 등에 관한 법률 제6조에 따라 폐기물처리시설을 설치하거나 그 설치비용에 해당하는 금액을 납부할 의무를 부담하는 택지개발사업의 사업시행자에게 '서울특별시 송파구 택지개발에 따른 폐기물처리시설 설치비용 산정에 관한 조례' 규정에 따라 폐기물처리시설 설치비용 산정의 기준이 되는 부지면적에 주민편익시설의 면적을 포함시켜 산정한 폐기물처리시설 부담금을 부과한 사안에서, 위 조례 규정은 상위법령의 가능한 해석범위를 넘어 이를 확장함으로써 위임의 한계를 벗어난 새로운 입법을 한 것과 다름없으므로 효력이 없다고 한 사례

제22조 시 · 도자치경찰위원회 위원장의 직무

> 第22조(시 · 도자치경찰위원회 위원장의 직무) ① 시 · 도자치경찰위원회 위원장은 시 · 도자치경찰위원회를 대표하고 회의를 주재하며 시 · 도자치경찰위원회의 의결을 거쳐 업무를 수행한다.
> ② 시 · 도자치경찰위원회 위원장이 부득이한 사유로 직무를 수행할 수 없을 때에는 상임위원, 시 · 도자치경찰위원회 위원 중 연장자순으로 그 직무를 대행한다.

1. 위원장은 자치경찰위원회를 대표한다. 다만 대외 문서의 발신명의는 경찰위원회 명의로 한다.[322)]

2. 위원장은 모든 업무를 수행할 때 자치경찰위원회의 의결을 거쳐야 한다. 통상적인 합의제 행정기관의 위원장은 위원회의 소관 사무 중 심의 · 의결의 대상 이외의 사무는 의결 없이 처리할 수 있지만, 자치경찰위원회는 정치적 중립과 민주성을 강화하기 위하여 모든 사무에 대해 의결을 거쳐야 한다. 따라서 자치경찰위원회가 그 소관사무 중 일부를 의결대상에서 제외하고 위원장이 사무기구를 통해 처리하도록 위임하는 것은 허용되지 않는다.

3. 지방자치단체 상호 간 교류와 협력을 통해 자치경찰제의 발전을 도모하고 공동의 문제를 협의하고 함께 해결하기 위하여 전국 자치경찰위원장들을 구성원으로 하는 위원장협의회가 구성되어 있다. 협의회는 회장 1인과 권역별 부회장 4인 및 감사 1인의 임원을 두고, 월 1회의 정기회를 개최하고 있다. 한편 전국 자치경찰위원회의 사무국장들도 월 1회의 정례회를 개최하고 있다.

---

322) 행정 효율과 협업 촉진에 관한 규정(대통령령) 第13조.

第23조 시·도자치경찰위원회 위원의 임기 및 신분보장

> 第23조(시·도자치경찰위원회 위원의 임기 및 신분보장) ① 시·도자치경찰위원회 위원장과 위원의 임기는 3년으로 하며, 연임할 수 없다.
> ② 보궐위원의 임기는 전임자 임기의 남은 기간으로 하되, 전임자의 남은 임기가 1년 미만인 경우 그 보궐위원은 제1항에도 불구하고 한 차례만 연임할 수 있다.
> ③ 위원은 중대한 신체상 또는 정신상의 장애로 직무를 수행할 수 없게 된 경우를 제외하고는 그 의사에 반하여 면직되지 아니한다.

1. 연임은 '하나의 직위가 만료된 후 새로운 임기의 시작과 함께 연이어 취임하는 것'을 말하고, 중임은 '단임의 반대 의미로 하나의 직위에 임기가 만료된 후 바로 이어서 또는 일정 기간이 지난 후 다시 취임하는 것'을 말한다. 자치경찰위원회 위원은 연임할 수 없기 때문에 임기가 만료된 이후 다시 위원으로 임명될 수 없으나, 다른 위원회의 위원이 되거나 일정 기간이 지난 후 다시 위원으로 임명되는 것은 가능하다.

위원들이 연임할 수 없도록 한 것은 연임을 위한 집행부나 추천기관과의 결탁 가능성을 사전에 차단하기 위해서이다.

2. 자치경찰위원회 위원들은 신분보장을 강하게 받는다. 즉 신체적·정신적 장애로 직무를 수행할 수 없을 경우를 제외하고는 본인의 의사에 반하지 않고는 면직되지 않는다. 위원들이 정치적 중립을 지키면서 위원회의 기능을 성실히 수행할 수 있도록 하기 위함이다.

第24조 시·도자치경찰위원회의 소관 사무

> 第24조(시·도자치경찰위원회의 소관 사무) ① 시·도자치경찰위원회의 소관 사무는 다음 각 호로 한다.
> 1. 자치경찰사무에 관한 목표의 수립 및 평가

2. 자치경찰사무에 관한 인사, 예산, 장비, 통신 등에 관한 주요정책 및 그 운영지원
3. 자치경찰사무 담당공무원의 임용, 평가 및 인사위원회 운영
4. 자치경찰사무 담당공무원의 부패 방지와 청렴도 향상에 관한 주요 정책 및 인권침해 또는 권한남용 소지가 있는 규칙, 제도, 정책, 관행 등의 개선
5. 제2조에 따른 시책 수립
6. 제28조 제2항에 따른 시 · 도경찰청장의 임용과 관련한 경찰청장과의 협의, 제30조 제4항에 따른 평가(경찰서장 평가) 및 결과 통보
7. 자치경찰사무 감사 및 감사의뢰
8. 자치경찰사무 담당공무원의 주요 비위사건에 대한 감찰요구
9. 자치경찰사무 담당공무원에 대한 징계요구
10. 자치경찰사무 담당공무원의 고충심사 및 사기진작
11. 자치경찰사무와 관련된 중요사건 · 사고 및 현안의 점검
12. 자치경찰사무에 관한 규칙의 제정 · 개정 또는 폐지
13. 지방행정과 치안행정의 업무조정과 그 밖에 필요한 협의 · 조정
14. 제32조에 따른 비상사태 등 전국적 치안유지를 위한 경찰청장의 지휘 · 명령에 관한 사무
15. 국가경찰사무 · 자치경찰사무의 협력 · 조정과 관련하여 경찰청장과 협의
16. 국가경찰위원회에 대한 심의 · 조정 요청
17. 그 밖에 시 · 도지사, 시 · 도경찰청장이 중요하다고 인정하여 시 · 도 자치경찰위원회의 회의에 부친 사항에 대한 심의 · 의결

② 시 · 도자치경찰위원회의 업무와 관련하여 시 · 도지사는 정치적 목적이나 개인적 이익을 위해 관여하여서는 아니 된다.

1. 의결대상 사무 = 예시적

일반적인 합의제 행정기관은 위원회 소관사무 중 일부를 심의 · 의결의 대상으로 열거하는 것과 달리,[323] 자치경찰위원회는 원칙적으로 모든 소관사무

323) 예를 들면 방송통신위원회의 설치 및 운영에 관한 법률 제11조, 제12조.

를 심의·의결 대상으로 삼고 있다(경찰법 제25조 제1항). 이는 경찰법 제28조 제3항에 따른 자치경찰사무의 지휘감독권과 같은 취지이다. 자치경찰위원회의 소관사무가 경찰법 제24조에 열거된 사항에 한정되느냐, 예시적인가에 대하여는 견해의 대립이 있으나 예시적으로 보는 견해가 타당하다.[324] 본조 제1항 제17호에는 시도지사나 시도경찰청장이 "그 밖에", "중요하다고 인정"되는 사항을 자치경찰위원회의 심의·의결에 부칠 수 있다고 규정되어 있다. 이 규정에 따르면 본조 제1항 제1호에서 제16호까지 규정된 사항 외에 심의·의결의 대상이 되는 중요한 사안인지 여부에 관한 판단을 시도지사나 시도경찰청장이 할 수 있다는 것인데, 그렇다면 그러한 판단을 당연히 자치경찰위원회도 할 수 있다고 보아야 한다. 따라서 자치경찰위원회는 자치경찰업무와 관련하여 중요하다고 인정되는 사항이라면 본조 제1항 제1호에서 제16호까지 규정된 사항 외에도 심의·의결할 수 있다.

2. 자치경찰 담당공무원의 범위

가. 담당과 수행

1) 자치경찰위원회 사무 수행의 대상인 '자치경찰사무 담당'공무원(본조 제3, 4, 8, 9, 10호, 제35조 제2항)과 '자치경찰사무 수행' 공무원(경찰법 제30조 제4항, 제32조 제1항,[325] 제35조 등)이 법문상 구별된다. 공무원에는 일반직 공무원과 경찰공무원이 포함된다.

2) '담당'은 어떤 일을 지속적으로 맡아 관리하고 책임을 지도록 지명된 사람을 뜻하고, '경찰청과 그 소속기관 직제'(대통령령), 동 시행규칙, '시도경찰청 사무분장규칙'에 따라 부서별 사무배분과 개인별 사무분장 지정을 통해 사무의 담당이 정해진다.

3) '수행'은 담당보다는 넓은 개념으로 한시적으로 해당 업무를 하는 사람까지 포함한다. 즉 어떤 일의 수행자는 그 일을 직접 실행하는 사람으로 담당자가 수행자가 될 수도 있으나, 담당이 아닌 사람도 수행자가 될 수도

324) 한정적이라는 견해로는 알기쉬운 자치경찰 82면.

325) 제32조 제2항과 제3항에서는 동일한 사안인데도 '담당'이라는 용어를 쓰고 있다. 용어의 혼란으로 보인다.

있다(예, 실종사건에서 수사과 소속 경찰관이 실종자 수색에 동원되는 경우).

나. 자치경찰사무 담당공무원

1) 위와 같은 구별기준에 따른다면, 시도경찰청과 경찰서 소속 생활안전 · 여성청소년 · 교통 부서는 자치경찰사무 담당부서에 해당하며(경찰청과 그 소속기관 직제, 동 시행규칙, 시도경찰청 사무분장규칙), 해당 부서 내 사무분장을 통해 자치경찰사무를 담당하는 직위에 보직이 되는 공무원을 '자치경찰사무 담당공무원'이라 할 수 있다.

2) 다만 치안현장에서 국가경찰사무와 자치경찰사무는 명확히 구분되어 수행될 수 없고, 치안상황에 따라 자치경찰사무 담당공무원이 언제든 국가경찰사무도 담당할 수 있고, 그 반대도 가능하므로, 시도경찰청 이하 현장 경찰관들 중 대부분은 양쪽의 성격을 다 가진 공무원일 수밖에 없다. 따라서 자치경찰사무 담당공무원 중에서 자치경찰위원회의 임용권의 대상이 되는 범위를 구체적으로 정할 필요가 있다. 그런데 입법의 미비로 이에 대한 아무런 기준을 정하지 않으므로, 이를 '협의'를 통해 정하여야 한다는 것이 경찰청의 견해이다. 그런데 자치경찰위원회의 협의 상대가 경찰청장인지 아니면 시도경찰청장인지에 대하여는 분명하지 않다.[326)]

3) 실무에서는 시도경찰청과 협의를 하고, 현재 대부분의 시도에서는 사무 비중이 자치경찰사무가 50% 이상인 공무원을 자치경찰위원회의 임용권대상공무원으로 취급하고 있다.[327)] 그런데 실제로는 사무 비율을 정하는 뚜렷한 기준도 없고, 특히 애매한 경우에는 경찰관 개인이 스스로 자신이 국가경

---

326) 알기쉬운 자치경찰 84면. 다만 같은 책 166면(Q&A 부분)에는 자치경찰위원회의 권한을 행사할 시점을 기준으로 시도경찰청장과 협의하는 것으로 답변이 되어 있다. 이에 따르면 자치경찰 담당공무원의 범위는 자치경찰위원회가 인사권을 행사할 때마다 수시로 달라질 수 있으므로, 그때마다 시도경찰청장과 협의해야 한다는 것이다. 그렇다면 자치경찰위원회가 특정 경찰관의 인사권을 행사할 때 시도경찰청장으로서는 협의시 그 대상이 자치경찰 담당공무원이 아니라고 주장함으로써 자치경찰위원회의 인사권을 원천 봉쇄할 수도 있다. 이러한 사례는 물론 극단적인 경우라 할 수 있지만 법규의 적용과 해석을 이러한 불합리한 가능성이 나오도록 하는 것은 피해야 한다.

327) 전체 경찰공무원 중 자치경찰담당공무원의 비율은 각 시도마다 다르나 평균 14% 정도가 된다.

찰인지 자치경찰인지를 정하고, 따라서 이러한 비율은 언제든 변경될 수 있는 여지가 있어서, 자치경찰위원회로서는 인사권을 행사할 수 있는 대상인 자치경찰을 알기 어려운 상황이 되는 경우가 있다. 공무원 조직의 인사 시스템으로서는 참으로 허술하기 짝이 없는 상태이다.

4) 법리적으로 볼 때 경찰청과 협의를 통하여 자치경찰위원회의 임용권 대상공무원의 범위를 정한다고 하더라도, 적어도 협의의 주체는 경찰청장이 되어야 한다(경찰법 제24조 제1항 제15호 참조). 즉 시도경찰청장에 대하여, 경찰청장은 국가경찰사무를 지휘감독하고, 자치경찰위원회는 자치경찰사무를 지휘감독하는 상급기관이다. 그렇다면 자치경찰위원회가 지휘감독하는 대상인 시도경찰청장과 협의하여 지휘감독하는 공무원의 범위를 정한다는 것은 법리적으로도 옳지 않고 실정법에도 어긋난다. 현실적인 이유로 시도경찰청장이 직접 협의 업무를 수행하고 있더라도 협의 주체는 경찰청장이 되어야 하고, 시도경찰청장은 경찰청장으로부터 위임을 받거나 대리인의 자격으로 협의를 해야 한다. 자치경찰위원회로서는 시도경찰청장과의 협의가 원만히 진행되지 않으면 언제든 경찰청장이 직접 협의에 나설 것을 요구할 수 있다.

마지막까지 협의가 성립되지 않는 경우에는 어떻게 되는가? 여러 가지 견해가 있을 수 있지만, 일단 자치경찰업무 담당공무원이었던 경찰관은 자치경찰업무를 전혀 수행하지 않는 경우[328]가 아닌 한 계속해서 그 신분을 유지하는 것으로 보아야 한다. 그러한 기준도 적용할 수 없는 경우에는 자치경찰업무의 담당부서인 생활안전, 여성청소년, 교통 업무부서에 근무하는 경찰관을 자치경찰 담당공무원으로 보고 자치경찰위원회가 인사권을 행사할 수 있다고 보는 것이 비교적 명확한 해결책이 될 것이다.

5) 일원화된 자치경찰제도 아래서는 한 사람의 경찰공무원이 국가사무와 자치사무를 함께 수행하거나 취급 업무를 변경하는 상황이 당연히 발생할 것임에도 불구하고, 자치경찰 담당공무원을 확정하는 기준이 애매하다는 것은 초보적인 입법 미비이다. 이 부분은 법률이나 대통령령으로 명확히 기준을 정함으로써 인사권이 명확히 행사될 수 있도록 제도적 장치를 하루빨리 마련해야 한다.

---

328) 예를 들어 수사과에 배정되어 범죄수사만 하는 경우.

다. 자치경찰사무 수행공무원

수행공무원이라 함은 경찰 조직 내 사무배분과 무관하게 치안상황에 따른 직무명령이나 지침에 따라 자치경찰사무를 직접 실행하는 공무원을 의미한다. 일시적으로 자치경찰사무를 지원하고 실행에 참여하는 기동부대나 수사경찰도 자치경찰업무를 수행하는 공무원이 될 수 있다.

라. 지구대・파출소 소속 공무원(지역경찰관)

1) 지구대・파출소는 관할 지역에서 모든 경찰사무를 수행하는 경찰서장 소속의 경찰기관이다. 이들 지역경찰관은 자치경찰사무인 관할 지역 내 범죄예방활동을 담당하며, 신고 등 치안상황에 따라 자치경찰사무와 국가경찰사무를 담당하도록 되어 있다. 따라서 법상 자치경찰사무 담당공무원이자 국가경찰사무 담당공무원에 해당하므로, 이들 지역경찰관들이 자치경찰사무 수행과 관련하여 자치경찰위원회의 감사와 감찰요구 및 징계요구의 대상이 되고, 재정적 지원의 대상이 될 수 있다. 다만 아래 보는 바와 같이 지역경찰관은 자치경찰위원회의 임용권 대상에서는 제외되어 있다.[329)]

2) 이들 지역경찰관들은 주민들과 가장 가까운 곳에서 범죄예방활동을 담당하는 자치경찰의 최전선에 근무하는 경찰로서 오랫동안 자치경찰업무부서인 경찰서 생활안전부서 소속이었다. 그런데 현행 경찰법이 시행되면서 지구대・파출소 경찰공무원을 자치경찰위원회의 임용권에서 제외하고(경찰공무원임용령 제4조 제1항), 종합상황실 소속으로 변경시켜버렸다(경찰청직제규칙 제34조 제2항 제4호, 제74조 제3항). 이에 따라 중앙행정기관인 국가경찰의 하부조직은 읍・면・동・리까지 미치지만, 지방조직인 자치경찰의 하부조직은 경찰서 단위, 즉 시・군・구에서 단절되어 버리고, 자치경찰업무를 최전선에서 담당하는 지역경찰관의 인사권도 행사하지 못하는 기형적인 구조가 되었다. 경찰청이 단독으로 소관하는 대통령령과 시행규칙을 통하여 경찰법의 자치경찰제 도입의 입법취지 자체를 몰각시킨 조치라는 비판이 있다.[330)]

---

329) 알기쉬운 자치경찰 168면 참조.

330) 또한 시행규칙 조문 하나를 근거로 주민과 자치경찰을 가른 자치경찰도입에 대한 가장 반개혁적인 조치라는 비난도 있다. 행정안전위원회의 대안 심의과정에서도 지구대・파출소는 당연히 자치경찰인력으로 파악하고 있었다. 박준휘, 자치경찰제 연

3) 그렇게 변경한 이유를 보면 지구대·파출소가 신고 등 치안상황의 초동조치를 수행하고, 소속 경찰서장과 시도경찰청장 중심으로 종합적이고 신속한 상황대응이 이루어져야 국민의 안전을 보호할 수 있다고 하나, 근거 자체가 궁색하다. 최일선 대민부서인 지역경찰이 신고출동에 대응하는 사후적 조치에 편중되면서 범죄예방활동(특히 순찰활동)에 소홀해질 우려가 많고,[331] 현실적으로도 그러한 현상이 발생하고 있다. 최근까지 지구대·파출소를 경찰서 생활안전과 소속으로 둔 것은 지구대·파출소가 가장 주민과 가까운 곳에서 자치경찰사무, 특히 범죄예방을 위한 순찰업무 등을 담당하면서 주민들이 원하는 치안수요를 발굴할 수 있었기 때문이다. 무엇보다 자치경찰제가 출범하는 마당에 자치경찰의 손발을 잘라버린 것은 자치경찰제를 도입한 입법취지와 시대정신을 몰각하였다는 비판을 받아 마땅하다. 하루빨리 경찰법의 취지에 따라 지구대·파출소를 경찰서 생활안전과로 원상회복시키고, 지역경찰관들에 대하여 자치경찰위원회로 하여금 임용권을 행사하도록 하여야 한다. 국가경찰도 제대로 기능하기 위해서는 선택과 집중이 필요하다.

3. 자치경찰사무 담당공무원의 임용, 평가 및 인사위원회 운영(본조 제1항 제3호)

가. 임용권의 특칙

시도경찰청과 경찰서 소속 공무원은 국가공무원으로서 임용권은 국가에 있고, 자치경찰위원회는 시도지사 소속의 지방행정기관이므로, 시도경찰청 소속 공무원에 대한 임용권을 행사할 수 없음이 원칙이다

1) 임용권 행사의 특칙

구(III) 648면. 경찰공무원 임용령이나 경찰청직제규칙은 모두 경찰청이 단독으로 소관하는 규정이다. 경찰청은 다른 정부부처의 외청과 비교할 때 가장 많은 수의 법률을 소관하고 있으며(26개, 공동주관 7개 포함), 그 중 직접적으로 경찰권한을 제약하거나 견제할 수 있는 경찰법, 경찰관직무집행법, 경찰공무원법 등을 스스로 소관하고 있다. 박준휘, 자치경찰제 연구(III) 661면.

331) 강소영·배정환, "현행 자치경찰제도의 112신고체계와 지역경찰 운용에 관한 담론", 한국경찰학회보 24권 2호(2022) 354면 이하; 한편 112신고체제의 효율적인 운용에 관하여는 박종철, "긴급신고제도의 효율적인 대응체제 구축에 관한 연구", 자치경찰연구 7권 1호(2014) 178면 이하.

경찰법에서는 자치경찰위원회의 국가경찰에 대한 임용권 행사의 법적 근거를 마련하였고, 경찰공무원에 대한 자치경찰위원회의 구체적 임용권 행사 범위를 정하기 위해 경찰공무원법 제7조 제3항을 신설하여, 경찰청장의 임용권 일부를 대통령령(경찰공무원임용령)이 정하는 바에 따라 자치경찰위원회가 위임받아 행사할 수 있도록 하고 있다(일반직 공무원은 제외).

경찰공무원법(요약. 자치경찰 관련 부분, 법문 중 해양경찰은 제외하였음)

제7조(임용권자) ① 총경 이상 경찰공무원은 경찰청장의 추천 → 행정안전부장관 또는 해양수산부장관의 제청 → 무총리 → 대통령이 임용(다만 총경의 전보, 휴직, 직위해제, 강등, 정직 및 복직은 경찰청장이 한다).

② 경정 이하의 경찰공무원은 경찰청장이 임용(다만 경정으로 신규채용 · 승진임용 · 면직은 경찰청장의 제청 → 국무총리 → 대통령)

③ 경찰청장은 대통령령에 따라 경찰공무원의 임용에 관한 권한 일부를 시 · 도지사, 국가수사본부장, 소속 기관의 장, 시 · 도경찰청장에게 위임할 수 있다. 시 · 도지사는 위임받은 권한의 일부를 대통령령에 따라 시 · 도자치경찰위원회, 시 · 도경찰청장에게 다시 위임할 수 있다.

경찰공무원임용령

제4조(임용권의 위임 등) ① 경찰청장은 법 제7조 제3항 전단에 따라 시 · 도지사에게 해당 시 · 도의 자치경찰사무를 담당하는 경찰공무원[자치경찰위원회, 시도경찰청 및 경찰서(지구대 및 파출소는 제외)에서 근무하는 경찰공무원] 중 경정의 전보 · 파견 · 휴직 · 직위해제 및 복직에 관한 권한과 경감 이하의 임용권(신규채용 및 면직에 관한 권한은 제외)을 위임한다.

③ 경찰청장은 법 제7조 제3항 전단에 따라 소속기관등의 장에게 그 소속 경찰공무원 중 경정의 전보 · 파견 · 휴직 · 직위해제 및 복직에 관한 권한과 경감 이하의 임용권을 위임한다.

④ 제1항에 따라 임용권을 위임받은 시 · 도지사는 법 제7조 제3항 후단에 따라 경감 또는 경위로의 승진임용에 관한 권한을 제외한 임용권을 시 · 도자치경찰위원회에 다시 위임한다.

> ⑤ 제4항에 따라 임용권을 위임받은 시·도자치경찰위원회는 시·도지사와 시·도경찰청장의 의견을 들어 그 권한의 일부를 시·도경찰청장에게 다시 위임할 수 있다.
> ⑥ 제3항 및 제5항에 따라 임용권을 위임받은 시·도경찰청장은 소속 경감 이하 경찰공무원에 대한 해당 경찰서 안에서의 전보권을 경찰서장에게 다시 위임할 수 있다.
> ⑧ 시·도자치경찰위원회는 임용권을 행사하는 경우에는 시·도경찰청장의 추천을 받아야 한다.
> ⑨ 시·도경찰청장 및 경찰서장은 지구대장 및 파출소장을 보직하는 경우에는 시·도자치경찰위원회의 의견을 사전에 들어야 한다.

2) 인사정보

문제는 자치경찰위원회는 자치경찰에 대한 인사정보에 접근할 수 없다는 점이다. 현재와 같이 국가경찰의 인사시스템을 활용해야 하는 상태에서는 자치경찰의 실질적 인사권 확립은 곤란하므로, 장기적인 과제로는 자치경찰의 인사시스템을 마련해야 할 필요가 있고, 단기적으로는 경찰청이 자치경찰위원회의 인사에 필요한 충분한 인사정보를 제공하여야 한다.

나. 자치경찰위원회의 임용권의 내용

1) 경찰청장은 시도지사에게 자치경찰사무를 담당하는 경찰공무원(지구대·파출소 근무자 제외) 중 경정의 전보·파견·휴직·직위해제 및 복직과 경감 이하의 임용권(신규채용과 면직 제외)을 시도지사에게 위임하고, 시도지사는 그 중 경감 또는 경위로 승진임용권을 제외한 임용권을 자치경찰위원회에 위임한다. 자치경찰위원회는 시도지사와 시도경찰청장의 의견을 들어 그 권한의 일부를 시도경찰청장에게 위임할 수 있다.

2) 경정에 대한 인사권은 신규채용은 물론이고, 승진, 정직, 강등, 해임, 파면과 면직과 같은 중요한 인사권은 그대로 둔 채 비교적 형식적인 인사권만을 시도지사에게 위임하였다. 또한 휴직·복직·근속승진에는 재량권이 없고, 직위해제·정직·강등·해임·파면은 자치경찰위원회에 징계권이 없어 실질적인 권한이 없으므로, 경찰공무원임용령 제4조 제5항에 다라 이를 모두

다시 위임하고 있다. 그리고 무보직 경감 이하의 전보는 경찰서장이 지금까지 행사해 오던 것으로 경찰서장의 지휘역량을 유지하기 위하여 다시 위임하고 있다. 그래서 현실적으로 자치경찰위원회가 행사하는 인사권은 경사와 경장의 근속승진을 제외한 승진임용, 보직을 가진 경정과 경감에 대한 전보 및 경정 이하의 파견에 불과하다. 이 또한 충분한 인사자료도 없이 시도경찰청장의 추천을 받아 형식적으로 행사하고 있는 것이 현실이다.

자치경찰위원회의 당초 임용권의 범위와 임용권 다시 위임된 상황을 표로 정리하면 아래와 같다.

■ 당초의 임용권 범위

<table>
<tr><th>종류
계급</th><th>신규
채용</th><th>승진</th><th>전보</th><th>파견</th><th>휴직</th><th>직위
해제</th><th>복직</th><th>정직</th><th>강등</th><th>해임</th><th>파면</th><th>면직</th></tr>
<tr><td>경정</td><td colspan="2">대통령</td><td colspan="5" rowspan="6">자치경찰위원회</td><td colspan="2">경찰청장</td><td colspan="3">대통령</td></tr>
<tr><td>경감</td><td rowspan="5">경찰청장</td><td rowspan="2">시도지사</td><td colspan="4" rowspan="5"></td><td rowspan="5">경찰청장</td></tr>
<tr><td>경위</td></tr>
<tr><td>경사</td><td rowspan="3"></td></tr>
<tr><td>경장</td></tr>
<tr><td>순경</td></tr>
</table>

■ 다시 위임 후

<table>
<tr><th>종류
계급</th><th>신규
채용</th><th>승진</th><th>전보</th><th>파견</th><th>휴직</th><th>직위
해제</th><th>복직</th><th>정직</th><th>강등</th><th>해임</th><th>파면</th><th>면직</th></tr>
<tr><td>경정</td><td colspan="2">대통령</td><td rowspan="2">위원회
(과장
이상)</td><td rowspan="6">위원회</td><td colspan="3" rowspan="6">시도경찰청장</td><td colspan="2">경찰청장</td><td colspan="3">대통령</td></tr>
<tr><td>경감</td><td rowspan="5">경찰청장</td><td rowspan="2">시도
지사</td><td colspan="4" rowspan="5"></td><td rowspan="5">경찰청장</td></tr>
<tr><td>경위</td><td rowspan="4">시도
경찰
청장</td></tr>
<tr><td>경사</td><td rowspan="2">위원회
(근속
제외)</td></tr>
<tr><td>경장</td></tr>
<tr><td>순경</td><td></td></tr>
</table>

3) 경감 이하의 인사권에 관하여, 자치경찰위원회가 임용권을 행사하는 경우에 시도경찰청장의 추천을 받아야 한다. 자치경찰위원회가 시도경찰청장의 추천을 받아서 자치경찰 담당경찰관의 인사권을 행사하더라도, 시도경찰청장은 어디까지나 추천권자이고 인사권자는 아니다. 따라서 추천과 관련된 모든 자료가 자치경찰위원회에 제공되어야 하고, 인사권이 실질적으로 행사되어야 한다.

4) 지구대장과 파출소장은 시도경찰청장과 경찰서장이 보임하되, 자치경찰위원회의 의견을 들어야 한다. 지구대와 파출소가 자치경찰사무를 담당하는 최전선에 있는 조직임에도 불구하고 자치경찰위원회의 임용권 대상에서 제외한 것이 부당하다는 점은 위에서 보았지만, 이는 그나마 지구대장과 파출소장의 인사에 대한 자치경찰위원회가 관여할 수 있는 최소한의 견제장치를 마련한 것으로 볼 수 있다. 지구대와 파출소에 근무하는 경찰관이 자치경찰위원회의 임용권 대상이 될 수 없다는 것은 일원화 자치경찰체제로 운영하고 있는 현행 경찰법의 운영에 치명적인 장애라 할 수 있다.

지구대장은 경정이나 경감, 파출소장은 경감 또는 경위로 보하고, 지역사정과 지역경찰업무에 정통하고 리더십을 갖춘 자로서, 금품수수・직무태만・음주운전 등의 비위로 감봉 이상의 징계처분을 받고 3년이 지나지 않은 자나 형사사건으로 기소된 자 등은 배제하고 있다. 과거 이들이 한 지역에 장기 근무함으로 인하여 업무효율성이 저하되었다는 이유로 현재에는 1～2년 주기로 교체하고 있다. 그러나 장기근무가 필요한 지역으로 평가되는 곳도 있으므로 그에 관한 적절한 의견을 제시할 필요가 있다. 오히려 지역경찰 관리자인 지구대장과 파출소장은 지역의 사정에 정통하고 지역주민들과 원활한 소통을 위하여 장기근무가 필요하다는 견해도 현장에서는 많이 들린다.

경찰공무원 인사운영규칙

제50조(예규)

- 경찰서장은 대민접점부서인 지역경찰관서의 업무특성을 고려하여 다음 각 호에 해당하는 사람은 가급적 지역경찰관서에 배치하지 아니한다.

> ① 금품수수, 직무태만, 음주운전 등의 비위로 감봉이상의 징계처분을 받은 날로부터 3년이 경과되지 아니한 사람
> ② 형사사건으로 기소된 사람
> ③ 과도한 채무부담 등 경제적 빈곤상태가 현저하거나, 도박 · 사행행위 · 불건전한 이성관계 등으로 성실한 업무 수행을 기대하기 곤란한 사람
> - 지역경찰관서 소속 경찰공무원이 제1항 각 호의 어느 하나에 해당하는 경우에는 경찰서 내 부서 간 과 · 결원을 고려하여 우선적으로 전보하여야 한다.

5) 자치경찰은 지방자치단체의 다른 사무와는 달리 전문성과 특수성을 가지므로, 이를 다룰 인사기관으로 설치된 것이 자치경찰위원회이다. 그러나 현행법상 자치경찰의 인사정책을 주도하는 기관은 자치경찰위원회나 자치단체가 아니라 경찰청이다. 경찰관에 대한 임용권에 관하여도 가장 중요한 신규채용과 면직에 관한 권한도 경찰청장이 가지고 있고, 나머지 승진 · 전보 · 파견 등의 권한도 자치경찰위원회의 권한이라고 단정할 수 없을 정도로 실질적 권한을 행사하기 어렵다. 자치경찰위원회가 실질적인 인사권을 행사할 수 있는 방안을 강구해야 한다. 특히 자치사무 담당 경찰관에 대한 교육과 훈련에 대한 정책도 아무런 규정이 없이, 종전부터 경찰청에서 시행하고 있는 방식으로 하고 있다. 이들은 지방자치에 대한 경험도 없고 자치경찰에 관한 기본적 개념을 접할 기회도 없었기 때문에 자치단체나 자치경찰위원회에서 실시하는 교육 · 훈련과정을 받을 필요가 있고, 실제로 자치경찰위원회가 교육을 실시하고 있다.[332)]

다. 인사위원회 운영(본조 제1항 제3호)

경찰공무원법에는 인사위원회(제5조), 승진심사위원회(제17조), 고충심사위원

332) 양영철, 자치경찰론 380면. 자치경찰에 대한 직업윤리교육에 관하여는 이종복, "자치경찰 시대 한국 경찰공무원의 직업윤리 확립방안에 관한 연구: 부정청탁 및 금품 등 수수의 금지에 관한 법률과 관련", 한국자치경찰논총 1권 1호(2022) 51면 이하 참조; 이영남, "자치경찰제 실시에 따른 경찰윤리 확보방안", 경찰학논총 8권 2호(2013) 275면 이하.

회(제31조), 징계위원회(제32조)가 있다.

1) 자치경찰위원회가 운영하는 인사위원회는 경찰공무원법 제5조에 따라 경찰청장이 운영하는 인사위원회와 동일한 성격을 가진 것으로 볼 수 있으므로, 경찰공무원법 제6조를 준용하여 ① 자치경찰사무 담당공무원의 인사행정에 관한 방침과 기준 및 기본계획, ② 자치경찰사무 담당공무원의 인사에 관한 법령(조례)의 제정·개정 또는 폐지에 관한 사항, ③ 그 밖에 자치경찰위원회가 인사위원회의 회의에 부치는 사항 등을 심의·의결하여 자문에 응하는 역할을 수행한다.

인사위원회의 구성을 비롯한 구체적인 운영규정이 아직 정비되어 있지 않은 상태이나, 자치단체는 법령에서 위임한 범위에서 그 권한에 속하는 사무에 관하여 규칙을 제정할 수 있으므로(지방자치법 제28조), 개별 자치경찰위원회에서 규칙을 제정하여 인사위원회를 설치할 수 있다.[333]

경찰공무원법

제5조(경찰공무원 인사위원회의 설치) ① 경찰공무원의 인사(人事)에 관한 중요 사항에 대하여 경찰청장 또는 해양경찰청장의 자문에 응하게 하기 위하여 경찰청과 해양경찰청에 경찰공무원인사위원회(이하 "인사위원회"라 한다)를 둔다.

② 인사위원회의 구성 및 운영에 필요한 사항은 대통령령[334]으로 정한다.

---

333) 서울특별시 자치경찰위원회에서는 경찰법, 경찰공무원법, 경찰공무원임용령에 따라 서울특별시장과 서울특별시 자치경찰위원회에 위임된 '서울특별시 자치경찰사무담당 경찰공무원인사 등에 관한 규칙'을 제정하여, 자치경찰사무담당 경찰공무원의 임용 등에 관한 필요한 사항은 정하고 있다. 그리고 이들 법령에서 정한 바 없는 사항으로서 경찰청장과의 시도경찰청장 임용협의와 상설인사위원회의 설치·운영 등에 관한 사항을 구체적으로 정하고 있다.

334) 경찰공무원 임용령 [대통령령]

제9조(경찰공무원인사위원회의 구성) ① 법 제5조에 따른 경찰공무원인사위원회(이하 "인사위원회"라 한다)는 위원장을 포함하여 5명 이상 7명 이하의 위원으로 구성한다.

② 인사위원회의 위원장은 경찰청 인사담당국장이 되고, 위원은 경찰청 소속 총경 이상 경찰공무원 중에서 경찰청장이 각각 임명한다.

제6조(인사위원회의 기능) 인사위원회는 다음 각 호의 사항을 심의한다.
1. 경찰공무원의 인사행정에 관한 방침과 기준 및 기본계획
2. 경찰공무원의 인사에 관한 법령의 제정·개정 또는 폐지에 관한 사항
3. 그 밖에 경찰청장 또는 해양경찰청장이 인사위원회의 회의에 부치는 사항

2) 자치경찰위원회에 두는 고충심사위원회에 관하여는 경찰공무원법 제31조에 명문의 규정이 있으므로 그에 따라 운영하면 아무 문제가 없다. 고충처리의 대상은 인사·조직·처우 등 직무조건과 신상문제 및 성폭력범죄·성희롱과 부당한 행위 등이고, 고충심사위원회의 시정요청 결정에 대하여 처분청이나 관계기관의 장은 특별한 사정이 없는 한 이를 이행하고 그 결과를 통보하여야 한다(공무원고충처리규정 제12조 제2항).

경찰공무원법

제31조(고충심사위원회) ① 경찰공무원의 인사상담 및 고충을 심사하기 위하여 경찰청, 해양경찰청, 시·도자치경찰위원회, 시·도경찰청, 대통령령으로 정하는 경찰기관 및 지방해양경찰관서에 경찰공무원 고충심사위원회를 둔다.
② 경찰공무원 고충심사위원회의 심사를 거친 재심청구와 경정 이상의 경찰공무원의 인사상담 및 고충심사는 「국가공무원법」에 따라 설치된 중앙고충심사위원회에서 한다.
③ 경찰공무원 고충심사위원회의 구성, 심사 절차 및 운영에 필요한 사항은 대통령령[335]으로 정한다.

335) 공무원고충처리규정[대통령령]
제2조(고충처리대상) ① 공무원은 누구나 인사·조직·처우 등 직무 조건과 관련된 신상 문제와 「성폭력범죄의 처벌 등에 관한 특례법」 제2조에 따른 성폭력범죄(이하 "성폭력범죄"라 한다)·「양성평등기본법」 제3조제2호에 따른 성희롱(이하 "성희롱"이라 한다) 및 「공무원 행동강령」 제13조의3에 따른 부당한 행위 등으로 인한 신상 문제와 관련된 고충의 처리를 요구할 수 있다.
제3조의2(경찰공무원 고충심사위원회) ① 「경찰공무원법」 제31조 제1항에서 "대통령령이 정하는 경찰기관"이라 함은 경찰대학·경찰인재개발원·중앙경찰학교·경찰수사연수원·경찰서·경찰기동대·경비함정 기타 경감 이상의 경찰공무원을 장으로

3) 자치경찰위원회가 승진심사위원회를 직접 운영하지 않는 대신, 자치경찰담당 경찰공무원의 승진심사과정에서 자치경찰위원회의 의견이 반영될 수 있도록, 경찰관서에 두는 보통승진심사위원회 위원(5명에서 7명) 중 2명은 자치경찰위원회의 추천을 받아 경찰기관의 장이 임명해야 한다(경찰공무원 승진임용규정 제16조).

승진의 공정성에 대한 자각은 경찰관들의 직무에 미치는 영향이 지대하므로, 심사위원들은 실질적으로 공정해야 함은 물론,[336] 겉으로 볼 때에도 의심이 될 만한 여지를 보여서는 안 된다.[337]

경찰공무원법

제17조(승진심사위원회) ① 제15조 제2항에 따른 승진심사를 위하여 경찰청과 해양경찰청에 중앙승진심사위원회를 두고, 경찰청·해양경찰청·시·도경찰청과 대통령령으로 정하는 경찰기관·지방해양경찰관서에 보통승진심사위원회를 둔다.

② 제1항에 따라 설치된 승진심사위원회는 제15조 제3항에 따라 작성된 승진대상자 명부의 선순위자(같은 조 제2항 단서에 따른 승진시험에 합격된 승진후보자는 제외한다) 순으로 승진시키려는 결원의 5배수의 범위에 있는 사람 중에서 승진후보자를 심사·선발한다.

③ 승진심사위원회의 구성·관할 및 운영에 필요한 사항은 대통령령[338]으로 정한다.

하는 기관중 행정안전부장관 또는 해양수산부장관이 지정하는 경찰기관을 말한다.

336) 승진의 공정성에 영향을 미치는 요인에 관하여는, 심민규, "경찰 승진공정성에 영향을 미치는 요인에 관한 연구", 한국경찰학회보 22권 1호(2020) 199면 이하.

337) 정우열, "경찰관의 승진 공정성 지각이 직무만족에 미치는 영향", 찰학논총 13권 3호(2018) 105면 이하.

338) 경찰공무원 승진임용 규정[대통령령] 요약

제16조(보통승진심사위원회의 구성) ① 보통승진심사위원회는 경찰청·소속기관등 및 경찰서에 둔다.

② 보통승진심사위원회는 위원장을 포함한 5명 이상 7명 이하의 위원으로 구성한다.

③ 보통승진심사위원회 위원은 위원회가 설치된 경찰기관장이 승진심사대상자보다 상위계급인 경위 이상 소속 경찰공무원 중에서 임명하며, 위원장은 위원 중 최상위 계급 또는 선임인 경찰공무원이 된다.

4) 자치경찰위원회는 징계위원회를 직접 두는 대신 자치경찰사무 담당 공무원에 대한 징계요구를 할 수 있고(본조 제1항 제9호), 징계요구는 징계권을 가지고 있는 경찰청장과 시도경찰청장에게 할 수 있다.

경찰공무원법

제32조(징계위원회) ① 경무관 이상의 경찰공무원에 대한 징계의결은 「국가공무원법」에 따라 국무총리 소속으로 설치된 징계위원회에서 한다.

② 총경 이하의 경찰공무원에 대한 징계의결을 하기 위하여 대통령령(경찰공무원 징계령)[339]으로 정하는 경찰기관 및 해양경찰관서에 경찰공무원 징계위원회를 둔다.

③ 경찰공무원 징계위원회의 구성 · 관할 · 운영, 징계의결의 요구 절차, 그 밖에 필요한 사항은 대통령령(경찰공무원 징계령)으로 정한다.

4. 자치경찰사무 감사 및 감사의뢰(본조 제1항 제7호)

이는 자치경찰위원회의 자치경찰사무에 대한 실효적 지휘 · 감독을 위한 규정이고, 지휘 · 감독권이 배제된 자치경찰사무에 속하는 수사업무에 대한 유일한 관여 방법이기도 하다.

가. 자치경찰사무에 대한 감사

1) 중앙행정기관은 그 기관장이 자체 감사기관을 두고 소속기관에서 수

---

④ 시도경찰청 및 경찰서에 두는 보통승진심사위원회 위원 중 2명은 승진심사대상자보다 상위계급인 경위 이상 소속 경찰공무원 중에서 자치경찰위원회의 추천을 받아 위원회가 설치된 경찰기관장이 임명한다.

339) 경찰공무원 징계령[대통령령] 요약

제3조(징계위원회의 종류 및 설치) ① 경찰공무원 징계위원회는 경찰공무원 중앙징계위원회와 경찰공무원 보통징계위원회로 구분한다.

② 중앙징계위원회는 경찰청 및 해양경찰청에 두고, 보통징계위원회는 경찰청, 해양경찰청, 시 · 도경찰청, 지방해양경찰청, 경찰대학, 경찰인재개발원, 중앙경찰학교, 경찰수사연수원, 해양경찰교육원, 경찰병원, 경찰서, 경찰기동대, 의무경찰대, 해양경찰서, 해양경찰정비창, 경비함정 및 경찰청장 또는 해양경찰청장이 지정하는 경감 이상의 경찰공무원을 장으로 하는 기관(이하 "경찰기관"이라 한다)에 둔다.

행하는 사무 전반에 대해 자체 감사를 하는 것이 원칙이고(공공감사에 관한 법률 제2조) 경찰공무원은 국가공무원이므로, 중앙행정기관인 경찰청을 비롯한 예하 경찰기관에서 자체감사를 받는다. 그러나 경찰법이 경찰조직의 분리 없이 자치경찰사무에 대한 지휘감독권을 자치경찰위원회에 부여하면서 그 지휘감독권을 직·간접적으로 보장하기 위하여 자치경찰사무에 대해 감사권을 부여하였다. 자치경찰위원회는 사무기구를 통하여 해당 시도경찰청에서 수행하는 자치경찰사무에 대한 감사를 직접 할 수 있다.

2) 수사사무에 대한 감사권

자치경찰위원회는 수사사무에 대하여는 지휘감독할 수 없다(경찰법 제28조 제3항)는 이유로 자치경찰사무인 수사사무에 대하여도 감사할 수 없다는 견해도 있으나,[340] 이러한 견해는 법조문에 어긋난 해석이다.

즉 자치경찰위원회의 감찰요구권이나 징계요구권의 대상은 '자치경찰사무 담당공무원'인데 반하여(본조 제1항 제8호, 제9호), 감사의 대상은 '자치경찰사무'로 규정되어 있으므로(본조 제1항 제7호), 법문의 취지로 보더라도 특별한 사정이 없이 감찰요구권이나 징계요구권과 같이 해석할 수 없다. 뿐만 아니라 지휘감독권과 감사권은 반드시 일치할 필요도 없고,[341] 자치경찰사무에 속하는 수사사무는 모두 자치경찰위원회가 지휘감독권을 가지는 생활안전·여성·청소년·경비·교통과 밀접하게 관련된 업무로서, 지휘감독권을 가지는 업무에 대한 감독권을 간접적으로나마 보장할 필요가 있고, 그와 관련된 수사사무는 자치경찰사무 담당공무원들이 그 일부나 전부를 수행하거나 그 업무에 영향을 미친다. 또한 자치경찰사무에 속하는 수사사무가 형사소송법이 적용되는 준사법절차라는 이유로 자치경찰위원회의 지휘감독권을 배제하는 규정을 두었다 하더라도, 이는 여전히 자치경찰사무이므로 이에 대하여 자치경찰위원회가 관여할 권한과 필요도 있다. 이렇게 보지 않는다면 자치경찰업무와 관련된 수사사무를 자치경찰사무로 규정한 경찰법의 취지가 전혀 없어지게 된다. 결론적으로 자치경찰사무인 수사사무에 대하여도 자치경찰위원회가 감사권을 가진다.

340) 알기쉬운 자치경찰 87면.

341) 가장 전형적인 사례가 국회의 행정부나 사법부에 대한 국정감사권을 들 수 있다.

3) 감사의 방식

자치경찰위원회의 감사가 자치경찰사무에 대한 지휘권 · 감독권 등을 보장하기 위하여 필요한 제도이기는 하지만, 감사기관이 늘어남으로써 일원화 자치경찰제도 아래서 시도경찰청의 수감부담이 늘어나는 문제가 있다.[342] 따라서 경찰청과 자치경찰위원회가 감사를 실시할 때는 중복감사를 방지하고, 시도경찰청의 수감부담을 줄이고, 국가경찰사무와 자치경찰사무는 밀접하게 연계되어 이를 명확히 나누어 감사하는 것도 사실상 한계가 있으므로, 감사의 효율을 높이기 위해 같은 기간 동안 함께 합동감사를 실시하는 것이 바람직하다.[343] 성실하고 적극적으로 일하는 조직문화 조성을 위하여 적극행정 면책제도를 활성화할 필요도 있다.

나. 자치경찰사무에 대한 감사의뢰

1) '의뢰'는 남에게 부탁하는 것을 뜻하고, 주로 부탁받는 업무에 관한 능력을 가진 사람이나 기관에 일을 부탁할 때 사용된다(변호사에 대한 의뢰나 출연이나 집필의 의뢰 등). 이와 달리 의뢰는 해당 사무를 처리할 수 있는 '권한'이 있는 자가 그 대상이 되고, 그러한 권한을 가진 기관은 경찰청이나 시도경찰청이므로, 이들 기관만이 의뢰의 상대방이 된다는 견해가 있다.[344] 그에 대한 설명을 자세히 살펴본다.

「자치경찰사무라 하더라도 법령과 정책, 다수의 시 · 도에 적용되는 사안

---

342) 물론 수감기관이 늘어난다는 이유만으로 위법하거나 위헌이라고 말할 수는 없다.
헌법재판소 2003. 12. 18. 선고 2001헌마754 전원재판부
폐기물관련사업장에 대한 행정기관의 감사 근거인 폐기물관리법 제43조 제1항은 감사의 주체를 환경부장관, 시 · 도지사, 시장 · 군수 · 구청장으로 규정하고 있을 뿐, 감사의 횟수나 시기 · 방법 등 감사의 구체적인 내용에 대하여는 별다른 제한을 두고 있지 아니하다. 그 결과 과다감사 및 중복감사로 인하여 국민들의 영업의 자유를 침해할 소지가 있다. 그러나 위 법률조항은 폐기물의 적정한 처리를 유도 · 감독함으로써 환경보전과 쾌적한 생활환경 조성이라는 공익을 위한 것으로 그 입법목적이 정당하고 목적과 수단사이에 적정한 비례관계가 유지되어 있으며 영업의 자유의 본질적 내용을 침해하는 것도 아니어서 헌법에 위반되는 규정이라고는 볼 수 없다.

343) 알기쉬운 자치경찰 88면. 어떠한 감사기관을 불문하고 과다감사나 중복감사는 해서는 안 되고, 피감기관의 업무에 지나친 부담을 주지 않아야 한다.

344) 알기쉬운 자치경찰 88면.

및 인사 등은 경찰청의 업무로 볼 수 있고, 해당 업무 범위 내에서 경찰청이 시도경찰청에 대해 감사를 할 수 있다. 또한 자치경찰사무 수행에 필요한 예산을 경찰청에서 국고보조금으로 지원하고, 경찰청은 보조금 관리에 관한 법률 제36조에 따라 시도경찰청에 대한 감사를 할 수 있다. 따라서 각 해당 범위 내에서 자치경찰위원회의 감사의뢰도 가능하되, 자치경찰사무에 대한 지휘감독권이 자치경찰위원회에 있으므로, 경찰청의 자치경찰사무에 대한 감사는 제한적으로 행사될 필요가 있다. 그러므로 다수의 시・도에 걸쳐 동일한 기준으로 감사가 필요한 경우, 국가경찰사무와 자치경찰사무의 구분이 모호하여 자치경찰사무만을 감사하기 어려운 경우 등에는 자치경찰위원회의 감사의뢰를 받아 경찰청이 감사를 하는 것이 바람직하다. 자치경찰사무에 대한 감사권이 있는 시도경찰청도 감사의뢰의 대상이 된다. 다만 시도지사는 국가행정기관인 시도경찰청에 대한 감사권을 가지지 못하므로, 자치경찰위원회는 시도지사에게 감사의뢰를 할 수 없다.」는 것이다.[345]

2) 위 견해는 그 출발점인 '의뢰'에 대한 정의부터 납득하기 어렵다. 즉 '의뢰'라는 용어가 '권한 있는 자에 대하여 업무를 부탁한다'는 뜻이라는 주장이 어디에 근거를 둔 것인지 알 수 없다. 오히려 권한 있는 자는 스스로 자기 업무를 수행하여야지 남으로부터(특히 권한 있는 자로부터) 부탁을 받아 자기 권한을 수행하는 것이 아니다. 그리고 위 견해에서 드는 사례, 즉 법령이나 국고보조금의 사례는 처음부터 경찰청의 권한이지 자치경찰위원회의 권한은 아니므로, '의뢰'의 대상이 될 수도 없다.

의뢰는 사전적인 의미나 우리가 일상적으로 사용하는 언어의 관용례에 따르면, 자기의 일을 그러한 업무를 담당할 '능력'을 가진 사람이나 기관에 해달라고 부탁하는 것이다. 자치경찰위원회로서는 사무국을 가지고 있으나 그 규모가 작고 경험도 일천하여 감사권을 행사할 수 있는 정도의 역량을 갖추고 있지 못한 경우가 많다. 그래서 그러한 역량을 갖춘 기관에 감사를 부탁하는 것이 바로 의뢰인 것이다. 물론 그러한 기관이 경찰청이나 그 예하 경찰관서일 수도 있지만, 경우에 따라서는 감사할 능력을 갖춘 감사원이나 시도지사에게 감사의뢰를 할 수 있다. 특히 지방자치단체의 예산이 투입된 자

345) 알기쉬운 자치경찰 89면.

치경찰사무에 대하여 지방자치단체나 지방의회의 감사를 받는 것은 매우 자연스러운 일이다.

5. 자치경찰사무 담당공무원에 대한 감찰요구(본조 제1항 제8호)

가. 감찰조사권

경찰조직에서 '감찰'이란 복무기강확립과 경찰행정의 적정성을 확보하기 위해 경찰기관 또는 소속공무원의 제반업무와 활동 등을 조사 · 점검 · 확인하고 그 결과를 처리하는 감찰관의 직무활동을 말한다(경찰감찰규칙 제2조 제2호). 자치경찰사무 담당공무원을 포함한 시도경찰청 및 경찰서 소속 모든 공무원은 소속 관서장의 복무에 관한 지휘에 따르며, 소속 관서장이 일반적인 감찰조사권을 가진다. 자치경찰위원회가 지휘감독하는 경찰공무원을 직접 감찰하는 것이 자연스럽지만, 소속이 다른 국가행정기관인 시도경찰청 소속 공무원에 대해 감찰을 하는 것은 예외적이고 자치경찰사무에 대한 감사권만으로도 자치경찰위원회의 지휘권이 충분히 보장될 수 있다는 이유로 입법과정에서 자치경찰위원회의 직접 감찰권은 삭제되고 대신 감찰요구권만이 남았다.[346]

나. 감찰요구의 대상

1) 감찰요구의 대상은 자치경찰사무 담당공무원이고, 자치경찰사무와 관련된 직무를 수행하는 도중 발생한 비위사건이 대상이 된다. 즉 자치경찰사무 수행과 무관한 개인적 비위 등은 일반적 복무에 대한 감찰권을 가진 소속 기관장이 가지므로, 자치경찰위원회의 감찰요구의 대상이 되지 않음이 원칙이다.[347] 그러나 현실적으로 볼 때 개인적 비위가 오로지 사적인 영역에 그치는 특별한 사안이 아니라면, 고도의 윤리성을 갖추어야 할 자치경찰사무 수행과 전혀 무관한 경우는 드물 것이다.

2) 자치경찰위원회는 수사사무에 대한 지휘감독권이 없으므로, 자치경찰사무에 포함되는 수사사무는 모두 감찰요구의 대상에서 제외된다는 견해가 있으나,[348] 자치경찰사무 담당공무원이 자치경찰사무인 수사업무를 수행하고

---

346) 알기쉬운 자치경찰 89면.

347) 자치경찰사무와 무관한 개인적 비위를 시도자치경찰위원회가 인지한 경우에는 소속 경찰기관장에게 통보할 수 있다. 알기쉬운 자치경찰 167면.

있는 경우에는 감찰요구를 할 수 있다고 보아야 한다. 즉 자치경찰사무 담당공무원이 아닌 경찰관이 수사사무를 수행하는 경우에는, 그 수사사무가 자치경찰사무라 하더라도 감찰요구를 하는 것은 법문에 어긋나지만, 자치경찰사무 담당공무원이 수사사무를 담당하거나 수행한다면 자치경찰위원회가 감찰요구를 할 수 있다고 해석하는 것이 법문에 충실한 해석이다. 감찰은 징계요구와 밀접한 관계가 있으므로 자치경찰위원회가 가지는 징계요구권의 충실화를 위해서도 수사업무를 취급하는 자치경찰사무 담당공무원에 대한 감찰요구권은 필요하다.

다. 감찰요구의 요건

1) 주요비위사건을 저지른 경우에 감찰요구를 할 수 있는 요건이 된다. 비위사건이라 함은 경찰감찰규칙(경찰청훈령) 제2조 제1호의 '의무위반행위'와 같은 개념으로 볼 수 있다. 이에 따르면 '의무위반행위'란 소속공무원이 국가공무원법 등 관련 법령 또는 직무상 명령 등에 따른 각종 의무를 위반한 행위를 말한다.

2) 그 중 '주요'비위사건이 무엇인가에 관하여, 경찰감찰규칙 제39조 제1항 제1호가 정한 중대한 비위행위(금품・향응수수, 공금횡령・유용, 정보유출, 독직폭행, 음주운전 등)를 말하고, 또한 의무위반행위의 정도가 심하고 고의나 중과실이 있어야 한다는 견해가 있다.[349]

ㄱ) 경찰법 제24조에서 말하는 '주요비위사건'과 경찰감찰규칙 제39조의 '중대한 비위행위'는 법문상의 표현도 다르고, 전자는 자치경찰위원회의 감찰요구 대상을, 후자는 감찰결과의 공개를 규정한 것으로 입법목적이 다르므로, 이들을 동일한 개념으로 보기는 어렵다. 다만 주요비위사건을 판단함에 참고가 될 수는 있을 것이다.

ㄴ) 의무위반행위의 정도가 심하고 고의나 중과실이 있어야 한다는 주장은 아무 근거도 없는 주장이다.

ㄷ) 따라서 주요비위사건이란, 자치경찰위원회가 자치경찰사무 담당공무원에 대한 지휘감독권을 행사함에 반드시 시정이 필요한 가볍지 않은 비위행

---

348) 알기쉬운 자치경찰 90면.

349) 알기쉬운 자치경찰 90면.

위를 가리키고, 반드시 고의나 중과실이 필요한 것은 아니다.

라. 감찰요구의 방법 및 조치

1) 감찰권은 그 공무원이 소속된 기관장이 원칙적으로 행사할 수 있으므로, 자치경찰위원회의 감찰요구는 소속 경찰기관장에게 하여야 하고, 경정 이상 경찰공무원에 대한 징계는 경찰청이 하므로(경찰공무원징계령 제3, 4조) 이들에 대한 감찰요구는 경찰청장에게 할 수 있다.

2) '요구'란 특별한 규정[350]이 없다면 그 요구에 따를 것을 강제하지 않고, 자치경찰위원회의 감찰요구에 대한 조치를 따르지 않을 경우에는 과태료 등의 별도 제재규정이 없으므로, 감찰요구를 받은 경찰관서장은 감찰조사에 대한 재량이 있고 조사를 하지 않을 수도 있다는 주장이 있다.[351]

그러나 이는 법률에 규정된 자치경찰위원회의 권한을 무력화시킬 수 있는 매우 위험하고 근거 없는 해석이다. 단순히 주의·경고·권고와 달리 '요구'를 할 수 있다는 규정이 있다면, 그 요구를 반드시 따라야 한다는 규정(이는 사족에 불과하다)이 따로 없다 하더라도, 당연히 그에 따를 의무가 발생하는 것이 원칙이다.[352] 그 요구를 이행하지 않는 경우에 형벌이나 과태료와 같은 직접적인 제재규정이 없다고 하여 그러한 의무가 없는 것은 아니고, 그 의무 위반에 따른 규제를 받을 수 있다. 감찰요구를 받은 경찰기관의 장은 이를 성실히 이행할 의무가 있고, 감찰조사 자체를 실시하지 않을 재량은 없다. 또한 감찰조사 실시 후에 그에 따른 징계조치를 했다면 그 결과를 자치경찰위원회에 통보해야 하고, 조사 결과 징계를 하지 않았다면 그 사유도 통보할 의무가 있다. 이러한 의무를 이행하지 않는 것은 경찰법에 위반한 위법행위

350) 예; 부패방지 및 국민권익위원회의 설치와 운영에 관한 법률 제62조의3 ① 위원회는 조사 결과 신분보장신청인이 신고등을 이유로 불이익조치를 받았거나 받을 것으로 예상되는 경우에는 소속기관장등에게 30일 이내의 기간을 정하여 다음 각 호의 신분보장 등 조치를 취하도록 요구하는 결정을 하여야 하며, 소속기관장등은 정당한 사유가 없으면 이에 따라야 한다.

351) 경찰청, 자치경찰법규 91면.

352) 위 주장에서 인용하고 있는 헌법재판소 2014. 3. 25. 선고 2014헌마207은 참고인 출석을 요구할 수 있는 형사소송법 제221조의 규정은 '임의수사'로서 참고인에게 수사기관에 출석할 의무가 생기지 않는다는 점을 강조한 사례로 보인다. 따라서 감찰요구와 같이 행정법상의 규정을 해석함에 인용할 수는 있는 판례는 아니다.

가 되므로 징계사유가 될 수 있고, 직무유기죄의 책임을 질 수도 있다.[353)]

6. 자치경찰사무 담당공무원에 대한 징계요구(본조 제1항 제9호)

가. 징계요구의 의미

징계는 각 기관의 장이 관할 징계위원회에 징계의결을 요구하는 방식으로 한다(국가공무원법 제78조, 경찰공무원징계령 제9조). 자치경찰위원회는 자체적으로 징계위원회가 없으므로 각 기관의 장이 관할하는 징계위원회에 징계의결요구를 직접 할 수는 없고, 징계의결 요구권을 보유한 경찰기관장을 상대로 징계의결요구를 요청할 수 있다.

나. 징계요구의 대상

징계요구의 대상은 자치경찰사무 담당공무원임은 감찰요구에서와 같다. 따라서 징계요구도 감찰요구와 동일하게 자치경찰사무와 관련된 직무를 수행하는 도중 발생한 행위가 대상이 되고, 수사사무에 관하여도 자치경찰사무 담당공무원이 수사를 수행하였다면 징계요구의 대상이 된다.[354)]

다. 징계요구의 방법과 조치

1) 자치경찰위원회가 징계요구를 하는 상대방은 징계의결 요구권을 가지는 경찰청장, 시도경찰청장이나 경찰서장 등이다(공무원징계령 제2조, 경찰공무원징계령 제3조, 제4조). 다만 자치경찰위원회는 해당 지역의 시도경찰청장에게 징계절차 진행을 요청하고, 해당 요청을 받은 시도경찰청장은 징계 관할에 따라 직접 관할 징계위원회에 징계의결을 요구하거나, 경찰청장 또는 경찰서장에게 관할 징계위원회에 징계의결을 요구하도록 통보할 수 있다.

2) 자치경찰위원회의 징계요구도 감찰요구와 같이 징계의결 요구권자에게 이를 성실히 따를 법적 의무가 있다. 따라서 징계를 위한 조사 자체를 하지 않을 재량은 없고,[355)] 조사한 후 징계사유에 해당하는 경우에는 징계위원

353) 그에 대한 징계권을 자치경찰위원회가 직접 행사할 수 있는 권한이 없다 하더라도, 징계권을 행사할 수 있는 기관에 위법사실을 통보하여 징계절차 진행을 촉구하는 것도 가능하다.

354) 이와 달리 감찰요구와 같이 수사사무에 대하여는 자치경찰위원회가 전혀 징계요구권이 없다는 견해로는, 알기쉬운 자치경찰 92면.

회에 징계의결을 요청하고, 징계사유에 해당하지 않는다고 판단한 경우에는 징계절차를 종결할 수 있으며, 이에 대하여 자치경찰위원회에 통보할 의무가 있다. 조사 결과 등에 따라 징계사유에 해당함이 객관적으로 명백한 경우에는 관할 징계위원회에 징계의결을 요구할 의무가 있다.[356] 이러한 의무를 이행하지 않는 경우에는 징계사유가 되거나 직무유기죄의 책임을 물을 수 있다는 점은 감찰요구에서 설명한 바와 같다.

7. 자치경찰사무에 관한 규칙의 제정·개정·폐지(본조 제1항 제12호)

여기서 '규칙'이라 함은 자치경찰위원회가 합의제 행정기관으로서 제정할 수 있는 내부 행정규칙을 의미하며, 지방자치법상 자치단체의 장이 제정할 수 있는 규칙(지방자치법 제29조)을 뜻하는 것이 아니다. 합의제 행정기관은 특정 행정기관이 수행하는 사무의 일부를 독립하여 수행할 필요가 있을 때 설치하는 행정기관으로, 지방자치법 제117조 및 경찰법 제18조에 따라 지방자치단체에 설치하는 합의제 행정기관인 자치경찰위원회는 그 의사를 결정하여 대외적으로 표시하는 행정관청의 성격을 가진다. 자치경찰위원회의 운영에 필요한 사항이나 경찰법 제28조 제3항에 따라 자치경찰위원회의 지휘·감독을 받는 행정기관에 대하여 효력을 가지는 자치경찰사무에 관한 규칙을 제정·개정·폐지할 수 있는 권한을 근거 법률인 경찰법에서 자치경찰위원회에 부여한 것이다. '행정기관의 조직과 정원에 관한 통칙' 제21조[357]는 국가행정기관에 설치하는 합의제 행정기관이 법률에서 정하는 바에 따라 규칙을 제정할 수 있음을 확인하는 의미의 일반적 규정이다.[358]

---

355) 반대 견해로 알기쉬운 자치경찰 93면.

356) 대법원 2013. 6. 27. 선고 2011도797 판결(직무유기) 참조.

357) 제21조(합의제행정기관의 설치) 법 제5조의 규정에 의하여 행정기관에 그 소관사무의 일부를 독립하여 수행할 필요가 있을 때에는 법률이 정하는 바에 의하여 행정기능과 아울러 규칙을 제정할 수 있는 준입법적 기능 및 이의의 결정 등 재결을 행할 수 있는 준사법적 기능을 가지는 행정위원회 등 합의제행정기관을 둘 수 있다.

358) 법제처 법령해석 사례(안건번호 21-0448 회신일자 2021-08-25).

8. 자치경찰위원회의 현실적 지위[359)]

1) 현재 지자체 내부에서 자치경찰위원회는 제대로 자리를 잡지 못하고, 지자체에 속하는 하나의 실·국으로 보거나, 지자체의 고유업무 수행과는 거리가 있는 외부기관으로 보는 경향이 있다. 이러한 현상은 위원회의 독특한 성격이 그 이유가 될 수 있다. 위원회는 지방자치단체의 기관임에도 불구하고 국가기관을 지휘감독한다. 위원회는 시도지사에 소속된 의결기관인 반면 집행기관은 시도경찰청으로서 국가기관이다. 그러나 실제로 국가기관에 대한 지휘감독이 규정처럼 원활하게 되는 것도 아니고, 지휘감독의 범위도 애매하다.

2) 이러한 애매하고 독특한 지위적 특성이 위원회가 시도경찰청장을 지휘하는데 어려움을 겪게 한다. 자치경찰사무에 관하여 시도경찰청장은 자치경찰위원회의 지휘감독을 받도록 되어 있으나, 여전히 경찰청의 지휘를 우선적으로 판단한다. 모든 실질적인 인사권을 경찰청장이 장악하고 있기 때문이다. 경찰청에서는 자치경찰사무 관련사항을 각 자치경찰위원회에 협조요청의 형태로 공문을 시행하고 있으나, 내부망을 통해 각 시도경찰청에 관련 사항을 통보·지시하고 있다. 자치경찰제가 실시된 후에도 경찰청 내에 여전히 생활안전국과 교통국이 그대로 존치되어 있는 것도 이러한 현상을 부추기는 원인이 되고 있다.[360)]

3) 자치경찰위원회는 경찰청과 함께 시도자치경찰청장을 지휘하는 독립된 기능을 가진 지방자치단체의 기관임에도 불구하고, 실제로 경찰청은 기존 경찰사무가 원활히 수행될 수 있도록 지자체의 협조를 이끌어 내거나 예산을 편성하는 중개자의 역할로 오해하고 있다는 견해도 있다.

第25조 시·도자치경찰위원회의 심의·의결사항 등

359) 박준휘, 자치경찰제연구(Ⅲ) 128면. 여기서는 자치경찰위원회가 애매하고, 독특하고 어려운 지위라고 한다.

360) 자치경찰위원장 협의회에서는 경찰청 내에 종래와 같은 생활안전국과 교통국을 존치하는 것은 현행 경찰법의 취지에도 맞지 않으므로 이를 폐지하고, 자치경찰지원과 정도로 재편해야 한다고 주장한다.

> 第25조(시 · 도자치경찰위원회의 심의 · 의결사항 등) ① 시 · 도자치경찰위원회는 제24조의 사무에 대하여 심의 · 의결한다.
> ② 시 · 도자치경찰위원회의 회의는 재적위원 과반수의 출석과 출석위원 과반수의 찬성으로 의결한다.
> ③ 시 · 도지사는 제1항에 관한 시 · 도자치경찰위원회의 의결이 적정하지 아니하다고 판단할 때에는 재의를 요구할 수 있다.
> ④ 위원회의 의결이 법령에 위반되거나 공익을 현저히 해친다고 판단되면 행정안전부장관은 미리 경찰청장의 의견을 들어 국가경찰위원회를 거쳐 시 · 도지사에게 제3항의 재의를 요구하게 할 수 있고, 경찰청장은 국가경찰위원회와 행정안전부장관을 거쳐 시 · 도지사에게 재의를 요구하게 할 수 있다.
> ⑤ 시 · 도자치경찰위원회의 위원장은 재의요구를 받은 날부터 7일 이내에 회의를 소집하여 재의결하여야 한다. 이 경우 재적위원 과반수의 출석과 출석위원 3분의 2 이상의 찬성으로 전과 같은 의결을 하면 그 의결사항은 확정된다.

1. 자치경찰위원회의 심의 · 의결 대상(본조 제1항)

1) 통상적인 합의제 행정기관이 소관 사무 중 일부만을 심의 · 의결 사항으로 규정하여, 심의 · 의결 대상 이외의 소관 사무에 대해서는 위원장이 독자적으로 사무기구를 통해 처리하는 것과 달리, 경찰법에서는 자치경찰위원회의 모든 소관 사무를 심의 · 의결 대상으로 규정하고 있다. 이는 위원장이 자치경찰위원회의 의결을 거쳐 업무를 수행하도록 규정(경찰법 제22조 제1항)한 것과 같은 취지이다.

2) 경찰행정은 본래 돌발적인 치안상황에 신속히 대응할 필요성이 크므로 독임제 행정기관이 지휘감독하는 것이 일반적이므로, 자치경찰위원회가 자치경찰사무를 지휘감독함으로써 치안상황에 제대로 대응하지 못할 우려가 있다는 이유로, 자치경찰사무에 실시간 지휘감독이 이루어지기 위해 자치경찰위원회가 심의 · 의결할 시간적 여유가 없는 경우에는 지휘감독권을 시도경찰청장

에게 위임하도록 간주하는 규정을 두고 있다(경찰법 제28조 제4항 단서).[361]

2. 의결방식과 의결정족수(본조 제2항)

1) 자치경찰위원회의 의결정족수는 재적위원 과반수 출석과 출석위원 과반수의 찬성으로 정한다. 재적위원은 현재 위원회에 적을 두고 있는 위원을 말한다.

2) 합의제 의사결정이라는 자치경찰위원회의 설치 취지에 따라 위원들이 회의에 출석하여 의결하여야 하고 서면의결을 할 수 없다는 견해가 있다.[362]

그러나 어떠한 합의체든 특별히 서면의결을 금지하는 규정이 없다면 서면결의를 할 수 있다.[363] 자치경찰위원회의 업무는 모두 위원회의 의결을 통하여 집행해야 하므로, 굳이 위원들이 모두 모여서 의결할 만한 사안이 아닌 경우도 많이 있고,[364] 특히 치안에 관계되는 자치경찰을 지휘감독하는 행정기관으로서 긴급한 사정이 수시로 생길 수 있으므로, 오히려 자치경찰위원회야말로 서면결의를 할 필요성이 많다. 경찰법상 서면결의를 금지하는 규정이

361) 참고로 일본의 공안위원회는 경찰이 수행하는 사무를 직접 지휘하지 않고, 대강의 방향을 정하고 이를 사후적으로 확인・감독하는 '관리' 관계에 있다는 점에서 우리의 자치경찰위원회가 지휘・감독권을 가지고 있다는 점과 차이가 있다. 이에 관하여는 경찰법 제28조를 설명할 때 다시 언급하겠지만, 제28조 제4항 단서는 문제가 있는 규정이고, 실제 적용을 할 때 큰 의미가 있는 규정도 아니다. 이는 긴급한 사안에서 자치경찰위원회가 지휘감독권을 제대로 행사하기 위한 효과적인 방안을 모색함으로써 충분히 해결될 수 있다.

362) 알기쉬운 자치경찰 96면.

363) 대법원 2005. 6. 9. 선고 2005다2554 판결.
[1] 신용협동조합법은 이사회의 결의를 요하는 사항만을 규정하고 있을 뿐 이사회의 결의 방법에 관하여 아무런 규정을 두고 있지 아니하므로, 이사회결의를 요하는 사항에 관하여 이사들에게 개별적으로 결의사항의 내용을 설명하고 동의를 받은 후 미리 작성한 이사회회의록에 날인받는 방식으로 의결을 하는 이른바 서면결의 방식에 의한 이사회결의를 금지하고 있는 것으로 볼 수는 없다.
[2] "이사회는 재적이사 과반수의 출석으로 개최하고 출석이사 과반수의 찬성으로 의결한다."는 신용협동조합의 정관 규정은 의사정족수 및 의결정족수에 관한 일반 규정이어서 이른바 서면결의 방식에 의한 이사회결의를 금하는 규정이라고 단정하기 어렵다.

364) 형식적인 요건이 되면 원칙적으로 인정하는 공로연수나 표창수여 등과 같은 의결사항은 굳이 위원들이 모두 모여 심의・의결할 필요가 적은 업무이다.

없을 뿐만 아니라, 합의제 행정기관인 자치경찰위원회의 원활한 업무수행을 위하여 반드시 위원들이 출석하여 심의할 특별한 사정이 있는 경우를 제외하고는 서면결의는 당연히 허용된다. 경찰청에서도 그 후 서면결의나 원격영상회의를 할 수 있는 명문의 규정(제13조 제5항 및 제6항 신설)을 두는 방향으로 자치경찰운영규정의 개정작업을 준비하고 있다.

그러나 위와 같은 개정작업은 의미가 없고, 그러한 규정이 따로 없더라도 자치경찰위원회는 위원회 운영을 위한 규칙 제정권이 있고(경찰법 제24조 제1항 제12호), 결의방식은 위원회 운영의 기본적인 영역이므로, 운영규칙에 서면결의를 할 수 있다는 규정을 둔다면 서면결의는 명백하게 유효한 결의 방법이 된다. 다만 이러한 규정은 주의적인 규정에 불과하고, 그러한 규정이 없다 하더라도, 자치경찰위원회가 필요에 따라 서면결의를 하였다면 당연히 유효하다.

3. 시・도지사 등의 재의요구(본조 제3항, 제4항, 제5항)

1) 시・도지사는 자치경찰위원회의 의결이 적정치 않다고 판단할 경우 재의를 요구할 수 있다. 한편 행정안전부장관과 경찰청장은 자치경찰위원회의 의결이 법령에 위배되거나 공익을 현저히 해친다고 판단되면 시・도지사에게 재의를 요구하게 할 수 있다.[365]

2) 시・도지사와 행정안전부장관 및 경찰청장의 재의요구를 위해 자치경찰위원회는 위원회에서 의결한 사항을 해당 기관에 통지해줄 필요가 있고 통지방법은 서로 협의하여 정할 수 있다.

3) 자치경찰위원회는 재의요구를 받은 날부터 7일 이내에 재의결을 해야 하고, 재적위원 과반수 출석과 출석위원 2/3의 찬성으로 전과 같이 의결하면 그 의결은 확정된다. 국가경찰위원회가 재의요구를 받은 경우에는 재의결을 위하여 가중된 의결정족수가 필요하지 않고 다시 결의하면 되는데 반하여(경찰법 제11조 제2항, 국가경찰위원회 규정 제6조 참조), 자치경찰위원회의 재의결에는 2/3의 가중된 의결정족수의 찬성으로 다시 의결하여야 한다.

---

365) 이는 지방자치법 제169조에 따른 국가의 감독규정과 비슷하다.

第26조 시 · 도자치경찰위원회의 운영 등

> 第26조(시 · 도자치경찰위원회의 운영 등) ① 시 · 도자치경찰위원회의 회의는 정기적으로 개최하여야 한다. 다만 위원장이 필요하다고 인정하는 경우, 위원 2명 이상이 요구하는 경우 및 시 · 도지사가 필요하다고 인정하는 경우에는 임시회의를 개최할 수 있다.
> ② 시 · 도자치경찰위원회는 회의 안건과 관련된 이해관계인이 있는 경우 그 의견을 듣거나 회의에 참석하게 할 수 있다.
> ③ 시 · 도자치경찰위원회의 위원 중 공무원이 아닌 위원에게는 예산의 범위에서 직무활동에 필요한 비용 등을 지급할 수 있다.
> ④ 그 밖에 시 · 도자치경찰위원회의 운영 등에 필요한 사항은 대통령령으로 정하는 기준에 따라 시 · 도조례로 정한다.

1. 자치경찰위원회의 회의

이에 대하여는 본조의 규정 외에도 자치경찰운영규정에 정기회의와 임시회의 및 그 절차를 규정하고 있다.

> **자치경찰운영규정**
> 제13조(시 · 도자치경찰위원회의 회의) ① 시 · 도자치경찰위원회 위원장은 법 제26조 제1항에 따라 정기회의와 임시회의를 소집 · 개최한다. 이 경우 정기회의는 특별한 사유가 있는 경우를 제외하고는 월 1회 이상 소집 · 개최한다.
> ② 시 · 도자치경찰위원회 위원장은 회의를 소집하려면 회의 개최 3일 전까지 회의의 일시 · 장소 및 안건 등을 위원에게 알려야 한다. 다만, 긴급한 사정이나 그 밖의 부득이한 사유가 있는 경우에는 그렇지 않다.
> ③ 시 · 도자치경찰위원회는 회의록을 작성하고, 회의의 내용 및 결과와 출석한 위원의 성명을 적어야 한다.
> ④ 제3항의 회의록에는 위원장과 출석한 위원이 서명 · 날인해야 한다.
> 제14조(의견 청취 등) ① 시 · 도자치경찰위원회 위원장은 시 · 도자치경찰

위원회의 심의를 위하여 필요한 경우에는 관계 공무원 또는 관계 전문가의 출석 · 발언이나 자료의 제출을 요구할 수 있다.
② 시 · 도자치경찰위원회에 출석한 관계 공무원 또는 관계 전문가에 대하여는 예산의 범위에서 수당과 여비를 지급할 수 있다. 다만, 공무원이 소관 업무와 직접적으로 관련되어 출석하는 경우에는 지급하지 않는다.

자치경찰 운영에 있어 간접 당사자인 시도지사에게는 회의소집권한을 부여하면서, 직접 당사자인 시도경찰청장에게 회의소집에 관한 아무런 권한도 부여하지 않은 것은 합당한 규정은 아니다. 자치경찰위원회가 시도경찰청의 상급기관이라는 지극히 형식논리에 의거한 규정이라는 비판을 받을 수 있다.[366]

2. 실무협의회

자치경찰운영규정

제15조(실무협의회) ① 시 · 도자치경찰위원회는 자치경찰사무의 원활한 수행, 국가경찰사무 · 자치경찰사무의 협력 · 조정 및 그 밖에 필요한 사항을 협의하기 위하여 경찰청 등 관계 기관과 실무협의회를 구성 · 운영할 수 있다.
② 제1항에서 규정한 사항 외에 실무협의회 운영 등에 필요한 사항은 시 · 도의 조례로 정한다.

1) 실무협의회는 경찰법이 경찰사무를 국가경찰사무와 자치경찰사무로 나누어 지휘권을 분산함으로써, 시도경찰청장에 대한 지휘권이 충돌될 수 있어, 이를 신속하게 조정하기 위한 제도적 장치이다. 또한 치안행정과 지방행정 사이의 연계를 강화하고 국가경찰사무와 자치경찰사무 사이의 유기적 협력을 통해 주민 안전을 강화하기 위하여도 실무협의회를 운영할 필요성이 있다. 그리고 다양한 관계기관과 실무협의회를 운영할 필요가 있어 '경찰청

366) 양영철, 자치경찰론 423면.

등'으로 규정하였다.[367]

2) 실무협의회는 자치경찰위원회의 사무국장(상임위원)과 시도경찰청의 자치부장이 공동의장이 되고, 자치경찰위원회와 시도경찰청[368] 및 시도의 관련 업무 공무원들[369]과 시도교육청 공무원이 위원으로 참가하며 보통 분기별로 회의가 진행되고 있다.

3. 위원의 수당 등

위원장과 상임위원은 정무직 지방공무원으로서 보수를 받으므로 수당을 지급할 필요가 없으므로, 공무원이 아닌 위원에 대하여 수당을 지급할 수 있다.

> **자치경찰운영규정**
>
> 第16조(위원의 수당 등) ① 시·도자치경찰위원회에 출석한 공무원이 아닌 위원에게는 법 제26조 제3항에 따라 예산의 범위에서 상임위원에 준하여 수당과 여비, 그 밖에 필요한 경비를 지급할 수 있다.
>
> ② 제1항에 따른 수당 등의 지급기준은 시·도의 조례로 정한다.

第27조 사무기구

> 第27조(사무기구) ① 시·도자치경찰위원회의 사무를 처리하기 위하여 시·도자치경찰위원회에 필요한 사무기구를 둔다.
>
> ② 사무기구에는 「지방자치단체에 두는 국가공무원의 정원에 관한 법률」에도 불구하고 대통령령으로 정하는 바에 따라 경찰공무원을 두어야 한다.

367) 알기쉬운 자치경찰 100면; 지방행정과 치안행정의 연계에 관하여는 라광현, "현행 자치경찰제도 하에서 치안행정과 지방행정 업무연계의 가능성과 한계", 한국경찰학회보 24권 1호(2022) 143면 이하.

368) 시도경찰청의 직장협의회 의장이 위원으로 참가하는 곳이 많다.

369) 자치단체마다 명칭과 구성이 다르지만, 경상북도의 예를 들면, 안전정책과장, 여성가족행복과장, 교통정책과장, 어르신복지과장, 아이세상지원과장, 구조구급과장(소방대)이 위원으로 참가한다.

> ③ 제주특별자치도에는 「제주특별자치도 설치 및 국제자유도시 조성을 위한 특별법」 제44조 제3항에도 불구하고 같은 법 제6조 제1항 단서에 따라 이 법 제27조 제2항을 우선하여 적용한다.
> ④ 사무기구의 조직 · 정원 · 운영 등에 관하여 필요한 사항은 경찰청장의 의견을 들어 대통령령으로 정하는 기준에 따라 시 · 도조례로 정한다.

일본의 공안위원회는 위원회 소관 사무를 별도 사무기구 없이 경찰청과 해당 도도부현경찰본부에서 수행하는데 비하여,[370] 시도자치경찰위원회는 그 소속으로 사무기구를 별도로 설치하여 사무수행의 독립성을 보장하고 있다.[371]

1. 경찰공무원의 배치(본조 제2항, 제3항)

1) 자치경찰위원회는 시도지사 소속의 행정기관이면서 자치경찰사무를 관장하는 경찰기관의 속성을 함께 가지므로, 치안전문성이 요구되며 이를 위해 사무기구에 경찰공무원이 근무할 필요가 있다. 국가공무원을 지방자치단체에 정원을 두어 근무하기 위해서는 지방자치법 제125조 제5항[372]과 '지방자치단체에 두는 국가공무원의 정원에 관한 법률'과 '같은법 시행령'[373]에 따라야 하는 것이 원칙이나, 자치경찰위원회에 근무하는 경찰공무원의 정원을 정하는데는 경찰법을 그 근거조항으로 하여 대통령령으로 규정할 수 있도록 예외조항을 두었다.[374]

---

370) 우리 국가경찰위원회도 같은 상황이고, 세종시 자치경찰위원회도 초기에는 사무국이 없었다.

371) 알기쉬운 자치경찰 102면.

372) 제125조(행정기구와 공무원) ⑤ 지방자치단체에는 제1항에도 불구하고 법률로 정하는 바에 따라 국가공무원을 둘 수 있다.

373) 제주도는 '제주특별자치도 설치 및 국제자유도시 조성을 위한 특별법'과 '같은법 시행령'이 적용된다.

374) 동일한 방식의 규정은 소방공무원에 관한 소방기본법 제3조의2가 있다.

시 · 도자치경찰위원회에 두는 경찰공무원의 정원에 관한 규정 [대통령령](요약)

제1조(목적) 이 영은 경찰법 제27조 제2항에 따라 자치경찰위원회의 사무기구에 두는 경찰공무원의 정원에 관한 사항을 규정함을 목적으로 한다.

제2조(정원) ① 경찰법 제27조 제2항에 따라 자치경찰위원회의 사무기구에 두는 경찰공무원의 총정원은 별표[375]와 같다.

② 자치경찰위원회의 사무기구에 두는 경찰공무원의 자치경찰위원회별 정원과 계급별 정원은 제1항에 따른 총정원의 범위에서 행정안전부령으로 정한다.

③ 제1항에 따른 총정원은 경찰청장의 의견을 들어 배정해야 한다.

제3조(정원의 배정 등) 제2조에 따른 정원의 배정 기준 및 운영 등에 필요한 사항은 행정안전부령으로 정한다.

시 · 도자치경찰위원회에 두는 경찰공무원의 정원에 관한 규정 시행규칙 [행정안전부령](요약)

제1조(목적) 이 규칙은 「시 · 도자치경찰위원회에 두는 경찰공무원의 정원에 관한 규정」에서 위임된 사항과 그 시행에 필요한 사항을 규정함을 목적으로 한다.

제2조(시 · 도자치경찰위원회별 경찰공무원 정원) 「시 · 도자치경찰위원회에 두는 경찰공무원의 정원에 관한 규정」(이하 "영"이라 한다) 제2조 제2항에 따른 시 · 도자치경찰위원회의 사무기구에 두는 경찰공무원의 시 · 도자치경찰위원회별 정원과 계급별 정원은 별표[376]와 같다.

제3조(정원의 배정 기준 및 운영 등) ① 영 제2조에 따른 시 · 도자치경찰위원회 사무기구에 두는 경찰공무원의 정원은 해당 특별시 · 광역시 · 도 및 특별자치도의 치안수요 및 지역특성 등을 고려하여 배정한다.

② 경찰청장은 시 · 도자치경찰위원회의 사무기구에 두는 경찰공무원의 정원을 조정할 필요가 있다고 인정할 때에는 「행정기관의 조직과 정원

375) 총원이 총경 이하 51명이다.

376) 세종시 자치경찰위원회를 제외한 전국 17개 자치경찰위원회에 동일하게 총경, 경정, 경위 각 1명이 정원이다.

에 관한 통칙」 제8조에 따라 행정안전부장관에게 정원의 조정을 요구할 수 있다. 이 경우 경찰청장은 경찰공무원 정원 조정과 관련하여 미리 시·도자치경찰위원회의 의견을 들어야 한다.

③ 제2항 후단에 따라 시·도자치경찰위원회의 의견을 듣기 위한 구체적인 절차와 방법 등은 경찰청장이 정한다.

행정기관의 조직과 정원에 관한 통칙 [대통령령]

第8조(조직관리지침의 통보와 직제 등의 제정 또는 개정) ① 행정안전부장관은 매년 3월말일까지 당해 연도의 정부행정조직의 관리·운영방침과 다음 연도의 기구개편안 및 소요정원안의 작성에 필요한 기준을 정한 정부조직관리지침을 수립하여 국무총리의 승인을 얻어 중앙행정기관의 장에게 통보하여야 한다.

② 중앙행정기관의 장은 당해 기관과 그 소속기관의 기구와 정원을 조정할 필요가 있다고 인정할 때에는 제1항의 정부조직관리지침에 따라 다음 연도의 기구개편안과 소요정원 안을 작성하여 당해연도 4월 말 일까지 행정안전부장관에게 제출하여야 하며, 행정안전부장관은 이를 검토하여 다음 연도의 기관별 소요기구와 정원을 책정하여야 한다.

⑤ 관계 중앙행정기관의 장은 국가적 현안 또는 사회문제 해결 등을 위하여 상호 관련성이 있는 중앙행정기관의 기구와 정원을 공동으로 조정할 필요가 있다고 인정될 때에는 다음 각 호의 사항을 고려하여 제1항의 정부조직관리지침에서 정하는 바에 따라 제2항 또는 제4항에 따른 기구개편안과 소요정원안을 공동으로 마련하여 행정안전부장관에게 제출할 수 있다.

1. 관계 중앙행정기관의 관련 업무 수행 조직 및 정원의 규모와 기능
2. 지방자치단체 및 법인·단체 등과의 업무 연계 및 협력·지원 방안

2) 자치경찰위원회의 운영 이전에 사무기구의 업무량 등을 정확히 파악할 수 없었기 때문에 우선 대통령령의 제정을 위해 사무기구 운영의 기본틀이 되는 과장급 총경 1명, 팀장급 경정 1명, 실무자 경위 1명만을 정원으로 규정하고, 자치경찰위원회 운영 초기에 부족한 경찰공무원 인력은 시도에서

추가 파견을 받아 임시로 운영할 수 있도록 하였다. 시도별로 정원 외 추가 파견된 인력을 포함하여 향후 운영을 통해 자치경찰위원회별 적정규모의 경찰공무원을 검토하여 그 정원을 대통령령에 반영할 계획으로 일단 자치경찰위원회 사무국 운영을 시작하였다.377) 다시 말해서 위에서 정한 정원은 최소한의 틀을 마련하기 위하여 임시로 정한 것이고 처음부터 증원을 염두에 둔 것이다. 이에 따라 2022. 2. 18. 기준 전국 시도자치경찰위원회의 사무기구378) 현원은 아래와 같다.379) (그 후 하반기 정기인사로 자연복귀하는 정원 외 경찰관 숫자는 전국적으로 19명이 감축되었음)

위원회	서울	부산	대구	인천	광주	대전	울산	경기남	경기북	강원	충북	충남	전북	전남	경북	경남	제주
①	39	27	22	25	22	19	18	26	22	17	19	23	21	18	22	21	17
②	22	13	10	14	11	10	10	12	10	9	11	13	10	8	8	9	7
계	61	40	32	39	33	39	29	38	32	26	30	36	31	26	30	30	24

① 지방공무원의 숫자 ② 경찰공무원의 숫자

위 표를 보더라도 자치경찰위원회 사무국에 근무할 경찰관의 현행 법령상 정원과 현실로 필요한 숫자의 차이가 얼마나 큰지 잘 알 수 있다. 자치경찰위원회가 자치경찰사무에 관하여 시도경찰청장을 지휘함으로써 경찰기관의 속성을 가진다는 점380)과 치안행정과 지방행정의 연계성 강화를 위하여, 그리고 그동안의 운영 경험에 비추어 볼 때, 위에서 본 경찰인력은 반드시 필요하다는 것이 전국 자치경찰위원회의 공통적인 인식으로 보인다.381) 거기다

377) 알기쉬운 자치경찰 103면.

378) 세종시는 2022. 2. 18. 당시 사무국이 없으므로 제외함.

379) 지방공무원의 숫자에는 정무직인 위원장과 사무국장이 포함되어 있다.

380) 자치경찰위원회는 경찰청의 생활안전국과 교통국이 기존에 담당하였던 업무를 수행하는 기관이다. 따라서 원칙적으로 경찰청 생활안전국과 교통국 경찰관에 버금가는 인적 자원이 확보되어야 한다.

381) 제도 도입 초기에 경찰에서 자치경찰위원회 사무국에 많은 경찰관을 파견하려는

자치경찰 영역의 확대는 시대적 요청이고, 가까운 장래에 자치경찰의 역할이 현재보다 더 확장될 것이며, 자치경찰 사무국의 확대는 반드시 필요하다. 그럼에도 불구하고 2022. 11. 30. 현재까지 모든 자치경찰위원화에서 3명의 경찰공무원이 정원으로 된 상태에서 현실에 맞는 조정이 되지 않은 상태이다.

3) 일원화된 현행 자치경찰제도에서는 국가공무원인 경찰관들이 자치경찰사무를 수행하고 있고, 이를 지휘감독하는 자치경찰위원회 사무국에 부임하는 것은 타기관 파견의 개념이 아니라 고유의 임무를 수행하는 경찰기관에 배정되는 것이다. 따라서 정원이 증원되기 전이라도 자치경찰위원회와 시도경찰청이 협의하여 인원을 결정하여 처리하도록 하여야 한다.

사무국에 두는 경찰공무원의 정원 조정 절차는 경찰청장이 매년 자치경찰위원회의 의견을 들어 행정안전부장관에게 정원 조정을 요구하면, 행정안전부장관이 정원을 정하고 그에 따라 정원 관련 규정이 개정되도록 되어 있다.

2. 사무기구의 조직과 정원(본조 제4항)

자치경찰위원회는 시도지사 소속의 행정기관이므로 그 조직과 소속 지방공무원의 정원은 '지방자치단체의 행정기구와 정원기준 등에 관한 규정(대통령령)'에 따라 조례로 정한다.

의사가 밝혔으나, 국가경찰이 많이 파견된다면 자치경찰기구에 경찰청의 입김이 크게 작용할 것이라는 우려 때문에 최소한의 숫자로 정원을 정한 것이라고 한다. 이는 자치경찰위원들 중 경찰 출신 인사가 많다(특히 사무국장은 경찰 출신이 전체 자치경찰위원회의 88%를 차지함)는 이유로 같은 우려가 제기된 것을 보아도 그 분위기를 잘 알 수 있다. 그러나 국가경찰의 지위를 가진 경찰관이라 하더라도 자치경찰위원회 사무국에서 근무하다 보면 자치경찰에 대한 이해도가 높아지고 어느 누구보다 자치경찰업무에 충실한 것이 실제 운영의 현실이다. 국가경찰관들이 새로운 영역인 자치경찰로 전환하려는 사람이 많을수록 자치경찰제도는 더욱 빨리 자리잡을 수 있을 것이다. 제주자치경찰단의 예를 들어보더라도 간부들 대부분이 국가경찰에서 전환하였지만, 이들이 가장 자치경찰의 애찬자들임은 현장에서 생생히 느낄 수 있었다. 현재 국가경찰에 근무하는 경찰관들에게도 자치경찰은 승진의 희망과 존경과 신뢰를 받는 경찰관으로 다시 태어날 가능성이 있는 블루오션이 될 수 있다.

> **지방자치단체의 행정기구와 정원기준 등에 관한 규정**
> 제11조의2(시·도자치경찰위원회) ①「국가경찰과 자치경찰의 조직 및 운영에 관한 법률」 제18조에 따른 시·도자치경찰위원회의 기구설치기준과 공무원의 직급기준은 별표 2와 같다.
> ② 제1항에 따른 기구설치기준과 공무원의 직급기준을 정할 때에는 경찰청장의 의견을 들어야 한다.

이에 따라 세종시 자치경찰위원회를 제외한[382] 나머지 17개 자치경찰위원회의 사무기구는 사무국으로 하고 상임위원이 사무국장을 겸임하며, 사무국은 2과를 기준으로 하여 과장은 4급 지방공무원과 총경으로 구성된다.

3. 사무국 운영의 문제점[383]

1) 사무국에는 지방공무원과 국가경찰공무원이 함께 근무를 한다. 서로 경험해온 업무 내용과 수행방식에 차이가 있어 초기에는 약간의 갈등과 오해도 있었지만 현재로서는 큰 문제가 없이 잘 융합되고 있다. 특히 경찰공무원들이 자치단체의 사무기구에 들어와 근무하는 것이 익숙치 않고, 의원회와 친정인 경찰청과의 사이에서 눈치를 보아야 하는 어려움도 있다. 특히 경찰공무원은 예산편성을 한 경험이 없어서 사무국뿐만 아니라 시도경찰청에 근무하는 자치경찰사무 담당자들도 예산편성과 관련하여 어려움을 호소하고 있다. 이러한 문제점들은 경험의 축적과 함께 해결될 수 있는 문제라고 생각한다.

2) 사무국 인사에 있어서 경찰공무원에 대한 인사는 경찰청장이나 시도경찰청장의 권한이고, 지방공무원에 대한 인사는 자치경찰위원장이 아니라 단체장이 다른 실국과 동일하게 취급하기 때문에 인사의 독립성이 보장되지 않는다. 이에 대하여 자치경찰위원회가 관여할 수 있도록 할 필요가 있다.

특히 사무국 직원들의 근무평정이 다른 부서에 근무하는 지방공무원이나 경

382) 세종시 자치경찰위원회도 상임위원과 사무국을 두는 것으로 하는 경찰법 개정법률이 2022. 10. 27. 국회 본회의를 통과하였다(경찰법 제36조 삭제하고, 공포 후 3개월이 경과한 날부터 시행).

383) 박준휘, 자치경찰제 연구(Ⅲ) 130면.

찰공무원에 비하여 불리하다는 이유 때문에 사무국이 '기피부서'가 되고 있다는 지적이 있다.[384] 이 부분은 각 자치경찰위원회 별로 사정이 다르므로 일률적으로 말할 수는 없지만, 그러한 불이익의 가능성이 있는 것은 사실이므로 자치경찰위원회 사무국에 근무하는 직원들의 인사가 다른 부서에 근무하는 공무원들에 비하여 불리하지 않도록 위원회가 세심하게 배려할 필요가 있다.[385]

제5장 시 · 도경찰청 및 경찰서 등

第28조 시 · 도경찰청장

> 第28조(시 · 도경찰청장) ① 시 · 도경찰청에 시 · 도경찰청장을 두며, 시 · 도경찰청장은 치안정감 · 치안감(治安監) 또는 경무관(警務官)으로 보한다.
> ② 경찰공무원법 제7조에도 불구하고 시 · 도경찰청장은 경찰청장이 시 · 도자치경찰위원회와 협의하여 추천한 사람 중에서 행정안전부장관의 제청으로 국무총리를 거쳐 대통령이 임용한다.
> ③ 시 · 도경찰청장은 국가경찰사무에 대해서는 경찰청장의 지휘 · 감독

384) 이와 관련하여 경찰공무원의 근무평정방식 중 2015년 11월 이후 채택된 '근무성적평정 마일리지제도(근평마일리지 제도)'에 대한 분석이 있다. 심형인, "내용분석을 통한 경찰조직의 근평마일리지 제도에 대한 고찰", 한국경찰학회보 20권 5호(2018) 205면 이하 참조. 근평마일리지 제도가 기존의 근무성적평정과 가장 다른 점은 1명의 구성원에 대해 3명의 상사가 1년에 1회 평가하던 것을 구성원들에 대한 이해도가 가장 높을 것으로 기대되는 피평정자의 직속 상급감독자에 한해 매달 1회 시행하도록 하고 그 비중을 높인 것이다.

385) 경찰공무원의 승진에는 자치경찰위원회가 보통승진심사위원회의 위원 7명 중 2명을 추천할 수 있는 권한을 가지므로 어느 정도 개입의 가능성이라도 있지만, 총경 이상은 개입의 여지가 없다. 사무국 근무 경찰관에 대한 인사에서 자치경찰위원장이 시도경찰청장과 사실상 협의를 하는 경우가 있지만, 칼자루를 시도경찰청장이 잡고 있으므로 이들의 인사문제가 자치경찰위원회의 지휘감독권에 영향을 줄 수도 있다. 지방공무원의 경우에도 위원장이 자치단체의 인사권자, 특히 시도지사와 사실상 협의를 하여 해결하는 경우가 있으나, 위원장과 자치단체장과의 관계가 원만치 않을 때는 이 또한 작동되기 어려울 것이다.

> 을, 자치경찰사무에 대해서는 시·도자치경찰위원회의 지휘·감독을 받아 관할구역의 소관 사무를 관장하고 소속 공무원 및 소속 경찰기관의 장을 지휘·감독한다. 다만, 수사에 관한 사무에 대해서는 국가수사본부장의 지휘·감독을 받아 관할구역의 소관 사무를 관장하고 소속 공무원 및 소속 경찰기관의 장을 지휘·감독한다.
>
> ④ 제3항 본문의 경우 시·도자치경찰위원회는 자치경찰사무에 대해 심의·의결을 통하여 시·도경찰청장을 지휘·감독한다. 다만, 시·도자치경찰위원회가 심의·의결할 시간적 여유가 없거나 심의·의결이 곤란한 경우 대통령령으로 정하는 바에 따라 시·도자치경찰위원회의 지휘·감독권을 시·도경찰청장에게 위임한 것으로 본다.

1. 시·도경찰청장에 대한 임명 협의

1) 시·도경찰청장은 경찰청장이 시·도자치경찰위원회와 협의하여 추천한 사람 중에서 행정안전부 장관의 제청으로 대통령이 임명한다. 여기에서 '협의'에 대하여 경찰청장이 추천 전에 시·도자치경찰위원회와 협력하여 의논하는 것을 의미하며, '동의'나 '합의'와는 다른 의미라는 견해가 있다.[386]

2) 그러나 법령에서 말하는 '협의'는 원칙적으로 '합의'를 의미한다.[387] 즉 협의 당사자의 의사 합치가 있어야 한다. 예를 들어, '협의이혼'에서 협의는 부부의 합의를 의미하고, "공유물 분할협의"에서 협의 역시 공유자 전원의 합의가 필요하다. 행정법에서 사용하는 벌률용어도 기본적으로는 민법상의 용어의 해석에 따라야 한다. '협력하여 의논'한다는 것 자체가 당사자 사이의 합의를 추구하는 절차적인 측면도 있지만, 실체적으로도 합의를 이끌어 낸다는 의미도 있다. 그런데 절차적으로 의논만 하면 된다면 굳이 "협의"라는 용어를 사용할 필요도 없고, '의견'을 듣는다는 용어르 충분하다. 따라서 경찰법에서 "협의"라는 말을 사용하였다면 그 용어의 취지에 맞게 해석해야

386) 알기쉬운 자치경찰 111면.

387) 양창수, "합의와 협의" 법률신문 오피니언 2019. 5. 14.

한다. 뿐만 아니라 자치경찰제를 채택한 경찰법의 입법취지에 비추어 보더라도, 시·도경찰청장에 대하여 국가경찰사무를 지휘하는 경찰청장과 자치경찰사무를 지휘하는 자치경찰위원회의 합의는, 경찰청장이나 자치경찰위원회의 지휘감독권 확립을 위한 가장 중요한 의미를 가진 인사권이기 때문에 실질적인 협의로 보아야 한다. 실무에서는 경찰청장이 시·도경찰청장의 후보를 추천하면 이를 해당 자치경찰위원회에서 가부를 판단하는 절차를 거치는데, 법률상 경찰청장의 추천은 합의의 요건 중 청약에 해당하고, 시·도자치경찰위원회가 이를 인정하면 승낙에 해당한다고 볼 수 있다.

3) 협의 당사자는 경찰청장과 자치경찰위원회를 대표하는 위원장(경찰법 제22조 제1항) 사이에서 의견을 교환하지만, 자치경찰위원장은 내부적으로 자치경찰위원회의 심의·의결 결과에 따라 협의해야 한다.

4) 문제는 자치경찰위원회가 협의에 필요한 자료가 제대로 제공되지 않는다는 점이다. 즉 경찰청에서는 후보자의 형식적인 인사약력자료만 제공함으로써 실질적인 협의절차를 진행하기 어렵다는 것인데, 자치경찰위원회는 제대로 된 협의가 진행될 수 있을 정도의 실질적인 인사자료를 경찰청에 요청할 수 있다. 만약 부실한 자료만 제출됨으로써 자치경찰위원회가 경찰청장의 추천에 대한 심의·의결을 할 수 없을 정도라면, 이는 협의절차를 거치지 않는 위법한 절차가 된다.

2. 시·도경찰청장의 직무 수행

가. 시·도경찰청장에 대한 자치경찰사무 지휘

1) 일원화 자치경찰제 도입에 따라 기존 경찰청장의 지휘감독권이 사무에 따라 자치경찰위원회와 국가수사본부장으로 분산되었으나, 경찰청장과 자치경찰위원회는 각자 국가경찰사무와 자치경찰사무에 대해 시·도경찰청장만을 지휘감독하고, 시·도경찰청 소속 공무원은 사무 구분 없이 시·도경찰청장의 지휘감독을 받아 업무를 수행한다. 즉 자치경찰제가 도입되었지만 자치경찰위원회가 시도경찰청 소속 자치경찰사무 담당공무원을 직접 지휘하는 것이 아니다.[388]

388) 자치경찰위원회가 시·도경찰청 소속 자치경찰사무 담당공무원에 대한 근무평정권

2) ① 자치경찰위원회의 지휘가 없을 경우 시·도경찰청장이 자치경찰사무에 대하여 소속 직원을 지휘할 수 있는지 여부, ② 자치경찰위원회의 지휘 없이 소속 직원들을 지휘하였을 경우에 직권남용에 해당하는지 여부, ③ 수시로 발생하는 현안에 대해 그때마다 자치경찰위원회에 지휘를 요구해야 하는지 여부에 대하여 국회 행정안전위원회 심의과정에서 문제가 되었다.[389]

나. 수사사무

국가경찰사무와 자치경찰사무 구분 없이 모든 수사사무는 국가수사본부장이 지휘감독하므로, 자치경찰위원회는 경찰법 제4조에서 규정된 수사사무라 하더라도 이에 대해 시·도경찰청장을 지휘감독할 수는 없고, 다만 자치경찰사무에 대한 감사권과 감사의뢰권 및 자치경찰사무 담당공무원에 대한 감찰의뢰와 징계요구권을 행사함으로써 간접적으로 자치경찰사무에 대한 지휘권 등을 확보할 수 있다.

다. 경찰청 내의 자치경찰사무 부서의 문제

자치경찰제도의 운영 초기에 자치경찰업무를 담당하는 경찰관들이 가지는 불만 중 하나는 '이중보고'에 따른 행정력 낭비이다.[390] 경찰청에서는 종래와 같이 자치경찰사무에 관한 부서(생활안전국과 교통국 등)를 그대로 두고 감독을 하고 있다. 시·도경찰서의 자치경찰사무 담당 부서에서는 자치경찰위원회뿐만 아니라 경찰청의 지휘·감독을 사실상 받고 있다. 이러한 현상은 경찰법에 명백히 위배되지만, 신분이 국가경찰인 자치경찰담당 경찰관들로서는 경찰법의 규정을 떠나 자신들의 인사권을 가진 경찰청의 지시를 무시할 수 없다. 그래서 사소한 일까지도 '전국적인 업무의 통일'이라는 경찰청의 기존 입장을 고수하고, 이와 달리 지역 실정에 맞는 치안정책을 수립하여 시행

을 가지지도 않는다. 알기쉬운 자치경찰 173면. 현재로서는 경찰공무원에 대한 인사정보를 가지고 있지 못하기 때문에 근무평정은 물론이고 경찰법이 정한 인사권도 제대로 행사할 수 있는 여건이 되지 못한다. 따라서 자치경찰위원회가 자치경찰에 대한 인사정보를 정비함으로써, 자치경찰사무담당 경찰관에 대한 근무평정과 함께 실질적인 인사권을 행사할 수 있도록 할 필요가 있다.

389) 국회사무처, 제382회 행정안정위원회회의록, 임호선 의원 의견 참조.

390) 박준휘, 자치경찰제연구(Ⅲ) 267면을 비롯한 여러 보고서에 지적된 사항이다.

하려는 자치경찰위원회의 지휘를 따르지 않으려는 경향이 있다. 이런 상황에서는 자치경찰위원회의 자치경찰사무에 대한 지휘가 제대로 이행될 수 없고, 자치경찰제도를 도입한 경찰법의 입법취지를 달성할 수 없다. 경찰청장은 자치경찰사무에 대한 원칙적인 지휘감독권이 없으므로, 경찰청 내에 자치경찰사무를 관장하는 부서를 폐지하거나 자치경찰업무를 파악하고 협조하는데 필요한 최소한의 규모로 개편하고 자치경찰사무에 대한 지휘나 직접적인 관여를 하지 않음으로써 행정력 낭비의 원인을 제거해야 한다.

3. 시 · 도자치경찰위원회의 지휘감독권 위임(본조 제4항)

가. 규정의 취지

자치경찰위원회는 자치경찰사무에 대해 시도경찰청장을 지휘감독하는 것이 원칙이다(본조 제4항 본문). 그런데 본조 제4항 단서는 해석에 따라 본문의 원칙 규정을 심각하게 훼손할 수 있는 내용을 담고 있다.

먼저 이 부분에 대한 경찰청의 견해는 아래와 같다.

「합의제 행정기관으로서 의사결정을 위해서는 회의소집과 심의 · 의결에 상당한 시간이 소요되어 돌발적으로 발생하는 치안상황에 실시간으로 대응하기 어렵고, 치안현장에서는 국가경찰사무와 자치경찰사무가 혼재되어 수행될 수밖에 없어 구체적인 사안에서 자치경찰사무만을 구분하여 실시간으로 지휘감독하기 어렵다. 이러한 문제를 해결하기 위한 보완책으로 자치경찰위원회가 심의 · 의결하기 곤란하거나 시간적 여유가 없는 경우, 특별한 위임규정이 없더라도 자치경찰위원회의 지휘감독권이 시 · 도경찰청장에게 위임된 것으로 간주하는 것이 본조 제4항의 취지이다.」[391]

나. 본 조 제4항 단서의 문제점

1) 간주 규정의 문제

자치경찰위원회가 자치경찰사무에 관하여 시 · 도경찰청장을 지휘감독한다는 것은 자치경찰제를 도입한 경찰법의 대원칙이고 따라서 본조 제4항 본문은 반드시 지켜야 할 원칙규정이다. 따라서 그와 같은 지휘감독을 실시간으

391) 알기쉬운 자치경찰 112~113면.

로 할 수 없는 상황(이하 '비상상황'이라고 함)이 설혹 발생할 여지가 있다 하더라도 그러한 원칙을 훼손할 정도의 예외규정을 두어서는 안 된다. 무엇보다도 자치경찰위원회가 실시간으로 지휘권을 행사할 수 없는 상황이 되었다 하더라도, 그 업무를 시・도경찰청장에게 위임한 것으로 '간주'하는 규정은 입법기술상 세련되지 못하다는 비판을 면할 수 없다. 즉 간주규정이 들어감으로써, 비상상황이라는 판단을 시・도경찰청장이 독단적으로 한 후, 자치경찰위원회의 지휘를 받지 않고 자치경찰업무를 수행하면, 바로 그 업무를 위임받은 것으로 간주되는 것으로 해석될 수 있는 여지가 생긴다. 이를 긍정한다면 자치경찰위원회의 지휘권은 실질적으로 아무런 보장을 받지 못하고, 지휘를 받는 시・도자치경찰청장의 판단에 따라 지휘를 받을 것인지 받지 않을 것인지가 정해지는 불합리한 결과가 된다. 그러한 기조 아래서 자치경찰위원회의 회의가 소집되지 않는 기간[392] 등에는 시・도경찰청장이 그 책임 아래 자치경찰사무를 처리하고 그 결과를 자치경찰위원회에 보고하는 것이 입법취지에 부합한다는 견해까지 나올 수 있는 것이다.[393] 이러한 해석은 물론 잘못된 것이고, 따라서 비상상황에 관한 판단은 궁극적으로 자치경찰위원회가 해야 하고(운영규정 19조도 그러한 취지이다), 이러한 조문 하나 때문에 자치경찰제를 둔 경찰법의 입법취지를 근본적으로 훼손해서는 안 된다.

현행법 아래서 본 규정을 합리적으로 해석한다면, 위와 같은 비상상황이 발생하였다고 판단한 시・도경찰청장은 즉시 이를 자치경찰위원회[394]에 보고하고, 자치경찰위원회가 비상상황임을 판단한 경우에는[395] 시・도경찰청장의

392) 자치경찰위원회가 상시기구라 하더라도 정기회의든 임시회의든 그 회의는 따로 소집해야 하고, 회의가 소집되지 않은 상태가 일반적이므로, 위의 견해에 따르면 대부분의 자치경찰사무는 자치경찰위원회의 지휘를 받을 필요가 없게 된다.

393) 알기쉬운 자치경찰 113면.

394) 시・도경찰청장이 그 시도 자치경찰위원회 위원장에게 하는 것이 원칙이지만, 실무적으로는 시도경찰청의 담당부서에서 시・도경찰청장의 지시를 받아 자치경찰위원회 사무국으로 할 수도 있을 것이다.

395) 자치경찰위원회가 비상상황임을 판단하기 위해서는 위원들을 모두 소집하여 결의하거나 서면결의라도 할 수 있어야 하는데, 그런 경우라면 비상상황 자체가 될 수 없는 경우가 원칙이겠지만, 정식 안건을 결의할 수는 없다 하더라도 비상상황이라는 점만을 간단한 서면결의로 판단할 수 있는 사안도 있을 것이다.

책임 아래 자치경찰업무를 시행하고 그 결과를 자치경찰위원회에 보고해야 한다. 시 · 도경찰청장의 비상상황 발생보고를 받은 자치경찰위원회가 비상상황인지 여부를 판단할 여유조차 없다면, 시 · 도경찰청장으로서는 자기 판단 아래 자치경찰업무를 수행할 수밖에 없을 것이다. 이 경우에도 그 후 자치경찰위원회가 비상상황이 아니라고 판단하면 지휘감독을 받아야 하고, 그 판단에 대한 책임을 면할 수는 없고, 업무 수행이 종료되었다 하더라도 그에 대한 책임을 져야 한다.

2) 요건의 불분명

본조 제4항 단서는 비상상황에 대한 요건이 불분명하여, 이 규정을 적용할 때 법적 불안정을 가져올 수 있는 여지가 많다. 이는 위에서 본 '간주'규정과 관련된 문제이기도 하다. 즉 간주규정이 적용되려면 그 요건이 분명히 확정되어야 하는데, 현실적으로 비상상황을 명백히 규정하는 것이 쉽지 않기 때문에 해결하기 어려운 이러한 문제가 발생할 수밖에 없는 것이다. 본조 제4항 단서에 따라 규정된 대통령령인 자치경찰운영규정 제19조를 보면 아래와 같다.

> 제19조(자치경찰사무 지휘 · 감독권의 위임) 법 제28조 제4항 단서에 따라 시 · 도자치경찰위원회는 자치경찰사무에 대한 지휘 · 감독이 실시간으로 이루어질 수 있도록 미리 경찰청장과 협의하여 시 · 도경찰청장에게 위임되는 자치경찰사무 지휘 · 감독권의 범위 및 위임 절차 등을 시 · 도자치경찰위원회의 의결을 거쳐 정해야 한다.

위 운영규정은 본조 제4항 단서 규정인 비상상황의 요건과 절차를 구체적으로 정하였다고 보기에는 만족하지 못하다. 즉 이를 경찰청장과 협의하여 자치경찰위원회가 정해야 한다는 점은 명백하나, 사안의 성격상 비상상황의 구체적인 요건이 명백히 정해지기는 어렵다.

3) 해결책

이와 같은 점을 고려한다면 과연 '간주'규정이 필요한지 의문이고, 위임간주규정이 시 · 도경찰청장의 업무수행상의 권한을 보장하는 것이 아니라 오히려 그 책임을 무겁게 함으로써 비상상황에 대한 대처를 더욱 어렵게 하는 결과가 될 수 있으므로, 위임 간주규정을 삭제함이 타당하다.

따라서 시・도경찰청장이 비상상황이 발생하였다고 판단한 경우에, 즉시 이를 시・도자치경찰위원회에 보고한 후, 지휘를 기다릴 여유가 없을 경우에는 우선 자기 판단으로 자치경찰업무를 수행하되, 그 결과를 보고하고 그에 대한 사후 의결과 지휘에 따라야 한다는 취지로 규정하는 것이 합리적이다. 이에 대한 구체적인 절차로서는 경찰청장의 예외적인 지휘감독권을 규정한 경찰법 제32조가 참고가 될 것이다.

제29조 시・도경찰청 차장

> 제29조(시・도경찰청 차장) ① 시・도경찰청에 차장을 둘 수 있다.
> ② 차장은 시・도경찰청장을 보좌하여 소관 사무를 처리하고 시・도경찰청장이 부득이한 사유로 직무를 수행할 수 없을 때에는 그 직무를 대행한다.

현재 서울경찰청(공공안전・수사・자치경찰차장)과 제주특별자치도 경찰청에 차장을 두고 있다.

제30조 경찰서장

> 제30조(경찰서장) ① 경찰서에 경찰서장을 두며, 경찰서장은 경무관, 총경(總警) 또는 경정(警正)으로 보한다.[396)]
> ② 경찰서장은 시・도경찰청장의 지휘・감독을 받아 관할구역의 소관 사무를 관장하고 소속 공무원을 지휘・감독한다.
> ③ 경찰서장 소속으로 지구대 또는 파출소를 두고, 그 설치기준은 치안수요・교통・지리 등 관할구역의 특성을 고려하여 행정안전부령으로 정한다.

396) 2021. 4. 기준 전국 257개 경찰서 중 12개 경찰서장을 경무관으로 보하고, 나머지는 245개 경찰서장은 총경으로 보하고 있다.

> 다만, 필요한 경우에는 출장소를 둘 수 있다.
> ④ 시·도자치경찰위원회는 정기적으로 경찰서장의 자치경찰사무 수행에 관한 평가결과를 경찰청장에게 통보하여야 하며 경찰청장은 이를 반영하여야 한다.

1. 경찰서장의 지휘감독권

경찰서장은 수사사무를 포함한 모든 경찰사무에 대해 소속 직원을 지휘감독한다. 자치경찰제도가 도입되었지만 경찰서 단위의 경찰사무는 경찰서장의 지휘감독을 받아 사무가 수행되고, 자치경찰위원회에서 경찰서 소속 자치경찰사무 담당공무원을 지휘감독할 수 없다(본조 제2항).

2. 경찰서장에 대한 평가

자치경찰위원회가 자치경찰사무를 지휘한다는 점을 반영하여, 경찰서장의 자치경찰사무 수행을 평가하고 경찰청장은 이를 반영해야 한다(본조 제4항). 생활안전을 중심으로 하는 자치경찰사무는 대부분 일선기관의 소관이고, 그 중 가장 중심은 경찰서이다. 자치경찰위원회는 경찰서장에 대해서는 경찰서장의 직급이 총경 이상이기 때문에 직접적인 인사권은 없고, 다만 자치경찰사무 수행 평가를 할 수 있다. 자치경찰위원회의 경찰서장 평가의 시기·방법 및 절차 등은 경찰청과 협의하여 정하는 것이 입법취지에 부합하나, 그 평가결과를 어디에 어떻게 반영할지에 대하여는 아무런 규정이 없어 경찰청장에게 재량권을 부여하고 있다는 견해가 있고,[397] 실무에서도 그 반영 정도가 평가비중이 2~3%로서 지나치게 미미하고, 등급에 따른 차등점수도 변별력이 없어, 경찰서장의 인사에 별다른 영향을 미치지 못한다는 지적이 있다.[398] 전체 업무 중 최소한 경찰서장이 수행하는 자치경찰업무의 비율만큼

---

397) 알기쉬운 자치경찰 116면.

398) 경찰서장은 시도경찰청이 하는 관서평가가 90%를 차지하고, 나머지 10% 중 2%를 자치경찰위원회의 평가가 차지한다. 이에 대한 문제점이 제기되자 2022년에는 1%를 상향하여 3%로 한다고 한다.

의 비중으로 인사에 반영하는 것이 타당하다.

제31조 직 제

> 제31조(직제) 시·도경찰청 및 경찰서의 명칭, 위치, 관할구역, 하부조직, 공무원의 정원, 그 밖에 필요한 사항은 「정부조직법」 제2조 제4항 및 제5항을 준용하여 대통령령 또는 행정안전부령으로 정한다.

시도경찰청의 조직은 현행 경찰법 시행 이후 국가경찰사무는 공공안전부장이, 수사사무는 수사부장이, 자치경찰사무는 자치경찰부장이 담당하고 있다. 자치경찰부장이 학교폭력, 가정폭력 등의 수사사무와, 고속도로순찰대의 운영, 총포·화약 등 업무도 담당하지만 이는 국가경찰사무라는 견해가 있으나[399] 이들은 경찰법상 자치경찰사무이고 그렇기 때문에 자치경찰부장이 담당하는 것이다.

제6장 비상사태 등 전국적 치안유지를 위한 경찰청장의 지휘·명령

제32조 비상사태 등 전국적 치안유지를 위한 경찰청장의 지휘·명령

> 제32조(비상사태 등 전국적 치안유지를 위한 경찰청장의 지휘·명령)
> ① 경찰청장은 다음 각 호의 경우에는 제2항에 따라 자치경찰사무를 수행하는 경찰공무원(제주특별자치도의 자치경찰공무원을 포함한다)을 직접 지휘·명령할 수 있다.
> 1. 전시·사변, 천재지변, 그 밖에 이에 준하는 국가 비상사태, 대규모

399) 알기쉬운 자치경찰 117면.

의 테러 또는 소요사태가 발생하였거나 발생할 우려가 있어 전국적인 치안유지를 위하여 긴급한 조치가 필요하다고 인정할 만한 충분한 사유가 있는 경우

2. 국민안전에 중대한 영향을 미치는 사안에 대하여 다수의 시 · 도에 동일하게 적용되는 치안정책을 시행할 필요가 있다고 인정할 만한 충분한 사유가 있는 경우
3. 자치경찰사무와 관련하여 해당 시 · 도의 경찰력으로는 국민의 생명 · 신체 · 재산의 보호 및 공공의 안녕과 질서유지가 어려워 경찰청장의 지원 · 조정이 필요하다고 인정할 만한 충분한 사유가 있는 경우

② 경찰청장은 제1항에 따른 조치가 필요한 경우에는 시 · 도자치경찰위원회에 자치경찰사무를 담당하는 경찰공무원을 직접 지휘 · 명령하려는 사유 및 내용 등을 구체적으로 제시하여 통보하여야 한다.

③ 제2항에 따른 통보를 받은 시 · 도자치경찰위원회는 정당한 사유가 없으면 즉시 자치경찰사무를 담당하는 경찰공무원에게 경찰청장의 지휘 · 명령을 받을 것을 명하여야 하며, 제1항에 규정된 사유에 해당하지 아니한다고 인정하면 시 · 도자치경찰위원회의 의결을 거쳐 경찰청장에게 그 지휘 · 명령의 중단을 요청할 수 있다.

④ 경찰청장이 제1항에 따라 지휘 · 명령을 하는 경우에는 국가경찰위원회에 즉시 보고하여야 한다. 다만, 제1항 제3호의 경우에는 미리 국가경찰위원회의 의결을 거쳐야 하며 긴급한 경우에는 우선 조치 후 지체 없이 국가경찰위원회의 의결을 거쳐야 한다.

⑤ 제4항에 따라 보고를 받은 국가경찰위원회는 제1항에 규정된 사유에 해당하지 아니한다고 인정하면 그 지휘 · 명령을 중단할 것을 의결하여 경찰청장에게 통보할 수 있다.

⑥ 경찰청장은 제1항에 따라 지휘 · 명령할 수 있는 사유가 해소된 때에는 경찰공무원에 대한 지휘 · 명령을 즉시 중단하여야 한다.

⑦ 시 · 도자치경찰위원회는 제1항 제3호에 해당하는 경우 의결로 지원 · 조정의 범위 · 기간 등을 정하여 경찰청장에게 지원 · 조정을 요청할 수 있다.

⑧ 경찰청장은 제주특별자치도경찰청의 관할구역에서 제1항의 지휘 · 명령권을 제주특별자치도경찰청장에게 위임할 수 있다.

1. 경찰청장의 예외적인 지휘・명령권의 요건(본조 제1항, 제6항)

가. 요건(제1항)

1) 제1호 사유 : 국가비상사태와 대규모의 테러나 소요사태
2) 제2호 사유 : 다수의 시・도에 동일하게 적용되는 치안정책을 시행할 필요
3) 제3호 사유 : 시・도의 경찰력만으로는 치안유지가 어려운 경우

나. 위의 사유가 해소되면 경찰청장의 지휘명령은 즉시 중단해야 한다(제6항).

2. 경찰청장의 예외적인 지휘・감독 절차(본조 제2항~7항)

가. 자치경찰위원회에 통보 절차(제2항, 제3항)

경찰청장의 통보를 받은 자치경찰위원회의 조치 : 요건이 인정되면 특별한 사정이 없는 한 자치경찰담당공무원에게 경찰청장의 지휘를 받을 것을 명하고, 요건이 인정되지 않는다고 판단되면 경찰청장에게 지휘를 중단할 것을 요청한다.

나. 국가경찰위원회에 보고 절차(제4항, 제5항)

국가경찰위원회에 즉시 보고(제1항 제3호 사유는 원칙으로 미리 국가경찰위원회 의결 필요)하고, 보고받은 국가경찰위원회가 요건에 해당하지 않는다고 인정하면 지휘중단을 통보한다.

3. 자치경찰위원회의 지원・조정신청(본조 제7항)

본조 제1항 제3호에 해당하는 경우 자치경찰위원회 스스로도 경찰청장에게 지원을 요청할 수 있다.

4. 제주특별자치도 특례(제8항)

제주도는 경찰청장의 위임에 따라 제주특별자치도 경찰청장이 제주자치경찰단 소속 자치경찰공무원까지 직접 지휘할 수 있다.

제7장 치안분야의 과학기술진흥

제33조 치안에 필요한 연구개발의 지원 등

> 제33조(치안에 필요한 연구개발의 지원 등) ① 경찰청장은 치안에 필요한 연구·실험·조사·기술개발(이하 "연구개발사업"이라 한다) 및 전문인력 양성 등 치안분야의 과학기술진흥을 위한 시책을 마련하여 추진하여야 한다.
>
> ② 경찰청장은 연구개발사업을 효율적으로 추진하기 위하여 다음 각 호의 어느 하나에 해당하는 기관 또는 단체 등과 협약을 맺어 연구개발사업을 실시하게 할 수 있다.
>
> 1. 국공립 연구기관
> 2. 「특정연구기관 육성법」 제2조에 따른 특정연구기관
> 3. 「과학기술분야 정부출연연구기관 등의 설립·운영 및 육성에 관한 법률」에 따라 설립된 과학기술분야 정부출연연구기관
> 4. 「고등교육법」에 따른 대학·산업대학·전문대학 및 기술대학
> 5. 「민법」이나 다른 법률에 따라 설립된 법인으로서 치안분야 연구기관 또는 법인 부설 연구소
> 6. 「기초연구진흥 및 기술개발지원에 관한 법률」 제14조의2 제1항에 따라 인정받은 기업부설연구소 또는 기업의 연구개발전담부서
> 7. 그 밖에 대통령령으로 정하는 치안분야 관련 연구·조사·기술개발 등을 수행하는 기관 또는 단체
>
> ③ 경찰청장은 제2항 각 호의 기관 또는 단체 등에 대하여 연구개발사업을 실시하는 데 필요한 경비의 전부 또는 일부를 출연하거나 보조할 수 있다.
>
> ④ 제2항에 따른 연구개발사업의 실시와 제3항에 따른 출연금의 지급·사용 및 관리 등에 필요한 사항은 대통령령으로 정한다.

치안분야 중 수사업무에 관하여 당사자의 진술에 의존하던 시대, 다시 말해서 '자백은 증거의 왕'인 시대는 이미 지나가고, 과학적인 수사인 법의학적

지식이나 특히 DNA 분석을 비롯한 각종 현대적 수사기법이나 장비가 동원되는 현재 상황에서는 객관적인 증거가 증거의 왕이 되었다. 자치경찰분야에서도 예를 들면 실종자를 찾기 위하여 많은 사람들을 동원하는 방식에서 벗어나, 새로운 수색 카메라를 장착한 드론을 이용하거나[400] 곳곳에 설치된 무인카메라를 분석하는 등 과거에는 생각하지 못했던 장비가 결정적인 도움을 주고 있다. 그래서 전통적으로 경찰이 주도하여 운영해오던 국립과학수사연구소뿐만 아니라 치안업무에 도움을 줄 수 있는 과학적 지식과 시설을 갖추고 있는 기관이나 단체에도 그와 관련된 연구를 할 수 있도록 지원할 필요가 있다는 판단 아래 본 조항이 규정되었다.

제8장 보 칙

제34조 자치경찰사무에 대한 재정적 지원

> 제34조(자치경찰사무에 대한 재정적 지원) 국가는 지방자치단체가 이관받은 사무를 원활히 수행할 수 있도록 인력, 장비 등에 소요되는 비용에 대하여 재정적 지원을 하여야 한다.

400) 경찰에서 드론을 이용하는 경우 예상되는 형사법적 문제에 관하여는, 선종수, "경찰의 드론 활용에 따른 형사법적 문제", 경찰법연구 18권 2호(2020) 83면 이하. 드론은 2019. 4. 30. 법률 제16420호로 제정되고 2020. 5. 1.부터 시행되고 있는 '드론 활용의 촉진 및 기반조성에 관한 법률'에 그 정의 규정이 있다. 그러나 드론을 직접적으로 규율하고 있는 것은 '항공안전법'이다.; 자치경찰업무(특히 순찰)에서 드론 운용에 관하여는 박성주 · 강욱, "자치경찰에서의 드론 활용 방안에 관한 연구 -순찰활동을 중심으로-", 한국경찰연구 21권 1호(2022) 55면 이하는 도심 지역에서의 여성 안심귀가서비스에 드론을 활용하고, 농촌 지역에서의 농작물 절도 예방을 위해 드론을 이용하고 광범위한 지역에 대한 범죄예방 순찰이 필요하다고 한다.; 신관우, "자치경찰의 무인기 도입을 위한 과제", 자치경찰연구 7권 3호(2014) 3면 이하는 드론 도입을 위한 법적 해결책을 검토하였다.

1. 비용부담의 주체[401)]

1) 재정 운용은 엄격한 법령에 따라야 한다. 자치경찰에 관한 재원을 어떻게 조달하고, 예산과목이나 규모 등 규정될 사항이 많은데도 불구하고 경찰법 제35조와 같은 매우 단순한 규정만 있다. 규정의 내용이 구체적이지도 않지만 법리상 많은 문제점이 있어서 실무에서는 여러 가지 혼동과 갈등이 일어나고 있다.

2) 지방자치단체는 주민의 복리에 관한 사무를 처리하고 재산을 관리한다(헌법 제117조). 지역주민생활과 밀접한 관련이 있는 사무는 원칙적으로 시·군 및 자치구의 사무로, 시·군 및 자치구가 처리하기 어려운 사무는 시·도의 사무로, 시·도가 처리하기 어려운 사무는 국가의 사무로 각각 배분해야 한다(보충성의 원칙 : 지방자치법 제11조 제2항). 자빙자치단체의 사무(자치사무)는 같은 법 제13조에 예시되어 있고, 이들이 지방자치단체의 고유사무들이다. 지방자치단체의 관할구역내 자치사무에 필요한 경비는 그 지방자치단체가 전액을 부담하지만(지방재정법 제20조), 지방자치단체나 그 기관이 법령에 따라 처리하여야 할 사무로서 국가와 지방자치단체 사이에 이해관계가 있는 경우에는 원활한 사무처리를 위하여 국가에서 부담하지 않으면 안 되는 경비는 국가가 그 전부나 일부를 부담한다(부담금 ; 같은 법 제21조 제1항). 국가가 스스로 해야 할 사무를 지방자치단체나 그 기관에 위임하여 수행하는 경우 그 경비는 국가가 전부를 그 지방자치단체에 교부해야 한다(교부금 : 같은 조 제2항).

3) 비용부담의 주체는 사무의 성격에 따라 그 전부나 일부의 비용부담자가 결정되므로, 본조에서 말하는 지방자치단체가 '이관'받은 자치경찰사무의 성격을 살펴본다. 일반적으로 국가사무를 지방자치단체로 '이관'한다는 것은, 이를 지방자치단체의 고유사무화하는 것을 말한다. 그러나 일원화 자치경찰제도를 도입한 경찰법의 취지로 보아 그렇게 볼 수는 없다.[402)] 즉 자치사

401) 양영철, 자치경찰론 397면 이하; 김홍환, "자치경찰제 정착을 위한 재정지원 및 재원확보 방안 모색 ", 지방재정 2021-6, 한국지방재정공제회(2021) 10면 이하.

402) 대법원 2013. 5. 23. 선고 2011추56 판결.
[1] 법령상 지방자치단체의 장이 처리하도록 하고 있는 사무가 자치사무인지 아니면 기관위임사무인지를 판단하기 위해서는 그에 관한 법령의 규정 형식과 취지를 우선 고려하여야 하지만, 그 밖에 그 사무의 성질이 전국적으로 통일적인 처리가

무가 되기 위해서는 자치단체가 집행에 일부라도 직접 관여하거나 자치사무 집행을 시도경찰청에 위임한다는 규정이 있어야 하는데 어느 것도 없다. 단체위임사무는 최소한의 조건이 자치단체장이 집행기관의 장이 되고, 시도의회가 관여하며, 일부 비용도 지자체가 부담해야 하는데 자치경찰사무는 그렇지 않다. 자치단체장이 집행에 관여하는 바가 전혀 없으니 기관위임사무는 더욱 아니다.403) 한편 재정과 관련하여 위임사무 중 기관위임사무404)는 국가가 그 비용의 전부를 부담하고, 단체위임사무405)는 국가와 지방자치단체가

요구되는 사무인지, 그에 관한 경비부담과 최종적인 책임귀속의 주체가 누구인지 등도 함께 고려하여야 한다.

[2] 구 교원 등의 연수에 관한 규정 제18조에 따른 교원능력개발평가 사무와 관련된 법령의 규정 내용과 취지, 그 사무의 내용 및 성격 등에 비추어 보면, 교원능력개발평가는 국가사무로서 각 시・도 교육감에게 위임된 기관위임사무라고 보는 것이 타당하다.

403) 양영철, 자치경찰론 422면. 이와 달리 자치경찰사무는 국가사무이지만, 그 중 수사사무는 기관위임사무이고, 나머지는 단체위임사무로 볼 수 있다고 하는 견해로는 성홍재, "자치경찰사무의 법적 성격을 토대로 현행 자치경찰제에 대한 법리적 검토", 경찰법연구 20권 2호(2022) 69면 이하.

404) 국가가 직접 추진해야 할 사무이지만 업무의 효율화를 위하여 지방정부나 그 산하기관에 위임하여 처리하는 것으로, 투표나 선거, 병사나 민방의 업무 등이 여기에 속한다. 기관위임의 경우 수임기관은 위임청이 속한 행정주체 기관의 지위를 가지며, 수임기관의 기관위임사무 처리의 법적 효과는 관리주체인 위임청이 속한 행정주체에 속한다. 지방자치단체의 기관은 국가의 기관위임사무를 수행함에는 국가기관의 지위에 서고 위임청의 지휘감독을 받는 하급행정기관이 된다. 현행법상 국가위임사무는 기관위임사무가 일반적이며 단체위임사무는 예외적인 경우에만 한정된다.

단체위임사무가 기관위임사무와 다른 점은 ① 단체 그 자체에 위임되는 점, ② 기관위임사무는 지방자치법 제117조 제1항을 일반적 근거로 하고 그 밖에 개별적 근거가 없어도 가능한데 데 대하여, 단체위임사무는 일반적 규정이 없고 개별적인 법적 근거가 있어야 하는 점, ③ 기관위임사무는 위임받은 한도 안에서 당해 집행기관은 위임자인 국가(또는 다른 공공단체)의 기관으로서 지위에 서게 되고 그 지휘감독을 전면적으로 받으며 지방의회에서 이에 관여하지 못하지만, 단체위임사무는 고유사무와 마찬가지로 단체의 자주적인 책임 아래 처리해야 하며, 국가의 감독도 위법・부당에 대한 교정적 감독에 그치고 지방의회가 당연히 이에 관여한다는 점 등이다.

405) 지방자치단체가 법령에 의하여 국가 또는 다른 공공단체로부터 위임받아 수행하는 사무이다. 지방자치단체의 고유사무와 구별되고, 같은 위임사무라도 지방자치단체의 장을 비롯한 집행기관에 위임되는 기관위임사무와 구별된다. 위임된 이상 지방

분담한다. 자치경찰사무는 결국 자치사무는 아님은 물론이고 국가사무로서 위임된 사무도 아니며, 공공안전사무나 수사사무와 함께 국가사무의 한 종류이다.[406] 그래서 자치경찰 예산은 국비로 지원해야 한다는 것이 본조의 취지라 할 수 있다.

2. '이관'과 재정지원

1) 자치경찰사무 소요비용 국가지원원칙

현행 일원화 자치경찰제도 아래서는, 엄격히 말하면 지방자치단체가 국가로부터 이관받은 사무가 없다는 전제 아래 이러한 표현이 부적절하다는 견해가 있다. 그러나 국가경찰이 지금까지 해오던 모든 경찰업무 중 자치경찰사무를 분리하여 지방자치단체인 시도 소속의 자치경찰위원회에 지휘권한를 맡겼다(이를 위탁이라 불러도 좋을 것이다)는 점을 감안하여, 여기서 '이관'이라 함은 이에 따른 재정적 지원을 국가가 해야 한다는 점을 명백히 하기 위하여 사용된 용어라 할 수 있다. 즉 자치경찰사무의 인력·장비 등 소요비용 일체를 국가가 지원하여야 한다는 원칙을 선언한 것이다. 그러나 현실은

자치단체의 사무로서 처리해야 하는 점에서 고유사무와 다를 바 없으나 위임에는 반드시 개별적인 법적 근거가 있어야 하고, 경비를 위임자인 국가나 다른 공공단체가 부담하는 점에서 고유사무와 다르다.

현행 단체위임사무의 예로서 도로법에서는 '도로관리청은 도로에 관하여 직접적인 이해관계가 있는 공공단체 또는 사인(私人)에게 대통령령으로 정하는 경미한 도로공사나 도로의 유지·관리를 하게 할 수 있다(제37조)' 라고 하고 있다. 하천법에서는 '하천공사와 하천의 유지·보수는 이 법에 특별한 규정이 있는 경우를 제외하고는 하천관리청이 시행한다(제45조)'라고 하고 있다.

406) 양영철 교수는 현행 자치경찰제의 정의를 "자치단체가 자치경찰위원회라는 조직을 통하여 지역치안에 개입할 수 있는 통로를 만들어 주었고, 그 통로에 시도경찰청을 지휘감독할 수 있도록 한 시스템"이라고 한다. 양영철, 자치경찰론 423면; 김원중, "주민참여가 제한된 자치경찰제의 문제점과 개선방안", 지방자치법연구 21권 3호, 한국지방자치법학회(2021) 334면은 이를 "위탁" 관계로 본다. "위탁"이란 법률에 규정된 행정기관의 장의 권한 중 일부를 다른 행정기관의 장에게 맡겨 그의 권한과 책임 아래 행사하도록 하는 것을 말한다(행정권한의 위임 및 위탁에 관한 규정 제2조 제2호). 한편 "위임"이란 법률에 규정된 행정기관의 장의 권한 중 일부를 보조기관 또는 하급행정기관의 장이나 지방자치단체의 장에게 맡겨 그의 권한과 책임 아래 행사하도록 하는 것을 말한다(같은 규정 제2조 제1호).

그렇지 않다.

2) 2022년도 기준으로 자치경찰위원회 사무국 운영비와 인건비의 일부(2022년과 2023년 2년간 한시적으로)를 국고보조금으로서 지원하고 있고,[407] 그 외에 신규사업비는 물론 자치경찰사무 공무원의 후생복지비 전액과 행정운영경비는 지방비로 충당하고 있는 실정이다. 사무국 운영경비는 자치경찰사무 지휘감독을 위해 신설된 만큼 국가사무의 지방 이관에 따른 소요비용이므로, 사무국 인건비와 운영비 전액이 국비지원되어야 한다. 자치경찰 후생복지비 역시 국가공무원에 대한 인건비의 성격을 가지므로 지방과 경찰의 후생복지 차액분만큼 국비보전이 필요하다.

3) 또한 시도경찰청의 자치경찰분야 사업예산이 2022년도까지는 국비(국고보조금)로 지원되었으나, 자치경찰사무가 2단계 재정분권 지방이양사무에 포함되어 2023년부터 2026년까지는 시도비로 전환되도록 되어 있다.[408] 그런데 2022년 국비보조금이 1,299억원이었는데 전환사업 보전액은 2023년은 1,133억원으로서[409] 166억원이 과소산정되었다. 물가인상분 등을 종합적으로 고려한다면 2022년도를 기준으로 하지 않은 것은 불합리하다. 이렇게 되면 시도예산편성 기준이 위 보전액을 기준으로 편성될 것이므로,[410] 기존 자치경찰사업의 운영을 유지하는 것은 물론 새로운 사회적 이슈에 적극 대응하기 위한 재원확보가 어렵게 된다. 장기적으로는 시도별 재정력 차이에 따라 치안 격차 발생의 우려도 있다.

3. 재원확보 방안의 검토

자치경찰의 중앙정부로부터 독립성을 강화하기 위해서는, 자치경찰의 재정을 중앙정부로부터 최대한 독립시킬 필요가 있다. 자치경찰의 예산문제를 해

407) 인건비와 운영비의 비중과 그 세부내역은 자치단체에서 자율적으로 편성하게 되어 있다.

408) 재원은 지방소비세 상승분(21%에서 25.3%로 4.3% 인상. 지방세법 제69조 제2항) 등을 활용함.

409) 이는 2021년도 예산을 기준으로 함(2022년도 기준으로는 생활안전국 841억원, 교통국 458억원 합계 1,299억원임).

410) 시도예산을 편성할 때 국가가 관여할 수 없으므로 전환된 예산보다 축소하는 곳이 있을 여지도 있다. 그렇게 되면 지역간 치안서비스 격차가 발생하게 된다.

결하기 위하여 여러 가지 방안이 논의되고 있는데, 그 중 대표적인 것으로는 국고보조금, 교부세, 독자적 조세가 있다.

1) 국고보조금은 중앙정부가 국가적 사업을 수행할 때 지방정부에게 사업시행을 위임하고 그 경비의 일부를 제공하는 것이다. 즉 국가 외의 자가 수행하는 사무 또는 사업에 대하여 국가[411]가 이를 조성하거나 재정상의 원조를 하기 위하여 교부하는 보조금,[412] 부담금,[413] 그 밖에 상당한 반대급부를 받지 아니하고 교부하는 급부금으로서 대통령령으로 정하는 것을 말한다(보조금관리에 관한 법률 제2조 제1호). 자금을 제공할 때 재원 사용의 목적과 범위를 엄격하게 제한하고 집행과정에 대해서도 엄격한 통제를 하고 있다. 보조금 사용에 대해서는 중앙정부가 직접적인 감사와 통제를 하도록 되어 있어, 국고보조금의 확대는 중앙정부의 통제가 강해진다는 점에서 자치경찰제의 도입 취지와 맞지 않는다는 문제가 있다.

2) 교부세는 중앙정부가 과세권을 가지고 있어 수납한 세금 중 일부를 지방자치단체에 지원하는 것으로, 예를 들면 종부세의 과세권은 중앙정부에 있으나 수납액의 25%를 지방자치단체에 교부하는 것과 같다. 지방교부세라고도 한다.[414] 보통교부세는 사용처를 미리 정함이 없이 자유롭게 사업에 활용할 수 있다는 장점이 있다.[415] 그러나 이는 자치경찰에 사용되도록 지급하는 것이 아니라, 지자체에 지급하므로 그 돈이 반드시 자치경찰에 할당된다는 보장이 없다.

다만 소방안전교부세와 같이 국세 수입 중 일정 비율을 자치단체에 교부하고, 소방사무와 유사하게 특별회계법을 제정하여 지방재정법과 같은 기존

---

411) 국가재정법 별표 2에 규정된 법률에 따라 설치된 기금을 관리・운용하는 자를 포함한다.

412) 지방자치단체에 교부하는 것과 그 밖에 법인・단체 또는 개인의 시설자금이나 운영자금으로 교부하는 것만 해당한다.

413) 국제조약에 따른 부담금은 제외한다.

414) 중앙정부에서 교부되는 재원이라는 측면에서 지방교부금이라고도 한다.

415) 예외적으로 일정한 조건을 붙이거나 용도를 제한해 교부하는 특별교부세가 있다. 2022년도에 특별교부세가 지급되어 지역맞춤형 주민체감 사업에 사용된 사례가 있다. 저자가 근무하는 경북자치경찰위원회에서는 노인보행사고 예방을 위한 도로식별성 강화 시범사업과 경북형 생활안전망 구축과 우리동네 안전지킴이 사업에 필요한 일부 사업비로 사용하였다.

법률과 충돌을 해소하고 지역맞춤형 치안예산을 편성하여 집행할 수 있는 방안도 강구될 필요가 있다.

3) 독자적 조세인 자치경찰세를 신설하는 것은 독자적인 업무나 부서에 별도의 세금을 설정하는 것으로서 목적세에 해당된다. 목적세는 특수한 경우에 국가적 합의를 통해서만 인정되는 것이므로, 자치경찰업무에 대해 목적세를 신설하는 것은 현실적으로 쉬운 일은 아니나, 자치경찰제 확립을 위한 의지만 있다면 범칙행위 관련 형벌의 과태료 전환과 과태료 수입의 경찰 목적 활용방안도 고려될 수 있다.[416]

4) 현실적으로는 자치경찰 예산을 마련하기 위하여 국가보조금의 확대나 지자체로부터 지원이 강화되도록 노력하여야 한다는 견해가 있다.[417] 그러나 문재인 정부 초기나 윤석열 정부에서 추진하는 이원화된 자치경찰제도를 도입하고 이를 정착시키기 위해서도 자치경찰세의 신설은 반드시 필요하고 지속적으로 추진 중에 있다.

第35조 예 산

> 第35조(예산) ① 자치경찰사무의 수행에 필요한 예산은 시·도자치경찰위원회의 심의·의결을 거쳐 시·도지사가 수립한다. 이 경우 시·도자치경찰위원회는 경찰청장의 의견을 들어야 한다.
> ② 시·도지사는 자치경찰사무 담당공무원에게 조례에서 정하는 예산의 범위에서 재정적 지원 등을 할 수 있다.
> ③ 시·도의회는 관련 예산의 효율적인 관리를 위하여 의결로써 자치경찰사무에 대해 시·도자치경찰위원장의 출석 및 자료 제출을 요구할 수 있다.

416) 제주자치경찰의 경우에는 교통법규위반 범칙금과 과태료를 지방세외 수입으로 확보하여 자치경찰업무의 재정수입으로 활용하고 있다. 특히 교통시설을 개선하고 교통민원팀을 신설하는 등 지역실정에 맞는 교통안전환경 개선사업을 적극적으로 추진하는 동력이 되고 있다. 이와 관련하여 과태료 제도의 개선책에 관하여는 정남철, "과태료 제도의 현안과 「질서위반행위규제법」의 개정방안", 법조 71권 1호(통권 751호), 법조협회(2022) 356면 이하 참조.

417) 박준휘, 자치경찰제연구(Ⅲ) 227면.

1. 자치경찰사무 수행 예산편성 절차(제1항)

가. 예산편성절차와 현황

자치경찰사무에 필요한 예산은, 자치경찰위원회의 경찰청장 의견 청취 → 자치경찰위원회의 심의·의결 → 회계연도 시작 80일 전까지 시·도지사에게 제출[418] → 시·도지사의 수립[419] 순서로 진행된다. 이는 시·도지사가 자치경찰사무에 대한 예산을 지원해야 한다는 것을 의미하지는 않지만, 시·도지사의 예산지원이 없으면 자치경찰사무의 집행은 사실상 불가능하다. 시·도 입장에서는 기존 업무에 대해서도 예산이 부족한 상태인데, 새로 추가되었지만 시·도지사에게 별다른 권한도 없는 자치경찰업무에 대해 예산을 적극적으로 편성해줄 동기는 존재하지 않는다.

나. 예산편성 지침

지금까지 지방자치단체에서는 경찰업무를 한 경험이 없기 때문에 경찰예산 편성과 관련된 지침이 마련되어 있지 않으므로 이를 위한 세부적인 지침이 정립될 필요가 있다.

다. 문제점[420]

예산편성 및 집행과 관련하여 현장에서는 적지 않는 갈등이 있고, 법리적으로 해결해야 할 문제점도 있다.

1) 경찰청장 의견수렴절차 : 예산편성권은 시·도지사, 심의권은 의회의 전속적 권한으로서 단순한 형식적인 절차인 경찰청장의 의견수렴은 예산요구과정만을 복잡하게 만든다. 또한 지방의 자율권을 불필요하게 중앙이 간섭하여 지방분권에 역행한다는 비판을 받을 수 있다.

---

418) 지방자치법 제142조 제1항 및 시도자치경찰사무와 자치경찰위원회의 조직 및 운영 등에 관한 표준조례안(이하 '표준조례안'이라 함) 제13조.

419) 시도지사가 예산을 수립할 권한이 있는데, 자치경찰위원회가 먼저 심의·의결한다는 것은, 자치경찰위원회가 먼저 예산을 편성하고 이에 따라 시도지사가 예산을 수립해야 한다는 것을 의미한다. 시도지사가 예산권을 이용하여 자치경찰위원회를 통제하거나 간섭하지 못하도록 하기 위한 것으로 보인다. 그러나 자치경찰위원회는 시도지사와 협의하여 예산을 편성하지 않고는 제대로 예산을 수립할 수 없는 것이 현실이다.

420) 박준휘, 자치경찰제연구(Ⅲ) 134면; 김홍환, 위 논문 25면.

2) 집행에 대한 책임 : 기본적으로 지방사업은 주관부서가 예산을 편성하여 의회심의를 받고 직접 집행하며, 집행에 대하여 책임을 진다. 반면 자치경찰사무는 자치경찰위원회에서 예산을 편성하고 의회심의를 받아 시・도경찰청에서 집행하되, 집행에 대한 책임은 자치경찰위원회가 진다. 집행만 하고 책임을 지지 않는 예산사업은 예산집행의 효율성이 저하되고 책임행정을 담보할 수 없다.

3) 예산수립 주체가 시・도지사이고 자치경찰 수행주체가 국가경찰이라는 점에서, ① 실질적으로는 국가보조금을 시도의회에서 예산안으로 의결할 수 있는가, ② 시도의회가 증액이나 감액 편성할 수 있는지도 문제가 된다.

2. 자치경찰 담당공무원에 대한 재정적 지원(제2항)

국가가 부담하는 경찰공무원에 대한 후생・처우에 대한 지원 외에 자치경찰업무를 현장에서 담당하는 경찰관의 사기진작을 위하여 시・도지사가 인센티브를 제공할 수 있다는 규정이다. 자치경찰위원회의 소관사무에도 자치경찰 담당공무원의 사기진작이 규정되어 있다(경찰법 제24조 제1항 제10호).

자치단체는 규정상 소속 공무원이 아닌 자에게 복지지원금을 배분할 수 없는데, 자치경찰의 소속은 국가경찰이므로, 이를 가능하도록 한 규정이다.

2022년 대부분의 자치경찰위원회에서는 임용권을 가지는 자치경찰 담당공무원뿐만 아니라 임용권을 가지지 않거나(특히 지구대와 파출소 근무 경찰관들) 무기계약직 등 공무원이 아닌 직원에게도 시도공무원들에게 제공되는 복지포인트를 제공하거나 의료지원을 하는 추세에 있다.[421] 복지포인트 외에도 건강검진비와 휴양・교육비에 대한 지원도 일부 실시하거나 검토하고 있는 추세이다. 다만 시도마다 재정력의 차이 등에 따라 상당한 차이가 있어 경찰관들의 불만의 요소가 되고 있다.

업무가 이관되면 그에 따른 예산도 함께 이관되어야 함이 행정의 기본원칙임에도 불구하고, 자치경찰제 실시와 함께 하는 재원의 이관도 매우 부족하고, 국고보조금에도 한계가 있는 것이 현실이다. 하루 빨리 자치경찰제를 위한 안정된 재원이 마련되어야 한다.

---

421) 표준조례안 제14조.

각 시도 자치경찰 후생복지 예산 편성 현황(2022. 9. 30. 현재)

시·도	예산액(백만원)	지원대상(명)			1인당 지원액(만원)		맞춤형 포인트 지원 방식	시·도 기본 포인트(만 원)
		합 계	시·도 경찰청(서)	지구대 파출소	맞춤형 포인트	건강 검진비		
서울	2,000	3,890	3,890	-	50	-	연차별	150
부산	1,300	5,000	1,300	3,700	25	-	연차별	95
대구	1,686	3,550	1,200	2,350	35	25	전 액	110
인천	660	1,041	1,041	-	60	-	전 액	100
광주	292	1,810	550	1,260	16	-	연차별	100
대전	440	1,859	602	1,257	24	-	연차별	100
울산	980	1,350	450	900	30	-	연차별	110
세종	67	280	113	167	24	-	연차별	90
경기 남부	9,000	14,400	3,659	10,741	100(임용권) 50(비임용권)	-	연차별	113
경기 북부	2,350	3,636	936	2,700	100(임용권) 50(비임용권)	-	연차별	113
강원	420	632	632	-	50	30	전 액	90
충북	284	568	568	-	50	-	전 액	90
충남	1,350	2,713	775	1,938	50	-	연차별	116
전북	192	767	767	-	25	-	전 액	90
전남	722	3,339	800	2,539	50(임용권) 12.5(비임용권)	-	전 액	90
경북	905	4,240	1,000	3,240	50(임용권) 12.5(비임용권)	-	전 액	90
경남	465	1,000	1,000	-	30	30	전 액	70
제주	미편성	3	3(사무국)	-	-	-	미편성	90

□ 17개 위원회 자치경찰 복지예산 편성 / 1개 위원회 미편성(제주)

- 지구대 및 파출소 포함 : 12개 위원회(부산, 대구, 광주, 대전, 울산, 세종, 경기남, 경기북, 충남, 전남, 경북, 경남)
- 지구대 및 파출소 미포함 : 5개 위원회(서울, 인천, 강원, 충북, 전북)

3. 자치경찰위원장의 의회 출석 등(제3항)

가. 의회 출석 · 답변

자치경찰위원회는 지방자치법 제129조[422]에 따른 합의제 행정기관이므로 별도 규정이 없더라도 지방자치법상 의회 출석 대상이 되지만,[423] 예산의 효율적 관리를 위하여 자치경찰사무를 관장하는 자치경찰위원회 위원장이 대표하여 지방의회에 출석 · 답변하고 자료제출을 하도록 규정하였다.[424]

나. 자치단체와의 소통과 협력 강화

1) 자치경찰의 독립성을 강조하다 보니 자치경찰위원회가 지방자치단체로부터 독립이 지나칠 정도로 강화된 형태의 법제가 되었다는 비판이 있다.[425] 자치경찰은 기본적으로 광역자치단체의 기관이며 지자체로부터 예산지원과 업무협조가 필요하다. 따라서 지방자치단체와 소통과 협력을 중시하는 방향으로 시스템을 개선할 필요가 있다.

2) 기초자치단체는 광역자치단체와 상하관계에 있지 않고 서로 협력관계에 따라 업무가 실행되고 있으므로, 자치경찰이 주민들의 의견을 수렴하고 주민들의 참여를 이끌어내기 위해서는 기초자치단체와의 소통과 협력에도 많

---

422) 제129조(합의제행정기관) ① 지방자치단체는 소관 사무의 일부를 독립하여 수행할 필요가 있으면 법령이나 그 지방자치단체의 조례로 정하는 바에 따라 합의제 행정기관을 설치할 수 있다.
② 제1항의 합의제 행정기관의 설치 · 운영에 필요한 사항은 대통령령이나 그 지방자치단체의 조례로 정한다.

423) 지방자치법 제51조(행정사무처리상황의 보고와 질의응답) ① 지방자치단체의 장이나 관계 공무원은 지방의회나 그 위원회에 출석하여 행정사무의 처리상황을 보고하거나 의견을 진술하고 질문에 답변할 수 있다.
② 지방자치단체의 장이나 관계 공무원은 지방의회나 그 위원회가 요구하면 출석 · 답변하여야 한다. 다만, 특별한 이유가 있으면 지방자치단체의 장은 관계 공무원에게 출석 · 답변하게 할 수 있다.
③ 제1항이나 제2항에 따라 지방의회나 그 위원회에 출석하여 답변할 수 있는 관계 공무원은 조례로 정한다.

424) 특별한 이유가 있으면 위원장은 상임위원 또는 위원회 소속 공무원에게 출석 · 답변하게 할 수 있다(표준조례안 제15조).

425) 서울시장이 '자치경찰인가 경찰 자치인가'라고 하며 문제를 삼았던 것처럼, 자치단체에서 자치경찰위원회의 업무에 개입할 여지가 거의 없는 것이 사실이다.

은 노력을 기울여야 한다. 자치경찰이 기초자치단체와 보다 더 원활한 소통과 협력을 할 수 있으려면 기초자치단체 내에 자치경찰사무를 총괄하는 부서가 필요하다.[426]

第36조 세종특별자치시자치경찰위원회에 대한 특례

> 第36조(세종특별자치시자치경찰위원회에 대한 특례) ① 세종특별자치시자치경찰위원회에 대해서는 제19조 제1항 및 제20조 제3항에도 불구하고 위원장 및 상임위원을 비상임으로 할 수 있다.
> ② 제27조에도 불구하고 세종특별자치시자치경찰위원회에는 사무기구를 두지 아니하며 세종특별자치시자치경찰위원회의 사무는 세종특별자치시경찰청에서 처리한다.

세종시는 다른 시도와는 달리 인구와 치안수요가 적고, 경찰서도 1개만 존재한다는 현실을 반영하여, 위원장을 비롯한 모든 위원을 비상임으로 두고, 별도의 사무기구 없이 세종특별시 경찰청에서 사무를 처리한다는 내용이다. 다만 이 규정은 2022. 10. 27. 삭제하는 것으로 국회본회의를 통과하였다(시행일은 공포한 날로부터 3개월 경과일). 이에 따라 세종자치경찰위원회도 다른 위원회와 같이 상임위원과 별도의 사무국을 두게 되었다.

제주특별자치도 제주자치경찰 존치 여부 등

1. 당초 김영배안에는 제주자치경찰을 폐지하는 것으로 되어 있었으나, 제주특별자치도 의회에서 제주자치경찰 존치를 요구하는 결의안을 국회에 제출하는 등 제주도민들의 강력한 반발이 있었고, 2006년부터 15년 넘게 성공적으로 시행되고 있는 제주자치경찰의 역할을 고려하여, 결국은 경찰법에서

426) 기초자치단체의 부군수·부시장은 광역자치단체에서 파견된 사람들로서 광역자치단체장과 연결되어 있으므로 이들을 통합된 소통 창구로 이용하는 것도 한 방법이다.

제주자치경찰을 계속 존치하기로 하였다.

2. 다만 경찰사무의 정치적 중립을 위하여 제주자치경찰단을 도지사 소속에서 자치경찰위원회 소속으로 변경하고, 자치경찰위원회가 제주경찰청이 수행하는 자치경찰사무와 함께 제주자치경찰단을 지휘감독하도록 함으로써, 도지사가 직접 제주자치경찰에 대한 관여하지 못하게 하였다.

제주특별자치도 설치 및 국제자유도시 조성을 위한 특별법
(약칭: 제주특별법)

제88조(자치경찰기구의 설치) ① 제90조에 따른 자치경찰사무를 처리하기 위하여 「국가경찰과 자치경찰의 조직 및 운영에 관한 법률」 제18조에 따라 설치되는 제주특별자치도 자치경찰위원회(이하 "자치경찰위원회"라 한다) 소속으로 자치경찰단을 둔다.

② 자치경찰단의 조직과 자치경찰공무원의 정원 등에 관한 사항은 도조례로 정한다.

제89조(자치경찰단장의 임명) ① 자치경찰단장은 도지사가 임명하며, 자치경찰위원회의 지휘·감독을 받는다.

② 자치경찰단장은 자치경무관으로 임명한다. 다만, 도지사는 필요하다고 인정하면 개방형직위로 지정하여 운영할 수 있다.

제91조(국가경찰과의 협약 체결) ① 제90조에도 불구하고 같은 조 제1호부터 제3호까지의 사무를 처리할 때 국가경찰과 자치경찰 간의 사무분담과 사무수행방법은 도지사와 제주자치도경찰청장이 협약으로 정하여 공표하여야 한다. 이 경우 도지사는 미리 자치경찰위원회의 의견을 들어야 한다.

④ 제1항에 따른 국가경찰과 자치경찰 간의 사무분담과 사무수행의 방법에 관한 기준 및 협약의 공표에 필요한 사항은 도조례로 정한다. 이 경우 제주자치도경찰청장의 의견을 들어야 한다.

부 칙(법률 제17689호, 2020. 12. 22.)

제1조(시행일) 이 법은 2021년 1월 1일부터 시행한다.

제2조(이 법의 시행을 위한 준비행위 등) 국가수사본부와 시·도자치경찰위원회의 구성 및 자치경찰사무의 처리에 필요한 인력·시설·장비의 확보 등 자치경찰사무 수행에 필요한 준비행위 및 시범운영은 이 법 시행 전부터 할 수 있다.

제3조(자치경찰사무 수행에 관한 시범운영 특례) ① 시·도경찰청장과 시·도자치경찰위원회는 협의하여 이 법에 따른 자치경찰사무의 수행에 관하여 시범운영을 실시할 수 있다.

② 제1항에 따른 자치경찰사무 수행에 필요한 시범운영은 2021년 6월 30일까지 완료하여야 한다.

③ 제1항에 따른 자치경찰사무 수행에 필요한 시범운영과 관련된 구체적 사항은 대통령령으로 정한다.

판례 찾아보기

[대법원]

[지방법원]

[헌법재판소]

사항 찾아보기

[가]

[자]

[차]

[카]

[타]

[파]

[하]

[A]

이 순 동(李淳東)

■ 약 력

○ 서울대학교 인문대 영문과 졸업(74학번)
○ 서울대학교 법대 대학원 수료(78학번)
○ 사법시험 22회 합격(사법연수원 12기 수료)
○ 대구지방 · 고등법원 판사, 대법원 재판연구관
○ 일본 동경대학 법학부 객원연구원
○ 동국대학교 법대 강사, 변호사, 경북대학교 · 영남대학교 법과대학원 겸임교수
○ 대구지방법원 경산 · 영천 · 청도 시군법원 판사
○ 영남대학교 법학전문대학원 교수
○ 현 경상북도자치경찰위원회 위원장

■ 논문 및 저서

저서 : 민사소송의 사실인정과 증인신문기법(진원사)
채권자취소권(제4판)(육법사)

논문 : 가족법상의 부양의무와 세법(쥬리스트 407호), 기부채납과 브가가치세(조세판례백선), 보증한도액이 정하여진 계속적 보증계약에 있어서 보증인의 책임범위(대법원판례해설 23호), 사법개혁－특히 법원의 심급제도와 관련하여(衡平과 正義 19집), 선박의 소유권(재판자료 52집), 실행의 착수(재판자료 49집), 안전배려의무(재판과 판례 4집), 행정심판 전치주의(재판자료 67집), 일본의 법조(형평과 정의 14집), 화교의 법적 지위(형평과 정의 15집). 채권자취소소송의 실무상 문제점(대구지방변호사회 실두연구회). 공동이행방식으로 수급한 경우 대내외 관계(건축관련판례 50선, 대구판례연구회)

역서 : 성공하는 변호사. 사랑과 격려의 말 366일. 화해기술론.

자치경찰법 해설

2023. 1. 15. 제1판 1쇄 발행

저　자　이순동
펴낸이　송정례
펴낸곳　**육법사**

04039　서울특별시 마포구 홍익로5길 65
TEL (02) 332－1830 · 1831
FAX (02) 332－1836

등록연월일 1966. 8. 19. 1－300호

ISBN 978-89-7214-213-3 93360

정가 28,000원